projeto
Teláris

estudar CIÊNCIAS

DANIEL ALMEIDA/ARQUIVO DA EDITORA

O nosso corpo humano

CB131899

De fato, estudar tudo de uma vez é praticamente impossível. É por isso que, quando vamos aprender um assunto, fica mais fácil se estudarmos por partes. Seu livro está organizado assim, propondo o estudo de um sistema de órgãos de cada vez.

Porém, mesmo que estude o sistema digestório antes do sistema respiratório, você deve lembrar que tudo funciona ao mesmo tempo, de maneira integrada. Para isso, basta que você pense nas coisas que faz no seu dia a dia: o que acontece no seu corpo quando come, quando dorme, quando pratica algum esporte ou estuda?

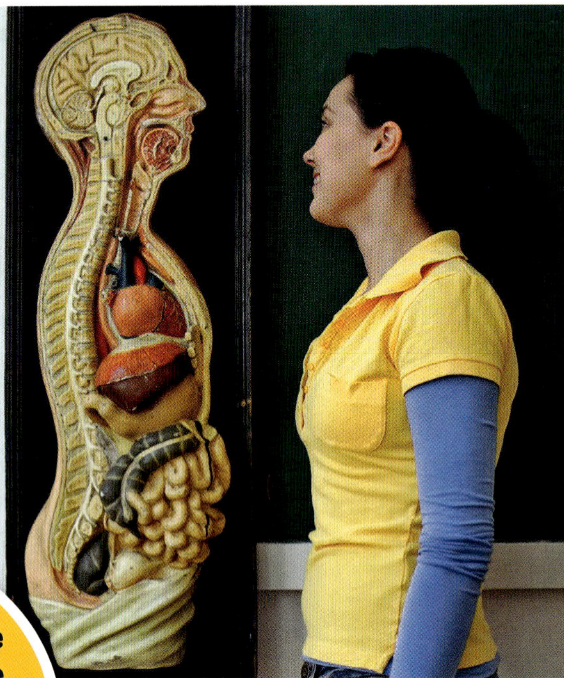

STOCK4B/GETTY IMAGES

Embora a gente estude um sistema de cada vez, no nosso corpo tudo funciona ao mesmo tempo.

Início @ Conectar # Descobrir

SAIA JÁ DO SEU QUARTO!

UMA DAS FORMAS QUE OS PESQUISADORES MAIS USAM PARA TENTAR ENTENDER SEUS OBJETOS DE INTERESSE É O TRABALHO DE CAMPO. ESSE TIPO DE PESQUISA TRAZ A POSSIBILIDADE DE ENCONTRAR NÃO SÓ VÁRIAS RESPOSTAS MAS TAMBÉM NOVAS PERGUNTAS. ENTÃO POR QUE FICAR APENAS EM CASA QUANDO TEMOS UM MUNDO A DESCOBRIR?

EXPERIMENTE DESLIGAR O COMPUTADOR E SAIR DE CASA PARA CONHECER UM LUGAR NOVO. AO PASSEAR E DESCOBRIR ESPAÇOS DIFERENTES, VOCÊ VAI EXPERIMENTAR OUTRAS SENSAÇÕES. EXPLORE SEUS SENTIDOS, OBSERVE SEU CORPO EM MOVIMENTO, TROQUE EXPERIÊNCIAS COM AS OUTRAS PESSOAS.

Este ano é todo dedicado ao estudo do corpo humano. E talvez seja um bom momento mesmo, porque você deve ter notado que o seu próprio corpo está passando por muitas mudanças. Se você prestar atenção, perceberá que você e seus colegas estão aos poucos se transformando em adultos.

STOCKBYTE/GETTY IMAGES

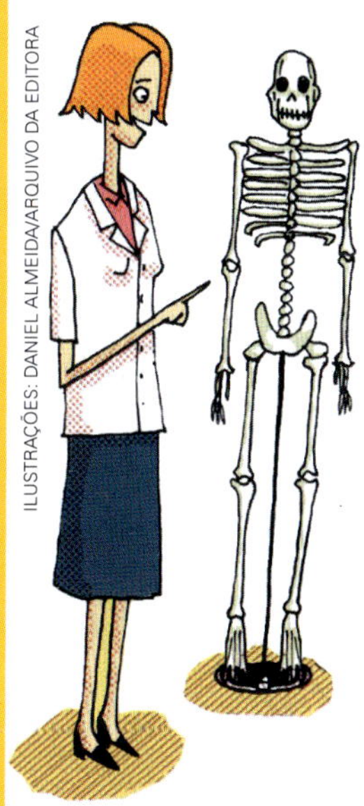

ILUSTRAÇÕES: DANIEL ALMEIDA/ARQUIVO DA EDITORA

Por que essa história de prestar atenção em si mesmo? Porque o assunto que você vai estudar tem tudo a ver com você. O corpo que representamos neste livro é genérico, mas é como o seu.

O estudo do corpo humano pode começar quando nos olhamos no espelho, ou quando observamos as pessoas ao nosso redor. Mas o nosso corpo vai muito além desses aspectos estéticos.

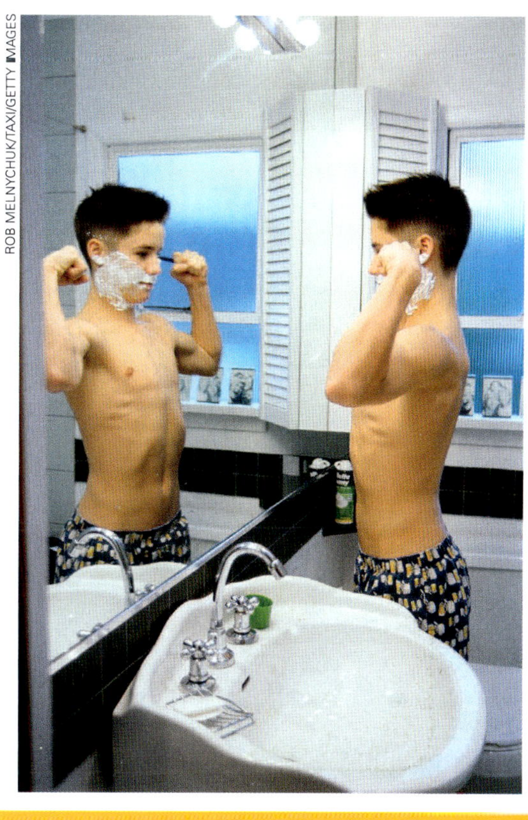

ROB MELNYCHUK/TAXI/GETTY IMAGES

Quando aprendemos sobre o corpo humano, estamos estudando não só nosso corpo por dentro e por fora, mas também entendendo melhor como nós funcionamos e como interagimos com o ambiente e com outros seres vivos.

Uma coisa de cada vez

Talvez você esteja pensando: estudar o corpo humano por dentro e por fora? Isso deve ser muito complicado!

STOCK4B/GETTY IMAGES

AUTOAVALIAÇÃO! QUE BICHO É ESSE?

Que tal descobrir antes de todo mundo como você está indo nos estudos? Não precisa esperar o resultado das provas para isso. Você pode fazer de tempos em tempos uma autoavaliação (e evitar aborrecimentos!).

O QUE É AUTOAVALIAÇÃO?

auto	+	avaliação
↓ de si mesmo		↓ verificação da competência desenvolvida

É a forma de uma pessoa verificar como está se saindo numa determinada tarefa ou comportamento.

ÍCONES E ILUSTRAÇÃO: BRUNO ALGARVE/ARQUIVO DA EDITORA

Você pode fazer uma autoavaliação no decorrer do bimestre ou no final dele. Há várias formas de se autoavaliar. Sugerimos uma tabela, que pode ser adaptada para cada disciplina. Veja a seguir:

Data	O que é avaliado	Meu conceito/ minha nota	Minha autoavaliação ou o que fazer
	AVALIAÇÕES PARCIAIS (Realizadas ao longo do bimestre)		
	AVALIAÇÃO BIMESTRAL (Avalia todo o conteúdo do bimestre)		
	TRABALHOS/ATIVIDADES EM CLASSE (Jogos, trabalhos em grupo ou individuais que são considerados pelo seu professor como uma avaliação)		
	TRABALHOS EXTRACLASSE		
	LIÇÕES DE CASA (Anotar se foram realizadas ou não)		
	PARTICIPAÇÃO (Dependerá do combinado entre o professor e toda a classe)		
	OUTROS (Seu caderno em dia, seu material escolar completo, seu ritmo, sua conduta em sala)		

Nesta coluna, anote as tarefas e/ou comportamentos que são avaliados em cada disciplina.

Nesta coluna, anote suas notas/ conceitos.

Nesta coluna, em cada um dos itens você poderá anotar as mudanças possíveis, segundo sua visão, para melhorar seu desempenho.

DICAS

- ✔ Faça uma tabela para cada disciplina. Você pode montá-las no computador, no caderno ou na agenda.
- ✔ Registre suas notas de todo o bimestre. Cada vez que seus professores fizerem uma avaliação, anote o resultado na sua tabela.
- ✔ Faça sua autoavaliação na última coluna.

A visualização geral dos resultados ajudará você a acompanhar seu desenvolvimento e a identificar problemas.

TOME CONTA DO SEU DESEMPENHO! COMPARTILHE SUA AVALIAÇÃO COM SEUS PROFESSORES.

Apresentação

O objetivo principal deste livro é levar você a conhecer melhor o seu próprio corpo. Esse aprendizado, porém, não termina aí. Com base nele, você poderá fazer opções saudáveis e construir atitudes positivas em sua vida: prevenir-se contra doenças como a Aids, evitar as drogas, praticar atividades físicas, manter uma alimentação equilibrada, entre outras.

Essa postura consciente é especialmente necessária no mundo de hoje, dominado pelo apelo de consumo rápido de uma infinidade de produtos — guloseimas, roupas, produtos de beleza, remédios de toda natureza, que muitas vezes prometem resultados imediatos sem respaldo científico.

Com este livro, convidamos você a se conhecer melhor e a ampliar suas competências em relação à vida.

O autor

Conheça seu livro de Ciências

① Abertura da Unidade

Apresenta uma imagem e um breve texto de introdução dos temas abordados.

Os **ícones azuis** que aparecem na abertura indicam o número e o tema de cada Unidade para que você possa se localizar com mais facilidade.

Ponto de partida

Nesta seção há algumas questões sobre os assuntos que serão desenvolvidos na Unidade.

② Abertura dos capítulos

Todos os capítulos se iniciam com uma ou mais imagens e um texto introdutório que vão prepará-lo para as descobertas que você fará no decorrer do seu estudo.

A questão é

Nesta seção há perguntas sobre os conceitos fundamentais do capítulo. Tente responder à questão no início do estudo e volte a ela ao final do capítulo. Será que as suas ideias vão se transformar?

③ Boxes

Não deixe de ler os **boxes** que aparecem ao longo dos capítulos. Eles contêm informações atualizadas que contextualizam o tema abordado no capítulo e demonstram a importância e as aplicações da ciência.

④ Informações complementares

Diversas palavras ou expressões destacadas em azul estão ligadas por um fio a um pequeno texto na lateral da página. Esse texto fornece **informações complementares** sobre determinados assuntos.

Ao estudar Ciências você começa a compreender os fenômenos do dia a dia de forma diferente. Isso o tornará capaz de buscar dados e evidências que fundamentem seus argumentos. Quando você estuda Ciências, se torna mais apto a acompanhar os noticiários, a ler jornais e revistas e a discutir questões atuais. Assim, poderá ter uma participação mais ativa na sociedade.

Veja como os livros desta coleção estão organizados.

3

4

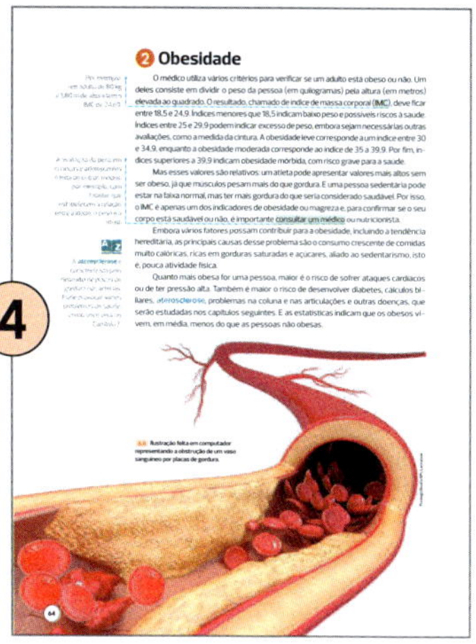

5

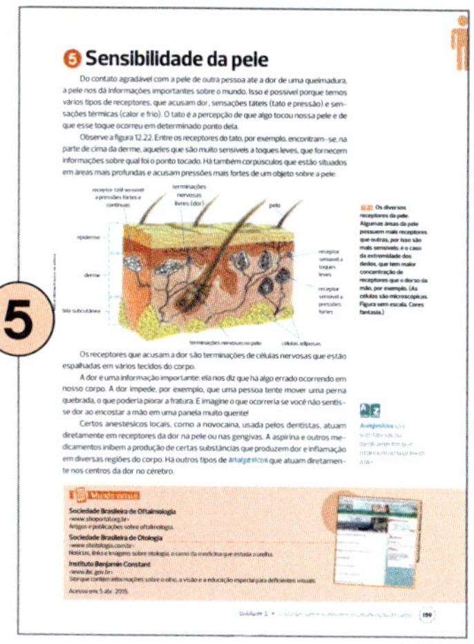

6

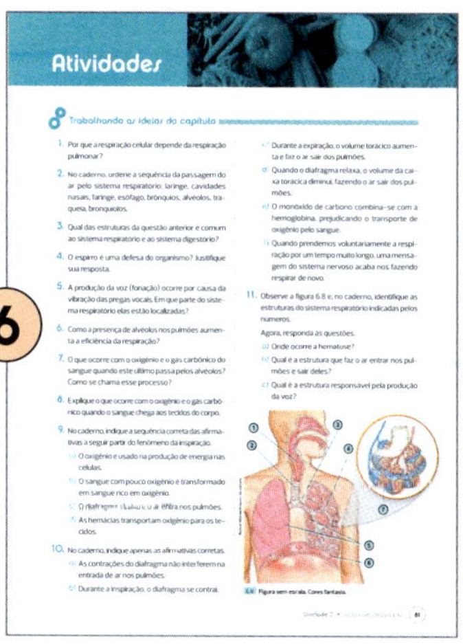

7

8

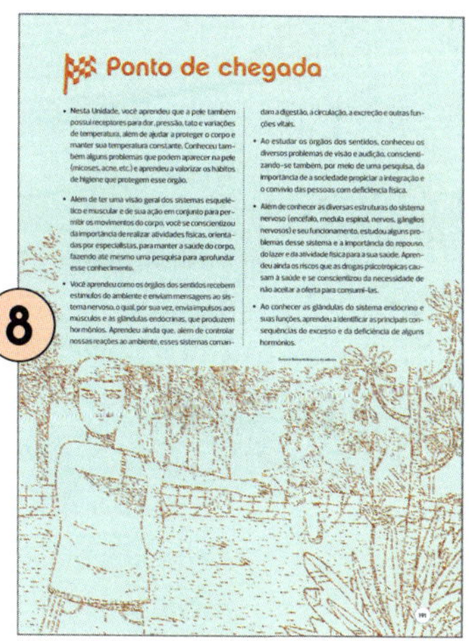

⑤ Glossário

Os termos grafados em azul remetem ao **glossário** na lateral da página. Ele apresenta o significado e a origem de muitas palavras.

⑥ Atividades

Ao final de cada capítulo você vai encontrar questões para organizar e fixar os conceitos mais importantes, trabalhos em equipe, propostas de pesquisas e atividades práticas ligadas a experimentos científicos.

⑦ Leitura especial

Esta seção constitui um diferencial porque contextualiza os temas do volume, aplicando-os a um novo formato. A leitura recupera diversos contextos de Ciências com um foco diferente do que foi usado na maior parte do livro.

⑧ Ponto de chegada

Apresenta uma visão geral dos principais conteúdos da Unidade para que você possa refletir sobre o que aprendeu.

CONTEÚDO DIGITAL

Este ícone indica que há conteúdo digital disponível em: www.projetotelaris.com.br

Sumário

Unidade 1 — Como nosso corpo está organizado

Unidade 2 — As funções de nutrição

Denis Pepin/Shutterstock/Glow Images

Sumário

Unidade 3 • A relação com o ambiente e a coordenação do corpo

Alsu/Shutterstock/Glow Images

Unidade 4 • Sexo e reprodução

NinaMalyna/Shutterstock/Glow Images

Unidade 1

Omikron Omikron/Getty Images/Photo Researches RM

Superfície da língua humana mostrando as papilas gustatórias. (Ampliação de cerca de 50 vezes.)

Como nosso corpo está organizado

Nosso corpo é formado por várias partes que trabalham juntas e garantem o bom funcionamento do organismo.
Porém, somos mais do que um conjunto de partes.
Cada um de nós é uma pessoa: temos uma personalidade, com sentimentos, desejos e vontades. E tudo isso também influi no equilíbrio do organismo humano.

Ponto de partida

1. Como identificar em ilustrações e fotos as principais partes da célula e os principais tecidos que formam nosso corpo?
2. Que funções cada um desses tecidos exerce?

Capítulo 1

A célula

CONTEÚDO DIGITAL

1.1 Na foto abaixo, você vê células do fígado ao microscópio de luz, ou óptico, com um aumento de cerca de 1000 vezes.

Não é só a curiosidade e a necessidade de compreender a natureza que fazem os cientistas estudarem a célula. Estudando as células, eles descobriram que, quando há problemas em seu funcionamento, podemos ficar doentes. Esse estudo ajuda então o cientista a compreender melhor a origem das doenças e facilita também a pesquisa de novos medicamentos e tecnologias.

Conhecendo melhor como a célula e todo o nosso corpo funcionam, podemos cuidar melhor da nossa saúde — entendemos a importância de fazer exercícios físicos, de ter uma alimentação adequada e de não fumar, por exemplo.

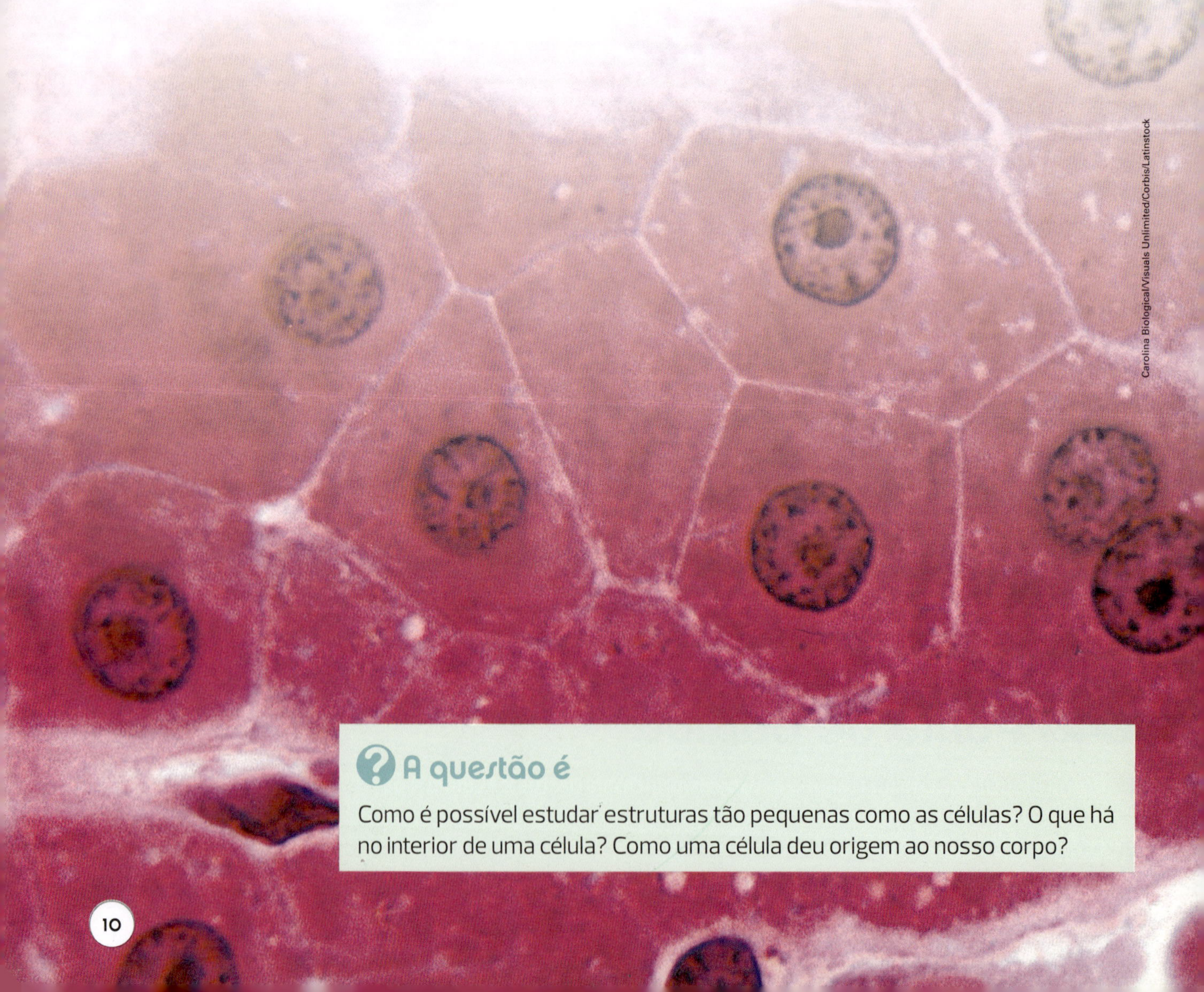

Carolina Biological/Visuals Unlimited/Corbis/Latinstock

A questão é

Como é possível estudar estruturas tão pequenas como as células? O que há no interior de uma célula? Como uma célula deu origem ao nosso corpo?

❶ Estudando a célula

No corpo de um ser humano adulto existem aproximadamente 65 trilhões de células. Em geral, elas são tão pequenas que não podem ser vistas a olho nu. De que maneira, então, as células podem ser estudadas?

O estudo da célula só começou de fato no século XVII, quando foi inventado o **microscópio**, um instrumento capaz de gerar imagens muito ampliadas.
Veja a figura 1.2.

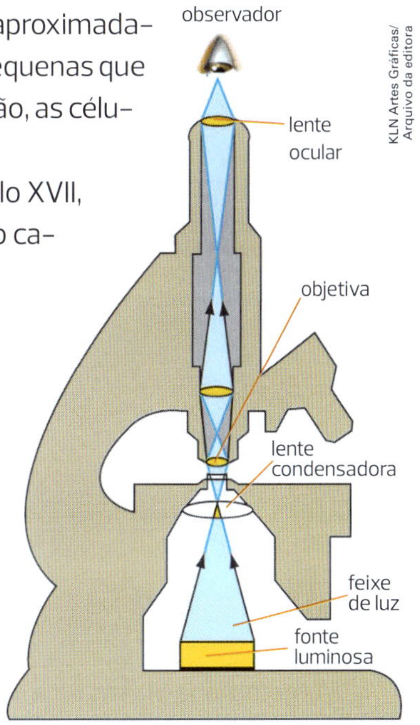

Esquema simplificado do funcionamento de um microscópio de luz.

1.2 **No microscópio de luz, também chamado de microscópio óptico, o objeto observado é atravessado por um feixe de luz. Essa luz passa por uma lente, chamada de objetiva, e depois por outra lente, a ocular. É comum o uso de um corante que se combine apenas com determinadas estruturas da célula, fornecendo um contraste que facilita a observação ao microscópio.**

Atenção!

Existe uma proposta de criar, para as Ciências da Saúde, um vocabulário único que seja aceito no mundo todo. De acordo com essa nova nomenclatura, sistema digestivo passa a ser sistema digestório; ouvido torna-se orelha; trompas de Falópio, tubas uterinas; etc. Neste livro vamos apresentar a terminologia tradicional e a nova para que você vá se familiarizando com as mudanças.

As células são unidades vivas, ou seja, são as menores partes de um organismo que possuem características que distinguem os seres vivos dos seres não vivos: elas podem se nutrir, crescer e se reproduzir. No interior das células ocorrem inúmeras transformações químicas, e tudo isso ocorre de forma controlada e organizada.

A maioria das células do nosso corpo tem de 5 micrômetros a 20 micrômetros de diâmetro, isto é, entre 0,005 mm e 0,02 mm.

Um micrômetro equivale à milésima parte do milímetro. A abreviatura de micrômetro é μm.

Mas, apesar de as células serem tão pequenas, no interior delas existem diversas estruturas que realizam as diferentes funções fundamentais para a vida. Essas estruturas são chamadas de **organelas** (*órganon*, em grego, significa 'órgão').

A maioria das organelas pode ser observada apenas por um tipo de microscópio, o microscópio eletrônico. A imagem aparece em uma tela e pode ser impressa em preto e branco ou ser colorida pelo computador. Enquanto os microscópios ópticos usuais podem produzir imagens ampliadas até cerca de 1,5 mil vezes, no microscópio eletrônico a ampliação é superior a 400 mil vezes. Veja a figura 1.3.

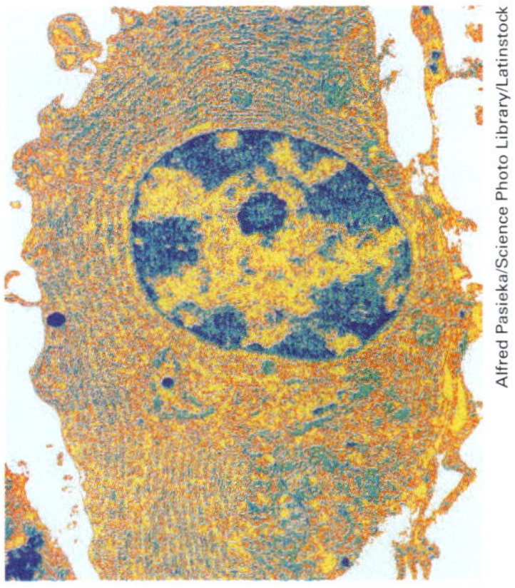

Célula humana vista ao microscópio eletrônico (aumento de cerca de 10 mil vezes; cores artificiais, isto é, cores obtidas com recursos de computação gráfica).

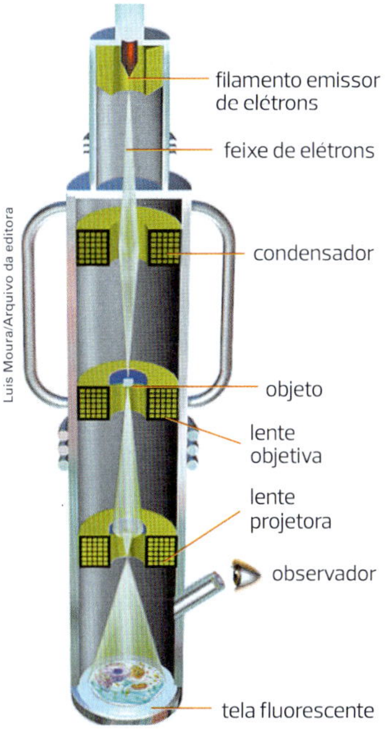

Esquema simplificado do funcionamento de um microscópio eletrônico: as lentes e o condensador são eletroímãs que desviam o feixe de elétrons que atravessa o objeto e forma a imagem.

1.3 **O microscópio eletrônico e a imagem de uma célula vista com esse instrumento.**

Partes de uma célula

A estrutura de uma célula humana pode ser vista na figura 1.4.

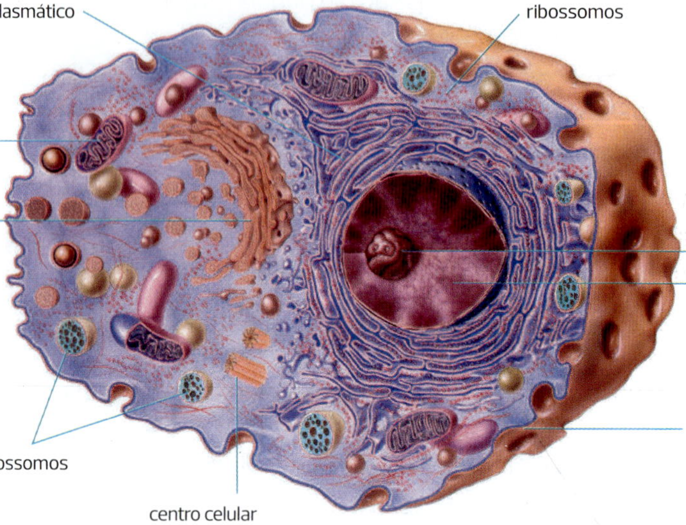

1.4 **Ilustração de célula humana (10 µm a 50 µm de diâmetro, em média). (Os elementos da figura não estão na mesma escala. Isso significa que algumas partes da figura foram reduzidas e outras ampliadas em relação ao tamanho natural. As cores que você vê nesta figura não são reais: trata-se de um recurso didático que facilita a visualização das partes da célula. Neste livro, isso é indicado pela expressão "cores fantasia" nas legendas de imagens.)**

A **membrana plasmática** é uma película que envolve a célula e regula tudo o que entra e o que sai dela. Os nutrientes, o oxigênio e as substâncias que são eliminados pela célula passam sempre pela membrana, que funciona como uma espécie de portão: permite a passagem de certas substâncias e impede a passagem de outras.

O **citoplasma** (do grego *kytos*, 'célula', e *plasma*, 'aquilo que dá forma') é a parte da célula que fica entre a membrana e o núcleo. Nele há um material gelatinoso, chamado citosol, onde várias organelas estão mergulhadas. No citoplasma ocorrem muitas transformações químicas fundamentais para o organismo.

Os **ribossomos** ('ribo' se refere ao ácido ribonucleico presente nessa organela) são pequenos grãos que podem estar espalhados pelo citoplasma ou grudados às membranas de uma estrutura maior, chamada retículo endoplasmático. Os ribossomos fabricam proteínas, uma substância importante para a formação das células de todos os seres vivos. Quando uma célula cresce, por exemplo, ela precisa fabricar proteínas, com as quais vai produzir mais citoplasma e organelas.

A Z

Retículo é o diminutivo de rede e *endos*, em grego, significa 'interior'.

O **retículo endoplasmático** é uma rede de pequenos canais e bolsas que forma uma estrutura semelhante a um labirinto dentro da célula. Muitas substâncias, como as proteínas e os lipídios, podem ser levadas a diferentes partes da célula por meio desses canais. As proteínas são transportadas pelos canais do retículo endoplasmático granuloso (também chamado rugoso), que possui ribossomos aderidos às membranas. Já os lipídios (gorduras) são produzidos e transportados pelo retículo endoplasmático não granuloso (ou liso), que não possui ribossomos aderidos às membranas.

Esse nome foi dado em homenagem ao cientista italiano Camilo Golgi (1844-1926), que descreveu essa organela.

O **complexo golgiense** é um conjunto de bolsas que armazenam proteínas que serão transferidas para fora da célula. As proteínas são fabricadas pelos ribossomos grudados ao retículo endoplasmático granuloso. Depois, elas são levadas pelo retículo endoplasmático granuloso ao complexo golgiense, onde ficam armazenadas até serem lançadas para fora da célula.

A **mitocôndria** (do grego *mitos*, 'filamento', e *condria*, 'partícula') é a organela encarregada de extrair energia dos nutrientes utilizando o gás oxigênio. A célula usa essa energia para realizar as suas atividades.

O processo que libera energia e ocorre nas mitocôndrias consiste em uma série de reações químicas e é conhecido como **respiração celular aeróbia** (do grego *aér*, 'ar').

A principal substância utilizada pela célula para a liberação de energia é um açúcar, chamado glicose. A respiração aeróbia utiliza o gás oxigênio e produz gás carbônico e água. Esse processo pode ser resumido da seguinte forma:

$$\text{glicose} + \text{oxigênio} \longrightarrow \text{gás carbônico} + \text{água} + \text{energia}$$

Os **lisossomos** (do grego *lise*, 'quebra', 'destruição', e *soma*, 'corpo') são pequenos "pacotes de enzimas". Enzimas são substâncias que facilitam as reações químicas. As enzimas do lisossomo atuam na digestão de alguns alimentos que certas células obtêm do ambiente ou mesmo na digestão de organelas da própria célula. Neste último caso os lisossomos agem na renovação de partes da célula.

Ribossomos ou mitocôndrias desgastados, por exemplo, são digeridos pelos lisossomos, e seus componentes são reaproveitados pela célula.

O **núcleo** é o centro de controle da célula, onde há fios microscópicos, os **cromossomos** (do grego *kroma*, 'cor', e *soma*, 'corpo'). A figura 1.5 mostra, organizados em pares, os 46 cromossomos humanos, nos quais se encontra o **ácido desoxirribonucleico** (ou **DNA**). O DNA é o material químico do qual é feito o gene, contido no cromossomo. O gene, por sua vez, é a unidade básica da hereditariedade, pois ele controla a produção de proteínas na célula, e as proteínas atuam nas características dos seres vivos: cor dos olhos, cor da pele, tipo de nariz, etc.

A Z

Ácido desoxirribonucleico pode ser abreviado na língua portuguesa por ADN. Mas é comum, até mesmo no Brasil, a adoção da sigla DNA, que vem do inglês *deoxyribonucleic acid*.

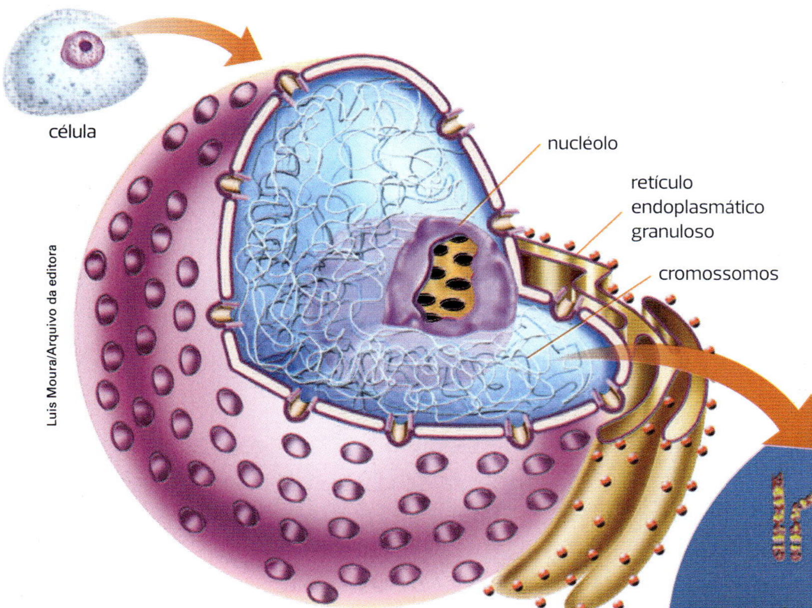

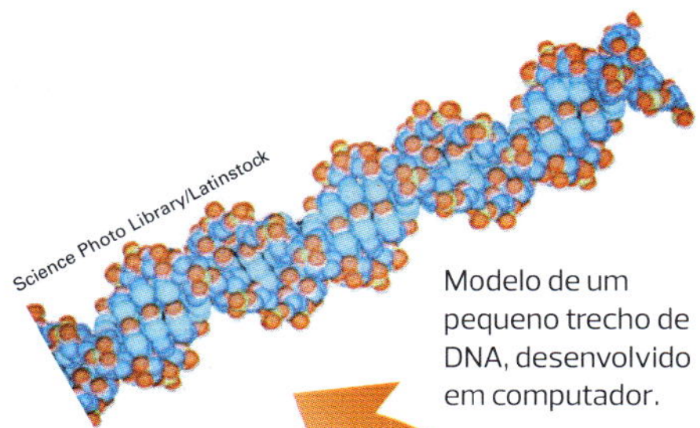

Modelo de um pequeno trecho de DNA, desenvolvido em computador.

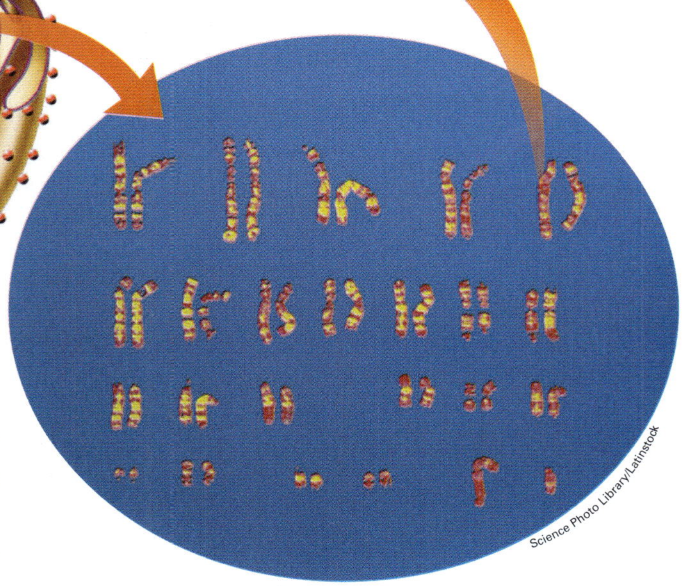

Cromossomos humanos vistos ao microscópio (aumento de cerca de 4 mil vezes; cores artificiais) e organizados em pares.

1.5 O núcleo, os cromossomos humanos e o DNA, a substância química formadora do gene. (Ilustração sem escala. Cores fantasia.)

No núcleo encontra-se também o **nucléolo**. É nele que o material químico que vai formar os ribossomos se acumula antes de migrar para o citoplasma.

O **centro celular** é formado por dois cilindros (chamados centríolos) que ajudam nos movimentos dos cromossomos quando a célula se divide em duas.

2 Da célula ao organismo

Todos nós já fomos, um dia, uma única célula, a **célula-ovo** ou **zigoto** (*zigo* indica 'união'). A célula-ovo é formada pela união de duas outras células: o **espermatozoide**, produzido pelo homem, e o **óvulo**, produzido pela mulher. Durante o ato sexual, os espermatozoides são lançados no interior do sistema genital feminino e lá um deles vai se unir ao óvulo e formar a célula-ovo. Essa união do espermatozoide com o óvulo recebe o nome de **fecundação**. Observe a figura 1.6.

Na espécie humana, essa união ocorre entre o espermatozoide e o ovócito secundário, uma célula que antecede o óvulo. A maturação do óvulo só se completa se o ovócito secundário for fecundado.

A célula-ovo contém genes do pai, que estavam no interior do espermatozoide, e genes da mãe, que estavam no óvulo. Portanto, o novo ser vivo terá uma combinação dos genes paternos com os maternos em suas células. Isso explica por que todas as pessoas têm tanto características do pai quanto da mãe.

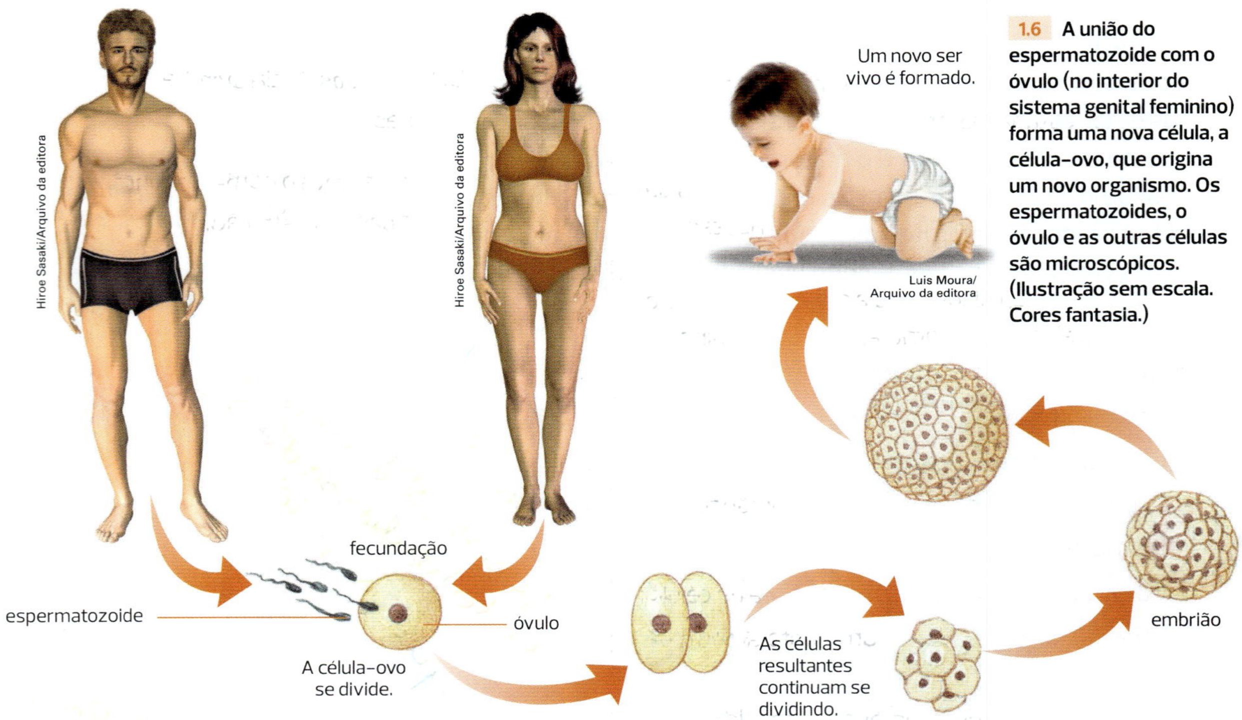

1.6 A união do espermatozoide com o óvulo (no interior do sistema genital feminino) forma uma nova célula, a célula-ovo, que origina um novo organismo. Os espermatozoides, o óvulo e as outras células são microscópicos. (Ilustração sem escala. Cores fantasia.)

Logo depois de formada, a célula-ovo se divide e dá origem a duas células. O núcleo também se divide em dois, e cada célula-filha fica com um núcleo próprio.

Em um processo que se repete muitas vezes, as células-filhas vão se dividir até formar todas as células do corpo e dar origem a um novo indivíduo. Reveja a figura 1.6.

Além da divisão das células, há outro fenômeno importante na formação de um novo ser vivo: as células vão se tornando diferentes umas das outras. E, assim, são formados grupos de células especializadas na realização de certas funções, os tecidos, como veremos no capítulo a seguir.

Essa divisão é importante também no processo de substituição das células que morrem em vários tecidos ao longo da vida.

Mundo virtual

Invivo

<www.invivo.fiocruz.br/celula>

Objeto educacional digital que apresenta a história do microscópio e informações sobre células, estrutura celular e tecidos.

Acesso em: 2 abr. 2015.

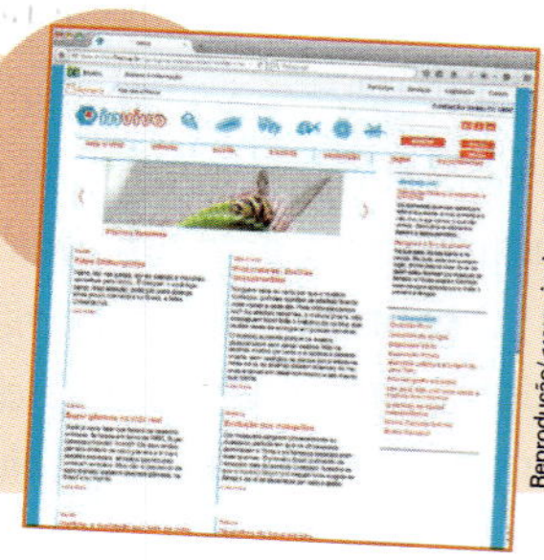

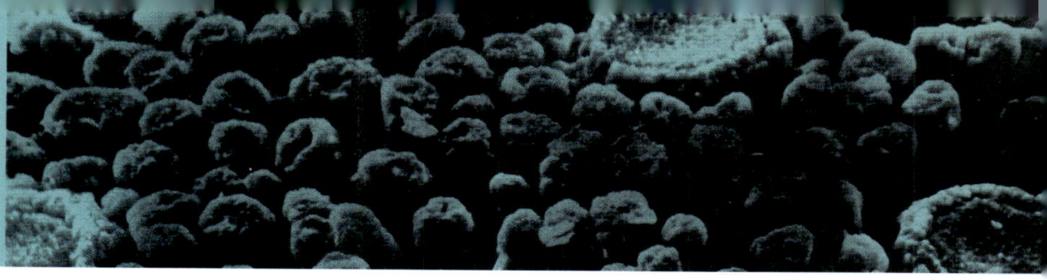

Atividades

Trabalhando as ideias do capítulo

Organize suas ideias

A atividade *Trabalhando as ideias do capítulo* ajuda você a revisar o que aprendeu. Além disso, você pode usar essa atividade como um roteiro, elaborando um resumo do capítulo. Mas não vale só copiar as respostas! Tente redigir de fato o roteiro, dando-lhe organização — um começo, um desenvolvimento e um final —, além de coerência e objetividade. É importante também prestar atenção ao vocabulário e à ortografia.

1. As células não são visíveis a olho nu. Como, então, podemos estudá-las com tantos detalhes?

2. Você conheceu neste capítulo algumas partes da célula, como a membrana plasmática, o ribossomo, a mitocôndria, o retículo endoplasmático, o complexo golgiense, o lisossomo e o núcleo. Agora, no caderno, relacione as características a seguir com as partes mencionadas acima:

a) fabrica proteínas;

b) fornece energia à célula;

c) controla a entrada e a saída de substâncias;

d) é o local onde ficam os genes;

e) armazena e lança proteínas para fora da célula;

f) transporta proteínas de um ponto a outro da célula;

g) faz a digestão de substâncias ingeridas pela célula ou de partes da própria célula.

3. No caderno, indique as afirmativas verdadeiras.

a) As células são quase sempre microscópicas.

b) Todas as células de nosso corpo são iguais.

c) Os cromossomos contêm os genes e estão localizados nos ribossomos.

d) Apenas os genes influenciam em nossas características.

e) As organelas (mitocôndrias, ribossomos, lisossomos, etc.) realizam diferentes funções no interior da célula.

f) A unidade de medida do micrômetro corresponde à milésima parte do metro.

g) O DNA é a substância química que forma nossos genes.

4. No caderno, escreva o nome e a função das organelas indicadas na ilustração.

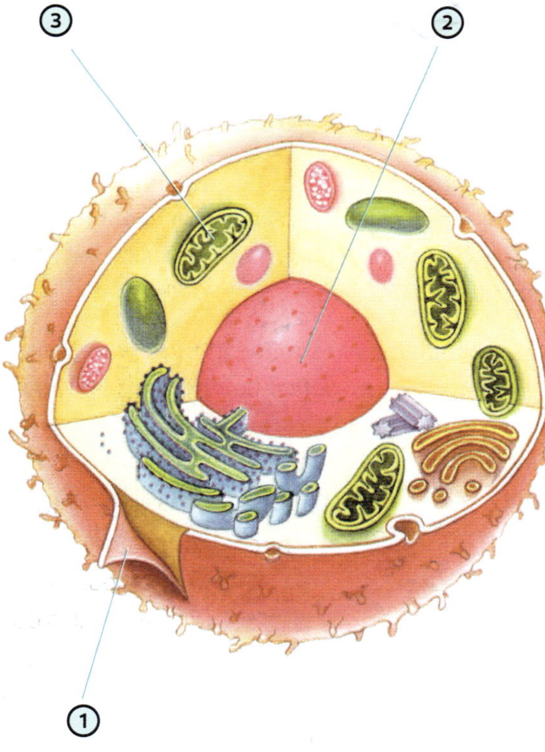

Luis Moura/Arquivo da editora

1.7 Ilustração sem escala. Cores fantasia.

5. Todos nós já fomos uma única célula e hoje nosso corpo é formado por cerca de 65 trilhões de células. Explique como isso ocorreu.

6. Dê uma justificativa para a seguinte afirmação: Toda célula provém de uma célula preexistente.

Pense um pouco mais

1. Você sabe dizer por que um objeto deve ser bem fino ao ser observado ao microscópio de luz ou óptico?
2. As células de um músculo, geralmente, possuem muitas mitocôndrias. Por que isso é importante para essas células?
3. Considerando as informações deste capítulo, elabore uma defesa bem fundamentada sobre a afirmativa: "As células são vivas".
4. A maioria das células de um elefante tem praticamente o mesmo tamanho das células de um animal bem menor, o rato, considerando células do mesmo tipo. Em relação às células, o que explicaria a diferença de tamanho entre os dois animais?
5. Imagine um pouco de gelatina envolvida por um papel-celofane. Espalhados na gelatina, há vários pedaços de frutas (maçã, passas, etc.) e, no centro dela, uma ameixa inteira. Você acaba de imaginar um *modelo* de célula, isto é, algo que não é a célula real, mas que representa algumas de suas características.
   a) Identifique as partes da célula que podem ser comparadas à gelatina, ao celofane, aos pedaços de frutas e à ameixa.
   b) Critique essa comparação, indicando diferenças entre a célula real e o modelo celular apresentado.

De olho no texto

- Leia o texto abaixo e depois responda às questões.

As doenças e as células

Não é só a curiosidade que faz o cientista estudar a célula. O bom funcionamento do organismo depende do bom funcionamento das células e da estrutura delas.

Problemas nas mitocôndrias, por exemplo, podem provocar *deficit* de energia, e as células mais afetadas são justamente as que consomem mais energia, como a célula muscular e a célula nervosa. Com isso, o funcionamento dos músculos e dos nervos é prejudicado e podem surgir problemas cardíacos, falta de coordenação motora, fraqueza muscular, entre outros.

a) Qual é a organela mencionada no texto? Que função ela tem?

b) Por que o mau funcionamento dos músculos pode provocar problemas cardíacos?

c) Você acha que o estudo da célula ajuda os cientistas a compreender e a tratar melhor as doenças? Justifique sua resposta.

d) Consulte em dicionários o significado das palavras que você não conhece, redigindo então de seu próprio punho uma definição para essas palavras.

Mexa-se!

- Em geral, as células são muito pequenas. Tão pequenas que não conseguimos enxergá-las a olho nu. Em certo trecho deste capítulo se afirma que geralmente as células humanas têm de 0,005 mm a 0,02 mm de diâmetro. Mas... você tem ideia dessas dimensões?

Utilizando uma régua escolar, em seu caderno, trace um segmento de reta que meça 10 cm. Depois, abaixo, trace outro segmento de 1 cm. Como seria um segmento de 1 mm? Trace-o, se puder.

Então, imagine: quantas células de 0,005 mm de diâmetro cabem enfileiradas nesse segmento de reta de 1 mm? Quantas de 0,02 mm de diâmetro?

Capítulo

2 Células organizadas em tecidos

No capítulo anterior você viu que, no processo de formação de um ser vivo, ocorre uma série de divisões celulares. Também viu que as células vão se tornando diferentes, vão se especializando. Algumas células, por exemplo, tornam-se alongadas e são capazes de se contrair; outras acumulam gordura no seu interior (veja a figura 2.1). Formam-se, assim, grupos de células especializadas na realização de certas funções: os tecidos. A parte da Biologia responsável pelo estudo dos tecidos é a Histologia, do grego *histo*, que significa 'tecido', e *logos*, 'estudo'.

Há quatro tipos principais de tecidos: epitelial, conjuntivo, muscular e nervoso.

Steve Gshmeissner/SPL/Latinstock

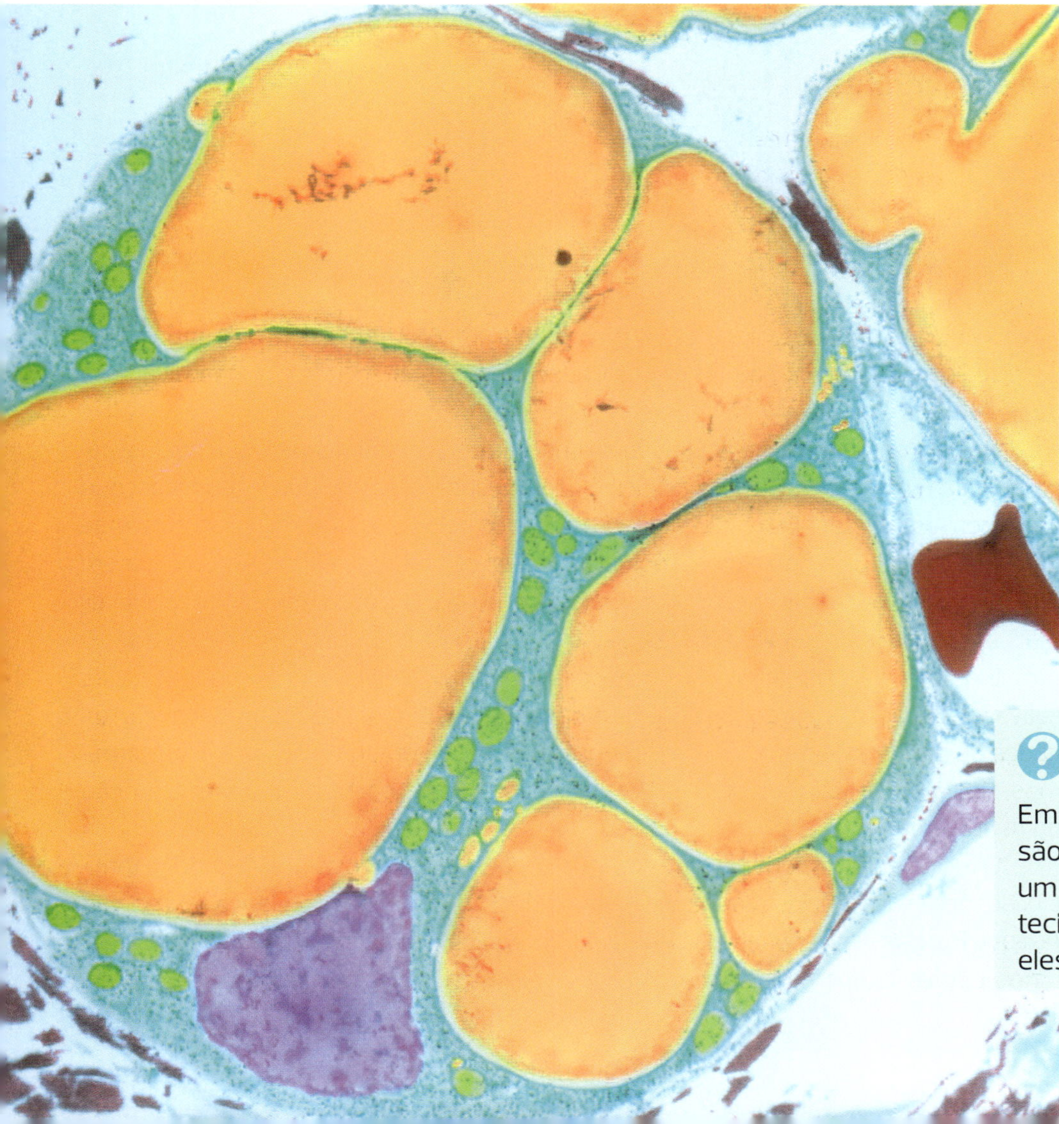

2.1 Célula adiposa ao microscópio eletrônico (aumento de cerca de 8 000 vezes; imagem colorizada por computador).

A questão é

Em que partes do corpo são encontrados cada um dos quatro tipos de tecidos? Que funções eles exercem no corpo?

1 Tecido epitelial

O **tecido epitelial**, também chamado **epitélio**, é formado por células bem unidas e com pouco material entre suas células. Ele está presente na pele e também forra a cavidade de órgãos como estômago, coração, brônquios, etc. Funciona como uma barreira contra agentes estranhos que podem invadir o corpo e nos deixar doentes (vírus, bactérias e fungos, por exemplo).

O tecido epitelial que se encontra na pele é chamado de **epiderme**. Além de proteger o corpo contra os organismos invasores, a epiderme o defende da ação de certos produtos químicos, e também do atrito e do sol. Observe a figura 2.2.

Epiderme vem do grego *epi*, 'acima', e *derma*, 'pele'.

Hormônio é uma substância química que regula determinada função no organismo. A prolactina, por exemplo, estimula a produção de leite, e o hormônio de crescimento age no desenvolvimento ósseo.

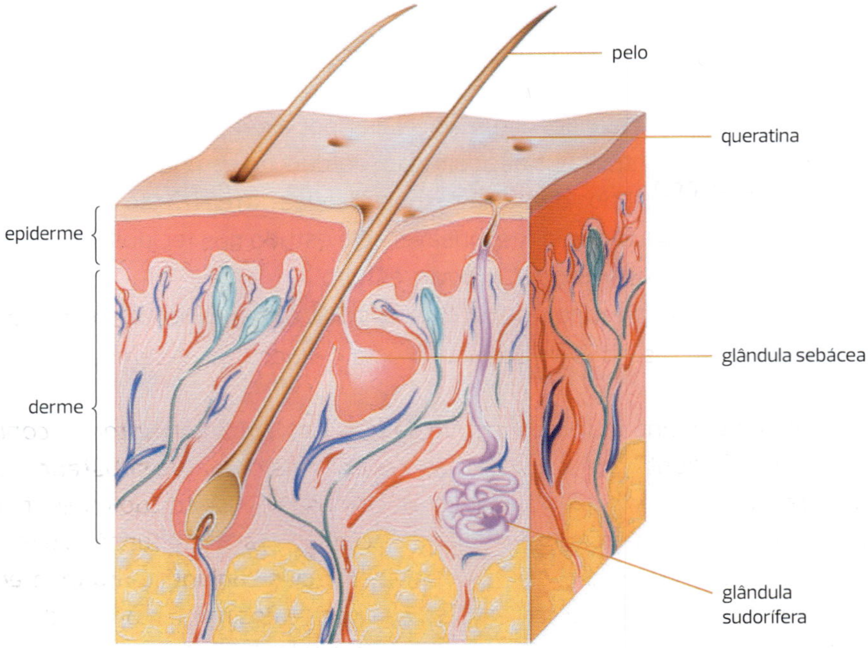

2.2 Na pele, o tecido epitelial forma a epiderme, a glândula sudorífera e a sebácea. (Os elementos da ilustração não estão na mesma escala. Cores fantasia.)

A epiderme impede, ainda, que o corpo perca um volume excessivo de água. Células epiteliais da camada mais externa produzem uma substância impermeabilizante, a queratina.

Os cabelos, os pelos e as unhas também são compostos de queratina.

Na pele encontram-se as glândulas sudoríferas (chamadas também de sudoríparas pela terminologia antiga), que produzem o suor, e as glândulas sebáceas, que produzem as substâncias que lubrificam a pele e os pelos. Essas glândulas são formadas também por um tipo de tecido epitelial. Nesses casos, as células se especializaram em produzir substâncias importantes para o corpo, as secreções. Você vai conhecer mais sobre a pele no Capítulo 10 deste livro.

Existem outras glândulas no corpo: as glândulas mamárias, as lacrimais, as salivares, a hipófise, a tireoide, etc. Em todas elas existem células epiteliais encarregadas da produção de substâncias importantes para o organismo, como leite, lágrimas, saliva, enzimas e **hormônios**. Produzir secreções é, portanto, mais uma função do tecido epitelial.

O tecido epitelial pode ter ainda outras funções: o que forra o intestino, por exemplo, absorve substâncias resultantes da digestão de alimentos e as lança no sangue. Já o que forra as vias respiratórias (traqueia, brônquios, bronquíolos) produz uma substância pegajosa (chamada de muco), na qual ficam grudadas as partículas de poeira e os germes que entram no corpo com o ar. Depois, o muco é varrido para fora do organismo por pequenos fios, os cílios, encontrados em outras células. Veja a figura 2.3.

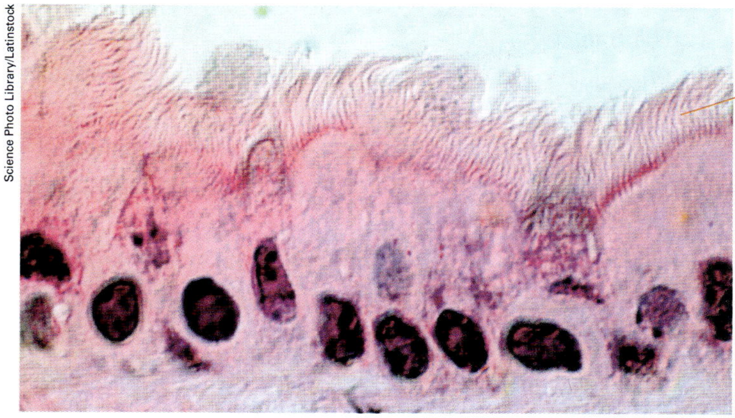

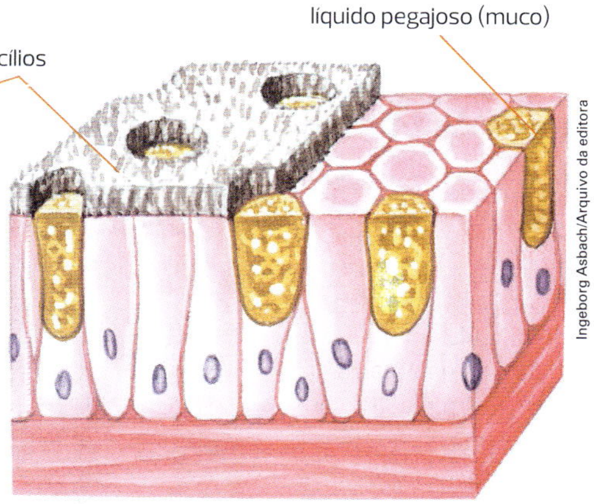

2.3 Tecido que forra parte do sistema respiratório (brônquio). Visto ao microscópio óptico (aumento de cerca de 800 vezes; com o uso de corantes) e em esquema (as células são microscópicas; cores fantasia).

2 Tecido conjuntivo

Volte a observar com cuidado a figura 2.2. Você é capaz de dizer por que a pele não é um tecido, e sim um órgão?

A pele é formada pela epiderme (tecido epitelial) e pela **derme** (tecido conjuntivo). E um órgão é justamente isto: a união de tecidos que desempenham funções diferentes.

O tecido conjuntivo (ou conectivo, já que, em latim, *conjuntare* e *connectare* significam 'unir', 'juntar') possui um material entre as células, a **substância intercelular**, que colabora em suas atividades. Há vários tipos de tecido conjuntivo, e em cada um deles a substância intercelular e as células assumem funções diferentes.

Na derme, por exemplo, existe o chamado **tecido conjuntivo propriamente dito**, que contém uma substância intercelular gelatinosa e fios microscópicos de proteínas — as fibras — que dão resistência e elasticidade à pele.

As fibras mais comuns no tecido conjuntivo são as fibras colágenas, feitas da proteína chamada colágeno (do grego, *kolla*, 'cola', e *gennon*, 'produzir'). Elas são muito resistentes à tração. Outro tipo de fibra são as fibras elásticas, feitas da proteína elastina. Como o nome indica, essas fibras têm bastante elasticidade. Veja a figura 2.4.

O tendão, por exemplo, que liga os músculos aos ossos, possui muitas fibras colágenas.

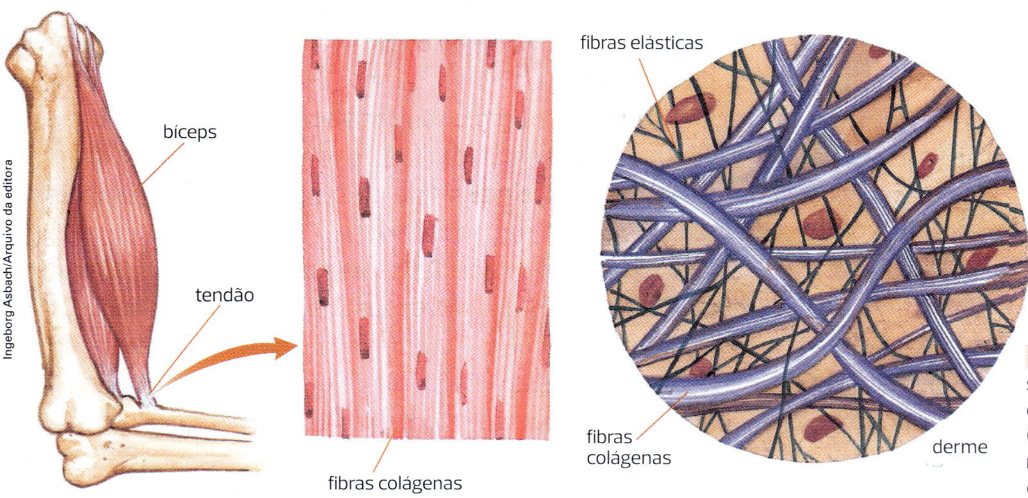

2.4 O tendão e a derme são tecidos conjuntivos com muitas fibras. (Os elementos ilustrados não estão na mesma escala; cores fantasia.)

Você já ouviu falar em um procedimento chamado lipoaspiração?

Trata-se de uma cirurgia que retira parte da gordura que se encontra sob a derme. Essa gordura faz parte de outro tipo de tecido conjuntivo, o **tecido adiposo**, situado na chamada tela subcutânea ou hipoderme.

O tecido adiposo é rico em células que armazenam gordura, as **células adiposas** ou **adipócitos**.

A gordura pode servir de reserva de energia, além de ser um bom isolante térmico (protege o corpo contra o frio). É também uma proteção contra pancadas ou choques mecânicos.

Apesar de a gordura exercer funções importantes para o organismo, o excesso de tecido adiposo, como acontece na obesidade, pode causar sérios problemas de saúde.

No osso também se encontra um tipo de tecido conjuntivo, chamado de **tecido conjuntivo ósseo**. Nesse caso, a substância intercelular é rica em sais minerais de cálcio e fibras de colágeno, o que torna o osso rígido e resistente. Portanto, além de sustentar o corpo, os ossos protegem certos órgãos, como o cérebro e a medula espinal, e apoiam os músculos, permitindo os movimentos do corpo. Você vai saber mais sobre nosso esqueleto no Capítulo 11 deste livro.

As células ósseas ou **osteócitos** (do grego, *osteon*, 'osso') recebem nutrientes e oxigênio pelos vasos sanguíneos localizados em canais que passam por dentro do osso. Desses canais saem pequenos canais (canalículos) que levam o alimento e o oxigênio até as células. Veja a figura 2.5.

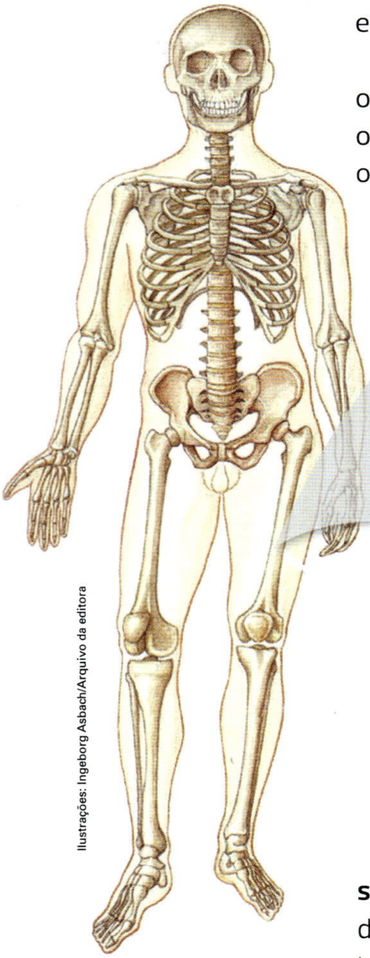

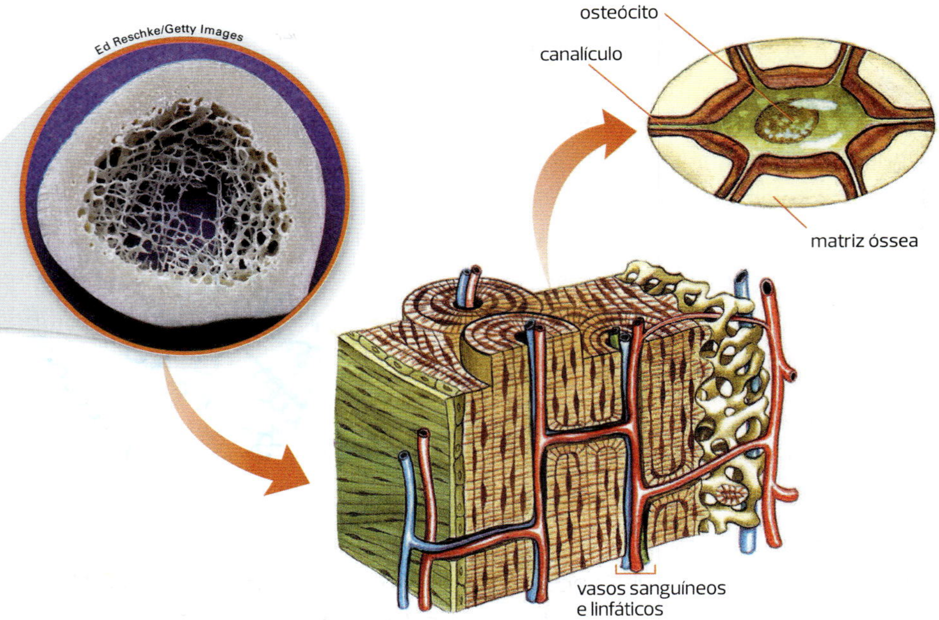

Ilustrações: Ingeborg Asbach/Arquivo da editora

2.5 Esqueleto e representação de tecido ósseo. Na foto, corte transversal de um osso longo. (Os elementos da ilustração não estão na mesma escala. Cores fantasia.)

Outro tipo de tecido conjuntivo é o **tecido conjuntivo cartilagíneo** (ou **cartilaginoso**), também conhecido como **cartilagem**. A cartilagem é resistente, mas, ao contrário do osso, é flexível. Isso porque, em vez de sais de cálcio, ela possui uma substância intercelular cuja consistência lembra a da borracha.

O tecido cartilaginoso é encontrado em locais onde tanto a sustentação quanto a flexibilidade são necessárias: o pavilhão auricular (na orelha externa), o nariz, as vias respiratórias, entre outros. Além disso, quase todo o esqueleto do embrião é formado inicialmente por cartilagem. Há cartilagem também entre as vértebras (os ossos que compõem a coluna vertebral), onde forma os discos intervertebrais. Esses discos funcionam como "almofadas", pois amortecem os choques contra a coluna quando andamos ou corremos.

A cartilagem também cobre a superfície dos ossos nas articulações, isto é, nos locais onde eles se encontram (joelhos, cotovelos, tornozelos, etc.), o que facilita o deslizamento deles.

A figura 2.6 mostra alguns exemplos de partes do corpo onde existe cartilagem.

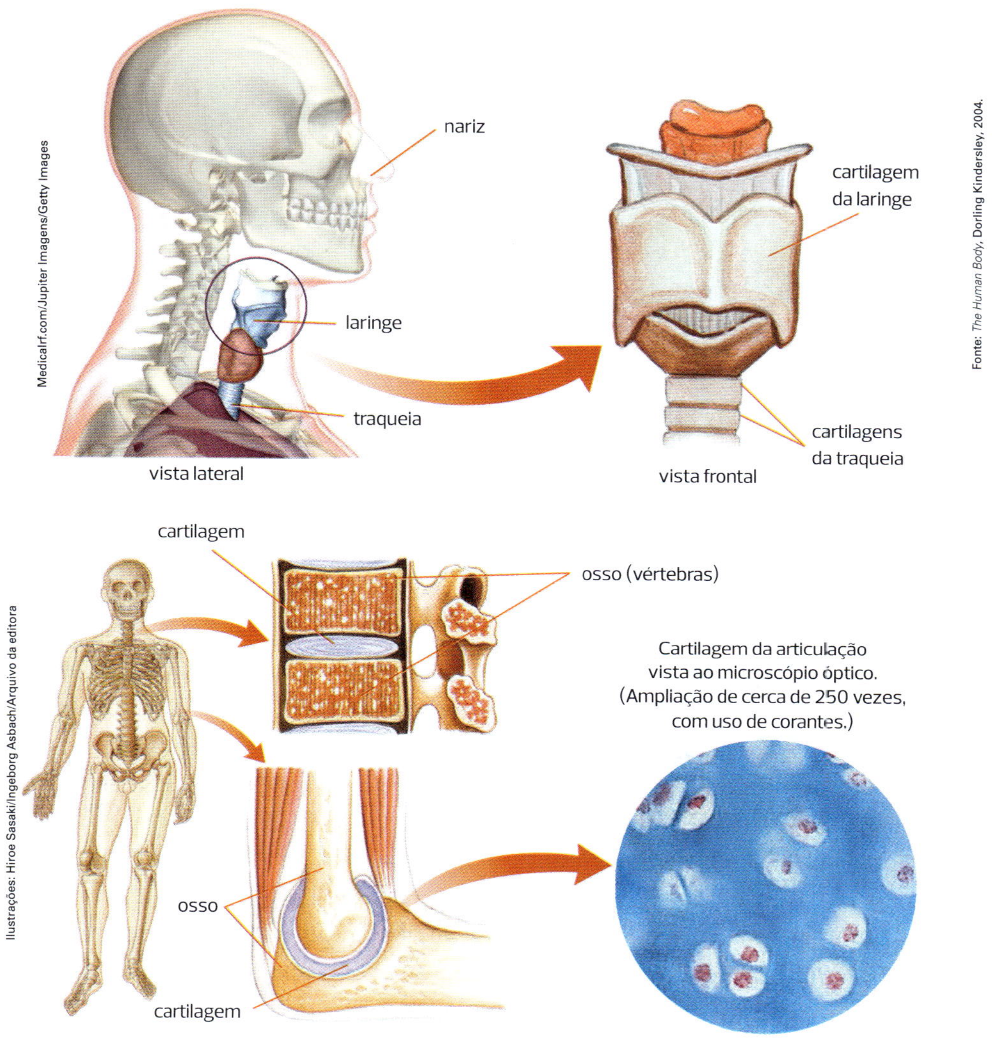

2.6 **A cartilagem dá sustentação à laringe e à traqueia e reduz o atrito entre os ossos. Nos discos intervertebrais, ela dá flexibilidade à coluna e amortece os choques. (Ilustração sem escala. Cores fantasia.)**

O **sangue** é outro tipo de tecido conjuntivo. Suas células estão mergulhadas em uma substância intercelular líquida, o plasma, formado por água e diversas substâncias dissolvidas. No plasma são transportados alimentos e resíduos de uma parte do corpo para outra.

Os elementos mais numerosos do sangue são as hemácias ou glóbulos vermelhos. Esses elementos transportam o oxigênio dos pulmões para os tecidos do corpo.

Já os glóbulos brancos, também chamados de leucócitos, encarregam-se da defesa do organismo: eles destroem os microrganismos que invadem o nosso corpo. Veja a figura 2.7.

As plaquetas ajudam a estancar as hemorragias que ocorrem quando um vaso sanguíneo se rompe. Você vai estudar o sangue com mais detalhes no Capítulo 8 deste livro.

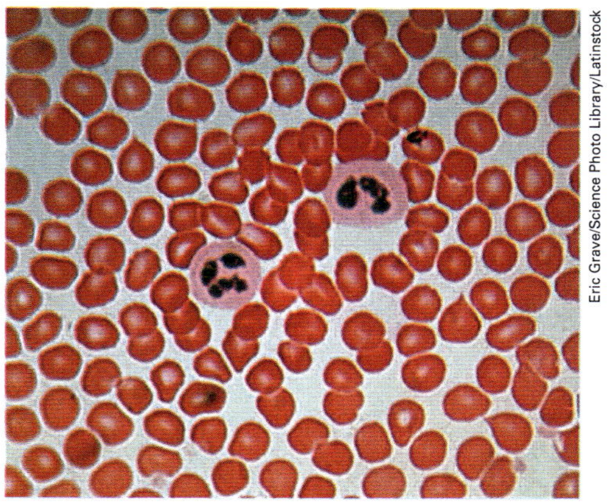

2.7 **Sangue visto ao microscópio óptico. Além das numerosas hemácias, dois glóbulos brancos aparecem próximos do centro da foto. (Ampliação de cerca de 200 vezes, com uso de corantes.)**

3 Tecido muscular

Essas células possuem filamentos de proteínas, chamados miofibrilas, que promovem a contração da célula.

As células do tecido muscular são capazes de se contrair e, assim, diminuir de tamanho. São essas contrações que geram os movimentos do corpo.

Existem três tipos de tecido muscular em nosso corpo, que podem ser observados na figura 2.8.

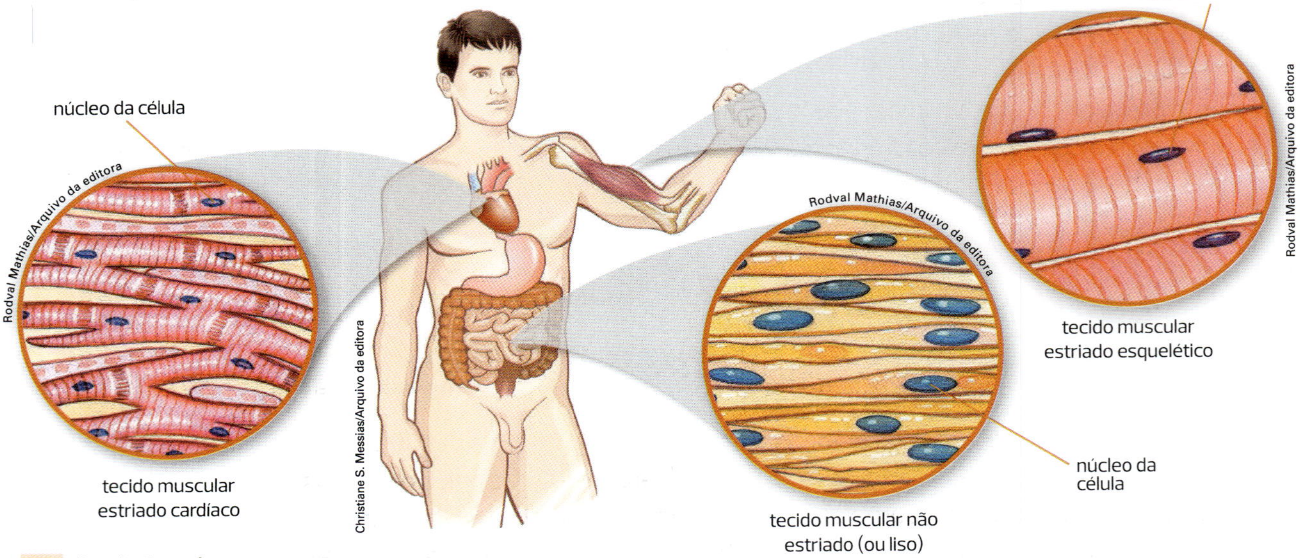

2.8 Os três tipos de músculo. (As células são microscópicas. Figura sem escala. Cores fantasia.)

O **tecido muscular estriado esquelético** forma os músculos presos aos ossos, os músculos esqueléticos. O músculo e suas células são também envolvidos por tecido conjuntivo e tecido adiposo.

Por serem alongadas, essas células musculares costumam ser denominadas **fibras musculares** ou **miócitos** (do grego, *mys*, 'músculo'). Vistas ao microscópio, elas apresentam listras ou estrias transversais. Vem daí o termo **estriado** para denominar esse tecido.

Se quisermos, podemos dobrar o braço para apanhar um objeto, mover a perna para chutar uma bola, girar o pescoço para o lado, etc.

Esses músculos podem ser controlados por nossa vontade. Isso quer dizer que podemos, conscientemente, controlar a contração deles. Por isso, dizemos que os músculos esqueléticos são **voluntários** ou têm contração voluntária.

Os músculos esqueléticos são encontrados também na face, na língua, no abdome e no diafragma, o músculo que ajuda o ar a entrar e sair dos pulmões.

O **tecido muscular não estriado** (ou **liso**) é formado por células alongadas (as fibras) e afinadas nas pontas. Ele se encontra em diversos órgãos ocos do nosso corpo: o tubo digestório, a bexiga urinária, a traqueia e os brônquios, o útero, e também as artérias e veias.

Esse músculo é **involuntário**, ou seja, sua contração não pode ser controlada por nossa vontade. São os músculos lisos do estômago e intestino que se contraem quando ocorrem as cólicas intestinais, quando você ouve o estômago "roncar" de fome e também enquanto o alimento é impulsionado ao longo do tubo digestório. Mas, na maior parte do tempo, não nos damos conta do trabalho desses músculos.

Há também o **tecido muscular estriado cardíaco**, que é encontrado no coração; suas contrações têm a função de impulsionar o sangue pelo corpo. Trata-se de um músculo involuntário e, ao microscópio, podem ser observadas listras em suas células. Você vai conhecer mais sobre os músculos do nosso corpo no Capítulo 11 deste livro.

4 Tecido nervoso

Imagine tudo o que ocorre em seu organismo quando você escuta algo do tipo: "O jantar está na mesa!". O sistema nervoso recebe uma mensagem do órgão auditivo, analisa essa informação e comanda uma série de movimentos em seu corpo.

Tudo isso é feito pelo tecido nervoso. As mensagens são conduzidas por células nervosas, também chamadas de **neurônios** (do grego, *nêuron*, 'nervo') que são as principais células desse tecido (há também outras células, encarregadas de nutrir e proteger os neurônios).

Veja na figura 2.9 que há uma região no neurônio — o **corpo celular** — onde se localizam o núcleo e boa parte do citoplasma. Do corpo celular saem dois tipos de prolongamento: os **dendritos** (do grego, *dendron*, 'árvore') e o **axônio** (do grego *axon*, 'eixo').

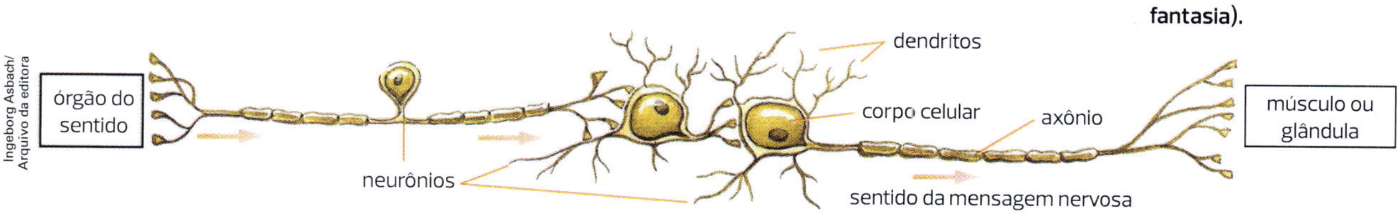

2.9 Os neurônios recebem mensagens de diversas partes do corpo e as transmitem a outros neurônios, músculos e glândulas (as células são microscópicas; ilustração sem escala; cores fantasia).

O sistema nervoso tem uma organização impressionante: são cerca de 100 bilhões de neurônios, cada qual recebendo mensagens de milhares de outros pelos dendritos ou pelo corpo celular (alguns neurônios do cérebro chegam a ter 50 mil dendritos). A mensagem pode seguir então para outros milhares de neurônios ou para um músculo ou uma glândula. Essas mensagens, chamadas de impulsos nervosos, fazem então o músculo se contrair ou uma glândula eliminar secreções. Você vai aprender sobre o sistema nervoso no Capítulo 13.

5 Órgãos e sistemas

Estômago, coração, pulmões, cérebro e rins são alguns exemplos de **órgãos** do corpo humano. Cada órgão é formado por conjuntos de células, os tecidos. Veja alguns tecidos do estômago na figura 2.10.

Os órgãos, por sua vez, estão reunidos formando **sistemas**, como o sistema digestório e o respiratório.

Ao longo deste livro você vai descobrir como os sistemas, trabalhando em conjunto, executam todas as nossas atividades.

2.10 Um órgão formado por tecidos dispostos ordenadamente. (As células são microscópicas. Figura sem escala. Cores fantasia.)

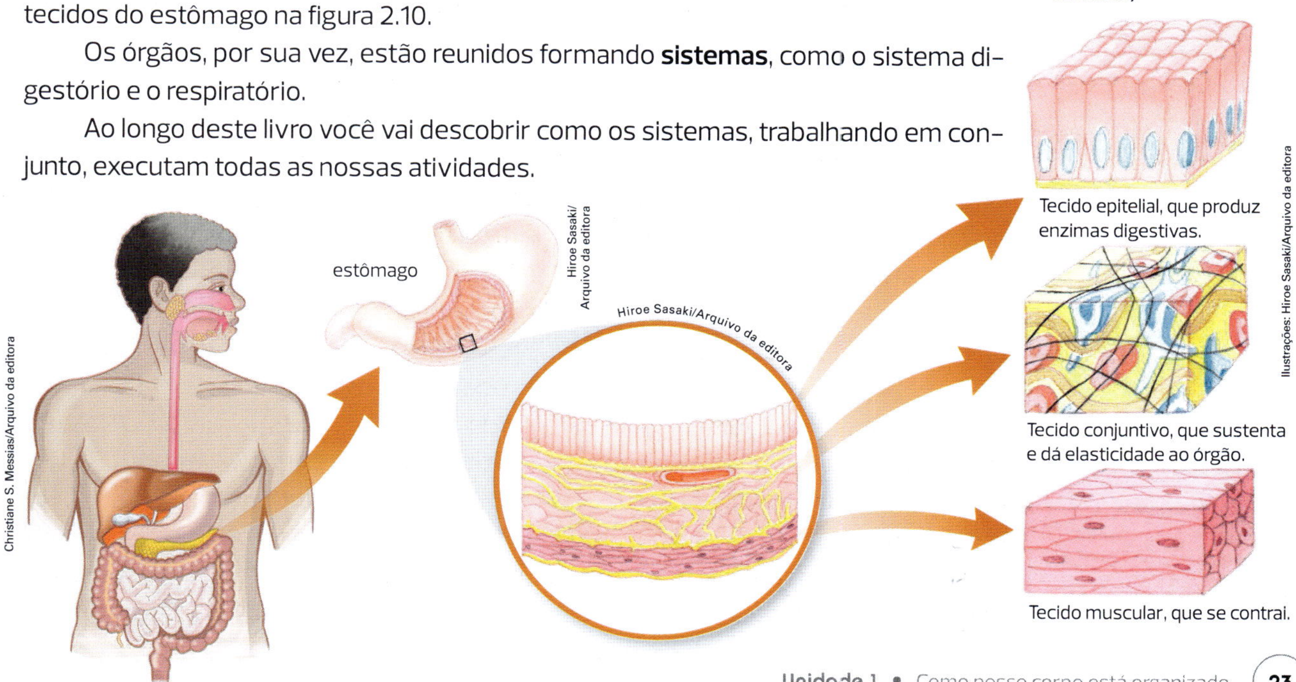

Ciência e saúde

CONTEÚDO DIGITAL

Quando a divisão celular fica sem controle: câncer

O câncer é uma doença grave. Mas é importante você saber que, na maioria dos casos, o câncer, quando descoberto a tempo e devidamente tratado, é curável. O especialista em câncer é o médico oncologista (*oncos* = 'inchaço' ou 'massa'; *logos* = 'estudo').

As células do embrião dividem-se e originam as diversas células do corpo. Mesmo no adulto, encontramos células capazes de se dividir e originar outras, em substituição às células desgastadas ou mortas. Tudo isso é mantido sob controle por diversos hormônios e fatores, que, por sua vez, são comandados por genes.

No entanto, algumas células escapam do sistema de controle do corpo e começam a se dividir sem parar, em vez de realizar suas funções normais. Essa multiplicação produz massas de células chamadas tumores. Observe a figura 2.11.

Alguns tumores, como as verrugas, são classificados como benignos: eles crescem devagar e não se espalham pelo corpo. Podem ser removidos por cirurgia, bisturi elétrico e outras técnicas.

Outros tumores, porém, crescem rapidamente e invadem os tecidos – são os tumores malignos. Podem ainda se espalhar através da circulação por diferentes pontos do corpo – esse processo é chamado de metástase. Esses tumores retiram nutrientes dos tecidos ao seu redor e provocam a morte das outras células.

Câncer é o nome genérico de um grupo de doenças em que ocorre a formação de tumores malignos.

Essas mudanças podem ser provocadas por vírus (como o da hepatite B), por substâncias químicas (como as encontradas na fumaça do cigarro), por radiações (raios X, raios ultravioleta), ou por fatores hereditários (uma pessoa herda dos pais algum gene ou cromossomo alterado). Isso não quer dizer, porém, que o contato com algum desses fatores causa necessariamente o câncer. O que se pode afirmar é que esses fatores aumentam os riscos de surgimento de um tumor.

Muitos casos de câncer podem ser prevenidos por um estilo de vida mais saudável, que inclui atitudes como:

- não fumar (o cigarro é o principal responsável pelo câncer de pulmão);
- não se expor muito ao sol, principalmente entre 10 e 15 horas; usar sempre filtro solar (os raios ultravioleta podem causar câncer de pele);
- adotar uma alimentação adequada;
- usar preservativos nas relações sexuais (alguns tipos de vírus sexualmente transmissíveis podem causar câncer no útero);
- realizar exames médicos periódicos (para as mulheres, exame das mamas e papanicolau; para os homens, exame de próstata, a partir dos 50 anos, ou dos 40, se há parentes próximos com câncer de próstata).

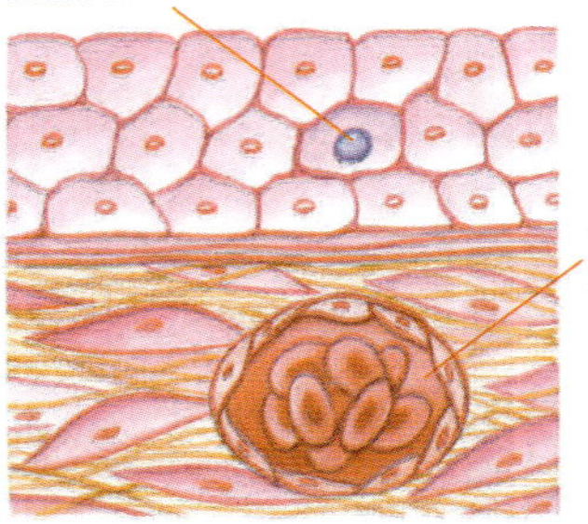

Entre as células normais surge uma célula cancerosa...

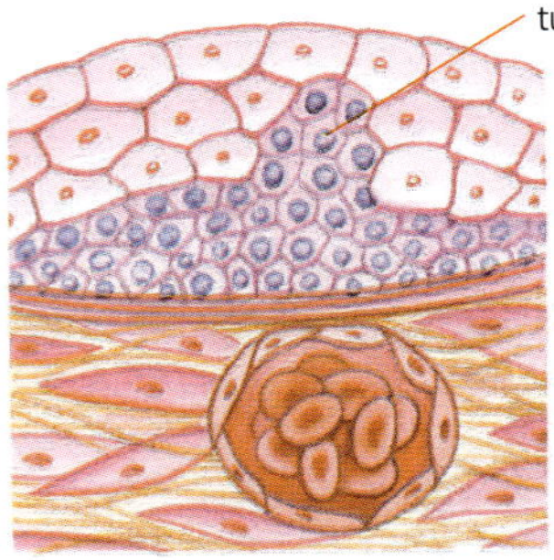

... que se divide sem parar, originando outras células.

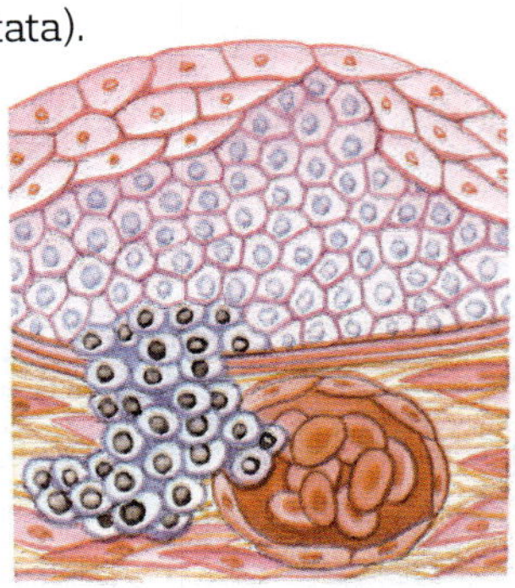

Se as células cancerosas caírem nos vasos sanguíneos, podem se espalhar pelo corpo.

Ilustrações: Ingeborg Asbach/Arquivo da editora

2.11 Representação da formação e do crescimento de um tumor (as células são microscópicas; figura sem escala; cores fantasia).

Mundo virtual

Câncer de pele

<http://drauziovarella.com.br/cancer/cancer-de-pele/>

Sintomas, diagnóstico, tratamento e recomendações sobre o câncer de pele.

Acesso em: 2 abr. 2015.

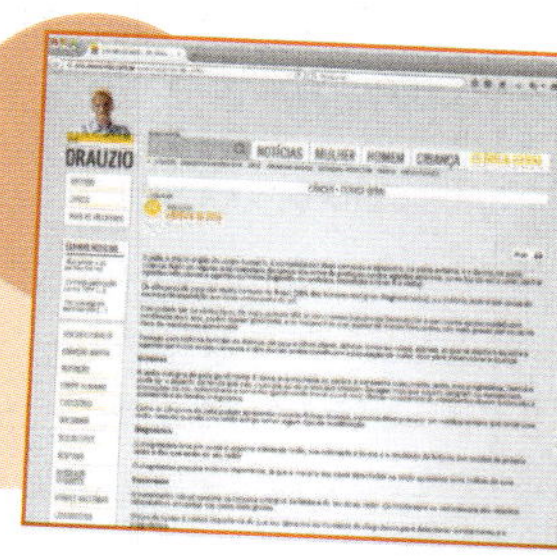

Reprodução/<http://drauziovarella.com.br/cancer/cancer-de-pele/>

Atividades

Trabalhando as ideias do capítulo

1. Indique, no caderno, as afirmativas verdadeiras sobre o tecido epitelial.
   a) Possui bastante substância intercelular.
   b) Entre outras funções, protege o corpo de perigos externos e produz secreções.
   c) A pele é um exemplo de tecido epitelial.
   d) A queratina protege a pele.
   e) A epiderme é um tipo de tecido epitelial.

2. Neste capítulo você estudou um tecido em que algumas células produzem uma substância pegajosa, chamada muco, enquanto outras têm cílios, que são pequenos fios que se movem de forma ordenada.
   a) Onde esse tecido é encontrado? E qual seu nome?
   b) Para que servem os cílios e o muco?

3. Cite uma diferença entre a estrutura da derme e a da epiderme.

4. No caderno, indique as afirmativas verdadeiras sobre o tecido conjuntivo.
   a) A derme é um tipo de tecido conjuntivo propriamente dito.
   b) A gordura do tecido adiposo serve de reserva de energia.
   c) O sangue é um tipo de tecido epitelial.
   d) A cartilagem é um tecido duro, rico em sais de cálcio.
   e) O tecido ósseo é formado por células mortas.
   f) Não há vasos sanguíneos no interior do osso.
   g) A parte líquida do sangue é chamada de plasma.

5. De que é feita a substância intercelular do tecido ósseo? Como isso ajuda nas funções do osso?

6. Como as células ósseas conseguem alimento e oxigênio?

7. Neste capítulo você conheceu os três tipos de músculos de nosso corpo: o não estriado (ou liso), o estriado esquelético e o estriado cardíaco. Agora, no caderno, relacione os tipos de músculos com as características a seguir.
   a) Tem contração voluntária.
   b) É encontrado em vários órgãos ocos do corpo.
   c) É preso aos ossos.
   d) Impulsiona o alimento ao longo do tubo digestório.
   e) Contrai-se ao dobrarmos o braço ou a perna.
   f) Faz o coração bater.
   g) Entra em ação quando se chuta uma bola.

8. Que tecido é capaz de receber estímulos e enviar mensagens a vários órgãos do corpo?

9. Neste capítulo você conheceu os tecidos que formam o corpo. Entre eles, encontram-se os tecidos epitelial, adiposo, ósseo, muscular, nervoso e a cartilagem.
   Agora, no caderno, associe as características abaixo (um tecido pode ter mais de uma característica) com os tipos de tecidos mencionados.
   a) Esse tecido reveste o corpo e absorve alimentos no intestino.
   b) Serve de apoio para os músculos e permite os movimentos do corpo.
   c) É o principal tecido encontrado no cérebro.
   d) Nas células desse tecido há vários prolongamentos, mas, em geral, um deles é mais longo que os outros.
   e) A contração desse tecido provoca movimentos.
   f) É um tipo de tecido que acumula gordura.
   g) A substância intercelular desse tecido é rica em sais de cálcio.
   h) Esse tecido está relacionado com a capacidade de memorizar um número de telefone.
   i) É o tecido que forma a primeira barreira contra a penetração de microrganismos no corpo.
   j) Sustenta várias partes do sistema respiratório e possui substância intercelular flexível.

10. No caderno, organize as estruturas abaixo na sequência correta, começando por "células": células, organismos, tecidos, sistemas, órgãos.

11. Todas as células têm uma organização semelhante. Observe os diversos tipos de células abaixo e responda:

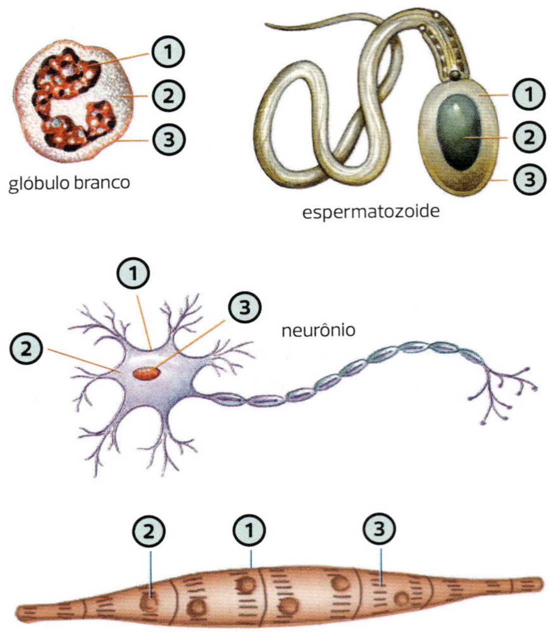

Ingeborg Asbach/Arquivo da editora

2.12 **As células são microscópicas. (Figura sem escala. Cores fantasia.)**

a) Que números indicam o citoplasma em cada célula? Que números indicam o local aproximado da membrana plasmática? E que números indicam o núcleo?

b) Em que tecido é encontrado o glóbulo branco? E o neurônio? E a célula não identificada?

c) Qual dessas células atua na reprodução?

d) Qual dessas células tem capacidade de se contrair?

12. Observe as figuras identificadas com números e responda no caderno:

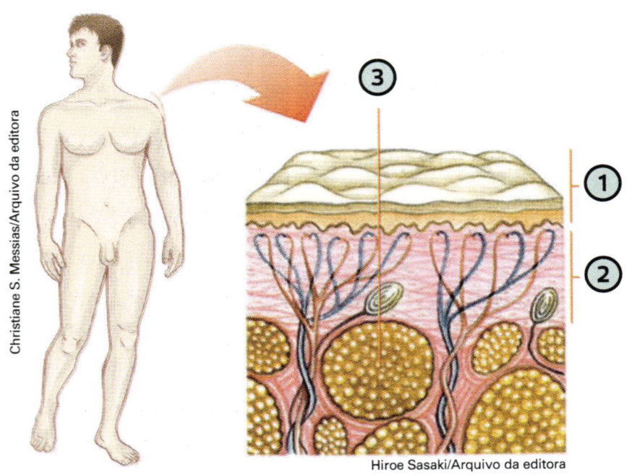

Christiane S. Messias/Arquivo da editora

Hiroe Sasaki/Arquivo da editora

Ilustrações: Rodval Matias/Arquivo da editora

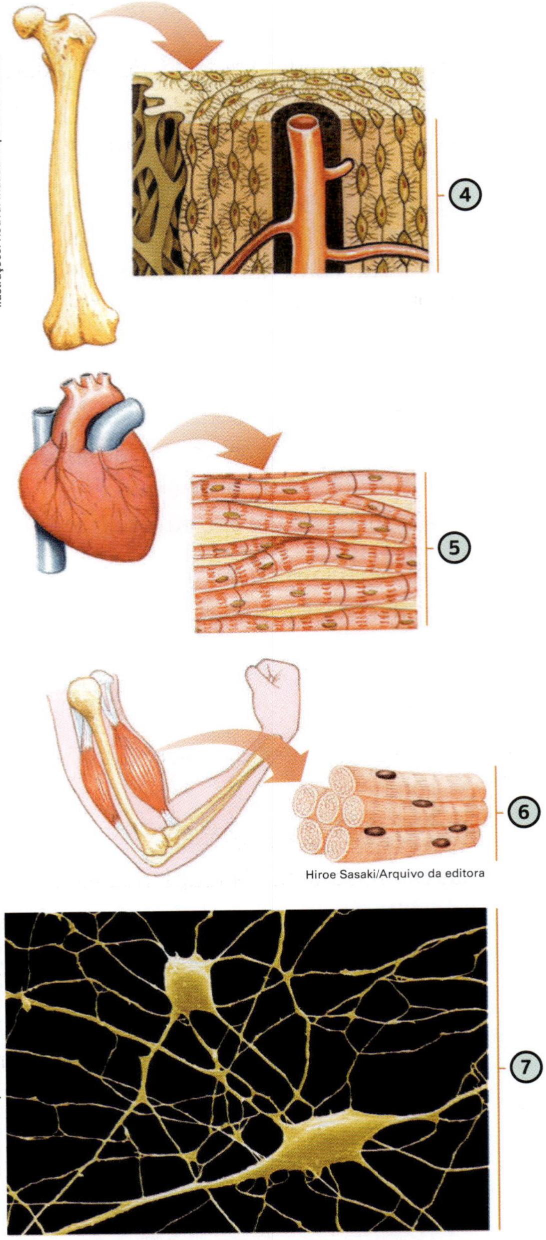

Hiroe Sasaki/Arquivo da editora

David Mccarthy/Science Photo Library/Latinstock

2.13 **As células são microscópicas. (Ilustrações sem escala. Cores fantasia.) A foto é uma imagem ao microscópio eletrônico. (Aumento de cerca de 1000 vezes.)**

a) Quais são os tecidos representados?

b) Qual deles funciona como uma barreira contra a penetração de microrganismos?

c) Quais deles têm a capacidade de se contrair?

d) Qual deles serve de proteção contra o frio, dificultando a troca de calor pela pele?

e) Qual deles serve de ponto de apoio para os músculos que movimentam o corpo?

f) Qual deles comanda a contração dos músculos?

g) Qual deles está logo abaixo da epiderme?

Pense um pouco mais

1. Após acumular boa quantidade de queratina em seu citoplasma, essas células morrem e originam uma camada impermeabilizante, que protege o corpo e evita a desidratação. A que tecido essa célula pertence?

2. Identifique a estrutura representada pelo esquema simplificado abaixo e diga também de que tipo de tecido ela é formada.

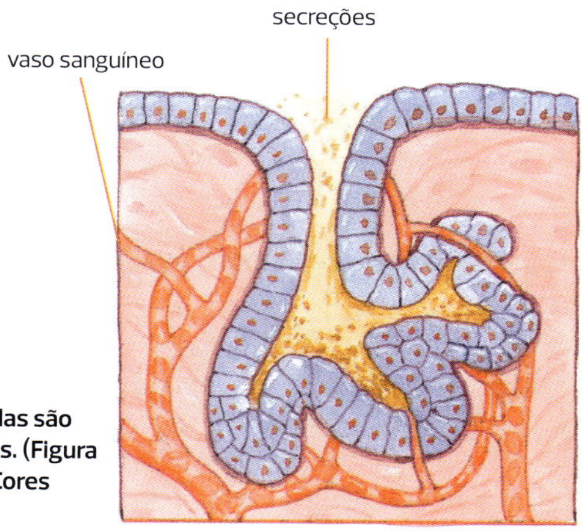

Ingeborg Asbach/Arquivo da editora

2.14 As células são microscópicas. (Figura sem escala. Cores fantasia.)

3. A epiderme é um tecido epitelial formado por várias camadas de células superpostas, como mostra o primeiro esquema abaixo. Já o tecido epitelial que forra o intestino delgado é formado por apenas uma camada de células, como no segundo esquema abaixo. Como você poderia relacionar essas diferenças entre os dois tecidos com as funções que eles desempenham?

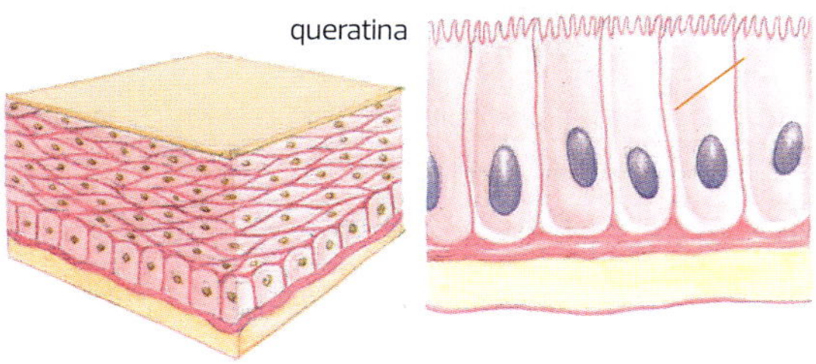

Ingeborg Asbach/Arquivo da editora

2.15 As células são microscópicas. (Figura sem escala. Cores fantasia.)

4. Observando um tecido ao microscópio, um estudante não foi capaz de identificar os tipos de células, mas garantiu que não era tecido epitelial, e sim tecido conjuntivo. O que ele deve ter observado que lhe permitiu chegar a essa conclusão?

5. O maior órgão do corpo humano tem cerca de 2 m² de área, 5 kg de peso e 0,5 mm a 4 mm de espessura. Qual é esse órgão?

6. A vitamina C é importante para a síntese do colágeno em nosso organismo. Com base nessa informação, explique por que a falta dessa vitamina pode ocasionar hemorragia nas gengivas e na pele (um dos sintomas da doença conhecida como escorbuto).

7. Uma das causas da tendinite são os movimentos repetitivos nas mãos e dedos.
   a) Qual a estrutura afetada por esse problema?
   b) Que tipo de tecido é encontrado nessa estrutura?

8. Um estudante observou a figura a seguir e afirmou que provavelmente o processo indicado poderia estar acontecendo em uma pessoa que estava engordando.

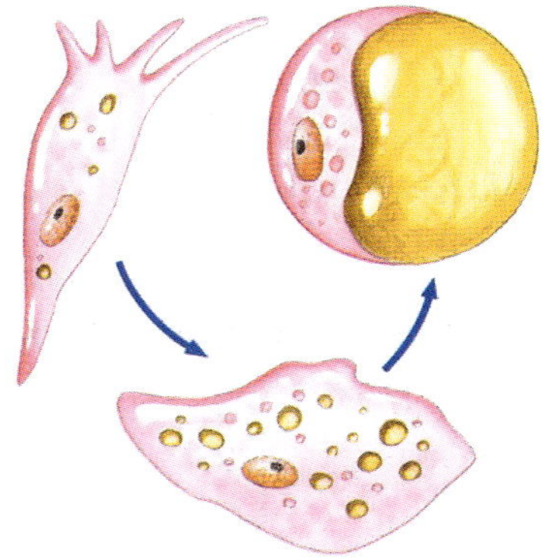

Ingeborg Asbach/Arquivo da editora

2.16 As células são microscópicas. (Figura sem escala. Cores fantasia.)

Explique o que está sendo mostrado e justifique a afirmativa do estudante.

9. Um urso-polar, que tem 2,5 m de altura e pesa 600 kg, possui um tecido muscular bem desenvolvido. Que outro tecido você acha que é bem desenvolvido nesse animal? Como esse tecido ajuda o urso a sobreviver no frio ártico?

10. A vitamina D ajuda o organismo a absorver certo mineral que se encontra nos alimentos. A falta dessa vitamina em crianças pode prejudicar o desenvolvimento dos ossos: os ossos longos das pernas, por exemplo, deformam-se com o peso do corpo. Essa doença é conhecida como raquitismo. Que mineral precisa ser absorvido para que os ossos se desenvolvam normalmente?

11. Você já deve saber que, quando um osso quebra, isto é, quando há uma fratura, os médicos o imo-

bilizam até que as células ósseas formem um calo e "soldem" o osso. Mas você saberia responder se o osso sangra? Justifique sua resposta.

12. Nosso organismo possui uma série de mecanismos que ajudam na manutenção do equilíbrio interno do corpo. É importante, por exemplo, que haja no sangue uma taxa adequada de cálcio para que os músculos funcionem bem. Vamos supor, então, que uma pessoa não esteja ingerindo cálcio em quantidade suficiente. O que você acha que pode acontecer no organismo dessa pessoa para evitar a diminuição de cálcio no sangue?

13. Qual é o tecido encontrado em maior quantidade no peito do frango? Qual seria a função desse tecido nas aves?

14. As células do tecido muscular cardíaco têm grande número de mitocôndrias em seu interior. Por que isso é importante para essas células?

15. Uma pessoa esqueceu que a panela ainda estava muito quente e encostou a mão nela. Resultado: ela se queimou; só não se queimou mais porque afastou rapidamente a mão da panela. Identifique os tecidos que têm relação com os atos correspondentes às palavras sublinhadas. Justifique sua resposta.

Mexa-se!

As queimaduras podem ser causadas por calor, substâncias químicas ou eletricidade e podem destruir partes da pele e até tecidos mais profundos. Elas são classificadas por área da pele atingida e profundidade; quanto maior a extensão e a profundidade da queimadura, maior é o risco de vida.

1. Pesquise como as queimaduras podem ser classificadas em relação à profundidade. Apresente algumas características de cada tipo.
2. Se possível, tente conseguir um profissional de saúde capaz de dar informações à comunidade escolar sobre noções de primeiros socorros.

Atividade em grupo

Escolham e desenvolvam uma das atividades a seguir.

1. O estudo da célula só se tornou possível com a invenção do microscópio, no século XVII. E nosso conhecimento sobre diversas doenças, inclusive o câncer avança à medida que se aprofundam os conhecimentos sobre a célula.

   Discuta as seguintes questões com o seu grupo. Depois exponha as conclusões para a classe, num debate maior.

   - Como os conhecimentos científicos dependem das invenções? Descubra exemplos.
   - Como as invenções científicas afetam nossas atividades cotidianas? Dê exemplos.
   - Todas as invenções científicas são utilizadas para o benefício do ser humano? Justifique a sua resposta.

   Informem-se também se em sua região existe alguma instituição educacional (por exemplo, um centro de ciências ou uma universidade) que realize pesquisas com células e tecidos e utilize microscópios. Verifiquem se é possível visitar o local e conhecer o trabalho que desenvolvem.

2. Organizem uma campanha publicitária — com *slogans* (frases curtas com mensagem fácil de ser compreendida e assimilada pelo público em geral), cartazes, folhetos, produtos diversos — para divulgar a importância de se tomarem medidas preventivas (incluindo-se aí os hábitos saudáveis) contra o câncer em geral ou contra certos tipos de câncer em particular. Depois, exponham os resultados da pesquisa para a classe e a comunidade escolar (alunos, professores e funcionários da escola e pais ou responsáveis).

Ponto de chegada

- Nesta Unidade você conheceu as principais partes da célula — a membrana, o citoplasma, o núcleo — e aprendeu que ela pode ser estudada com microscópios. Sabe também que todos nós, um dia, já fomos uma única célula, a célula-ovo ou zigoto, que passou por divisões e deu origem ao nosso organismo.
- Aprendeu também que as células estão organizadas em tecidos, que se reúnem em órgãos, os quais, por sua vez, formam os sistemas.
- Você agora é capaz de identificar (em esquemas e fotos) os principais tecidos do corpo e as funções deles. O tecido epitelial, por exemplo, reveste o corpo e forra as cavidades. Funciona como uma proteção e atua também na absorção de alimentos, além de formar as glândulas que produzem e secretam substâncias importantes para o organismo.
- Entre os tecidos conjuntivos, encontramos: o tecido ósseo (rico em sais de cálcio), que forma o osso, atuando nos movimentos e protegendo alguns órgãos; a cartilagem, que é mais flexível que o osso e dá forma e sustentação a algumas partes do corpo; o tecido conjuntivo propriamente dito, que dá resistência e elasticidade à pele; e o tecido adiposo, armazenando gordura (uma reserva de energia).
- Você conheceu também o sangue, com seus elementos figurados mergulhados em uma parte líquida, o plasma; com as hemácias, que transportam o oxigênio; os glóbulos brancos (leucócitos), que defendem o organismo; e as plaquetas, que atuam na coagulação do sangue.
- Você estudou ainda o tecido muscular e seus três tipos principais: o tecido muscular estriado esquelético, que pode ser encontrado preso aos ossos, atuando nos movimentos de contração voluntária; o tecido muscular não estriado, encontrado no tubo digestório, na traqueia, no útero e em outros órgãos do corpo e nos movimentos de contração involuntária; o tecido muscular estriado cardíaco, encontrado no coração, também de contração involuntária.
- Finalmente, você conheceu o tecido nervoso, com seus neurônios que, por meio da transmissão de mensagens nervosas, recebem estímulos do ambiente e controlam os músculos e as glândulas. Como você vai ver ao longo do estudo do corpo humano, todos esses tecidos e órgãos trabalham de forma integrada para realizar as diversas funções vitais do organismo.

Suryara Bernardi/Arquivo da editora

Unidade 2

Alguns tipos de alimentos

Morgan Lane Photography/Shutterstock/Glow Images

As funções de nutrição

O nosso corpo só sobrevive se receber alimentos e oxigênio e se as substâncias tóxicas ou em excesso forem eliminadas do organismo.
O bom funcionamento dos sistemas digestório, respiratório, circulatório e urinário mantém estáveis os níveis de determinadas substâncias no sangue e evita o acúmulo das que podem prejudicar o corpo.

Ponto de partida

1. Quais os componentes dos alimentos e por que são importantes para nossa saúde? Como identificar esses componentes em rótulos de alimentos?
2. Sistemas digestório, respiratório, cardiovascular e urinário: como esses sistemas atuam de forma integrada, realizando as diversas funções vitais?
3. Que hábitos de higiene devemos cultivar para preservar nossa saúde?

Capítulo

3 A química dos alimentos

Carboidratos, proteínas, gorduras... As embalagens de alimentos mostram algumas substâncias químicas necessárias ao organismo. Essas substâncias são chamadas nutrientes.

Mauro Nakata/Arquivo da editora

Informação nutricional: porção de 40g (5 unidades)			
Valor calórico	170 kcal	Colesterol	0 mg
Carboidratos	26,0 g	Fibra alimentar	1,0 g
Proteínas	3,0 g	Cálcio	33 mg
Gorduras totais	6,0 g	Ferro	0,60 mg
Gorduras saturadas	2,0 g	Sódio	340 mg

3.1 Informação nutricional contida em uma embalagem de biscoito, também conhecido como bolacha.

A questão é

Você conhece os principais tipos de nutrientes? Sabe que funções cada um deles exerce no organismo?

1 As funções dos alimentos

É do alimento que o organismo retira a **matéria-prima** para o desenvolvimento e o crescimento do organismo e também para a renovação dos tecidos. O crescimento e a renovação do corpo, as contrações musculares, a manutenção de uma temperatura constante, tudo isso precisa de **energia**, que também é fornecida pelos alimentos.

Mas como os alimentos nos dão energia?

A energia dos alimentos pode ser medida em **calorias**. No entanto, para medir a quantidade de energia gerada pelo alimento, costuma-se utilizar a unidade de medida chamada de **quilocaloria** (kcal), que equivale a 1000 calorias. Uma maçã, por exemplo, tem, em média, 70 quilocalorias; uma banana, 100 quilocalorias; e uma bola de sorvete cremoso (bem servida), 230 quilocalorias.

De quantas calorias diárias uma pessoa precisa?

Isso depende de muitos fatores: peso, idade, sexo e, principalmente, da quantidade de energia que ela gasta durante o dia – essa quantidade é maior, por exemplo, para quem pratica esportes e também durante a gravidez e o período de amamentação. Veja a tabela da figura 3.2.

Quanto maior a duração da atividade e o esforço realizado, mais calorias serão consumidas. Isso significa que a pessoa vai precisar consumir mais alimento para repor as calorias perdidas.

E como a matéria e a energia dos alimentos chega às células?

Depois de ingerido, o alimento é quebrado em partes cada vez menores no tubo digestório, a ponto de poder entrar na circulação sanguínea e, assim, chegar às células do corpo.

A energia dos alimentos é liberada por uma série de transformações ou reações químicas que fazem parte da **respiração aeróbia** e ocorrem no interior das células. Nesse processo, a glicose, um açúcar, combina-se com o oxigênio, produzindo gás carbônico e água.

Cada alimento é formado por vários tipos de substâncias químicas. Quando tomamos um copo de leite, por exemplo, ingerimos água, proteínas, **carboidratos**, lipídios, vitaminas e sais minerais.

Mas atenção! Nenhum tipo de alimento contém todos os nutrientes de que precisamos. É por isso que devemos manter uma dieta variada e equilibrada.

A-Z

Uma **caloria** é a quantidade de calor que aumenta a temperatura de 1 grama de água em 1 grau Celsius.

Carboidratos são chamados também de glicídios ou açúcares.

Por falar nisso, como está sua alimentação?

Atividade	Calorias gastas em 10 min
Ficar sentado	20 kcal
Andar normalmente (4,5 km/h)	30 kcal
Andar rapidamente (6 km/h)	50 kcal
Nadar	80 kcal
Jogar futebol	90 kcal
Pedalar	80 kcal
Correr (8,5 km/h)	100 kcal

3.2 A tabela indica quantas calorias, aproximadamente, uma pessoa de 70 kg gasta em 10 minutos de atividade.

Para saber mais

Átomos, moléculas e transformações químicas

Toda a matéria que existe na natureza é feita de partículas muito pequenas, invisíveis a olho nu, os átomos. Muitas vezes grupos de átomos se mantêm unidos entre si e formam moléculas. Muitas moléculas iguais reunidas formam uma substância. É o caso da água. Cada molécula de água é formada pela reunião de dois átomos de hidrogênio e um átomo de oxigênio e pode ser representada por uma fórmula famosa: H_2O. Observe a figura 3.3, que representa uma molécula de água.

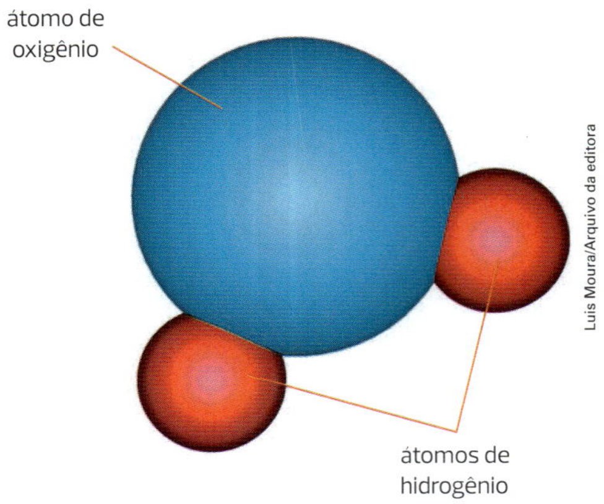

3.3 **Um modelo da molécula de água. (Figura sem escala. Cores fantasia.)**

Há cerca de 30 000 000 000 000 000 000 000 (leia assim: "trinta sextilhões") dessas moléculas em 1 grama de água. Como os átomos são pequenos demais para serem vistos, foram criadas formas para representá-los. Na figura 3.3, por exemplo, foram usadas esferas para representar os átomos na molécula de água.

Nos seres vivos, além de substâncias inorgânicas, como a água e os sais minerais, estão presentes as chamadas substâncias orgânicas, formadas por átomos de carbono, que se unem entre si, podendo formar longas cadeias de carbono. Átomos de hidrogênio, de oxigênio e de nitrogênio, entre outros, podem estar ligados a essas cadeias. Carboidratos, lipídios e proteínas, são exemplos de grupos de substâncias orgânicas que serão vistos neste capítulo.

A expressão "substância orgânica" foi criada em uma época em que se pensava que elas só poderiam ser produzidas por organismos vivos; hoje, inúmeras substâncias orgânicas são fabricadas em laboratório.

A passagem de uma corrente elétrica pela água, em um aparelho especial, realiza a decomposição de suas moléculas. A corrente elétrica quebra a ligação entre os átomos que formam a molécula da água. Então, os átomos de hidrogênio liberados da água se reúnem, dois a dois, formando o gás hidrogênio (H_2); e os de oxigênio, também unidos dois a dois, formam o gás oxigênio (O_2).

A corrente elétrica promoveu, nesse caso, uma reação química e a água foi transformada em dois gases com propriedades diferentes daquelas da água. Nas condições de temperatura e pressão do ambiente em que vivemos, por exemplo, o hidrogênio é um gás e é combustível, isto é, pode pegar fogo. Já o oxigênio é um gás comburente; isso quer dizer que, para alguma coisa pegar fogo, é preciso que ela se combine com o oxigênio. A água, nas mesmas condições de temperatura e pressão, é um líquido e não pega fogo nem faz nada pegar fogo: pelo contrário, ela ajuda a apagar o fogo.

As reações químicas não ocorrem apenas nos laboratórios e nas indústrias químicas. Elas ocorrem o tempo todo, também no dia a dia: um bolo assando no forno, um fósforo sendo aceso, um objeto de ferro enferrujando, entre outras.

Em nosso organismo – e também no dos outros seres vivos – ocorre um imenso número de reações químicas necessárias à sobrevivência. Isso ocorre, por exemplo, na digestão, em que moléculas complexas, como o amido ou as proteínas são decompostas em moléculas mais simples, como a glicose e os aminoácidos.

Reações químicas ocorrem também quando a energia dos alimentos é liberada no interior das células, por meio da respiração celular.

Algumas reações químicas são muito rápidas. É o caso da combustão (queima) de um palito de fósforo ou da explosão de um fogo de artifício. Em outras reações, os produtos vão se formando lentamente. É o caso de um pedaço de ferro enferrujando.

Os catalisadores são substâncias que aceleram as reações químicas, mas não participam delas como reagentes, ou seja, não são consumidas no processo. Os seres vivos possuem certos tipos de proteínas, chamadas de enzimas, que funcionam como catalisadores. No próximo capítulo você vai conhecer as enzimas digestivas, que aceleram o processo digestório.

2 Carboidratos

A principal função dos carboidratos é dar energia ao corpo: um grama de carboidrato fornece quatro quilocalorias de energia. Dizemos, então, que os carboidratos têm, principalmente, função energética, embora também colaborem na construção de algumas partes do organismo.

Com exceção do mel, todos os alimentos ricos em carboidratos se originam de plantas. Observe a figura 3.4.

Veja alguns exemplos:

- Cereais (arroz, trigo, aveia, milho, centeio, cevada) e alimentos feitos com a farinha deles (pão, biscoito, macarrão, bolo, etc.).
- Raízes e tubérculos: batata, aipim, cará, cenoura, beterraba, etc.
- Leguminosas: feijão, ervilha, lentilha, soja, grão-de-bico, amendoim, etc.
- Alimentos que levam açúcar comum (sacarose) em seu preparo: doces, balas, geleias, compotas, tortas, chocolates, sorvetes, chicletes, entre outros.

Denis Pepin/Shutterstock/Glow Images

Valentyn Volkov/Alamy/Latinstock

3.4 Alimentos ricos em carboidratos: frutas em geral, pão, massas e outros que levam açúcar comum (doces, tortas, etc.).

O principal carboidrato encontrado na maioria dos vegetais é o amido. É ele que dá a cor branca ao arroz, à farinha, à mandioca, etc. O amido é formado pela união de muitas partes de outro carboidrato, a glicose. Depois de ingerido, o amido é decomposto na boca e no intestino, até se transformar em glicose, que é absorvida pelo intestino. No interior da célula, a glicose funciona como uma espécie de combustível, liberando a energia que vai ser utilizada nas atividades da célula.

Outro tipo de carboidrato é o açúcar comum, ou sacarose. Ele é formado pela união de dois açúcares menores, a glicose e a frutose. A sacarose é decomposta no intestino, onde a glicose e a frutose são absorvidas.

A celulose é um carboidrato que forma a parte dos vegetais conhecida como **fibra alimentar** ou, simplesmente, **fibra**. Embora o ser humano não seja capaz de digerir e aproveitar a celulose, as fibras são importantes na alimentação. Você sabe por quê?

As fibras absorvem água, amolecem as fezes e aumentam o volume delas. Com isso, estimulam o bom funcionamento do intestino e evitam a **prisão de ventre**, além de outros problemas intestinais. Por isso, é importante comer com regularidade alimentos ricos em fibras, como verduras (couve, brócolis, etc.), frutas (goiaba, maçã, manga, pera, laranja com bagaço, etc.) e legumes (abóbora, cenoura, etc.).

Prisão de ventre é a dificuldade de defecar, eliminar as fezes.

3 Lipídios

Os lipídios podem ser ingeridos diretamente com o consumo de diversos alimentos. São encontrados tanto em alimentos de origem vegetal como de origem animal: leite e derivados (manteiga, a maioria dos queijos, creme de leite), gema do ovo, carnes e derivados (presunto, salsicha, linguiça, banha, bacon), margarina, azeite e outros óleos (de soja, milho, girassol, etc.), amendoim, castanha, noz, amêndoa, abacate, coco, azeitona e produtos feitos com leite ou ovos (maionese, torta, bolo, sorvete, etc.). Veja a figura 3.5.

Você já deve ter ouvido queixas de pessoas que estão com uns quilinhos a mais e se sentem gordas. Em geral, para controlar o peso, elas devem evitar, além de alimentos gordurosos, também os doces, massas e refrigerantes. Por quê?

Engordar é aumentar a quantidade de gordura (ou lipídios) no corpo. E uma das maneiras de engordar é comer muitos alimentos ricos em gordura ou em açúcar. Mas por que comer muito açúcar pode aumentar a quantidade de gordura?

Quando ingerimos açúcar em excesso, uma parte desse açúcar é transformada em gordura e depositada sob a pele e em volta de diversos órgãos do corpo.

Essa gordura serve de reserva de energia nas épocas de falta de comida.

A gordura é uma reserva muito econômica: enquanto 1 grama de carboidrato ou de proteína libera 4 quilocalorias de energia, 1 grama de gordura produz 9 quilocalorias — mais do que o dobro!

A gordura é usada também na construção de partes da célula. Por isso, dizemos que, além da função energética, os lipídios desempenham função plástica ou construtora. Eles também formam alguns hormônios e protegem o corpo contra variações de temperatura (lembre-se: a gordura é um bom isolante térmico) e contra pancadas ou choques.

3.5 Alguns alimentos ricos em lipídios

Ciência e saúde

A gordura trans

A gordura trans é fabricada por hidrogenação (acréscimo de hidrogênio) dos óleos vegetais, para dar consistência mais sólida a sorvetes, batatas fritas, bolos, biscoitos, chocolates e margarinas (existem marcas de margarina que não usam esse processo).

Alguns termos utilizados nos rótulos dos produtos, como "gordura ou óleo vegetal hidrogenado" ou "parcialmente hidrogenado", indicam a presença de gordura trans nos alimentos.

A gordura trans aumenta o risco de problemas cardíacos, pois eleva os níveis de LDL, o chamado "colesterol ruim". Por isso, os médicos recomendam um consumo bem restrito desse tipo de gordura. Também por esse motivo, a percentagem de gordura trans vem sendo reduzida nos alimentos industrializados.

4 Proteínas

As proteínas são as principais substâncias de construção do corpo. Por isso, dizemos que as proteínas têm, principalmente, função plástica ou construtora.

As células musculares, por exemplo, conseguem se contrair por causa dos fios de proteínas que preenchem o citoplasma delas. Os glóbulos vermelhos do sangue são "pacotes" de uma proteína (chamada hemoglobina) capaz de se combinar com o oxigênio e de transportá-lo pelo corpo.

As proteínas formam também os **anticorpos** e muitos hormônios.

Além disso, todas as reações ou transformações químicas do organismo dependem de proteínas especiais, as **enzimas**. Um exemplo são as enzimas digestivas: elas quebram o alimento em substâncias menores, que podem ser absorvidas pelo sangue e levadas até as células.

As proteínas são formadas pela união de muitas partes menores, os **aminoácidos**. Uma única proteína pode conter centenas ou até milhares de aminoácidos.

Existem vinte tipos de aminoácidos. Mas eles podem se agrupar de maneiras muito diferentes, formando todas as proteínas conhecidas. Observe a figura 3.6.

Anticorpos são substâncias que nos protegem contra infecções.

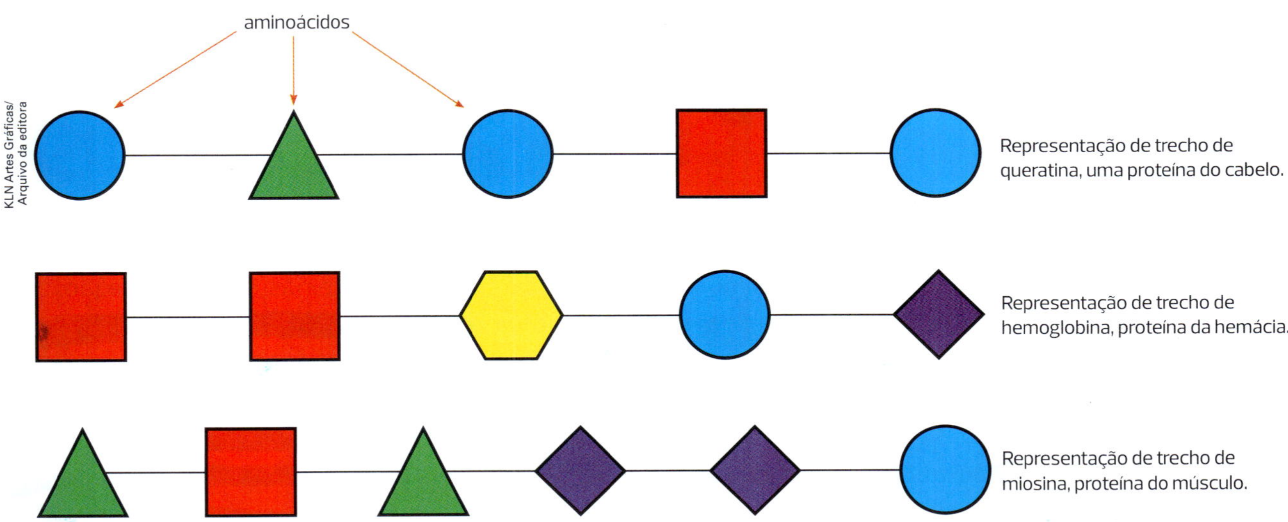

3.6 Esquema simplificado (cores fantasia) para mostrar que as proteínas são formadas por cadeias de aminoácidos (representados aqui por figuras geométricas). As proteínas diferem entre si pelo número de aminoácidos e pela maneira que estes estão dispostos.

No tubo digestório, as proteínas contidas nos alimentos ingeridos são decompostas em aminoácidos. Estes, bem menores que as proteínas, são absorvidos e levados pelo sangue às demais células do corpo. Nas células, os aminoácidos, com base nas informações do DNA, são reunidos e podem formar proteínas diferentes das que foram ingeridas com os alimentos.

Um adulto precisa, em média, de cerca de 60 gramas de proteína por dia. Mas não é só a quantidade que importa. O corpo humano precisa de proteínas que tenham os aminoácidos necessários para ele mesmo produzir as próprias proteínas.

Dos vinte aminoácidos que formam as proteínas, nove precisam estar presentes na alimentação do adulto e dez na das crianças. Com esses aminoácidos, chamados de **aminoácidos essenciais**, o fígado pode fabricar os restantes e completar o total de vinte.

Os alimentos de origem animal são, em geral, uma fonte completa de proteínas, com todos os aminoácidos essenciais: ovos, carnes (de vaca, frango, porco, peixe, além dos miúdos, como fígado, rins, coração), e o leite e alguns de seus derivados (queijo, iogurte, etc.). Veja a figura 3.7.

3.7 Alguns alimentos ricos em proteínas: carne, peixes, amendoim, avelã, ovos e queijo.

África Studio/Shutterstock/Glow Images

Já as proteínas de origem vegetal são incompletas, embora as plantas conhecidas como **leguminosas** sejam muito ricas em proteínas — como o feijão, a soja e a lentilha. O problema é que as proteínas de origem vegetal geralmente não contêm todos os aminoácidos essenciais de que o corpo precisa.

Mas uma combinação adequada de alimentos vegetais pode suprir boa parte das necessidades proteicas. Veja o caso do arroz com feijão: o arroz é rico em alguns aminoácidos essenciais, e o feijão, em outros. Por isso, a tradicional combinação dos dois, na proporção de cerca de duas colheres de arroz para uma de feijão e, de preferência, com um pouco de proteína de origem animal, é importante como fonte de proteínas de baixo custo.

Essa complementaridade vale, geralmente, para outras combinações entre cereais (ou mandioca) e leguminosas, por exemplo, macarrão, fubá ou farinha de mandioca, com feijão, lentilha, ervilha ou soja.

5 Vitaminas

Juntamente com as enzimas, as vitaminas agem nas transformações químicas do corpo. Sem elas, muitos órgãos passam a funcionar mal, e corremos o risco de ficar doentes. As vitaminas controlam ou regulam várias atividades da célula e funções do corpo. Dizemos, então, que elas são nutrientes com função reguladora. A quantidade necessária de vitaminas por dia é muito pequena se comparada à da maioria dos nutrientes: elas são medidas em miligramas.

No caso da vitamina C, por exemplo, são necessários apenas 60 miligramas por dia. Já a quantidade diária de vitamina B_{12} é de apenas 0,001 miligrama.

Inicialmente, as vitaminas foram identificadas por letras do alfabeto. À medida que se descobriam a composição das vitaminas, elas passaram a ser identificadas com nomes que indicam a natureza química de cada uma.

Vamos saber um pouco mais sobre cada vitamina.

- **Vitamina A.** Também chamada de **retinol**, mantém os tecidos epiteliais saudáveis e age na visão. A falta dessa vitamina pode provocar a cegueira noturna, um distúrbio que se caracteriza pela dificuldade de enxergar em ambientes pouco iluminados. Pode ainda tornar a córnea ressecada, causando lesões nos olhos e cegueira permanente.

  A córnea é o tecido transparente que cobre a parte anterior do olho.

  É encontrada na gema do ovo, em laticínios, na margarina, na carne de fígado e de rins. Além disso, o organismo pode fabricar vitamina A a partir do betacaroteno, uma substância encontrada em verduras com folhas verde-escuras e vegetais amarelos ou alaranjados, como o espinafre, a cenoura e a manga.

- **Vitaminas do complexo B.** São várias vitaminas (B_1, B_2, B_6, B_{12}, niacina, ácido fólico, entre outras) que agem em muitas reações químicas do corpo, principalmente no processo da respiração celular, responsável pela produção de energia.

  Nas células nervosas, que precisam de bastante energia, a falta de vitamina B_1 (tiamina) é rapidamente sentida. Ela provoca inflamação nos nervos, paralisia e atrofia dos músculos. A doença é chamada de beribéri. O feijão, a soja, a ervilha, os miúdos, a carne vermelha, a gema de ovo, o pinhão, o fígado e os cereais integrais ou enriquecidos são boas fontes de vitamina B_1.

  Essa palavra em cingalês (idioma do Ceilão, atual República de Sri Lanka), significa 'fraqueza'.

  A falta das vitaminas B_2 (riboflavina) e B_6 (piridoxina) também prejudica o sistema nervoso e a pele. Essas vitaminas são encontradas na carne, no fígado, nas hortaliças com folhas (couve, agrião, espinafre), em ovos, leite e cereais integrais ou enriquecidos.

  Diarreia, fraqueza, lesões na pele e no sistema nervoso, distúrbios mentais — esses são os sintomas da pelagra, doença provocada pela falta de niacina (também conhecida como vitamina B_3). Essa vitamina é encontrada no fígado, em carnes vermelha e branca, no feijão, amendoim, pinhão, couve, café e em cereais integrais ou enriquecidos.

  Pelagra vem do italiano, e significa 'pele enferma'.

  A vitamina B_{12} e o ácido fólico são importantes para a renovação das células do corpo, e a falta deles pode causar anemia (diminuição do número de hemácias no sangue). O ácido fólico está presente em muitos alimentos, principalmente em vegetais com folhas, no fígado, em ovos, no feijão e nas frutas. Já a vitamina B_{12} é exclusiva de alimentos de origem animal (fígado, miúdos, ovos, carne, queijo, frutos do mar).

- **Vitamina C ou ácido ascórbico.** É importante para a manutenção dos tecidos conjuntivos. Por isso, na falta dessa vitamina os tecidos conjuntivos ficam fracos, e podem ocorrer sangramentos ou hemorragias na pele, na gengiva, nas articulações, etc. Essa doença é conhecida como escorbuto. São alimentos ricos em vitamina C: pimentão, brócolis, couve, tomate, acerola, quiuí, goiaba, caju, manga, laranja, morango, mamão e muitas outras frutas.

3.8 **A deficiência de niacina pode provocar lesões na pele.**

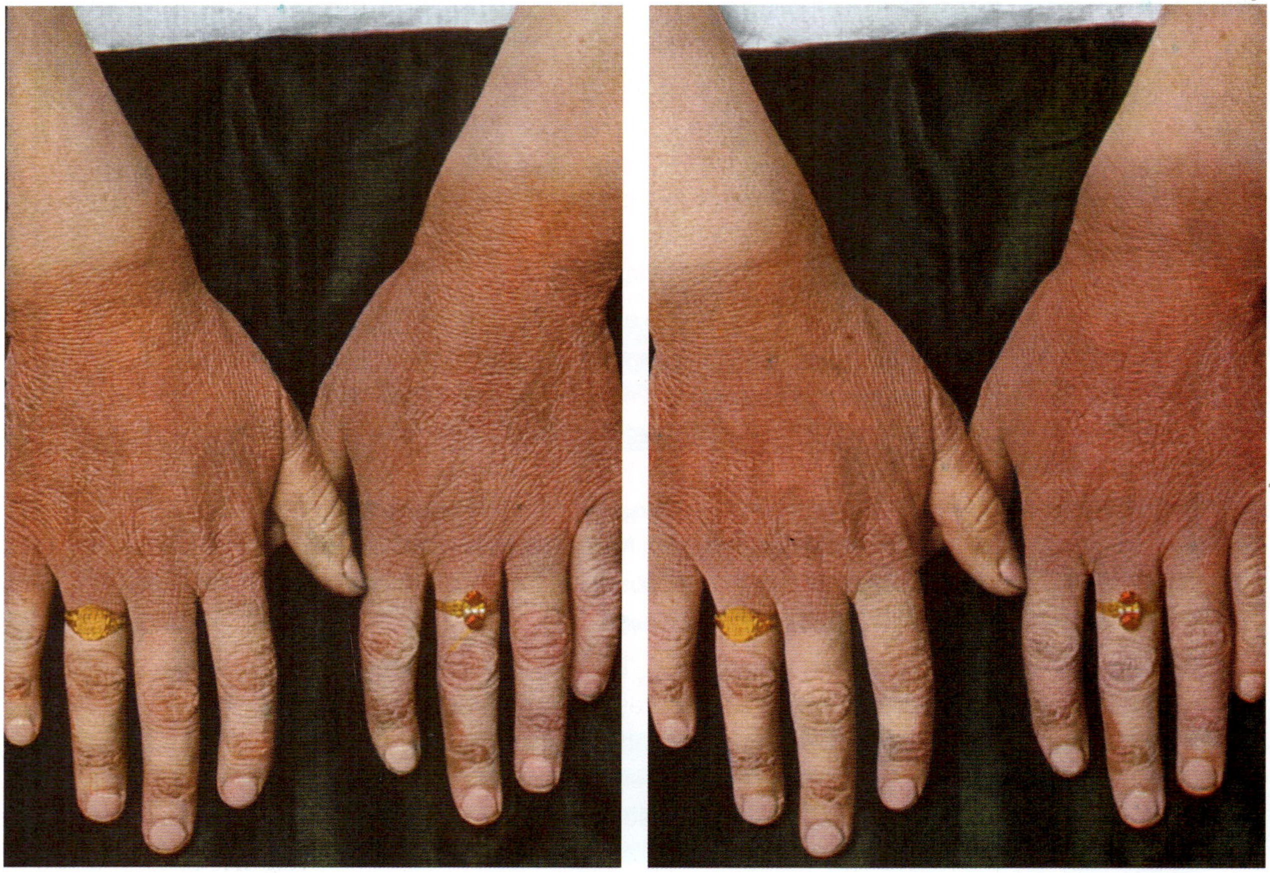

Science Source/DoubleVision/Diomedia

- **Vitamina D.** Facilita a absorção e o depósito de sais de cálcio e fósforo nos ossos. Sua falta pode provocar alterações ou deformidades no esqueleto das crianças (raquitismo). A vitamina D é encontrada em alimentos gordurosos: gema de ovo, manteiga, peixes gordurosos (sardinha, atum). É também produzida na pele, pela ação dos raios ultravioleta do Sol. Por isso é importante que as crianças, por estarem em fase de crescimento, tomem sol regularmente.

Mas ninguém deve exagerar! Deve-se evitar o horário entre 10 e 16 horas e sempre usar um protetor solar.

- **Vitamina E.** É encontrada em muitos alimentos, como óleos vegetais, cereais, leguminosas, laticínios, gema de ovo e hortaliças com folhas verdes. Por isso é difícil alguém ter carência de vitamina E. Mas, quando isso acontece, pode haver lesões nos glóbulos vermelhos e anemia.
- **Vitamina K.** Além de ser encontrada em muitos alimentos (folhas verdes, batata, gema de ovo, óleo de soja, tomate, fígado, leite), ela é fabricada por bactérias que vivem no intestino grosso. Como a vitamina K auxilia na coagulação do sangue, sua falta pode dificultar o estancamento de hemorragias.

Geralmente, todas as vitaminas de que precisamos podem ser obtidas em quantidade suficiente em uma alimentação equilibrada. Para certas pessoas, porém, o médico pode indicar doses adicionais. Fora esses casos específicos, muitos cientistas acham que não devemos tomar altas doses de vitaminas na forma de suplementos.

Ciência e História

A descoberta das vitaminas

Desde a Antiguidade o ser humano já percebia que certos alimentos ajudavam a curar certas doenças. No Egito antigo, por exemplo, era sabido que o fígado de boi podia curar a cegueira noturna (dificuldade de enxergar com pouca luz).

Mas nem sempre era possível descobrir quais alimentos podiam resolver doenças relacionadas à carência de nutrientes ou mesmo identificar que doenças eram essas.

Por volta do século XVI, na época conhecida como a Era das Grandes Navegações (que começou no final do século XV e terminou no início do século XVII), os portugueses, seguidos depois por navegadores espanhóis e outros europeus, com melhores embarcações e instrumentos de navegação, expandiram o comércio com outros continentes e formaram grandes impérios coloniais. A certa altura de viagens muito longas, a dieta passava a ser limitada a carne salgada e bolachas de farinha de trigo ou centeio. A falta de alimentos ricos em vitamina C fazia com que muitos marinheiros morressem depois de sofrer hemorragias nas articulações e nas gengivas.

Em 1747, o médico escocês James Lind notou que a ingestão de frutas cítricas poderia prevenir esses problemas, mas nem todos aceitaram esse fato, achando que bastava manter a boa higiene e a prática de atividades físicas.

Outro caso foi o de certas regiões da Ásia onde muitas pessoas alimentavam-se principalmente de arroz polido (sem casca), adquirindo a doença hoje conhecida como beribéri. Em 1884, o médico Kanehiro Takaki, observou que entre marinheiros com dieta variada havia muito menos beribéri que entre aqueles que comiam praticamente só arroz; no entanto, Kanehiro mas não soube identificar o fator responsável pela doença.

Em 1912, o bioquímico polonês Casimir Funk descobriu na casca do arroz um "fator antiberibéri" e a análise química indicou que a substância pertencia ao grupo de substâncias químicas chamado aminas. Por isso, ele propôs o termo "vitamina" ("amina da vida") para a substância. Hoje sabemos que nem todas as vitaminas são aminas – mas esse termo ficou consagrado.

Os estudos em animais e o desenvolvimento de novos instrumentos de análise química possibilitaram o esclarecimento da estrutura química das vitaminas. Esse trabalho foi feito por um grande número de pesquisadores. Essa é uma característica importante da investigação científica: é uma atividade coletiva que ocorre por meio da interação entre grupos de pesquisas formados por muitos pesquisadores, todos discutindo e divulgando os conhecimentos produzidos.

6 Água

CONTEÚDO DIGITAL

A água corresponde a mais da metade do peso de nosso corpo.

Mas por que existe um volume tão grande de água em nosso organismo?

As reações químicas necessárias à manutenção da vida somente são possíveis se as substâncias estiverem dissolvidas na água. Além disso, nutrientes e outras substâncias são levados para as células dissolvidos na água do sangue. As substâncias eliminadas pela urina também são dissolvidas em água.

A água ainda ajuda a regular a temperatura do corpo pelo suor. Quando o suor evapora, perdemos calor, e isso impede que a temperatura do corpo aumente muito.

Uma parte da água de nosso corpo vem dos alimentos que comemos, principalmente das frutas e verduras: a água representa cerca de 80% do peso desses alimentos. Outra parte da água é obtida quando bebemos água pura, sucos, refrescos, chás e refrigerantes.

Jochen Tack/arabianEye/Getty Images

3.9 Água, suco de frutas e leite.

7 Sais minerais

Nosso organismo necessita de pequenas doses de alguns sais minerais.

Do mesmo modo que as vitaminas, os suplementos minerais só devem ser tomados com recomendação médica, uma vez que em excesso podem provocar problemas ao organismo.

Vamos conhecer melhor as principais funções de determinados sais minerais.

- **Cálcio e fósforo.** Formam os ossos e os dentes, além de atuarem no funcionamento de nervos e músculos. São encontrados em abundância nos laticínios, nas hortaliças de folhas verdes (brócolis, espinafre) e nos ovos.
- **Sódio, potássio e cloro.** Influenciam no volume de água eliminada ou retida no organismo e atuam nas funções dos músculos e nervos. São encontrados em muitos alimentos: o sódio e o cloro fazem parte do sal de cozinha, e o potássio aparece em grande quantidade nas frutas e verduras e no feijão (a alimentação normal fornece as quantidades necessárias).
- **Ferro.** Forma a **hemoglobina**, proteína que transporta o oxigênio no sangue. Por isso a deficiência de ferro pode causar fraqueza, mal-estar, cansaço, dificuldade de respirar, entre outros problemas. Esses são os sintomas da anemia, doença comum em crianças subnutridas e pessoas com vermes ou que estejam perdendo sangue pelas fezes. O ferro é encontrado no fígado, em carnes vermelhas, na gema de ovo, no feijão e em hortaliças de folhas verdes.

A Z

Hemoglobina é uma proteína que fica dentro das hemácias, ou glóbulos vermelhos, um tipo de célula do sangue.

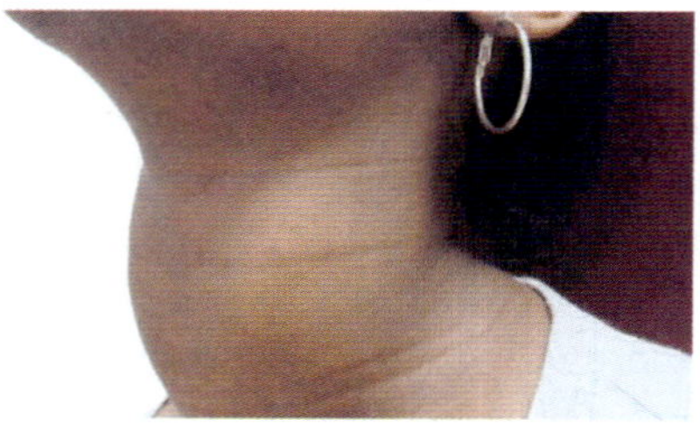

Universidade Federal Do Rio Grande Do Sul/Arquivo da editora

3.10 Aumento da glândula tireoide por falta de iodo (bócio).

- **Iodo.** Faz parte dos hormônios produzidos pela glândula tireoide, que controla a produção de energia na célula e o crescimento do corpo. A falta de iodo leva ao mau funcionamento da tireoide, que por isso aumenta exageradamente de tamanho — é o bócio, ou papeira. Veja a figura 3.10. O bócio é comum em regiões onde o solo é pobre em iodo, o que causa a deficiência desse elemento nos alimentos ali produzidos. Para evitar o problema, a lei obriga a adição de iodo ao sal de cozinha.
- **Flúor.** Participa da formação de ossos e dentes. Existe em todos os alimentos, mas, em muitas cidades, o flúor é adicionado à água encanada como medida auxiliar para a prevenção de cáries.

Ciência e saúde

O suor e um pouco de Física

A produção de suor ajuda a diminuir a temperatura de nosso corpo porque o corpo quente cede energia, na forma de calor, à água que forma o suor. Ao chegar à pele, a evaporação do suor retira calor da pele. Com isso, o calor que estava dentro do corpo se dissipa no ambiente. Em um dia quente podemos perder até 2,5 litros de água pela transpiração!

Quem pratica algum esporte deve sempre seguir a orientação do treinador ou professor. Por exemplo: tomar água durante exercícios físicos prolongados, quando suar bastante. Assim, o corpo não fica desidratado. Outra recomendação importante é respeitar os próprios limites, sem se esforçar demais.

Mundo virtual

Desnutrição, um problema de peso

<www.invivo.fiocruz.br/cgi/cgilua.exe/sys/start.html?infoid=193&sid=8>

Matéria que apresenta e discute as causas e sintomas dos principais tipos de desnutrição. Destaca a questão social como uma das causas desse problema e a importância de uma alimentação rica em nutrientes como meio de recuperação.

Acesso em: 15 mar. 2015.

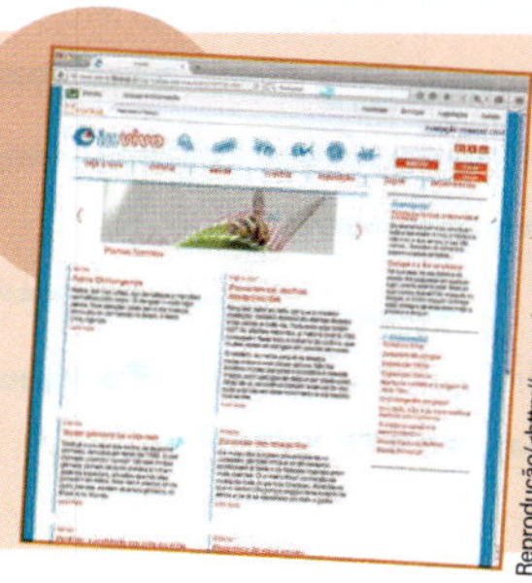

Reprodução/<http://www.invivo.fiocruz.br/celula>

Atividades

Trabalhando as ideias do capítulo

1. Um estudante afirmou que "açúcar é energia". Explique o que ele quis dizer com isso.

2. Uma pessoa que precisa emagrecer resolveu diminuir a ingestão de alimentos ricos em carboidratos.
   a) Cite alguns alimentos ricos nesse nutriente.
   b) Um médico disse que, além dos carboidratos, há outro nutriente que contém muitas calorias. Por isso, indicou ao paciente que diminuísse sua ingestão na dieta. Qual seria esse nutriente e que funções ele tem no organismo?

3. Por que a mistura de arroz com feijão é importante para a alimentação?

4. No caderno, escreva quais dos alimentos a seguir são ricos em glicídios ou carboidratos, lipídios e proteínas: manteiga, batata, clara de ovo, mel, banana, azeite.

5. Entre os nutrientes mencionados na atividade 4, quais são encontrados nas carnes em geral? E nos queijos?

6. Você também conheceu neste capítulo as diferentes vitaminas e sais minerais que se encontram nos alimentos, entre os quais estão as vitaminas A, B_1, D, C e dois minerais: o ferro e o iodo. Agora, no caderno, escreva quais são os nutrientes que, se estiverem em falta no organismo, podem provocar as doenças abaixo:
   a) beribéri;
   b) cegueira noturna;
   c) raquitismo;
   d) escorbuto;
   e) bócio;
   f) anemia.

7. Identifique a vitamina que está faltando em cada um dos problemas relacionados a seguir e escreva a resposta no caderno:
   a) diarreia, fraqueza, lesões na pele e no sistema nervoso, distúrbios mentais;
   b) sangramento nas gengivas.

8. Se uma criança nunca tomar sol, o organismo dela pode manifestar a falta de certa vitamina. Qual é essa vitamina? Por que ela é importante?

9. Considere os seguintes alimentos: caju, queijo e cenoura. Quais você indicaria para prevenir a cegueira noturna, o raquitismo e o escorbuto?

10. No caderno, indique as afirmativas verdadeiras.
   a) As fibras ajudam a prevenir a prisão de ventre.
   b) O amido é um carboidrato que se encontra na carne e nos ovos.
   c) Os carboidratos podem ser transformados em lipídios no organismo.
   d) As proteínas são transformadas em aminoácidos durante a digestão.
   e) Duas proteínas com o mesmo número de aminoácidos são, obrigatoriamente, iguais.
   f) Aminoácidos essenciais são aqueles que não podem ser sintetizados pelo organismo a partir de outros aminoácidos.
   g) Os aminoácidos essenciais são encontrados apenas em alimentos de origem animal.
   h) A necessidade de calorias de uma pessoa depende do seu nível de atividade física.
   i) Todos devem tomar suplementos de vitamina porque algumas vitaminas não são encontradas nos alimentos.
   j) A água é a substância que se encontra em maior quantidade no corpo.
   k) Os lipídios são encontrados apenas nos alimentos de origem animal.
   l) As proteínas têm, principalmente, função energética no corpo.
   m) A celulose é um carboidrato. Portanto, ela tem função energética em nosso organismo.

Pense um pouco mais

1. Um estudante pesou a comida que comeu durante um dia e descobriu que o valor total era 1 kg. Então, ele concluiu que engordou 1 kg. O estudante está certo? Por quê?

2. A tabela abaixo apresenta a quantidade, em gramas, de alguns nutrientes encontrados em 100 g de parte comestível da banana-prata, crua. O nome de um nutriente foi omitido e está representado pela letra **X**.

Proteínas	1,3
Lipídios	0,1
X	26,0
Fibra	2,0
Cálcio	8

3.11

Fonte: Tabela Brasileira de Composição de Alimentos. Disponível em: <www.unicamp.br/nepa/taco>. Acesso em: mar. 2015.

Qual é o nutriente indicado por **X** e qual é a principal função dele no organismo?

3. Quando o camelo fica muito tempo sem comer, sua corcova diminui. Você saberia explicar por quê? (Pista: a corcova não é um reservatório de água, como muitos pensam.)

4. Por que mesmo as pessoas obesas não devem eliminar totalmente as gorduras da alimentação?

5. Existem vinte aminoácidos diferentes na natureza. No entanto, o número de proteínas é imenso. Explique como isso é possível.

6. Alguns cientistas propõem que se misture farinha de soja à farinha de trigo usada para fabricar o pão. Com base no que você aprendeu neste capítulo, explique a importância dessa medida.

7. Um adulto com atividades normais precisa de 0,8 gramas de proteína por quilograma de peso. Por que essa quantidade aumenta em crianças (pode chegar a 1 grama por quilograma de peso)?

8. As proteínas são responsáveis por muitas características dos seres vivos. Explique por que, por mais carne bovina que uma pessoa coma, ela jamais vai adquirir características do boi por causa disso.

9. Justifique a seguinte frase: "Vitamina se compra na feira (ou no mercado), e não na farmácia". Agora, critique a frase "Vitamina é energia!".

10. Até meados do século XVIII, nas longas viagens de barco a dieta era limitada a carne salgada e biscoitos. Muitos marinheiros morriam depois de sofrer hemorragias nas articulações e nas gengivas.
    a) Qual seria a causa desse problema?
    b) Que tipos de alimento os marinheiros deveriam consumir para evitá-lo?

11. O rato-canguru, um pequeno mamífero dos desertos americanos, não bebe água. De onde vem a água necessária ao organismo dele?

12. As missões espaciais enviadas a Marte tentam saber se lá existe água em estado líquido. O que isso poderia indicar?

13. Veja a seguir a quantidade aproximada de quilocalorias em 100 g de alguns alimentos. Os alimentos aparecem em ordem crescente de calorias:
    - alface, pepino, agrião, berinjela, chuchu, couve-flor, tomate, brócolis, pimentão: 10 kcal a 30 kcal
    - suco de laranja, mamão, abacaxi: 35 kcal a 50 kcal
    - batata cozida: 52 kcal
    - maçã: 63 kcal
    - feijão: 77 kcal
    - banana-prata: 100 kcal
    - arroz: 128 kcal
    - batata frita: 300 kcal
    - leite em pó desnatado: 362 kcal

- açúcar: 387 kcal
- biscoito doce, recheado com chocolate: 472 kcal
- leite em pó integral: 497 kcal
- manteiga e margarina: 720 kcal

a) Que substâncias químicas são as principais responsáveis pelo valor calórico do açúcar comum? E da banana? E da manteiga ou da margarina?

b) Como você justifica o maior valor calórico da manteiga ou da margarina em relação ao da banana ou ao do açúcar comum?

c) Por que o leite integral tem mais calorias do que o desnatado?

d) Por que a batata frita tem mais calorias do que a batata cozida?

e) O açúcar comum é chamado por alguns de "calorias vazias". Tente explicar a razão dessa expressão.

f) Qual desses alimentos é rico em proteínas e pobre em lipídios?

g) Um nutricionista afirmou que uma fruta como sobremesa é uma boa opção em relação a um biscoito doce de chocolate. Justifique essa afirmação.

h) Imagine uma pessoa que esteja seguindo, sob orientação médica, uma dieta alimentar para perder peso. Que alimentos da lista ela pode consumir bastante, quase sem restrição?

i) Uma pessoa de 70 kg, andando normalmente (a cerca de 4,5 km/h) por 10 min, gasta cerca de 30 kcal. Correndo (a cerca de 8,5 km/h), gasta aproximadamente 100 kcal. Agora, calcule quanto tempo ela leva em cada uma dessas atividades para consumir as calorias de 100 g de batata frita.

14. Você tem quatro alimentos à sua escolha:

- um bife;
- um copo de iogurte;
- uma salada de alface, tomate e pimentão;
- quatro fatias de pão integral.

Em qual deles você encontra ao mesmo tempo e em boa quantidade:

a) carboidratos, vitaminas do complexo B e fibras?

b) proteína, cálcio, vitamina A e gordura?

c) proteína, ferro, vitamina B_{12} e gordura?

d) vitamina A, vitamina C e fibras?

15. Quando observamos um rio, temos a impressão de que ele não muda, que é sempre o mesmo. Mas, na realidade, a cada instante, ele está sendo formado por novas moléculas de água. Nesse sentido, como nosso organismo se assemelha a um rio?

Mexa-se!

Pesquise os temas a seguir:

1. O que são produtos dietéticos (*diet*) e *light*? Explique por que um alimento *diet* nem sempre tem poucas calorias. Use como exemplo o chocolate *diet*, que pode conter quase tantas calorias quanto um chocolate normal.

2. O que são gorduras saturadas e insaturadas? Quais são os riscos do consumo excessivo de gordura saturada?

3. Qual é a importância do colesterol no organismo? O que é "colesterol bom" (HDL-colesterol) e "colesterol ruim" (LDL-colesterol)?

4. O que é hipovitaminose e hipervitaminose?

De olho no texto

- Leia os textos abaixo e depois responda às questões:

Texto 1 – Cuidado com as calorias!

Quem não gosta de doce? É bom lembrar que comer também dá prazer. Mas veja só: 100 gramas de maçã têm cerca de 65 quilocalorias e a mesma quantidade de banana têm cerca de 98 quilocalorias. Já 100 gramas de bolo de chocolate têm cerca de 450 quilocalorias e 100 gramas de chocolate têm 540 quilocalorias.

Se você consome mais calorias do que gasta, o resultado pode ser a obesidade, entre outros problemas. Podem contribuir para isso também o consumo excessivo de alimentos ricos em açúcares e gorduras e a falta de atividade física.

Apesar de serem muito ricos em calorias, esses alimentos não possuem os demais nutrientes (vitaminas, proteínas, etc.) em quantidade adequada. O consumo excessivo desses alimentos diminui o apetite sem satisfazer as necessidades alimentares do indivíduo.

a) Calcule quantas maçãs você teria de comer para conseguir a mesma quantidade de calorias que se encontram em 100 g de bolo de chocolate.

b) Pelo que você leu no texto, por que a recomendação de não comer doces antes das refeições é importante?

c) Consulte em dicionários o significado das palavras que você não conhece, redigindo então de seu próprio punho uma definição para essas palavras.

Texto 2 – Beribéri em galinhas

Em 1897, o médico holandês Christian Eijkman observou que as galinhas do hospital onde trabalhava se moviam com dificuldade: elas apresentavam sintomas semelhantes aos dos doentes de beribéri. O médico observou também que essas galinhas eram alimentadas com restos de arroz polido ou descascado. Selecionou, então, um grupo de galinhas e passou a alimentá-las com a película retirada dos grãos de arroz. Depois de algum tempo, constatou que elas estavam curadas.

Alguns tipos de arroz (malekizado e parboilizado) passam por um tratamento para que determinadas substâncias penetrem no grão. Isso garante que essas substâncias não saiam com a casca durante o processo de beneficiamento do arroz.

a) Qual é a substância que evita o beribéri?

b) A doença mencionada no texto é também chamada de polineurite. Faça uma pesquisa e explique o porquê desse nome.

3.12 Garoto comendo uma quantidade excessiva de doce.

Pete Saloutos/Shutterstock/Glow Images

Aprendendo com a prática

1. Para realizar esta prática, providencie o material a seguir. Depois, leia as orientações.

Material

- Várias tampas de potes ou vários pires.
- Um conta-gotas.
- Pequenas amostras de vários alimentos: rodela de banana, fatia de pão, arroz cozido, clara de ovo, rodela de aipim, biscoitos de cor clara, pedaço de carne crua e de queijo, um pouco de farinha de trigo e amido de milho, pedaço de batata sem casca (crua ou cozida), leite, macarrão cozido, óleo de soja, chocolate, alface, etc.
- Solução de iodo preparada com tintura de iodo (comprada em farmácia) e diluída em água pelo professor, até ficar com cor alaranjada ou castanho-clara.

Edson Antunes/Arquivo da editora; M. Unal Ozmen/Shutterstock/Glow Images; zkruger/Shutterstock/Glow Images; Anna Kucherova/Shutterstock/Glow Images; Sinelev/Shutterstock/Glow Images; Deep OV/Shutterstock/Glow Images; Shah Rohani/Shutterstock/Glow Images

3.13

Procedimentos

- Ponha um pouco de amido de milho (uma colherzinha de café, por exemplo) sobre uma tampa ou um pires. Peça ao professor que pingue duas ou três gotas de solução de iodo. Em outra tampa, ponha um pouco de água e novamente peça ao professor que pingue duas ou três gotas de iodo. Compare a cor das duas misturas e anote os resultados.
- Distribua um pouco de cada alimento nos diversos pires ou tampas e peça ao professor que pingue duas ou três gotas de solução de iodo sobre cada um. Lave bem as mãos.

Agora, anote as cores que aparecem em cada amostra e compare com a cor obtida na mistura de água e na de amido de milho. Depois, responda:

a) Que substância presente nos alimentos provocou a mudança de cor no iodo?

b) Quais alimentos são ricos nessa substância?

c) Em quais alimentos essa substância está ausente?

2. A maneira mais simples de identificar lipídios é observar a formação de manchas gordurosas e translúcidas em uma folha de papel. Pingue uma gota de óleo de cozinha em um canto do papel e, no outro canto, uma gota de água. Espere secar e examine contra a luz.
Faça o teste com o leite e também com os seguintes alimentos: um pouco de clara e um pedaço da gema de um ovo cozido; maionese; manteiga; legumes cozidos (os alimentos sólidos podem ser esfregados com o dedo no papel).

> **Atenção!**
> Não ponha o iodo na boca, nos olhos nem dentro do nariz. Ele é usado para desinfetar a pele, mas não pode ser aplicado nas mucosas (tecidos que forram a boca, o nariz, etc.), muito menos bebido, é claro, porque é tóxico. (Também não coma nenhum alimento no qual foram pingadas gotas de iodo.)
> O laboratório não é lugar de brincadeiras!
> Não realize experimentos nem manipule produtos químicos sem o consentimento e a supervisão do professor.
> Não mexa em torneiras de gás, se houver.
> Não cheire nem prove produtos químicos e evite o contato deles com a pele e os olhos.

Capítulo

4 O sistema digestório

4.1 Raio X colorido do abdome mostra o intestino (em amarelo) e alguns ossos (em azul). Na parte inferior esquerda é possível ver um tumor (mancha sobre o intestino).

Atualmente, a medicina dispõe de muitos recursos para diagnosticar e tratar as doenças do sistema digestório (chamado de sistema digestivo, na terminologia antiga). Muitas dessas doenças são detectadas com a ajuda de exames como o raio X e a endoscopia. Veja a figura 4.1.

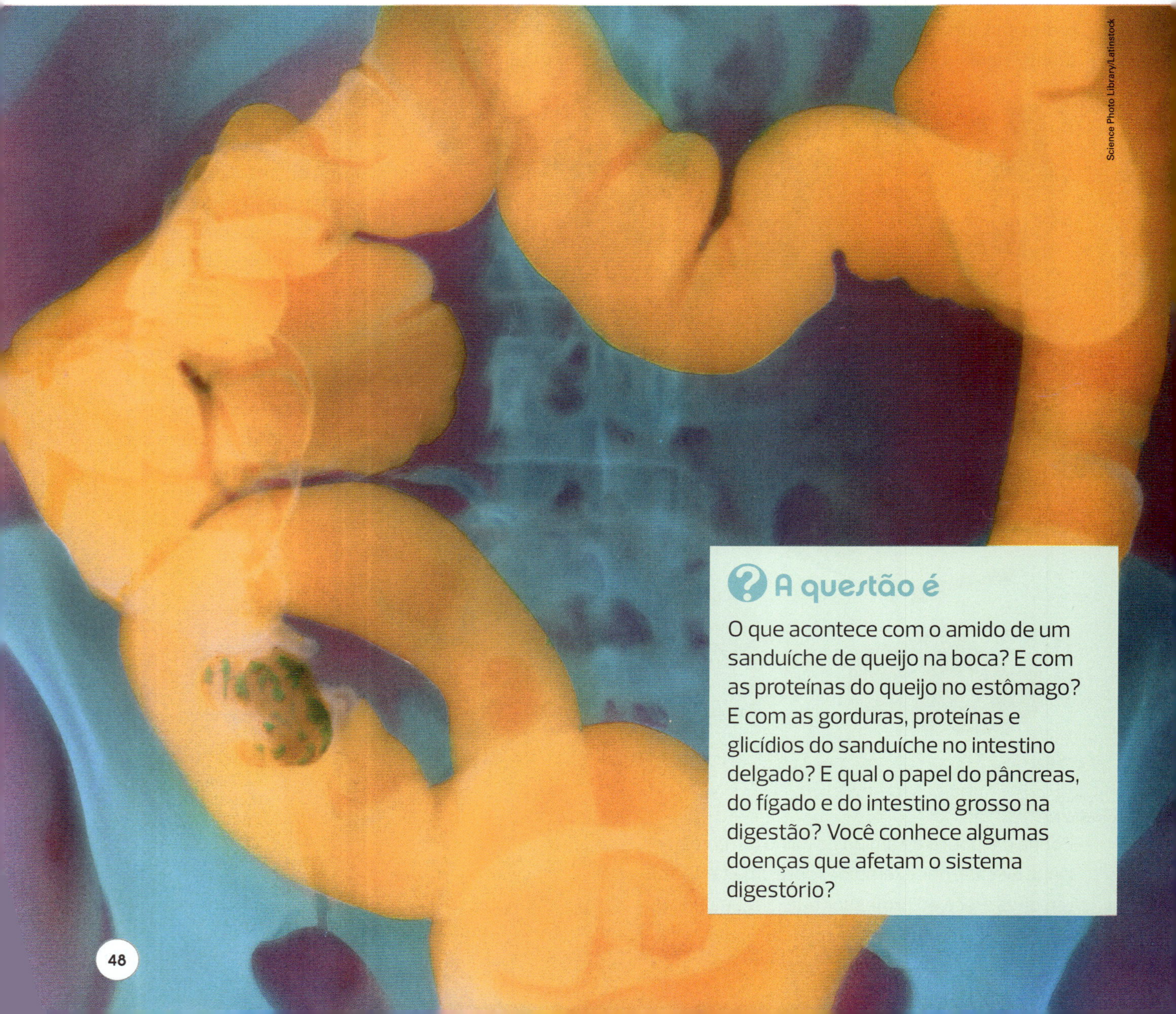

Science Photo Library/Latinstock

A questão é

O que acontece com o amido de um sanduíche de queijo na boca? E com as proteínas do queijo no estômago? E com as gorduras, proteínas e glicídios do sanduíche no intestino delgado? E qual o papel do pâncreas, do fígado e do intestino grosso na digestão? Você conhece algumas doenças que afetam o sistema digestório?

A transformação dos alimentos

A maioria dos alimentos precisa ser transformada para entrar nas células e realmente nutrir o organismo.

As proteínas, os lipídios e a maioria dos carboidratos contidos nos alimentos são formados por partículas grandes demais para passar pela membrana plasmática e entrar nas células. É no tubo digestório que essas partículas são quebradas em partículas pequenas, capazes de entrar nas células. Esse processo é chamado de **digestão**. Para realizá-lo, o corpo usa enzimas digestivas.

As enzimas são específicas, isto é, cada tipo de enzima atua apenas sobre um tipo de substância. A enzima que atua na digestão do amido, por exemplo, não funciona na digestão de uma proteína.

Muitas vitaminas, assim como a glicose e a água, são formadas por partículas bem pequenas, que podem penetrar na célula sem sofrer digestão. Isso também ocorre com os sais minerais.

Observe na figura 4.2 os órgãos do sistema digestório. Esse sistema é, basicamente, um tubo dentro do qual são lançadas diversas enzimas.

As enzimas não se gastam: depois de realizar uma transformação química, elas podem atuar novamente.

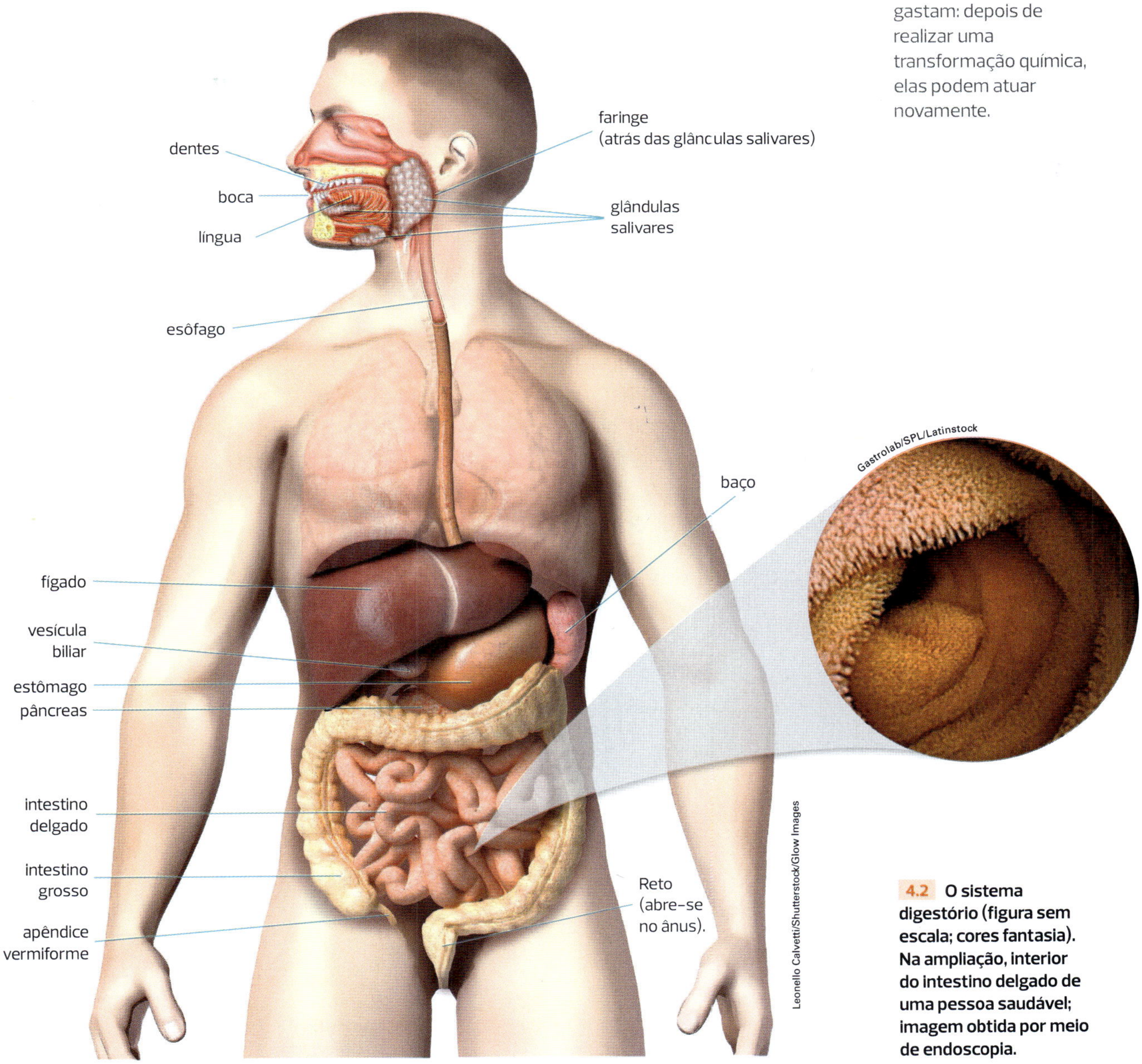

4.2 O sistema digestório (figura sem escala; cores fantasia). Na ampliação, interior do intestino delgado de uma pessoa saudável; imagem obtida por meio de endoscopia.

A boca

Quando vemos um sanduíche ou sentimos o cheiro dele, é comum ficarmos com "água na boca". Isso acontece porque o sistema nervoso recebe os estímulos dos olhos ou do nariz e envia uma mensagem para as glândulas salivares, que começam a fabricar saliva.

Então, quando começamos a mastigar o sanduíche, a saliva entra em ação. Ela possui uma enzima, a **amilase salivar** ou **ptialina**, que começa a quebrar o amido do pão em partículas menores.

A saliva também umedece o alimento. Isso facilita tanto o trabalho dos dentes e da língua quanto o ato de engolir, chamado de **deglutição**.

Os dentes cortam e trituram o alimento, que são misturados à saliva com o auxílio da língua. Além de facilitar a deglutição, a trituração do alimento colabora no trabalho das enzimas digestivas.

Ao quebrar o alimento em pedaços pequenos, os dentes aumentam a área de contato do alimento com as enzimas digestivas, e isso facilita a digestão.

Os dentes, junto com a língua, realizam a chamada **digestão mecânica**, que é a transformação do alimento em pedaços menores. Já as enzimas digestivas realizam a **digestão química**, que é a transformação das moléculas contidas no alimento em moléculas ainda menores.

Os dentes

Aos 3 ou 4 anos de idade, a criança tem vinte dentes: é a primeira dentição ou dentição de leite. Esses dentes caem com o tempo. À medida que a criança cresce, o maxilar também cresce, e os dentes de leite ficam pequenos demais. Por isso eles são substituídos por outros, que vão formar a dentição permanente, com 32 dentes (observe a figura 4.3).

A estrutura do dente está adaptada ao trabalho de quebrar o alimento. Ele é coberto por uma das substâncias mais duras da natureza, o esmalte, que é formado principalmente por sais de cálcio. Sob o esmalte há um tecido com sais de cálcio semelhante ao osso — a dentina. Na raiz do dente, que fica abaixo da gengiva, estão a polpa dentária, com vasos sanguíneos que nutrem o dente, e os nervos, que proporcionam sensibilidade ao calor, ao frio e à dor. Veja a figura 4.4.

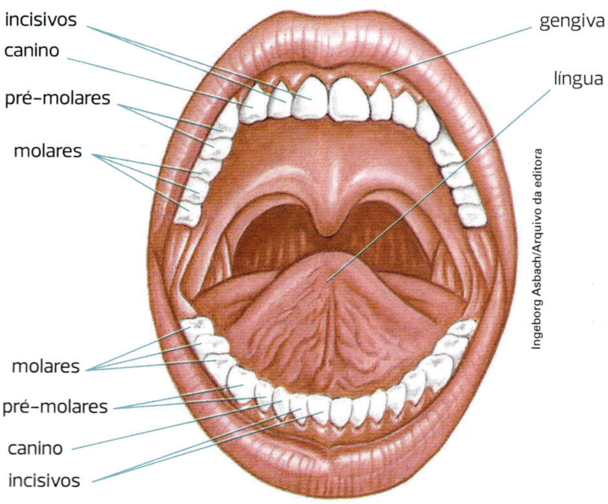

4.3 **Esquema representando os dentes permanentes. (Ilustração sem escala. Cores fantasia.)**

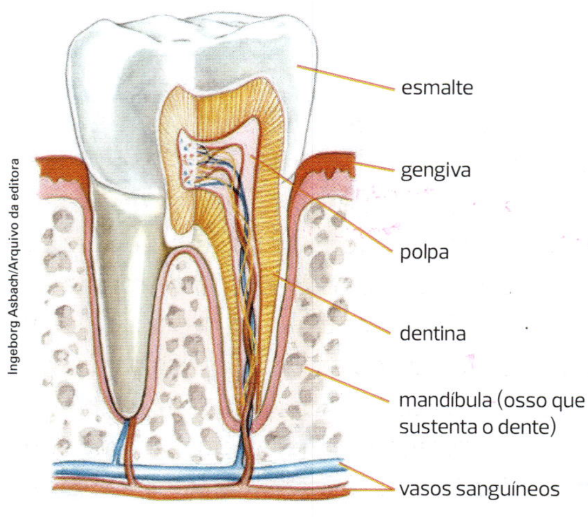

4.4 **As partes do dente. (Figura sem escala. Cores fantasia.)**

Ciência e saúde

A cárie dentária

A boca abriga, naturalmente, inúmeras bactérias que não nos fazem mal. Algumas delas, porém, atuam sobre o açúcar – contido em restos de alimentos que se depositam sobre os dentes – e o transforma em ácido. Este, por sua vez, pode corroer o esmalte e depois a dentina, formando uma cavidade no dente. É a **cárie dentária**. Observe a figura 4.5.

Quanto mais açúcar, mais bactérias haverá, e mais ácido será produzido. As bactérias podem se multiplicar ao ponto de formar placas que ficam grudadas nos dentes. São as placas bacterianas.

Se o dente afetado não for tratado, as bactérias podem chegar até a polpa, o que causa muita dor. Em casos extremos, o dente fica tão danificado que precisa ser extraído.

Para manter dentes saudáveis, o ideal é escová-los após as refeições e antes de se deitar. Para limpar onde a escova não alcança, deve-se usar o fio dental. Não use palito pois ele pode machucar a gengiva. É preciso também moderar o consumo de alimentos ricos em açúcar (balas, doces, etc.) e ir sempre ao dentista.

A adição de flúor à água que abastece a cidade torna os dentes mais resistentes à cárie.

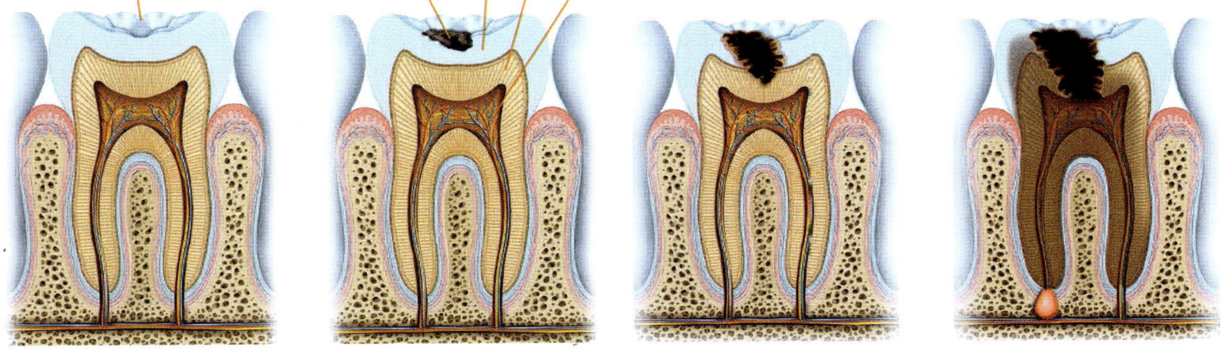

4.5 A evolução de uma cárie. (Figura sem escala. Cores fantasia.)

Da boca para o estômago

Depois de mastigado, o alimento é engolido com o auxílio da língua, passa pela **faringe** e vai para o **esôfago**, um tubo com cerca de 25 centímetros de comprimento.

Quando engolimos a comida, uma pequena dobra de cartilagem, denominada **epiglote**, fecha automaticamente a entrada para o sistema respiratório – a **glote** –, e isso impede que o alimento interrompa a entrada de ar (veja a figura 4.6, página seguinte). No entanto, um alimento engolido às pressas pode nos fazer engasgar quando ele para na entrada do sistema respiratório. Nesses casos, há um acesso de tosse que ajuda na desobstrução da glote.

No esôfago, o alimento é empurrado até o estômago por meio de contrações dos músculos lisos. Essas contrações involuntárias, chamadas de **contrações peristálticas**, ocorrem também no estômago e no intestino; são elas que impulsionam o alimento (o **bolo alimentar**) pelo tubo digestório. Veja, na página a seguir, a figura 4.7.

4.6 **Observe como a epiglote cobre a abertura do sistema respiratório quando o alimento é engolido. A faringe tem cerca de 15 cm de comprimento. (Os elementos da ilustração não estão na mesma escala; cores fantasia.)**

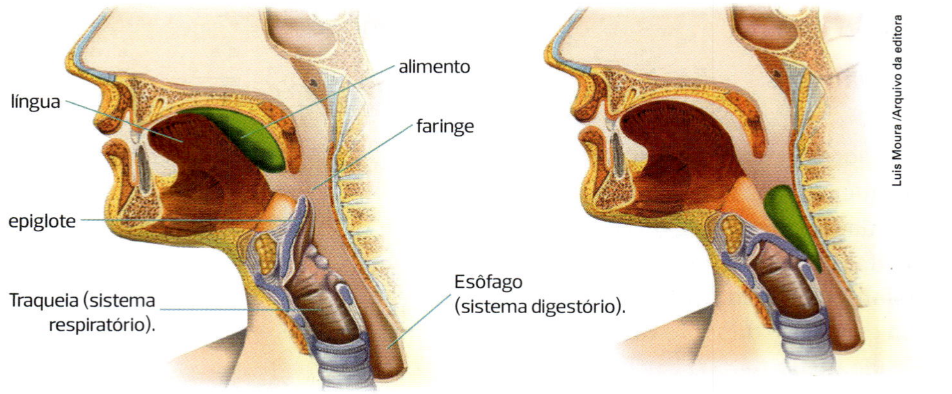

A epiglote abaixa e fecha a entrada para a traqueia.

Pepsina vem do grego *peptos*, que significa 'digestão'.

Quimo vem do grego *chymos*, que significa 'suco'.

Gástrico vem de *gastro*, que significa 'estômago'.

O estômago

Você já ouviu o estômago "roncar"? É o estômago se contraindo e distendendo... contraindo e distendendo. Isso pode ocorrer quando você está com fome e vê uma comida gostosa, sente o cheiro dela ou apenas pensa em comer.

As contrações dos músculos do estômago continuam o trabalho de digestão mecânica. Além disso, quando o alimento chega ao estômago, os nervos e hormônios estimulam as glândulas do estômago a produzir o suco **gástrico**. Inicia-se, então, a digestão química.

O suco gástrico contém ácido clorídrico, que, além de matar vários germes, facilita a digestão das proteínas. Além do ácido clorídrico, o suco gástrico contém um tipo de enzima, a **pepsina**, que quebra as proteínas em cadeias menores de aminoácidos.

Ao sofrer a ação do suco gástrico, o alimento transforma-se em um líquido pastoso, chamado de **quimo**, que é então liberado para o intestino em pequenas porções, em um processo que demora de duas a quatro horas.

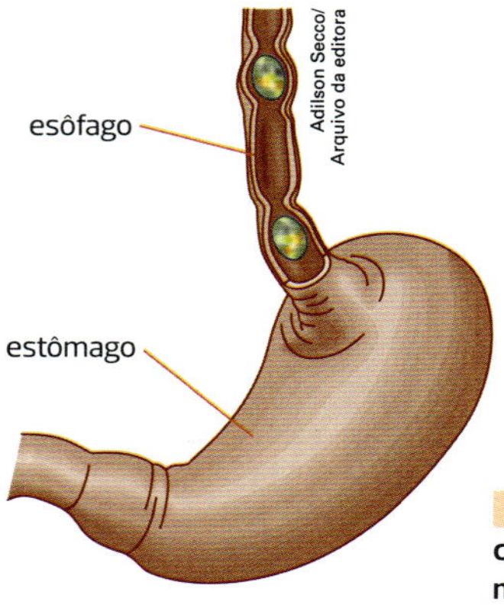

4.7 **Contrações peristálticas empurram o alimento ao longo do tubo digestório. O estômago tem cerca de 30 cm de comprimento e 15 cm de largura máxima. (Os elementos da ilustração não estão na mesma escala. Cores fantasia.)**

Ciência e saúde

Úlcera péptica

Ácidos, como o ácido clorídrico, são perigosos: podem queimar a pele e destruir células. Mas por que o ácido clorídrico não destrói as células do estômago? Porque o estômago fabrica um muco que reveste suas paredes internas e protege suas células. Em certos casos, porém, essa defesa deixa de agir, e o ácido corrói a parede do estômago ou a do início do intestino: é a úlcera péptica. Ela pode ter várias causas, como o uso de certos medicamentos e a ação da bactéria *Helicobacter pylori*.

Os sintomas variam muito: pode haver dor e queimação na parte superior do abdome, perda de apetite, vômitos, etc.

Somente o médico pode fazer o diagnóstico correto e iniciar o tratamento. Não tome remédios por conta própria ou indicados por pessoas que não sejam médicos. Se não for tratada corretamente, a úlcera pode piorar e até perfurar a parede do estômago. Quando isso acontece, a pessoa precisará ser internada e operada às pressas.

O intestino delgado

A maior parte da digestão e da absorção do alimento ocorre no **intestino delgado**, um tubo com cerca de 2,5 centímetros de diâmetro e 6,5 metros de comprimento.

No **duodeno** — que corresponde aos 25 centímetros iniciais do intestino delgado — são lançadas as secreções de duas glândulas: o fígado e o pâncreas. Trata-se ainda da digestão química, que ainda continuará ao longo das outras partes do intestino delgado: o **jejuno** (com cerca de 5 metros) e o **íleo** (com cerca de 1,5 metro).

O **pâncreas** produz o suco pancreático, com muitas enzimas digestivas: a tripsina, a quimiotripsina e a peptidase, que atacam as proteínas; a lipase, que ataca os lipídios; e a amilase pancreática, que ataca o amido. O próprio intestino produz o suco intestinal, também com várias enzimas: a peptidase, que ataca as proteínas; a lactase, que ataca o açúcar do leite (chamado lactose); a sacarase, que digere a sacarose ou açúcar comum; a maltase, que ataca a maltose, açúcar resultante da transformação do amido pela amilase.

O **fígado** produz a **bile**, que é armazenada na vesícula biliar antes de ser lançada no intestino (reveja a figura 4.2, na página 51). A bile, porém, não possui enzimas digestivas: ela funciona como uma espécie de detergente. Vamos ver por quê.

A gordura não se dissolve bem na água. Portanto, a tendência é que ela se agrupe e forme grandes glóbulos, o que tornaria a digestão muito lenta. Mas a bile reduz a gordura a gotículas microscópicas e faz uma ponte entre as partículas de gordura e as de água. Com isso, a superfície da gordura exposta à lipase aumenta, e a digestão se torna mais rápida.

O conjunto de substâncias resultantes da digestão forma um líquido branco, o **quilo**. As proteínas foram convertidas em aminoácidos; os lipídios, em ácidos graxos e glicerol; o amido, em glicose; e assim por diante. Os nutrientes, agora transformados em partículas muito pequenas, são absorvidos pelas células do intestino e caem no sangue. Os produtos da digestão das gorduras seguem um caminho diferente: são absorvidos primeiro pelos **vasos linfáticos**, para em seguida serem lançados no sangue.

Nas paredes do intestino delgado há um grande número de dobras, são as **vilosidades intestinais**. E cada célula dessas vilosidades possui dobras microscópicas na superfície — as **microvilosidades**. Todas essas dobras aumentam a área de contato do alimento com o intestino e também a velocidade de absorção dos nutrientes. As vilosidades aumentam em cerca de 600 vezes a área de contato do intestino com o alimento. Para ter a mesma área, só que sem as vilosidades, o intestino precisaria ter mais de 3,5 quilômetros de comprimento. Observe a figura 4.8.

A Z

Duodeno, em latim, significa 'doze dedos'. O comprimento do duodeno é aproximadamente igual à largura de doze dedos.

Vasos linfáticos são vasos que não levam sangue. Eles recolhem uma parte da água que fica entre as células e a devolvem ao sangue.

Microvilosidade vem do grego *mikros*, 'pequeno', e do latim *villum*, 'com aparência de pelos'.

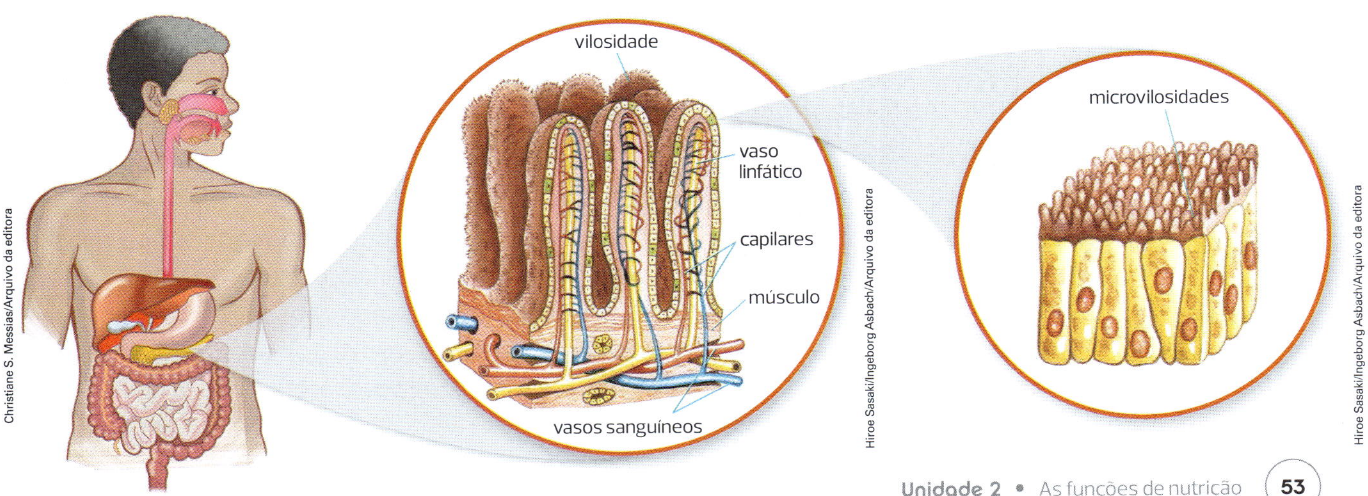

4.8 O grande número de dobras na parede do intestino (10 a 40 vilosidades por milímetro quadrado) e em suas células aumenta muito a área de absorção do alimento. (As células são microscópicas. Figura sem escala. Cores fantasia.)

O fígado

Pesando cerca de 1,5 quilograma e, em média, com 21 centímetros de largura, 17 centímetros de altura e 11 centímetros de espessura (no adulto), o fígado realiza diversas funções importantes para o organismo, além de produzir a bile. Veja a seguir algumas dessas funções.

- Remove o excesso de glicose do sangue e o armazena na forma de glicogênio. Se o nível de glicose no sangue cai, o fígado a devolve ao sangue de acordo com a necessidade do organismo. Dessa forma, o fígado contribui para manter em equilíbrio a taxa de glicose no sangue, o que é importante para o bom funcionamento das células.
- Produz grande parte dos aminoácidos que formam as proteínas.
- Transforma os aminoácidos excedentes em outras substâncias que podem ser usadas como fonte de energia. Nessa transformação, é produzida a amônia, que é tóxica. O fígado transforma a amônia em ureia (menos tóxica), que é excretada pelos rins.
- Remove as substâncias tóxicas do sangue — poluentes, álcool, pesticidas e outras drogas —, transformando-as em produtos menos tóxicos. Alguns desses produtos são eliminados pela bile ou pela urina.
- Armazena lipídios, algumas vitaminas, como as vitaminas A, D, E, K e B_{12}, e alguns minerais, como o ferro.
- Remove e destrói os glóbulos vermelhos desgastados.

Atenção!
As informações deste capítulo têm o objetivo de ajudar as pessoas a conhecer melhor as doenças do sistema digestório, mas não substituem a consulta ao médico nem podem ser usadas para diagnóstico e tratamento de doenças.

Ciência e saúde

Problemas no fígado

O consumo excessivo de bebidas alcoólicas e a ação de substâncias químicas ou de alguns tipos de vírus provocam uma inflamação no fígado: a hepatite.

A hepatite pode causar a cirrose hepática, que é a destruição de parte do tecido do fígado. Às vezes a cirrose progride a ponto de o fígado deixar de realizar suas funções, o que leva à morte. Em certos casos, a única solução é o transplante de fígado.

Se a causa da cirrose for o consumo de álcool, é preciso parar de beber e fazer o tratamento indicado pelo médico.

O intestino grosso

Depois de passar de 3 a 10 horas no intestino delgado, o que resta do alimento chega ao **intestino grosso**. Com cerca de 6,5 centímetros de diâmetro e 1,5 metro de comprimento, ele é mais largo e mais curto que o intestino delgado.

A parte inicial, em forma de bolsa, onde se abre o intestino delgado, é o **ceco**. Nele encontra-se um pequeno órgão de tamanho e forma parecidos com os de uma minhoca, o apêndice cecal ou vermiforme.

Em animais herbívoros o apêndice ajuda na digestão da celulose. No ser humano, ele não tem função digestória. A inflamação do apêndice é chamada de **apendicite** e exige pronto atendimento médico. O problema pode ser resolvido com a cirurgia de extração do apêndice.

A parte mais longa do intestino grosso é o **colo** (ou cólon). Na parte final do colo fica o **reto**, que se comunica com o exterior por um orifício, o **ânus**.

O intestino grosso absorve parte da água e dos sais minerais que não foram absorvidos pelo intestino delgado e os lança no sangue. Os restos que não foram digeridos são compactados e formam as fezes. As fezes ficam armazenadas no intestino grosso até serem eliminadas pelo ânus.

Ciência e saúde

Prisão de ventre, diarreia e desidratação

O alimento, geralmente, leva de 10 a 14 horas para passar pelo intestino grosso, impulsionado pelos movimentos peristálticos. Se esse movimento estiver muito lento, os resíduos vão permanecer muito tempo no intestino grosso, e boa parte da água que se encontra neles será reabsorvida pelo organismo. Como consequência, formam-se fezes muito secas e endurecidas. Esse é o quadro da **prisão de ventre** ou **constipação**. Uma de suas causas é a alimentação pobre em fibras.

A prisão de ventre favorece o aparecimento de algumas doenças do intestino. O esforço feito para evacuar provoca, por exemplo, a dilatação de algumas veias do reto e do ânus (hemorroidas), que podem se romper e sangrar durante a evacuação.

Ao contrário da prisão de ventre, na **diarreia** as contrações peristálticas tornam-se muito fortes. Os resíduos passam rápido demais pelo intestino grosso e boa parte da água que se encontra neles deixa de ser absorvida. Nesse caso, as fezes podem sair líquidas.

A diarreia pode ser causada por microrganismos presentes na água ou em alimentos, pelo uso de certos medicamentos, etc. As diarreias leves param espontaneamente, em muitos casos. Mas é necessário repor a água e os sais minerais perdidos.

A **desidratação** é a perda excessiva de água e de sais minerais pelo organismo. Pode ser provocada por diarreia ou vômitos. O vômito ocorre quando fortes contrações dos músculos do abdome pressionam o estômago e fazem seu conteúdo subir pelo esôfago e sair pela boca. Pode ocorrer quando alguma coisa, como um alimento estragado, irrita o estômago.

A desidratação é muito perigosa para as crianças. Para evitá-la, elas devem tomar o soro de reidratação oral, fornecido nos postos de saúde, ou conseguir, também nos postos de saúde, a colher-medida para fazer o soro em casa.

Se houver sinais de desidratação, se a diarreia for intensa ou durar mais de 24 horas ou, ainda, se houver febre, vômitos ou sangue nas fezes, é preciso procurar logo a assistência médica.

Como identificar a desidratação

Leve a criança ao serviço de saúde, se ela apresentar alguns destes sintomas: olhos fundos, sede exagerada, boca e pele secas, ausência ou pequena produção de lágrima e pouca urina.

Modo de preparo do soro de sais de reidratação oral

Ponha todo o pó de um envelope de sais de reidratação em um litro de água e mexa bem.

Atenção!

- Use todo o pó do envelope.
- Não adicione açúcar nem sal ao soro.
- Não ferva o soro depois de prepará-lo.
- O soro deve ser usado apenas por 24 horas. Depois disso, jogue o que sobrou e prepare um novo litro de soro.
- Na falta da solução de reidratação oral, é possível preparar o soro caseiro. Importante: usar a colher-medida.

Preparo do soro caseiro

Prove o soro caseiro. Ele deve ser menos salgado que a lágrima.

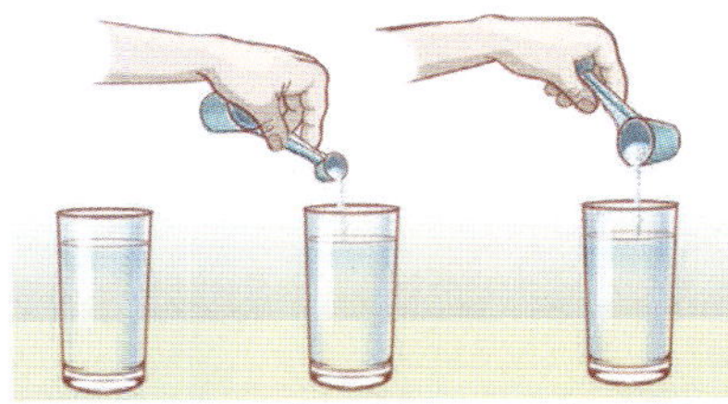

Christiane S. Messias/Arquivo da editora

1 copo cheio de água limpa | 1 medida rasa de sal | 2 medidas rasas de açúcar

4.9

Mundo virtual

A dura jornada de um sanduíche boca adentro
<http://super.abril.com.br/alimentacao/digestao-dura-jornada-sanduiche-boca-adentro-439688.shtml>
Reportagem que analisa as etapas do processo de digestão dos alimentos. Contém curiosidades e sugestões de *links*.

Acervo de lâminas – Sistema digestório
<www.usjt.br/acervolaminas/index.php/citologia/5-histologia/70-sistema-digestorio>
Fotos digitais de estruturas do sistema digestório em lâminas microscópicas.

Acesso em: 15 mar. 2015.

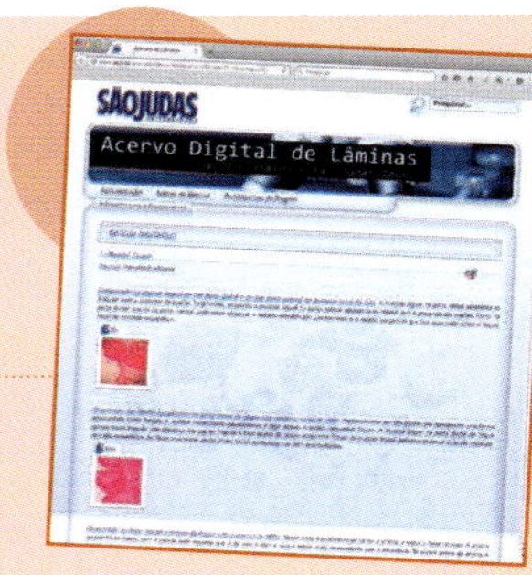

Reprodução/<www.usjt.br/acervolaminas/index.php/citologia/5-histologia/70-sistema-digestorio>

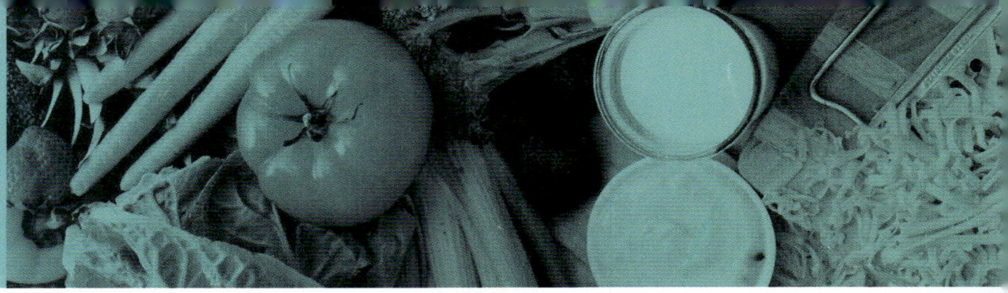

Atividades

Trabalhando as ideias do capítulo

1. Por que a digestão é necessária para o aproveitamento dos alimentos?

2. A expressão "ficar com a boca cheia de água" indica que houve produção de **A** pelas glândulas **B**. No caderno, escreva o que as letras **A** e **B** representam.

3. Explique como o trabalho dos dentes facilita a digestão do alimento.

4. Você sabe que os dentes são importantes para a digestão. Então, explique qual o significado da afirmativa: "açúcar toda hora, ácido toda hora".

5. Observe a placa bacteriana (em amarelo) sobre a superfície de um dente, vista ao microscópio na figura 4.10. Que problema essa placa pode causar? O que se deve fazer para evitá-lo?

Dr. Jony Brain/Science Photo Library/Latinstock

4.10 **Placa bacteriana (microscópio eletrônico; aumento de cerca de 70 vezes; cores artificiais).**

6. "Pequena dobra de cartilagem que fecha automaticamente a entrada do sistema respiratório quando engolimos a comida". A que parte do corpo se refere essa descrição?

7. A tosse é importante quando uma pessoa engasga. Explique por quê.

8. Copie a tabela a seguir no caderno substituindo as letras pelos termos que a completam corretamente.

Glândulas	Enzimas e outros produtos	Local de ação	Alimento
Salivares	A	B	C
Do estômago	D	Estômago	E
Pâncreas	Tripsina, quimiotripsina, peptidase	F	G

4.11

9. Uma garota estava comendo um sanduíche de pão francês com queijo e presunto. Qual desses alimentos é o primeiro a sofrer digestão e em que local essa digestão começa?

10. Qual é a função das vilosidades e microvilosidades do intestino delgado? No caderno, justifique sua resposta.

11. Qual das seguintes funções não é executada pelo fígado? No caderno, justifique sua resposta.
   a) Remoção das substâncias tóxicas do sangue.
   b) Digestão das proteínas no intestino.
   c) Transformação de alguns aminoácidos em outros.
   d) Remoção do excesso de glicose do sangue.

12. Durante uma aula de anatomia, o professor apontou para uma pequena projeção do intestino grosso que não tem função digestiva e, às vezes, precisa ser extraída por cirurgia. O que ele estava indicando?

13. No caderno, organize os termos a seguir na ordem em que o alimento passa pelo tubo digestório: estômago, faringe, boca, reto, intestino delgado, ânus, esôfago, intestino grosso.

14. A prisão de ventre favorece o aparecimento de algumas doenças do intestino e pode ter várias causas. Por que é perigoso tomar medicamentos contra prisão de ventre (chamados laxantes) sem consultar o médico? Como nossos hábitos alimentares podem evitar esse problema?

15. Qual o nome de uma pequena projeção do intestino grosso que, em caso de inflamação, tem de ser extraída por cirurgia?

16. O prefixo grego *hidro* significa 'água', e o prefixo *lise*, 'quebra'. A partir dessas informações, explique por que o processo de digestão também pode ser chamado hidrólise enzimática.

17. No lanche da tarde, uma pessoa comeu um pedaço de bolo. Sabendo que o bolo continha principalmente farinha de trigo, açúcar e manteiga, indique quais os órgãos e as enzimas envolvidos na digestão desse alimento.

18. No caderno, identifique os tipos de dentes indicados pelos números na imagem:

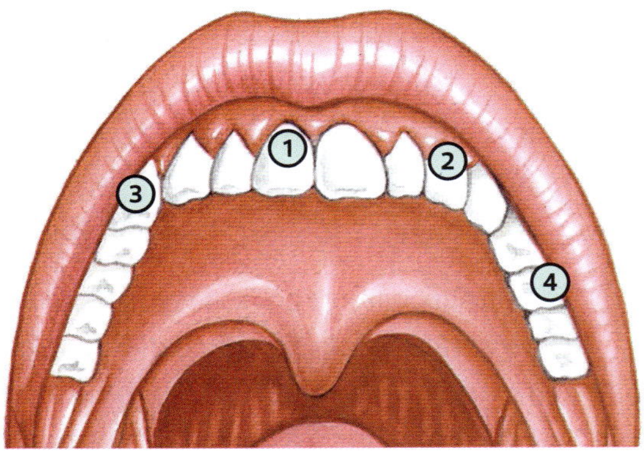

Ingeborg Asbach/Arquivo da editora

4.12 **Figura sem escala. Cores fantasia.**

19. Observe a figura 4.12 e, no caderno, indique o número do órgão que corresponde a cada uma das afirmações a seguir:

a) Produz o ácido clorídrico.
b) Lança a bile no intestino delgado.
c) Absorve água e armazena as fezes.
d) Produz a bile.
e) Produz uma enzima que digere o amido.
f) Inicia o processo de digestão mecânica do alimento.
g) Leva o alimento da boca ao estômago.
h) Local onde ocorre a maior parte da absorção dos alimentos.

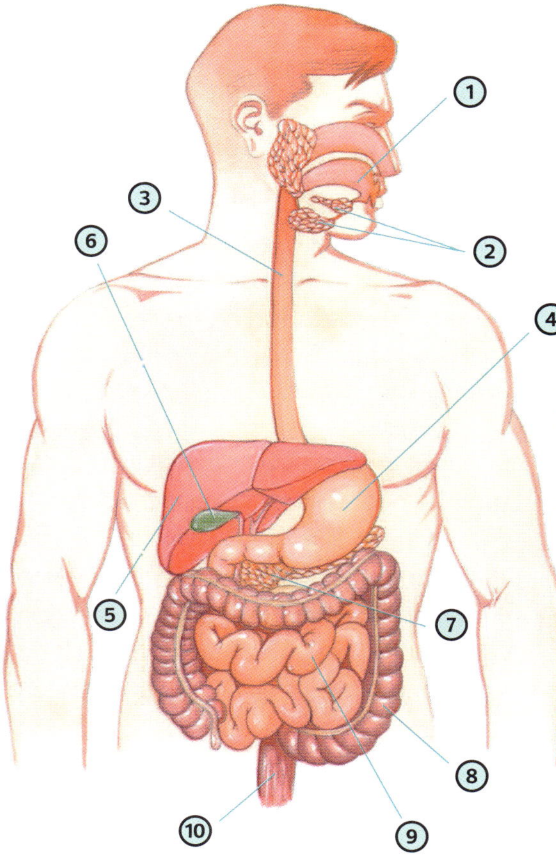

Joel Bueno/Arquivo da editora

4.13 **Sistema digestório. (Figura sem escala. Cores fantasia.)**

20. Agora, no caderno, identifique todas as estruturas indicadas pelos números na figura acima.

21. No caderno, indique apenas as afirmativas verdadeiras.

a) A digestão das proteínas ocorre apenas no estômago.
b) A bile é uma enzima digestiva.
c) A parede do intestino delgado produz o suco gástrico.
d) Escovar os dentes após as refeições ajuda a evitar a cárie.
e) A adição de flúor à água que abastece a cidade ajuda a evitar a cárie.
f) A glicose é digerida no intestino delgado.
g) A bile ajuda na digestão das gorduras.
h) A celulose que se encontra na alface é digerida e absorvida no intestino delgado.
i) A maior parte da absorção do alimento ocorre no intestino grosso.
j) A diarreia é perigosa porque pode provocar desidratação.

Pense um pouco mais

1. O professor estava explicando que as enzimas são específicas, isto é, cada enzima é capaz de atacar apenas um tipo de substância. Um estudante o interrompeu e disse que isso não é verdade porque a amilase, por exemplo, é capaz de atuar na digestão de alimentos tão diversos quanto o arroz, o pão, o macarrão, a tapioca e o creme de milho. Por isso, ela não é específica, concluiu o estudante. O que você responderia a ele?

2. O abacaxi possui enzimas que digerem proteínas, como as que existem na gelatina. Observe a figura a seguir, que mostra um cubo de gelatina intacto e o mesmo volume de gelatina dividido em vários cubinhos. Responda: se despejarmos um suco de abacaxi fresco em ambos os recipientes, em qual deles a digestão será mais rápida? Por quê?

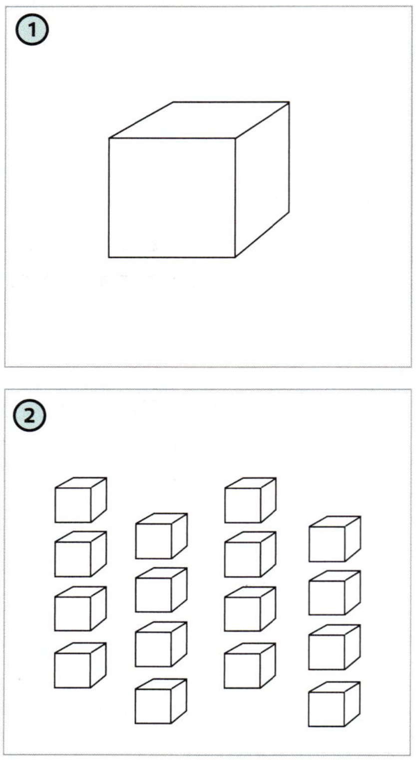

4.14

3. Por que um alimento, depois de ingerido, pode chegar ao estômago ainda que a pessoa que o ingeriu esteja de cabeça para baixo? (Não tente fazer isso, porque você pode engasgar.)

4. Explique o que está ocorrendo com a proteína no esquema a seguir e o que os círculos coloridos no final da figura indicam.

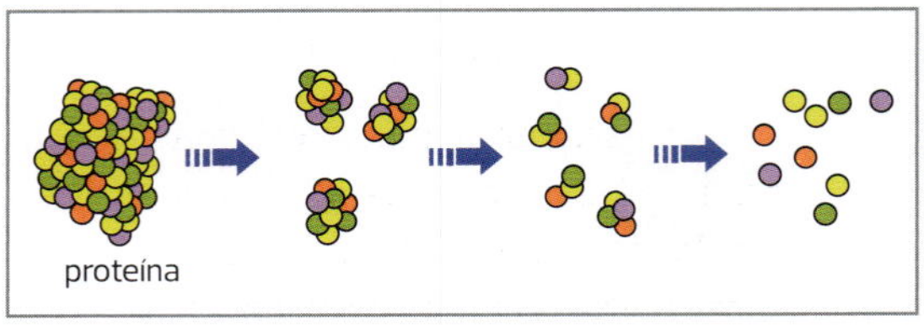

KLN Artes Gráficas/ Arquivo da editora

4.15 Figura sem escala. Cores fantasia.

5. Além da pepsina, o estômago dos bebês fabrica muita renina, uma enzima que ataca proteínas, e lipase gástrica, uma enzima que ataca lipídios. Qual é a importância disso para o bebê?

6. Em um laboratório, foram colocadas algumas substâncias dentro de seis tubos de ensaio, aquecidos a 37 °C:
   - tubo 1: saliva + farinha de trigo + água
   - tubo 2: manteiga + amilase salivar + água
   - tubo 3: clara de ovo + suco gástrico + água
   - tubo 4: carne + amilase salivar + água
   - tubo 5: batata + suco gástrico + água
   - tubo 6: leite + saliva + água

   Em quais tubos deve ter ocorrido digestão?

7. Em um hospital uma pessoa teve parte do duodeno removida por cirurgia, enquanto outra precisou remover uma parte de mesmo comprimento do intestino grosso. Em qual dessas situações há maior probabilidade de ocorrerem problemas com a digestão dos alimentos? Por quê?

8. Por dia, chegam ao intestino delgado cerca de 10 L de água e alimentos sólidos e líquidos. Desse total, chega ao intestino grosso entre 0,5 e 1 L. Por que isso acontece?

9. O professor explicou aos alunos que apenas uma pequena parte do amido dos alimentos é digerida na boca, já que não mastigamos os alimentos por tempo suficiente para digerir todo o amido. Um estudante deduziu que esse amido não digerido não seria aproveitado, e o corpo o eliminaria com as fezes. A conclusão do estudante está certa? Justifique sua resposta.

De olho no texto

Leia o texto a seguir e responda às questões propostas.

Aplicações comerciais das enzimas

Um estudante misturou pedaços de abacaxi maduro e fresco com gelatina recém-preparada. Quando retirou a gelatina da geladeira, observou que ela apresentava várias partes moles, em vez da consistência normal.

A explicação é que o abacaxi possui enzimas que digerem proteínas, como as existentes na gelatina. As cadeias de proteínas formam uma espécie de rede que sustenta a gelatina. Devido à quebra de algumas dessas cadeias pelo abacaxi, a gelatina não pôde adquirir sua consistência característica.

Mas o abacaxi pode ser usado em gelatinas: basta cozinha-lo um pouco, pois o calor modifica as enzimas e impede sua atuação. Ou então, usar abacaxi em lata, que já passou por uma fervura.

Várias enzimas naturais encontram aplicação industrial, com diferentes finalidades:

- enzimas como as do abacaxi são usadas para amaciar a carne ou o couro;
- muitos sabões em pó contêm enzimas que quebram proteínas e lipídios, facilitando a remoção de manchas;
- para extrair suco de frutas em grande escala, os fabricantes usam uma enzima que quebra a pectina, uma substância presente na parede celular do vegetal.

a) A digestão do amido começa na boca, pela ação da amilase salivar. Imagine que o professor ponha saliva em um recipiente, ferva por alguns minutos e a despeje em um pouco de farinha de trigo. Você acha que essa saliva vai começar a digerir o amido? Justifique.

b) Que enzima pode ser adicionada ao sabão em pó para ajudar a remover manchas de gordura?

Mexa-se!

Pesquise os assuntos a seguir.

1. O que faz um ortodontista? Informe-se também sobre a possibilidade de convidar um odontologista (dentista) para apresentar uma palestra sobre higiene bucal à comunidade escolar.
2. O que é intolerância à lactose?
3. O que são cálculos biliares, como eles se formam e qual é o tratamento utilizado nesse caso?
4. O que é doença celíaca?
5. Pesquise o que são e como acontecem os seguintes fenômenos no sistema digestório: vômito, erucatação e flatulência.
6. Que vermes podem viver em nosso intestino como parasitas? Como eles são transmitidos? Quais são as medidas necessárias para combater essas verminoses?

Aprendendo com a prática

Para realizar esta atividade, providencie, inicialmente, o que se pede a seguir e depois leia as orientações.

Material

- Um vidro pequeno ou um copo pequeno com água
- Um pouco de óleo de cozinha
- Algumas gotas de detergente de lavar louça
- Um conta-gotas

Procedimentos

Encha o vidro ou o copo com água até a metade, acrescente uma colher de sopa de óleo à água, tape o copo com a mão e agite bem. Espere alguns minutos e observe. Depois, pingue algumas gotas de detergente na solução; tape o copo novamente e agite mais uma vez.

Observe por alguns minutos e responda:

a) O que pode ser observado na mistura de água e óleo nos dois casos?

b) Como você explica a diferença entre os dois casos?

c) Que processo da digestão pode ser comparado ao que ocorreu nesse experimento?

Capítulo

5 A alimentação equilibrada

Não é exagero afirmar que boa parte da população mundial morre por não ter o que comer e outra parte morre porque come demais.

Comer bem não é comer muito, e sim ter uma alimentação equilibrada, isto é, uma alimentação que contenha uma quantidade adequada de calorias e de nutrientes necessários ao organismo, contribuindo assim para manter nossa saúde.

Monkey Business Images/Shutterstock/Glow Images

5.1 Uma alimentação equilibrada contribui para a nossa saúde e bem-estar.

A questão é

Você sabe o que é saudável comer? Quais são os grupos de alimentos que precisamos ingerir diariamente? Quais são os problemas causados pela obesidade e o que se deve fazer para preveni-la? Quais os problemas causados por alimentos ricos em gorduras e açúcares? Como combater a desnutrição?

1 Os grupos de alimentos

Para orientar nossa alimentação, os cientistas classificaram os alimentos em cinco grupos.

Neste capítulo, você vai conhecer diversos grupos de alimentos e uma série de recomendações necessárias para manter uma boa nutrição. Essas recomendações, porém, só valem para pessoas acima de 2 anos de idade. E, é claro, qualquer pessoa com problemas que possam ser afetados pelo tipo de alimentação, como doenças cardiovasculares e diabetes, precisa seguir as orientações médicas específicas para o caso.

Atenção!
As informações deste capítulo não substituem a consulta ao médico. Também não podem ser usadas para diagnóstico, tratamento nem prevenção de doenças.

Cereais, tubérculos e raízes

O grupo dos cereais inclui arroz, milho, pães e massas, além de tubérculos e raízes (batata-inglesa, batata-doce, mandioca, cará ou inhame). Salvo indicação médica, os cereais devem ser consumidos em maior quantidade do que os alimentos dos outros grupos, porque fornecem principalmente carboidratos, que servem de fonte de energia ao organismo. Os cereais também contribuem com um pouco de proteínas, algumas vitaminas, sais minerais e fibras.

A quantidade necessária de cereais vai depender do peso, da idade e do gasto de energia de cada um.

Deve-se dar preferência a alimentos feitos à base de cereais integrais ou enriquecidos. Eles contêm mais fibras, vitaminas e sais minerais. O pão integral é um exemplo de alimento feito com cereal integral. Quanto aos alimentos enriquecidos, temos o arroz **parboilizado**, que recebe um tratamento que conserva as vitaminas do complexo B, geralmente eliminadas pelo processo de industrialização.

Parboilizado vem do inglês *parboiled*, termo que une *partial* (parcial) e *boiled* (fervido). Nesse processo o arroz é imerso em água aquecida a cerca de 50 graus Celsius, e isso faz com que vários nutrientes da casca passem para o interior do grão e não sejam perdidos.

Betacaroteno é um pigmento natural que vai do amarelo ao vermelho e dentro do organismo se converte em vitamina A. As melhores fontes de betacaroteno são os vegetais e as frutas amarelas e vermelhas.

Verduras e legumes

Fornecem principalmente vitaminas, sais minerais e fibras. No Brasil há uma variedade imensa desses alimentos. Veja alguns deles, entre muitos outros exemplos (em ordem alfabética): abóbora, abobrinha, acelga, agrião, alface, berinjela, beterraba, brócolis, cebola, cenoura, chicória, couve, couve-flor, espinafre, pepino, pimentão, repolho, salsa, tomate.

Procure incluir em cada refeição um alimento rico em **betacaroteno**, como a couve, os brócolis, a cenoura, a abóbora, o espinafre e o tomate. A vitamina C é encontrada nos brócolis, tomate, repolho, pimentão e espinafre.

As verduras e os legumes devem ser cozidos em pouca água ou no vapor, inteiros ou cortados em pedaços grandes, para evitar a perda de vitaminas e sais minerais. Dê preferência a verduras e legumes da estação. Eles são mais frescos e também mais baratos.

Frutas

As frutas fornecem, em geral, carboidratos, vitaminas, sais minerais e fibras.

É importante consumir todo dia pelo menos uma fruta rica em vitamina C: laranja, manga, goiaba, caju, por exemplo. Dê preferência a frutas frescas e da estação.

No Brasil há uma imensa variedade de frutas. Além das frutas mais comuns, que são consumidas em vários países, existe uma grande variedade de frutas regionais. Muitas delas podem ser consumidas em forma de sucos e refrescos. E, certamente, a quantidade de sabores das frutas supera a dos refrigerantes que se encontram no mercado.

Leite e derivados

A manteiga não faz parte desse grupo porque possui pouca proteína e muita gordura.

Leite, queijos e iogurtes fornecem, principalmente, cálcio, vitamina D, proteína e gordura. O cálcio é importante na fase de crescimento para formar os ossos.

Alguns exemplos são os queijos brancos e o leite desnatado.

Os lipídios, principalmente os de origem animal, podem favorecer, em certos casos, o depósito de colesterol nas artérias, as doenças do coração e a obesidade. Para evitar esses problemas, os adultos devem escolher leite e derivados com menor quantidade de gordura. As crianças, adolescentes e gestantes devem consumir o leite integral, exceto nos casos em que há indicação médica contrária.

Africa Studio/Shutterstock/Glow Images

5.2 Queijos brancos costumam ter menos quantidade de gordura e são ricos em cálcio, vitamina D e proteínas.

Carne, ovos e vegetais ricos em proteínas

Nesse grupo encontram-se a carne de boi, de ave, de peixe, miúdos, ovos e leguminosas (feijão, ervilha, soja, lentilha, grão-de-bico, amendoim), além de castanhas e nozes.

Fornecem principalmente proteínas, além de lipídios, alguns minerais (especialmente ferro) e algumas vitaminas do complexo B.

Os vários tipos de carne possuem, praticamente, o mesmo valor nutricional, exceto o fígado, que contém mais vitaminas.

Para diminuir a gordura e o colesterol, devem ser escolhidas carnes magras, frango e peixes, consumidos de preferência grelhados (evite comê-los fritos). É recomendável também remover a gordura visível da carne e a pele do frango, rica em colesterol.

A tradicional mistura de arroz com feijão (duas partes de arroz para uma de feijão) é uma boa fonte de proteínas, principalmente se adicionarmos um pouco de proteína de origem animal, como carne, peixe ou ovos. O mesmo vale para a combinação de outros cereais com leguminosas (feijão, soja, ervilha, lentilha, grão-de-bico, etc.).

Ciência e saúde

Cuidado com o uso de suplementos!

Algumas pessoas que fazem atividades físicas regulares querem ganhar massa muscular e acham que, para isso, precisam tomar suplementos de aminoácidos ou proteínas. Em geral, quem pratica muita atividade física tem necessidade de ingerir mais calorias, fornecidas, principalmente, por carboidratos. Além disso, o excesso de aminoácidos ou proteínas pode sobrecarregar o trabalho dos rins e do fígado e causar problemas nesses órgãos. Por isso, suplementos alimentares – como as proteínas – devem ser usados com orientação médica. Para ganhar massa muscular, o indispensável é fazer atividade física orientada por profissionais especializados.

Africa Studio/Shutterstock/Glow Images

5.3 Proteína isolada do leite usada como suplemento.

Produtos ricos em gorduras e açúcares

São alimentos como sorvetes, balas, bolos, doces, chocolates, entre outros. Além de gordura, eles contêm muita sacarose (o açúcar comum). E, geralmente, apesar de terem uma grande quantidade de calorias e de gordura, não contêm a quantidade adequada de vários nutrientes importantes, como algumas vitaminas, fibras e determinados minerais. Por isso, o consumo excessivo desses produtos diminui o apetite sem satisfazer as necessidades nutricionais do indivíduo. Além disso, pode levar à obesidade, à diabetes ou a problemas no sistema circulatório. O mesmo vale para o consumo excessivo de gordura saturada, que se encontra, sobretudo, em alimentos de origem animal, e de gordura trans (gordura ou óleo hidrogenado): veja o boxe da página 37.

Lembre-se, porém, de que bebês e crianças com até 2 anos de idade precisam, proporcionalmente, de mais gordura. Essas especificações são fornecidas pelo pediatra.

Esses problemas podem aparecer também com o consumo excessivo das refeições do tipo *fast-food*: hambúrguer, cachorro-quente, batata frita e refrigerante, por exemplo. Por isso, esse tipo de alimentação não deve se tornar um hábito.

Compare: um hambúrguer com queijo, uma porção de batatas fritas e um copo grande de refrigerante podem ter mais de 1000 calorias, enquanto um prato com arroz, feijão, bife e uma porção de salada (alface, tomate e cebola) possui, em média, 700 calorias.

Alimentos assados, cozidos ou grelhados contêm menos gordura do que os alimentos fritos. É importante usar pequena quantidade de óleo vegetal no preparo desses alimentos. Também não é recomendável pular refeições. Devem ser feitas pelo menos três refeições diárias, que podem ser intercaladas com pequenos lanches.

É importante que nosso corpo esteja sempre bem hidratado. Porém, a quantidade de líquidos ingerida durante o dia pode variar. Quando praticamos exercícios ou em dias quentes, por exemplo, a produção de suor e, consequentemente, a perda de água aumentam. Lembre-se de que é fundamental que a água de beber seja tratada e filtrada ou fervida.

Por último, deve-se destacar que a prática regular de exercícios físicos (orientados por profissionais especializados) é um fator importante para a manutenção da saúde.

Ciência e saúde

Cuidado com as bebidas alcoólicas!

As bebidas alcoólicas fornecem calorias (o álcool pode ser usado pelo corpo como "combustível"), mas não contêm nenhum (ou quase nenhum) nutriente. Por isso, em geral, quem bebe muito deixa de ter uma alimentação equilibrada.

O consumo excessivo de álcool causa problemas no pâncreas e no fígado (cirrose), assim como doenças cardíacas e nervosas, além de aumentar o risco de acidentes de trânsito provocados por pessoas que dirigem após a ingestão de álcool.

Algumas pessoas podem ficar dependentes do álcool. Passam a beber descontroladamente e prejudicam com isso seu trabalho, seus estudos e sua vida social.

Crianças e adolescentes não devem tomar bebida alcoólica. A bebida na juventude aumenta o risco de dano cerebral. Estudos mostram que jovens consumidores de álcool têm a parte do cérebro relacionada à memória 10% menor. Além disso, há uma redução das capacidades de raciocínio complexo e de tomada de decisões rápidas. Mulheres grávidas também não devem consumir álcool para não prejudicar o feto.

Da mesma forma, não se deve consumir bebida alcoólica antes de dirigir veículos ou de realizar qualquer trabalho que exija atenção e coordenação motora. Pessoas que dirigem depois de beber estão sujeitas às punições da lei. Elas arriscam a própria vida e a de outros. Quem for pego nessa situação poderá sofrer punições que variam de multa até prisão, dependendo da concentração de álcool no sangue.

2 Obesidade

Por exemplo: um adulto de 80 kg e 1,80 m de altura tem o IMC de 24,69.

O médico utiliza vários critérios para verificar se um adulto está obeso ou não. Um deles consiste em dividir o peso da pessoa (em quilogramas) pela altura (em metros) elevada ao quadrado. O resultado, chamado de índice de massa corporal (IMC), deve ficar entre 18,5 e 24,9. Índices menores que 18,5 indicam baixo peso e possíveis riscos à saúde. Índices entre 25 e 29,9 podem indicar excesso de peso, embora sejam necessárias outras avaliações, como a medida da cintura. A obesidade leve corresponde a um índice entre 30 e 34,9, enquanto a obesidade moderada corresponde ao índice de 35 a 39,9. Por fim, índices superiores a 39,9 indicam obesidade mórbida, com risco grave para a saúde.

A avaliação do peso em crianças e adolescentes é feita de outros modos, por exemplo, com tabelas que estabelecem a relação entre a idade, o peso e a altura.

Mas esses valores são relativos: um atleta pode apresentar valores mais altos sem ser obeso, já que músculos pesam mais do que gordura. E uma pessoa sedentária pode estar na faixa normal, mas ter mais gordura do que seria considerado saudável. Por isso, o IMC é apenas um dos indicadores de obesidade ou magreza e, para confirmar se o seu corpo está saudável ou não, é importante consultar um médico ou nutricionista.

Embora vários fatores possam contribuir para a obesidade, incluindo a tendência hereditária, as principais causas desse problema são o consumo crescente de comidas muito calóricas, ricas em gorduras saturadas e açúcares, aliado ao sedentarismo, isto é, pouca atividade física.

A Z

A **aterosclerose** é caracterizada pelo depósito de placas de gordura nas artérias. Pode provocar vários problemas de saúde, como você verá no Capítulo 7.

Quanto mais obesa for uma pessoa, maior é o risco de sofrer ataques cardíacos ou de ter pressão alta. Também é maior o risco de desenvolver diabetes, cálculos biliares, **aterosclerose**, problemas na coluna e nas articulações e outras doenças, que serão estudadas nos capítulos seguintes. E as estatísticas indicam que os obesos vivem, em média, menos do que as pessoas não obesas.

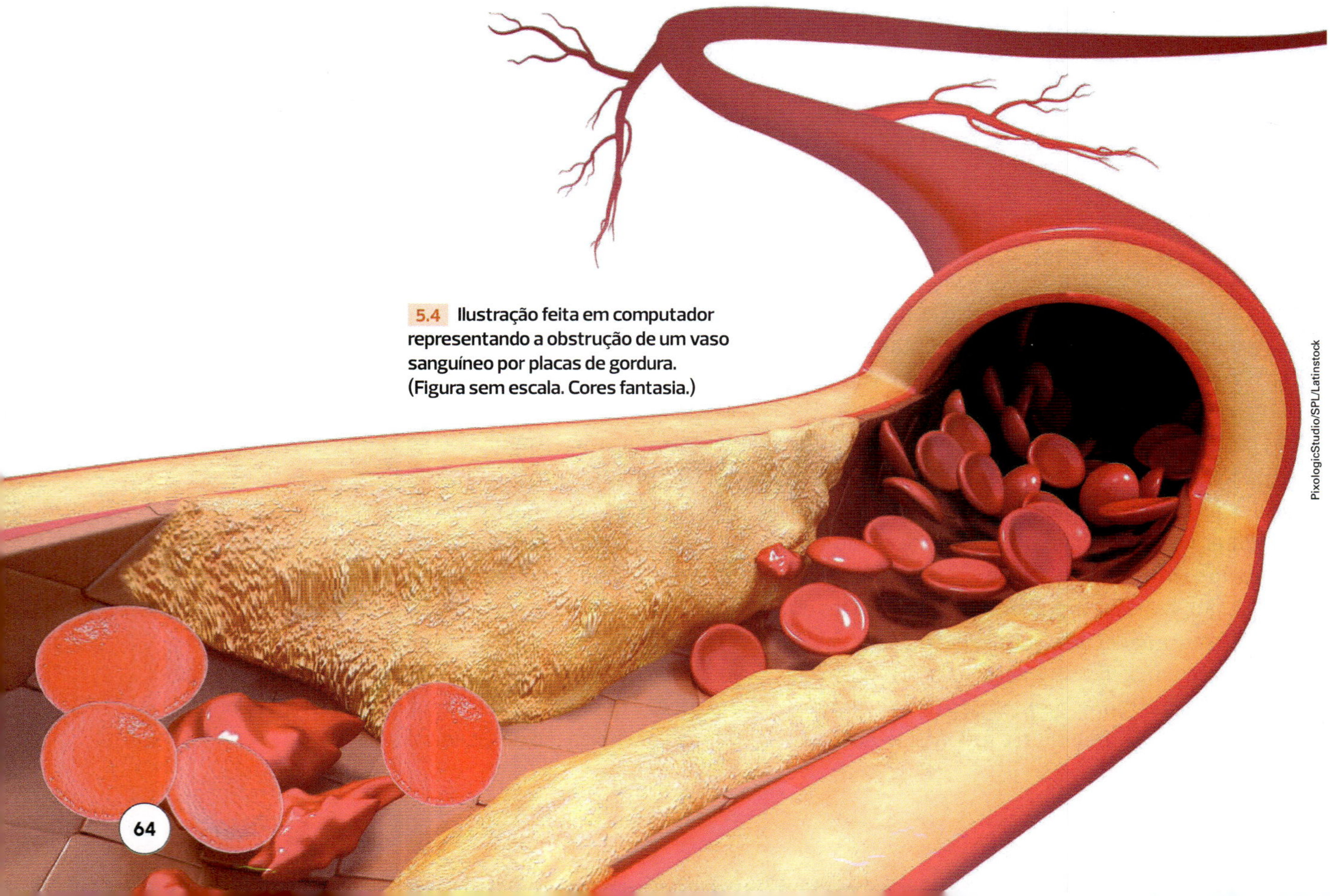

5.4 Ilustração feita em computador representando a obstrução de um vaso sanguíneo por placas de gordura. (Figura sem escala. Cores fantasia.)

PixologicStudio/SPL/Latinstock

O controle do peso

Se uma pessoa está obesa, deve procurar um médico, que vai verificar, por exemplo, se não há nenhum problema glandular. O médico poderá indicar uma dieta em que o total de calorias ingeridas seja menor do que o total de calorias gastas Isso pode ser conseguido reduzindo-se a ingestão de alimentos ricos em açúcares e gorduras e praticando-se, com regularidade, alguma atividade física (caminhadas, por exemplo).

Diabéticos e muitas pessoas que fazem dieta substituem o açúcar comum por adoçantes ou produtos que levam adoçantes (refrigerantes *diet*, por exemplo), que não contêm calorias ou têm uma quantidade de calorias muito inferior à do açúcar.

De qualquer forma, o uso de adoçantes não substitui a necessidade de diminuir a ingestão de glicídios e gorduras no tratamento da obesidade.

Alguns produtos e dietas anunciados nos meios de comunicação fazem apenas a pessoa perder água. A perda de água faz a pessoa perder peso rapidamente, mas é provável que ela vá engordar de novo quando retomar a alimentação normal. Há ainda o risco de perda de sais minerais e de desidratação, entre outras complicações.

Outro problema é que ninguém consegue passar o resto da vida comendo apenas um tipo de alimento ou um pó que contém os nutrientes necessários, como algumas dietas recomendam. Após a interrupção da dieta, a pessoa volta a ganhar peso. Também não há alimentos que "queimem calorias". O que queima calorias é a atividade física.

Atenção!
Não devemos seguir dietas ou usar produtos anunciados nos meios de comunicação sem orientação médica. Muitas vezes eles fazem apenas a pessoa perder água pela urina, em vez de gordura.

paintings/Shutterstock/Glow Images

5.5 A prática regular de exercícios, sobretudo com a orientação de especialistas, ajuda a controlar o peso.

Os tratamentos cirúrgicos, chamados cirurgias bariátricas, são indicados geralmente para os casos mais graves de obesidade. Há vários tipos de cirurgias. Lembre-se que somente o médico pode avaliar qual o melhor procedimento para tratar a obesidade e as doenças associadas. De qualquer forma, há um consenso de que para controlar a obesidade é preciso uma mudança definitiva nos hábitos alimentares, isto é, uma **reeducação alimentar**. É preciso diminuir o consumo de alimentos ricos em açúcar comum (sacarose) e gorduras, controlar o consumo de alimentos ricos em carboidratos (cereais, batata, banana, etc.) e dar preferência a verduras e legumes de baixas calorias, além de praticar uma atividade física regular. Enfim, medicamentos e dietas só com orientação médica!

3 Ciência e tecnologia: a conservação dos alimentos

Leite azedo, carne malcheirosa ou de cor estranha e lata estufada são sinais de que o alimento pode ter sido contaminado por bactérias capazes de nos provocar doenças.

Uma das maneiras de proteger o alimento contra a proliferação de bactérias consiste em mantê-lo refrigerado. Ao baixar a temperatura, as transformações químicas que ocorrem no ser vivo diminuem de velocidade. Isso significa que a velocidade de reprodução de muitos microrganismos também diminui — é por isso que a geladeira ajuda a conservar o alimento.

A refrigeração não mata os microrganismos: apenas interrompe ou diminui sua velocidade de reprodução. Mas a maioria dos microrganismos interrompe sua reprodução entre −14 °C e −18 °C. Por isso o **congelamento** é uma técnica muito usada para conservar os alimentos até que eles cheguem ao consumidor.

Ferver os alimentos é uma das formas mais usadas para matar microrganismos. No processo chamado **pasteurização**, o leite é aquecido a uma temperatura entre 72 °C e 75 °C por 15 a 20 segundos em equipamento especial e depois resfriado rapidamente.

Depois de aberto, o leite pode ser conservado na geladeira por, no máximo, três dias.

No processo de pasteurização um pequeno número de bactérias, que geralmente não são prejudiciais à saúde, pode permanecer vivo no leite. Por isso esse leite deve ser mantido na geladeira mesmo quando fechado, para não estragar por fermentação. Deve-se também ferver o leite antes de tomá-lo.

O leite longa vida é submetido, de dois a quatro segundos, a uma temperatura entre 130 °C e 150 °C. Por isso, ele é também chamado de leite UHT (do inglês *Ultra High Temperature*, 'temperatura ultra-alta'). Nesse processo, todos os microrganismos são eliminados e esse leite pode ser conservado, quando ainda fechado, fora da geladeira e bebido sem ferver. Depois de aberto, porém, deve ficar na geladeira e ser consumido em até três ou quatro dias. Mas, em ambos os tipos de leite, é fundamental observar a data de validade do produto escrita na embalagem.

Determinados aditivos provocam alergia em algumas pessoas — que devem, portanto, evitar o consumo de alimentos que tenham esses aditivos.

Em alguns alimentos industrializados, outros métodos são empregados, já que o calor pode alterar o sabor ou o valor nutritivo deles. Uma das técnicas consiste em adicionar substâncias químicas, **aditivos químicos**, que matam os microrganismos ou impedem que eles se reproduzam. Além de conservar, os aditivos dão cor, aroma, sabor ou consistência a um produto.

Dentro das quantidades consumidas normalmente pelas pessoas, os aditivos são considerados seguros. Mas seu uso nos produtos precisa ser controlado pelo governo, já que alguns aditivos, se ingeridos em grande quantidade, podem causar problemas em nosso organismo.

A **desidratação** também ajuda a conservar o alimento: sem água, muitos microrganismos morrem. Do mesmo modo, altas concentrações de sal retiram água dos germes, impedindo sua sobrevivência ou reprodução: é a técnica do **salgamento**. O mesmo resultado é obtido com altas concentrações de açúcar acrescentadas a compotas e geleias. Na **liofilização**, o alimento é desidratado rapidamente sob baixas temperaturas. Já a **defumação** é uma técnica antiga: consiste em expor o alimento à fumaça, que contém substâncias capazes de impedir o desenvolvimento de microrganismos. É usada para conservar certas carnes (linguiça, por exemplo) e alguns peixes.

SASIMOTO/Shutterstock/Glow Images

5.6 A liofilização é usada para fabricar leite em pó e café solúvel.

Ciência e saúde

Cuidados com os alimentos

Veja alguns conselhos práticos que ajudam a conservar os alimentos e a garantir a higiene.

- Não compre produtos com embalagens amassadas, enferrujadas ou estufadas. O estufamento pode ser causado pela produção de gases devido à fermentação realizada por microrganismos. Uma lata amassada ou enferrujada tem mais chance de apresentar pequenos furos e expor seu conteúdo à contaminação. Não deixe de verificar também se o produto está dentro do prazo de validade registrado na embalagem. As latas devem ser lavadas antes de serem abertas.
- Lave bem as frutas, verduras e legumes. As hortaliças devem ser guardadas em sacos plásticos ou em recipientes com tampas, nas partes de baixo (menos frias) da geladeira. Alimentos mal lavados ou malconservados podem transmitir bactérias causadoras de doenças, que provocam infecções alimentares.
- Carne, ovos e peixes cozidos são mais seguros do que crus, já que o cozimento destrói a maioria das bactérias. Os ovos também devem ser guardados na geladeira. Verifique sempre o período de validade estampado na caixa. Evite o consumo de ovos crus e não use ovos com a casca rachada.
- Guarde na geladeira os alimentos cozidos assim que esfriarem. Quando for comê-los, aqueça-os novamente em alta temperatura, porque há sempre algumas bactérias nos alimentos que não são destruídas mesmo estando a uma temperatura mais baixa, como a da geladeira.
- Ao comprar peixe, verifique se as guelras ou brânquias estão vermelhas, se a carne está firme e os olhos brilhantes e salientes.
- Lave bem as mãos antes de lidar com alimentos e evite tossir ou espirrar sobre eles. Não deixe cães e outros animais se aproximarem. Procure manter os alimentos cobertos para evitar que as moscas pousem neles e os contaminem com germes.
- Não coma as partes verdes da batata. Elas podem conter solanina, que é uma substância capaz de causar intoxicações.
- Não use nos alimentos cozidos os mesmos utensílios que foram usados em alimentos crus. Antes de reutilizá-los, lave-os muito bem.
- Lavar as mãos antes das refeições previne muitas doenças: os dedos e as unhas transportam muitos microrganismos que podem transmitir infecções, até mesmo a gripe. Por isso, não deixe de lavar bem as mãos!

4 Desnutrição

A desnutrição é a falta de algum nutriente na quantidade necessária ao organismo. Uma pessoa pode até comer muito, mas, se faltar em sua alimentação a quantidade mínima necessária de ferro, vitamina C ou outro nutriente, ela vai apresentar problemas no organismo e ficar desnutrida. Há mais de uma causa para a desnutrição: a presença de vermes intestinais que retiram nutrientes, problemas no sistema digestório que dificultam a absorção de nutrientes, a falta de recursos para uma alimentação equilibrada ou, ainda, maus hábitos alimentares.

A desnutrição pode provocar atraso no desenvolvimento mental e físico, além de enfraquecer as defesas do indivíduo, o que facilita a instalação de doenças infecciosas.

O risco de desnutrição aumenta depois que a criança mal alimentada para de tomar o leite materno. A Organização Mundial da Saúde (OMS) recomenda que se alimente a criança exclusivamente com leite materno até os seis meses de idade, período em que o leite materno fornece todos os nutrientes e calorias necessários, além de ser isento de bactérias e fornecer anticorpos que protegem a criança contra infecções.

5.7 O leite materno é o alimento perfeito para os primeiros meses de vida: limpo, completo e capaz de proteger contra várias doenças.

OLJ Studio/Shutterstock/Glow Images

A partir daí, outros tipos de alimento podem ser oferecidos, diminuindo-se a frequência da amamentação. No entanto, é preciso cuidados com a alimentação.

Após a amamentação, em regiões mais pobres, a criança às vezes passa a receber uma alimentação rica em carboidratos, mas com pouca proteína, que é encontrada em maior quantidade em alimentos mais caros, como a carne. Nesse caso, há uma desnutrição proteica, que é mais grave porque ocorre justamente na época em que a criança precisa de proteínas para crescer e formar os músculos e outros órgãos.

Enquanto a desnutrição é caracterizada pela falta de alguns nutrientes, a fome se caracteriza pela insuficiência de calorias no organismo. Nesse caso, a pessoa ingere tão pouca comida que há falta também de carboidratos e outros nutrientes: é a chamada **desnutrição calórico-proteica**. No dia a dia, o termo **fome** é usado também, em sentido amplo, incluindo todos os tipos de desnutrição.

Na desnutrição grave, em que o peso é inferior a 60% do peso normal, os músculos se atrofiam, os cabelos ficam finos e quebradiços, podem surgir edemas (inchações) — principalmente nas pernas —, e a criança se torna triste e apática. Quase sempre se desenvolvem infecções.

5.8 **Desperdício de alimentos: um hábito muito grave, principalmente no Brasil, onde ainda há problemas de desnutrição. Nesta foto, partes de vegetais desprezadas que poderiam ser aproveitadas no preparo de comida.**

Alexandre Tokitaka/Pulsar Imagens

Pensando nisso, o conceito de **segurança alimentar** foi proposto pela Organização das Nações Unidas para Alimentação e Agricultura (FAO). Considera-se que há segurança alimentar em uma população se todas as pessoas dessa população têm, permanentemente, acesso físico e econômico a alimentos suficientes para uma vida ativa e saudável. Para haver segurança alimentar, portanto, é preciso que os alimentos estejam disponíveis na região, isto é, que, em média, a oferta de alimentos seja suficiente para atender às necessidades de consumo de toda a população; que a população tenha poder aquisitivo (renda) para adquiri-los; que os alimentos sejam adequados em termos de variedade, quantidade e qualidade para garantir a saúde; que os alimentos sejam aceitos pela cultura da população. Não se pode também esquecer a importância de combater o desperdício de alimentos. Veja a figura 5.8.

Mundo virtual

Alimentação saudável
<www.alimentacao-saudavel.org/>
Sugestões de receitas saudáveis, artigos sobre os alimentos e suas propriedades, notícias e *links* úteis sobre alimentação saudável e nutrição.

Secretaria da saúde (SP)
<www.saude.sp.gov.br/ses/perfil/cidadao/temas-de-saude/alimentacao/>
Guia alimentar e dicas de regras para a preparação de alimentos.

Meu prato saudável
<http://meupratosaudavel.com.br>
Site do projeto que promove a adoção de hábitos alimentares mais saudáveis como forma de promover a saúde, a qualidade de vida e o bem-estar. Contém dicas de receitas e orientações para uma refeição saudável.

Reprodução/<http://meupratosaudavel.com.br>

Acesso em: 5 mar. 2015.

Atividades

Trabalhando as ideias do capítulo

1. Qual o principal nutriente encontrado no grupo dos cereais, tubérculos e raízes e qual a principal contribuição desse nutriente para as funções do organismo?

2. Salvo indicação médica, qual grupo deve ser consumido em maior quantidade do que os outros?

3. Em quais grupos de alimentos encontramos a maior variedade de vitaminas (principalmente as vitaminas solúveis em água, como a vitamina C)?

4. Em quais grupos encontramos alimentos com maior quantidade de fibras?

5. Que grupo fornece um bom suprimento de cálcio para o organismo?

6. Em que grupo encontramos uma boa fonte de aminoácidos essenciais?

7. Por que se deve dar preferência a cereais integrais ou enriquecidos?

8. Cite alguns danos à saúde provocados pelo consumo excessivo de bebidas alcoólicas.

9. Se uma pessoa ingere uma quantidade suficiente de calorias para cobrir seu gasto energético, pode-se dizer que sua alimentação está equilibrada? Por quê?

10. Por indicação médica, uma pessoa passou a ter de evitar o consumo de leite e derivados ricos em gordura, procurando consumir apenas carnes magras. Por que deve ter ocorrido essa indicação?

11. Um médico indicou a um paciente com obesidade uma dieta com restrição de calorias e explicou que isso significa que a pessoa não deve abusar do consumo de alimentos ricos em qualquer um de dois tipos de nutrientes. Quais são esses dois nutrientes? E que problemas a obesidade pode trazer ao organismo?

12. Há pessoas que seguem, por conta própria, dietas ou tomam produtos anunciados nos meios de comunicação ou recomendados por pessoas conhecidas. O que você acha disso?

13. Calcule o índice de massa corporal (IMC) de duas pessoas adultas, ambas com 1,70 metro de altura, só que uma delas pesa 90 quilogramas e a outra pessoa, 70 quilogramas. O que o resultado indica para essas pessoas?

14. Cite alguns fatores que podem provocar obesidade e alguns problemas de saúde que essa doença pode acarretar.

15. Qual a importância do leite materno para o bebê?

16. Por que nas comunidades mais pobres há risco de desnutrição infantil depois que a amamentação é interrompida?

17. Por que a desnutrição pode facilitar o desenvolvimento de doenças infecciosas?

18. Relacione as técnicas de conservação a seguir com as afirmações correspondentes:

    a) Refrigeração
    b) Pasteurização
    c) Salgamento
    d) Defumação
    e) Uso de aditivos químicos

    1. Provoca a desidratação do alimento.
    2. Diminui a velocidade de reprodução dos microrganismos.
    3. Expõe o alimento à fumaça.
    4. Além de conservar os alimentos, são usados para dar sabor, cor etc.
    5. Submete o produto a altas temperaturas.

Pense um pouco mais

1. No caderno, escreva qual é a deficiência nutricional em cada grupo de alimentos a seguir.
   a) Sanduíche de hambúrguer, batata frita, refrigerante.
   b) Bife, arroz, feijão e um copo de leite.
   c) Dieta exclusivamente de frutas e sucos.

2. Explique por que as recomendações a seguir são importantes para a saúde.
   a) Comer alimentos variados.
   b) Preferir alimentos cozidos ou assados a frituras.
   c) Não tomar suplementos sem orientação.
   d) Substituir, na sobremesa, doces por frutas.
   e) Cozinhar verduras e legumes em pouca água ou no vapor.
   f) Consumir alimentos ricos em cálcio.
   g) Manter um peso adequado à sua altura.
   h) Comer um sanduíche com alguma folha (alface, por exemplo).
   i) Escovar os dentes depois de comer alimentos ricos em açúcar.
   j) Preferir sucos naturais a refrigerantes.

3. Do ponto de vista nutritivo, qual é a semelhança entre o álcool e o açúcar comum?

4. Costuma-se dizer que, quanto mais colorida for uma refeição, melhor ela será. Isso é uma boa dica, se considerarmos a diversidade de cores que pode haver em refeições baseadas em alimentos naturais. Descubra por quê. Aproveite para refletir: sua alimentação costuma ser colorida?

5. O combate à desnutrição envolve, entre outras medidas, programas de assistência alimentar e de geração de empregos, além da educação alimentar da população. Como a falta de informação sobre nutrição colabora para agravar o problema da desnutrição?

6. Por que não se deve consumir apenas um tipo de alimento diariamente, mesmo que esse alimento forneça a quantidade total de calorias necessária ao organismo?

7. Observe os ingredientes de uma receita de bolo:
   - 3 <u>claras</u> batidas em neve
   - 2 xícaras (de chá) de <u>açúcar</u>
   - 3 <u>gemas</u>
   - 2 xícaras (de chá) de <u>farinha de trigo</u>
   - 100 gramas de <u>margarina</u>

   a) Que tipos de nutriente estão presentes em maior quantidade em cada produto sublinhado na receita?
   b) Que nutrientes importantes para nossa saúde estão praticamente ausentes da receita?
   c) Esse bolo tem muitas calorias? Por quê?

8. Algumas pessoas fazem exercícios com roupas pesadas em dias quentes porque isso aumenta a transpiração, o que pode causar uma perda temporária de peso. Médicos e professores de educação física afirmam, porém, que não se deve fazer atividade física com roupas pesadas com o objetivo de suar muito e que isso é até perigoso para a saúde. Além disso, não é o suor que deve fazer a pessoa perder peso. Explique por que o professor está certo.
   a) O que a pessoa perdeu pelo suor que a fez diminuir de peso?
   b) Por que essa perda "extra" de peso é temporária?
   c) Por que a prática de exercícios com roupas pesadas em dias quentes, além de realmente não provocar perda de peso, é perigosa a saúde?

9. Um médico afirmou que, infelizmente, para muitos adolescentes de hoje vale a frase "Come-se muito do que é ruim e pouco do que é bom". Explique o que ele quis dizer com isso.

Ivonne Wierink/Shutterstock/Glow Images

5.9 **Adolescente comendo porção de batata frita.**

De olho no texto

Leia o texto a seguir e depois responda às questões.

Na adolescência ocorre um rápido desenvolvimento físico. Consequentemente, há também um aumento da necessidade de nutrientes. No entanto, diversos estudos indicam que muitos adolescentes, apesar de saberem o que é uma alimentação saudável, não consideram que sua alimentação seja saudável. Muitos não querem pensar nas consequências de uma má alimentação no futuro. Preferem pensar apenas no prazer imediato dado por certos alimentos.

Os estudos mostram também que há grande influência do grupo do qual fazem parte, o que os leva a ingerir mais lanches do tipo *fast-food* do que seria desejável.

Finalmente, nos últimos anos, verificou-se um aumento do consumo de biscoitos, refeições prontas e refrigerantes e uma diminuição do consumo de arroz, feijão, peixes e ovos.

O resultado é que certas doenças que antes praticamente só se manifestavam em adultos, como a diabetes do tipo II e as doenças cardiovasculares (doenças do coração e dos vasos sanguíneos), aparecem também cada vez mais entre os adolescentes.

Fontes: FISBERG, M. Atualização em obesidade na infância e adolescência. São Paulo: Atheneu, 2004. LEMOS, M. C.; DALLACOSTA, M. C. Hábitos alimentares de adolescentes: conceitos e práticas. Arq. Ciênc. saúde unipar. Umuarama, v. 9, n. 1, jan./abr. 2005. p. 3-9. SICHIERI, R.; SOUZA, R. A. de. Estratégias para prevenção da obesidade em crianças e adolescentes. Cad. Saúde Pública, Rio de Janeiro, 2008. SILVA, A. R. V. et. al. Hábitos alimentares de adolescentes de escolas públicas de Fortaleza, CE, Brasil. Revista Brasileira de Enfermagem. Brasília, v. 62, n. 1, jan./fev. 2009. p. 18-24.

a) Lanches e refeições rápidas, como batatas fritas, refrigerantes e chocolates, geralmente possuem alimentos ricos em certos nutrientes e pobres em outros. Identifique quais são esses nutrientes.

b) Muitos adolescentes passam muito tempo do lazer vendo televisão ou jogando *videogame*. Por que essas atividades em excesso podem prejudicar a saúde?

c) Existem muitos adolescentes que não ingerem a quantidade diária necessária de cálcio. Quais são os alimentos ricos nesse nutriente e quais problemas essa baixa ingestão pode causar?

Vlue/Shutterstock/Glow Images

5.10 **Jogar *videogame* é uma atividade comum, principalmente entre adolescentes. Mas é importante se manter em movimento sempre que possível.**

Mexa-se!

Pesquise os seguintes temas:

1. A doença conhecida como botulismo: causas, transmissão e cuidados que devemos ter em relação a essa doença.
2. O que são anorexia nervosa e bulimia e quais são as consequências dessas doenças.
3. O que são *kwashiorkor* (pronuncia-se *quachiórcor*) e marasmo e quais são as consequências dessas doenças.
4. O que é fenilcetonúria e como deve ser tratada.
5. O que é intolerância a lactose, quais suas consequências e como minimizá-las.

Atividade em grupo

Com o apoio de professores de outras disciplinas, escolham um dos assuntos a seguir para pesquisar (em livros, CD-ROMs, internet, etc.). Depois, apresentem o resultado do trabalho à comunidade escolar. Verifiquem também a possibilidade de convidar profissionais da área de saúde (médicos, nutricionistas e dentistas) para a realização de palestras destinadas à comunidade escolar sobre alimentação e importância da higiene bucal.

1. Elaborem um cardápio de uma semana com uma dieta equilibrada, em que estejam presentes todos os grupos de alimentos. Utilizem comidas típicas da região. Com o auxílio do professor de Geografia, pesquisem os tipos de refeição mais consumidos em sua região. Verifiquem se essas refeições estão equilibradas, isto é, se possuem todos os nutrientes necessários à saúde. Discutam também a qualidade nutritiva das refeições do tipo *fast-food* (comida rápida).

2. Com o auxílio dos professores de Matemática e de Geografia coletem e interpretem dados estatísticos sobre a desnutrição no Brasil e discutam as causas, as possíveis soluções e as medidas que o governo vem tomando para combater esse problema.

3. Em um supermercado, hortomercado ou feira livre, desenvolvam a seguinte atividade:

   - Façam listas de frutas, legumes, verduras, carnes, peixes, aves, derivados do leite e outros produtos à venda, com exceção dos enlatados, biscoitos e demais alimentos industrializados.
   - Anotem as seguintes características de cada produto: nome, cor, origem (animal ou vegetal), variedades do mesmo alimento (tipos de laranja, pimentão, etc.), preço, como são vendidos (por peso, por unidade) e quais são os alimentos da estação (às vezes o próprio comerciante pode informar).
   - No caso dos alimentos vegetais, especifiquem se são caules, raízes, folhas, sementes ou frutos.
   - Em que nutrientes cada alimento é mais rico? Pesquisem.
   - Pesquisem qual é a composição de uma cesta básica e somem os preços dos produtos que se encontram na cesta. Com o auxílio do professor de Matemática, comparem o preço da cesta básica com o valor atual do salário mínimo. Que conclusões vocês tiram dessa comparação?

4. Com auxílio dos professores de Ciências, Língua Portuguesa e de Arte, elaborem uma campanha (com cartazes, frases de alerta, letras de música, etc.) para estimular as pessoas a ter uma alimentação equilibrada e evitar o excesso de alimentos ricos em gorduras e açúcares.

5. Consigam rótulos de vários tipos de produtos alimentícios e analisem as informações neles presentes: qual a data de validade, como o alimento deve ser conservado depois de aberto, quais os nutrientes indicados no rótulo e em que quantidade eles existem, se há aditivos químicos no produto, como a Agência Nacional de Vigilância Sanitária (Anvisa) define o termo "porção" presente no rótulo, em que unidade está expresso o valor energético do produto, o que significa a expressão "% VD", etc.

6. Pesquisem o que é o alcoolismo, suas consequências para a saúde e para a sociedade, tratamento, estatísticas no Brasil e leis que regulam o consumo do álcool. Veja também quais as punições que a legislação brasileira prevê para quem dirigir alcoolizado.

Capítulo

6 O sistema respiratório

A radiografia, que é o registro de imagens do interior do corpo humano por meio de raios X, vem sendo usada desde o fim do século XIX. Hoje dispomos de muitos outros recursos, como a tomografia computadorizada e a ressonância magnética. Esses e outros exames são importantes para o diagnóstico de problemas do sistema respiratório.

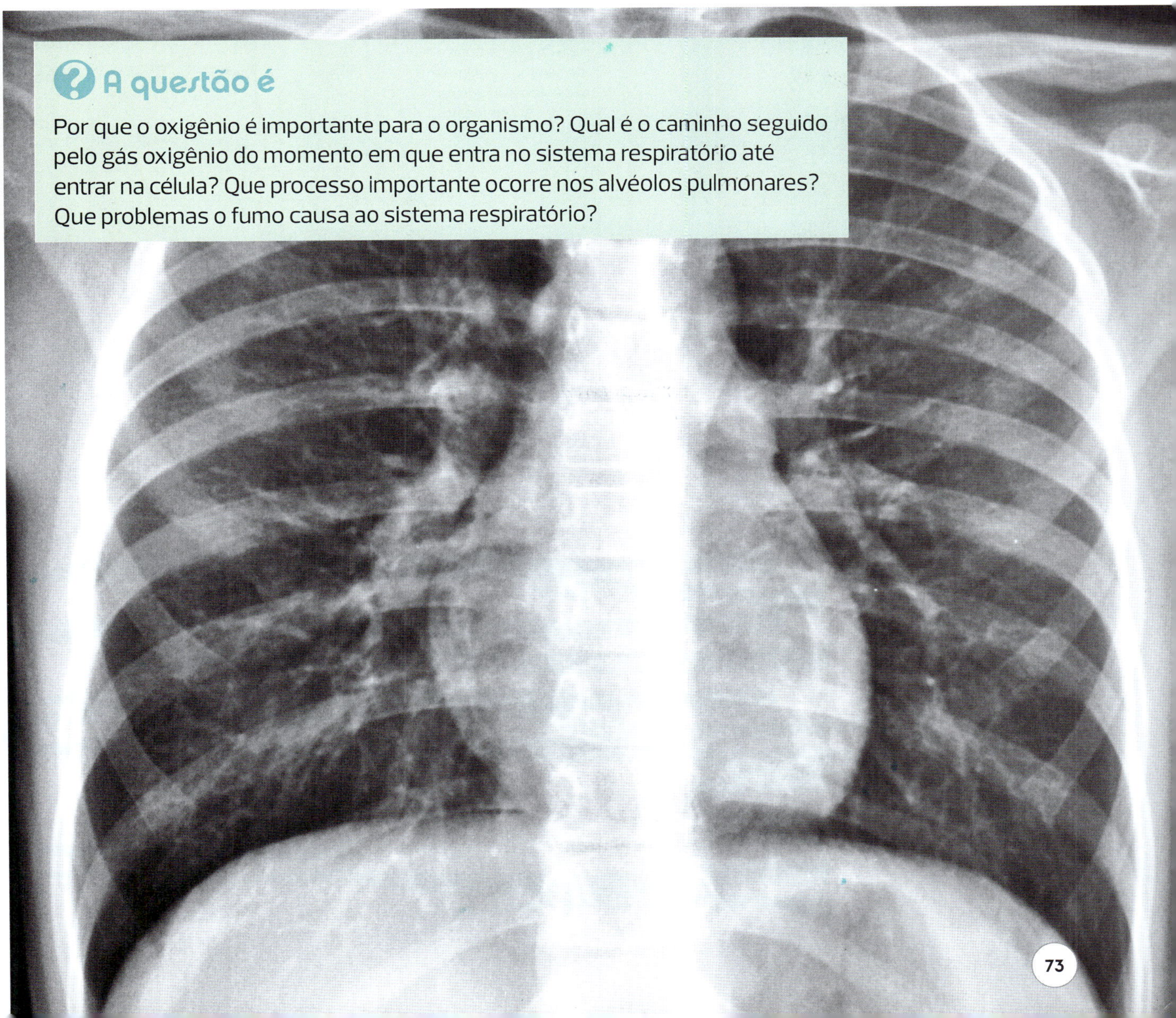

Hong xia/Shutterstock/Glow Images

6.1 Radiografia de tórax. Nessa imagem é possível ver os dois pulmões (áreas mais escuras), além do coração (no centro) e de alguns ossos.

A questão é

Por que o oxigênio é importante para o organismo? Qual é o caminho seguido pelo gás oxigênio do momento em que entra no sistema respiratório até entrar na célula? Que processo importante ocorre nos alvéolos pulmonares? Que problemas o fumo causa ao sistema respiratório?

1 Os componentes do sistema respiratório

CONTEÚDO DIGITAL

Nos seres humanos, o ar entra pelo nariz, passa pela faringe, laringe, traqueia, pelos brônquios, bronquíolos e chega aos alvéolos pulmonares, pequenos sacos de fundo cego localizados nas extremidades dos bronquíolos. Dos alvéolos, o oxigênio passa para o sangue e daí é levado até as células em todas as partes do corpo. Veja a figura 6.2.

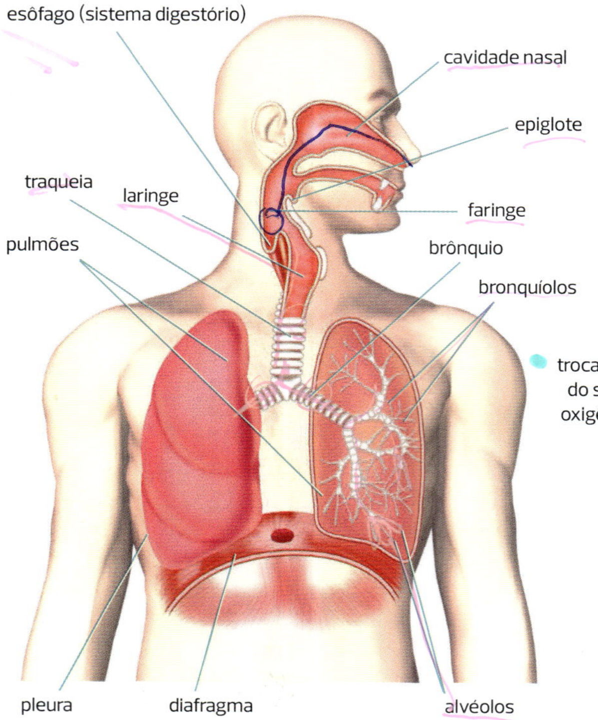

Luis Moura/Arquivo da editora

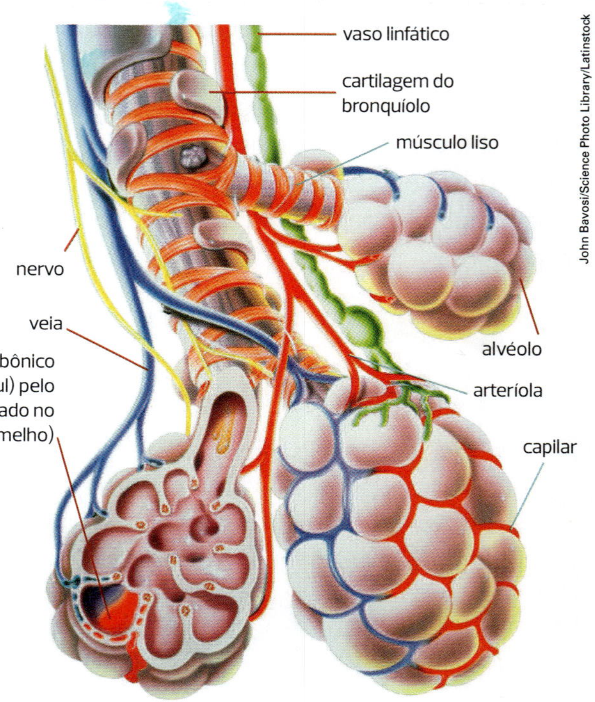

John Bavosi/Science Photo Library/Latinstock

6.2 O sistema respiratório e detalhe dos alvéolos pulmonares. No diafragma há uma abertura que serve de passagem para uma veia e um nervo. Os brônquios têm cerca de 12 mm de diâmetro, o pulmão em torno de 25 cm a 30 cm de comprimento, no adulto, e cada alvéolo, cerca de 0,2 mm de diâmetro. (Figura sem escala. Cores fantasia.)

O nariz

Você já encheu o peito de ar e depois o soltou com força, pela boca, numa velocidade de cerca de 150 quilômetros por hora?

Provavelmente, sim. Isso ocorreu quando você espirrou. E por que você fez isso?

O espirro elimina microrganismos e impurezas do ar que penetram pelo nariz. Mas ele não é nossa única defesa.

As cavidades do nariz — as cavidades nasais — são forradas por um tecido cheio de pequenos fios, os cílios, e cobertas por um líquido pegajoso, o **muco**.

Partículas de poeira e microrganismos do ar grudam nesse muco, e o movimento dos cílios varre essas partículas e microrganismos para fora do corpo ou para a garganta. Se forem engolidos, serão digeridos pelas enzimas produzidas ao longo do tubo digestório.

O nariz possui células especiais que captam os odores em geral. Ele também aquece e umedece o ar que entra no organismo: um ar muito frio e seco poderia prejudicar as células dos pulmões; por outro lado, o ar úmido facilita a passagem do oxigênio dos pulmões para o sangue.

Faringe e laringe

A faringe serve de passagem tanto para o alimento quanto para o ar. Ela termina em um tubo curto, a **laringe**.

Como você viu no Capítulo 4, durante a deglutição, a **glote** (a abertura da laringe) fica coberta por uma peça de cartilagem, a **epiglote**, que impede que o alimento entre no sistema respiratório.

Na laringe estão também as **pregas vocais**. Quando falamos, as pregas vocais são esticadas por músculos e vibram com a passagem do ar: é isso que produz os sons de nossa voz (fonação). Veja a figura 6.3.

Hiroe Sasaki/Arquivo da editora

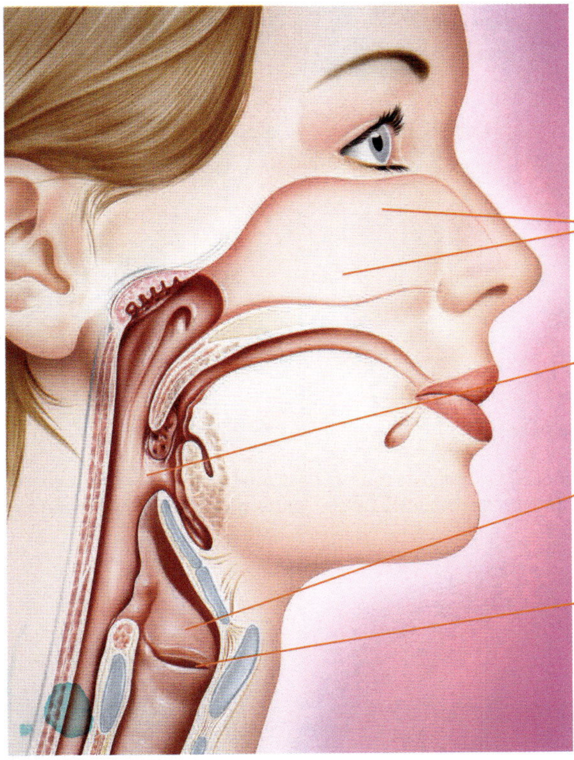

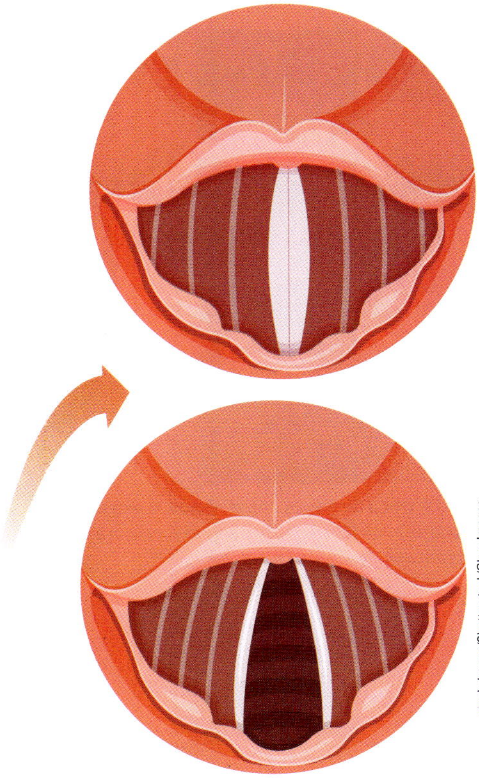

stockshoppe/Shutterstock/Glow Images

6.3 A laringe e as pregas vocais (ou cordas vocais, pela terminologia antiga). (As pregas vocais têm entre 12 mm e 25 mm de comprimento. Figura sem escala. Cores fantasia.)

Da traqueia aos pulmões

Da laringe, o ar passa para a **traqueia**, que se bifurca nos **brônquios**.

Cada brônquio se ramifica num pulmão, em tubos cada vez mais finos, os **bronquíolos**. Os bronquíolos terminam em sacos microscópicos, os **alvéolos pulmonares** (do latim *alveolus*, 'pequena cavidade') agrupados como as uvas em um cacho. Reveja a figura 6.2.

A presença de alvéolos aumenta muito a área de contato com o oxigênio. Veja: se os pulmões fossem como balões, com parede lisa, sem alvéolos, sua área total seria de cerca de 100 centímetros quadrados. Com os alvéolos, a área total é de 70 a 90 metros quadrados, aproximadamente.

Os alvéolos são formados por células envolvidas por vasos sanguíneos bem finos, os **capilares**. O sangue que chega aos alvéolos contém gás carbônico. O gás carbônico sai do sangue e entra no alvéolo, enquanto o oxigênio sai do alvéolo e vai para o sangue. O resultado é que o sangue que sai do alvéolo torna-se rico em oxigênio.

Essa troca do gás carbônico do sangue pelo oxigênio capturado do ambiente é chamada de **hematose**. Observe a figura 6.4.

O oxigênio que entra no sangue combina-se com uma proteína, a hemoglobina, presente na hemácia ou glóbulo vermelho. Forma-se então a oxiemoglobina, que leva o oxigênio para todos os tecidos do corpo.

Nos tecidos, a oxiemoglobina perde oxigênio, que sai do sangue e entra nas células. Mas, como você já sabe, a célula produz gás carbônico: então esse gás sai da célula e passa para o sangue. Assim, o sangue rico em oxigênio torna-se sangue pobre em oxigênio. Portanto, a respiração celular depende da respiração pulmonar.

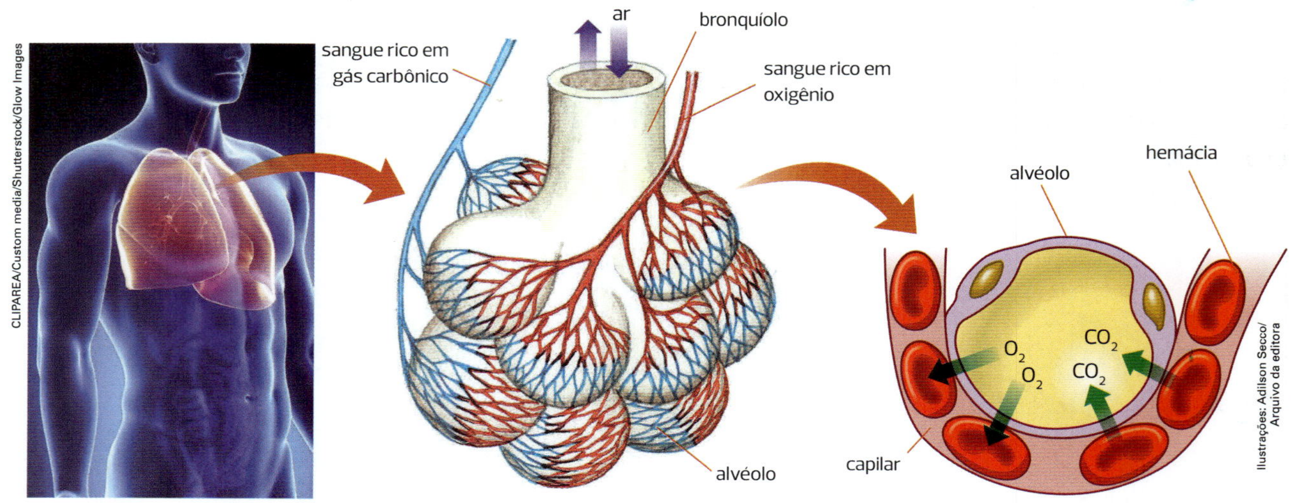

6.4 **A troca de gases nos alvéolos: o oxigênio (O_2) capturado do ar sai dos alvéolos (em torno de 0,2 mm de diâmetro) e vai para o sangue; o gás carbônico (CO_2) sai do sangue e vai para os alvéolos. (Hemácias têm cerca de 7 μm de diâmetro. Os elementos da ilustração não estão na mesma escala. Cores fantasia.)**

Para saber mais

Um fenômeno físico: a difusão

Você já observou que a água quente fica colorida quando colocamos nela um saquinho de chá? Isso ocorre porque as substâncias dissolvidas movem-se das regiões onde estão mais concentradas (dentro do saquinho de chá) para as regiões de menor concentração (fora do saquinho). O mesmo processo faz uma gota de tinta dissolver-se na água. Veja a figura 6.5.

Esse fenômeno é chamado de difusão e explica também por que o oxigênio do ar passa dos alvéolos para o sangue: a concentração de oxigênio no ar é maior do que no sangue que chega aos alvéolos. Já com o gás carbônico ocorre o inverso: há mais gás carbônico no sangue do que no ar dos alvéolos. Por isso, o gás carbônico sai do sangue e passa para os alvéolos.

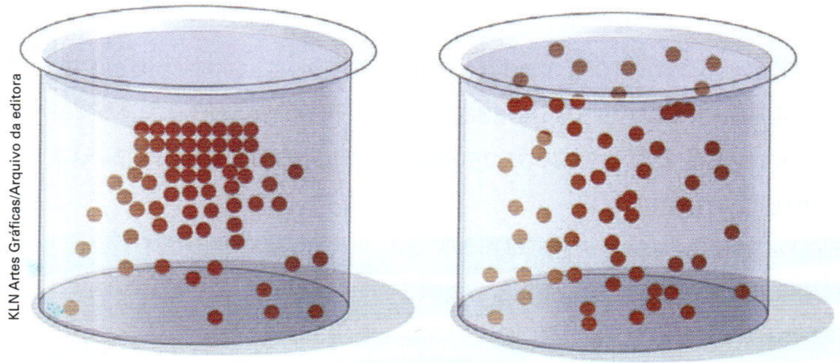

6.5 **Partículas de tinta (em vermelho) se espalham na água por difusão. (Figura sem escala. Cores fantasia.)**

2 Entrada e saída de ar

O ar entra nos pulmões e sai deles devido à contração e ao relaxamento do diafragma (músculo que separa o tórax do abdome) e de alguns músculos intercostais (músculos presos entre as costelas).

Na entrada de ar nos pulmões, isto é, na **inspiração**, o diafragma se contrai e abaixa. Com isso, o volume da caixa torácica e dos pulmões aumenta. Os músculos das costelas também se contraem e contribuem para essa expansão. O aumento do volume faz a pressão no interior dos pulmões diminuir e ficar menor do que a pressão do ar do lado de fora, na atmosfera. Assim, o ar entra nos pulmões.

Já quando o diafragma e os músculos das costelas relaxam, o volume da caixa torácica diminui. A pressão no interior dos pulmões aumenta, tornando-se maior que a pressão do ar na atmosfera. Isso provoca o movimento do ar para fora do corpo: é a **expiração**.

Observe o processo da inspiração e da expiração na figura 6.6.

Alila Medical Media/Shutterstock/Glow Images

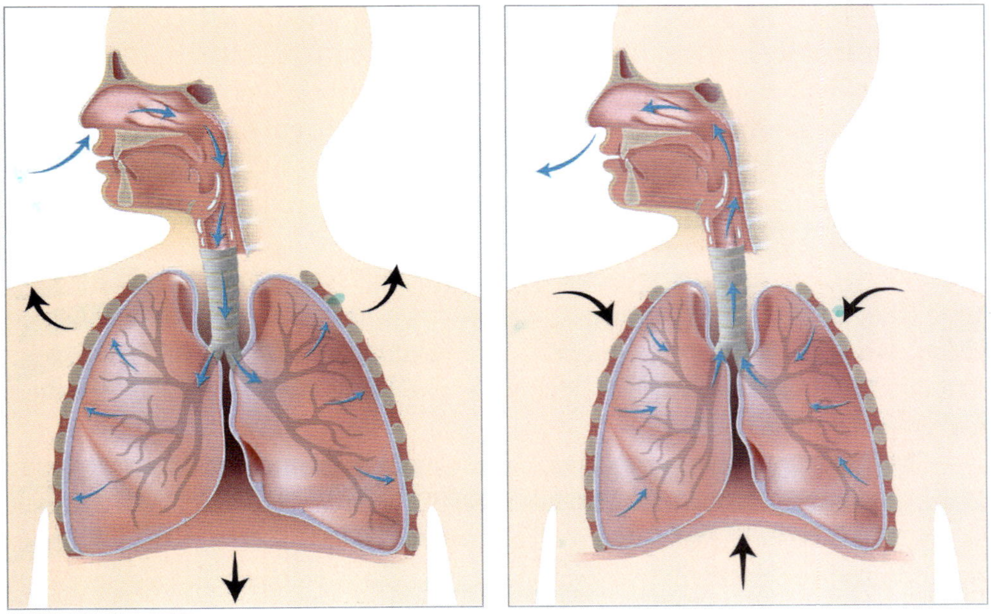

6.6 Ilustração esquematizando a entrada e saída de ar dos pulmões. As setas azuis representam a entrada e saída do ar. Cores fantasia.

O controle da respiração

Uma pessoa pode respirar um pouco mais rápido, se quiser. E também pode parar de respirar durante alguns segundos. Isso é feito quando nadamos, por exemplo. Mas ninguém consegue ficar sem respirar por mais de alguns minutos.

Quando prendemos a respiração, a concentração de gás carbônico no sangue aumenta e uma parte do sistema nervoso, o bulbo, envia uma mensagem ao diafragma e aos músculos intercostais. Essa mensagem determina que ambos se contraiam — independentemente de querermos ou não. A respiração é reiniciada e, com isso, o gás carbônico é eliminado e o oxigênio volta a ser absorvido.

Durante uma atividade física, o bulbo envia mensagens nervosas que aumentam a frequência e a intensidade dos movimentos respiratórios. Com isso, acelera-se a eliminação de gás carbônico e a entrada de oxigênio.

Ciência no dia a dia

Soluço e bocejo

De repente, ocorre no diafragma uma contração involuntária (independente de nossa vontade) e rápida, e as pregas vocais se fecham, provocando um ruído estranho: é o soluço.

A contração do diafragma é controlada pelos nervos frênicos. O soluço ocorre quando os nervos frênicos fazem o diafragma se contrair de forma involuntária e a glote se fechar, e pode resultar de uma irritação desses nervos. Costuma passar logo e pode aparecer depois que se come ou se bebe muito ou depois que se ingere álcool. Mais raramente, porém, pode ser causado por doenças.

O bocejo é uma inspiração mais forte, que suga mais oxigênio para os pulmões. Isso pode ajudar a manter uma pessoa acordada quando ela está sonolenta.

3 Fumo, poluição e saúde

Nicotina é um termo que vem do nome do diplomata francês Jean Nicot (1530-1600), que introduziu o tabaco na Europa.

Para descobrir os efeitos do fumo sobre a saúde, os cientistas podem analisar as estatísticas que mostram a proporção de certas doenças que acontecem com fumantes e comparar com as doenças que ocorrem entre não fumantes. Desse modo, podemos descobrir que comparados com os não fumantes, os fumantes têm cerca de 20 a 30 vezes mais risco de desenvolver câncer de pulmão, por exemplo.

Além desses estudos, sabemos que mais de 4 mil substâncias químicas diferentes estão presentes na fumaça do cigarro. Algumas podem provocar câncer nos pulmões, na boca, na laringe, no esôfago, no estômago, nos rins, na bexiga e no pâncreas. Isso ocorre porque muitas dessas substâncias passam para o sangue, de onde podem atingir vários órgãos.

O câncer pode aparecer quando determinados genes da célula são alterados. Essa alteração pode ser causada, por exemplo, por algumas substâncias químicas que se encontram na fumaça do cigarro. A célula alterada passa a se reproduzir de forma descontrolada e compromete o funcionamento normal do órgão. Em alguns casos, essas células caem no sangue e passam a se reproduzir em outras partes do corpo — é a chamada **metástase**.

Atenção!
As informações deste capítulo têm o objetivo de ajudar as pessoas a conhecer melhor as doenças do sistema respiratório, mas não substituem a consulta ao médico nem podem ser usadas para diagnóstico, tratamento ou prevenção de doenças.

O cigarro destrói muitos cílios e células encarregados da limpeza do sistema respiratório e provoca inflamações em brônquios e bronquíolos. Em consequência disso, o fumante produz muito muco, o que dificulta a passagem de ar e provoca a tosse. O fumante também contrai infecções com mais facilidade. Além da inflamação dos brônquios, ou **bronquite**, pode ocorrer a destruição progressiva dos alvéolos pulmonares, doença conhecida como **enfisema**. Com isso, cada vez menos oxigênio é absorvido pelos pulmões, e a pessoa sente mais e mais falta de ar, respirando com dificuldade. Veja a figura 6.7, na página ao lado. Na **doença pulmonar obstrutiva crônica** há ocorrência simultânea de bronquite e enfisema.

A **nicotina** provoca ainda a contração das artérias, o aumento do batimento cardíaco e da pressão arterial e eleva o risco de se formarem placas de gordura que "entopem" as artérias. Por isso entre os fumantes o índice de problemas cardíacos é maior que entre os não fumantes.

Além dos problemas já mencionados, a nicotina causa dependência: quando tenta largar o cigarro, o fumante se sente mal (tem dor de cabeça, irritação, insônia, etc.) e, assim, fica difícil abandonar o hábito. Há medicamentos que ajudam a parar de fumar. Porém, eles devem ser usados apenas com orientação médica.

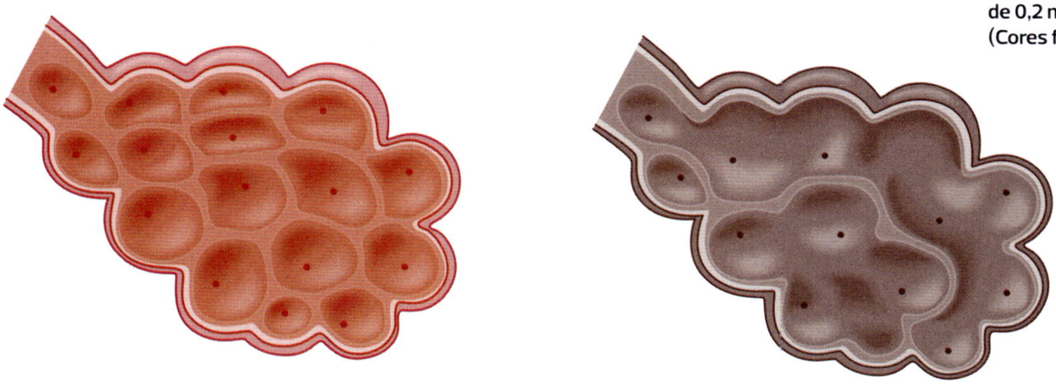

6.7 Esquema simplificado de alvéolos normais e de alvéolos com enfisema. Os alvéolos têm em torno de 0,2 mm de diâmetro. (Cores fantasia.)

Na fumaça do cigarro há também o gás monóxido de carbono (CO), que segue dos pulmões para o sangue. No sangue, o monóxido combina-se mais fortemente com a hemoglobina (forma a carboxiemoglobina) do que o oxigênio, reduzindo a capacidade do sangue de levar oxigênio para as células. Os efeitos desse gás dependem da quantidade absorvida e do consequente grau de deficiência de oxigênio nos tecidos. É importante saber, porém, que se trata de um gás bastante tóxico — pode causar a perda da consciência e até a morte por asfixia, que ocorre quando as células deixam de receber oxigênio. Um carro com motor ligado em uma garagem fechada, por exemplo, pode provocar a morte de quem permanecer nesse ambiente por certo tempo. Por isso, não se deve pôr o motor do automóvel para funcionar dentro de uma garagem com as portas fechadas. E aquecedores e fogões a gás devem passar por uma vistoria de um técnico na sua instalação ou em caso de suspeita de vazamento.

O monóxido de carbono forma-se também na queima dos combustíveis fósseis, como na queima da gasolina dos automóveis e outros veículos.

Fumar durante a gravidez prejudica o desenvolvimento do feto, e fumar em recinto fechado prejudica os não fumantes que, ao respirarem a fumaça do cigarro, também absorvem as substâncias tóxicas (os chamados fumantes passivos).

Você pode compreender então por que os governos vêm impondo cada vez mais restrições ao fumo em lugares públicos.

Agora que você já sabe de tudo isso, já deve estar convencido de que não vale a pena começar a fumar, não é mesmo? E, se já fuma, que tal procurar um médico que possa ajudá-lo a parar?

30 Ciência no dia a dia

Cuidado com certas notícias!

O resultado de uma pesquisa científica deve ser divulgado em revistas científicas especializadas, de modo que outros cientistas possam refazer o experimento e checar possíveis erros. Antes da publicação, o trabalho é submetido à chamada revisão por pares, em que especialistas da área fazem uma análise preliminar do trabalho, apontando possíveis falhas.

Por isso, é preciso ter cautela, por exemplo, com notícias sobre supostas curas de doenças que de vez em quando aparecem na internet e em outros meios de comunicação. Nas revistas científicas, um pesquisador só pode publicar resultados que passaram por avaliações rigorosas, mas nem sempre há essa exigência nos meios de comunicação não especializados.

A poluição do ar e o sistema respiratório

Veículos motorizados e muitas fábricas eliminam, na fumaça, uma série de produtos químicos prejudiciais à saúde — assim se agrava a poluição do ar. Além do monóxido de carbono, são lançados óxidos de enxofre e nitrogênio e outros produtos que irritam o nariz, a traqueia e os brônquios. Essas substâncias entram no organismo pela inspiração. Se sua quantidade ultrapassa certo limite, a produção de muco aumenta, a musculatura dos brônquios contrai e a eficiência da respiração diminui.

Dependendo do grau de poluição e do tempo de exposição de uma pessoa às substâncias poluentes, ela pode desenvolver bronquite crônica e enfisema.

É fundamental controlar a poluição do ar. Entre outras medidas, é preciso instalar equipamentos antipoluentes em veículos e fábricas e investir em transportes coletivos.

Um ônibus transporta, em média, trinta vezes mais pessoas que um carro.

Ciência e tecnologia

Os raios X

Os raios X são um tipo de ondas eletromagnéticas. Ao contrário da luz, os raios X e as demais ondas não podem ser vistos pelo olho humano. (Você vai compreender melhor o que é uma onda eletromagnética no 9º ano.)

Os raios X foram descobertos em 1895 pelo físico alemão Wilhelm Conrad Röntgen (1845-1923).

Röntgen estudava um tubo de vidro, chamado tubo de raios catódicos. Ele percebeu que uma placa de material fluorescente colocada perto do tubo brilhava quando este emitia elétrons. Ele supôs que algo invisível saía do tubo e atravessava a placa. Outros experimentos demonstraram que esses raios invisíveis, chamados raios X, atravessavam vários objetos e marcavam uma chapa fotográfica.

Observou também que esses raios atravessavam músculos e outras partes moles do corpo e eram barrados pelos ossos. Röntgen descobriu que os raios X eram parecidos com a luz, ou seja, que eram ondas eletromagnéticas.

Os médicos logo passaram a usar os raios para ver fraturas e órgãos do corpo humano, e os raios X eram usados até para ver como um calçado ficava no pé, ignorando-se o risco da radiação. O resultado é que várias pessoas tiveram câncer e outras lesões provocadas por excessiva exposição à radiação.

Esse é mais um exemplo de que novas tecnologias podem ter efeitos adversos. Daí a necessidade de estudos bem conduzidos e cuidados na introdução de novas técnicas.

Os raios X são absorvidos pelos ossos, mas atravessam tecidos menos densos. Então, se uma parte do corpo for exposta aos raios X e estes forem captados em um filme fotográfico, os ossos aparecem como regiões mais claras (que não foram atravessadas pelos raios) em fundo escuro (as regiões que foram atravessadas). Essa imagem chamada de radiografia é usada para detectar fraturas e outros problemas.

Os raios X são usados também para destruir tumores. Uma técnica chamada difração dos raios X permite determinar a estrutura de cristais e de moléculas e foi usada para ajudar a determinar a estrutura do material químico do gene, o DNA.

Técnicas que usam raios X são usadas para analisar pinturas antigas, permitindo descobrir desenhos feitos pelo artista abaixo da camada definitiva de tinta e descobrir fraudes nessas obras. Existem aplicações também na indústria e na Astronomia.

A exposição frequente aos raios X é perigosa. As pessoas que trabalham com essa radiação devem se proteger com equipamento de segurança.

Mundo virtual

Programa Nacional de Controle do Tabagismo
<www.inca.gov.br/tabagismo>
Site contendo publicações, dados e atualidades sobre o tabagismo.

Acesso em: 2 abr. 2015.

Reprodução/<www.inca.gov.br/tabagismo>

Atividades

Trabalhando as ideias do capítulo

1. Por que a respiração celular depende da respiração pulmonar?

2. No caderno, ordene a sequência da passagem do ar pelo sistema respiratório: laringe, cavidades nasais, faringe, esôfago, brônquios, alvéolos, traqueia, bronquíolos.

3. Qual das estruturas da questão anterior é comum ao sistema respiratório e ao sistema digestório?

4. O espirro é uma defesa do organismo? Justifique sua resposta.

5. A produção da voz (fonação) ocorre por causa da vibração das pregas vocais. Em que parte do sistema respiratório elas estão localizadas?

6. Como a presença de alvéolos nos pulmões aumenta a eficiência da respiração?

7. O que ocorre com o oxigênio e o gás carbônico do sangue quando este último passa pelos alvéolos? Como se chama esse processo?

8. Explique o que ocorre com o oxigênio e o gás carbônico quando o sangue chega aos tecidos do corpo.

9. No caderno, indique a sequência correta das afirmativas a seguir partir do fenômeno da inspiração.
   a) O oxigênio é usado na produção de energia nas células.
   b) O sangue com pouco oxigênio é transformado em sangue rico em oxigênio.
   c) O diafragma abaixa e o ar entra nos pulmões.
   d) As hemácias transportam oxigênio para os tecidos.

10. No caderno, indique apenas as afirmativas corretas.
    a) As contrações do diafragma não interferem na entrada de ar nos pulmões.
    b) Durante a inspiração, o diafragma se contrai.
    c) Durante a expiração, o volume torácico aumenta e faz o ar sair dos pulmões.
    d) Quando o diafragma relaxa, o volume da caixa torácica diminui, fazendo o ar sair dos pulmões.
    e) O monóxido de carbono combina-se com a hemoglobina, prejudicando o transporte de oxigênio pelo sangue.
    f) Quando prendemos voluntariamente a respiração por um tempo muito longo, uma mensagem do sistema nervoso acaba nos fazendo respirar de novo.

11. Observe a figura 6.8 e, no caderno, identifique as estruturas do sistema respiratório indicadas pelos números.

    Agora, responda às questões.
    a) Onde ocorre a hematose?
    b) Qual é a estrutura que faz o ar entrar nos pulmões e sair deles?
    c) Qual é a estrutura responsável pela produção da voz?

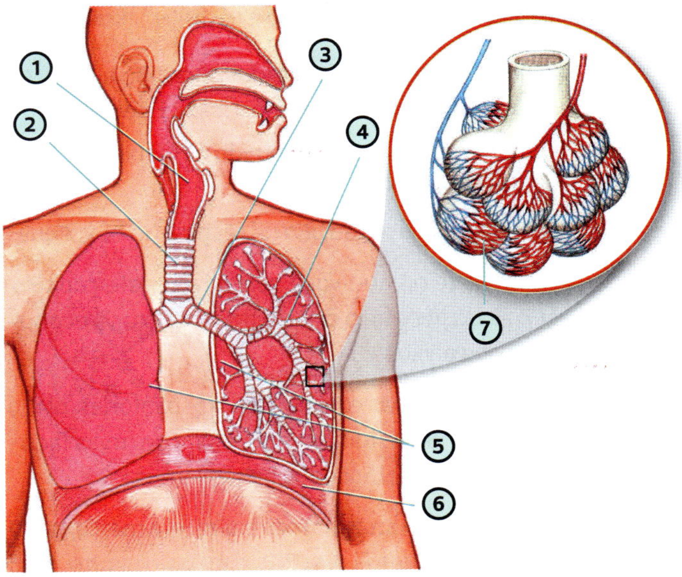

Rodval Matias/Arquivo da editora

6.8 Figura sem escala. Cores fantasia.

Pense um pouco mais

1. Por que a atividade do sistema respiratório não pode parar por mais de alguns minutos?

2. A epiderme é formada por várias camadas de células epiteliais. Já os alvéolos são formados por uma única camada de células muito finas. Explique como esse fato se relaciona com a função dos alvéolos.

3. Observe os gráficos a seguir e depois compare as porcentagens dos gases (representados por números) encontrados na inspiração e na expiração. (O vapor de água não foi representado.)

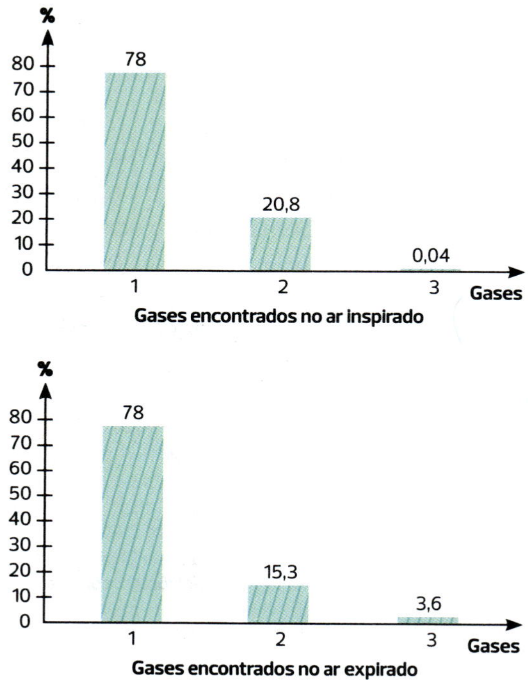

Ilustrações: KLN Artes Gráficas/Arquivo da editora

6.9 Gráficos elaborados para fins pedagógicos.

a) Dos gases representados, qual não é utilizado pelo organismo na respiração? Explique.

b) Que gás do ar é consumido na respiração? Explique.

c) Que gás é produzido na respiração? Explique.

4. Com base no que você aprendeu neste capítulo, explique por que o cigarro traz prejuízos à economia dos países.

5. Por que pessoas com doenças respiratórias, como o enfisema, costumam se cansar com mais facilidade durante atividades físicas intensas?

6. Em repouso, uma pessoa realiza, em média, de 10 a 15 movimentos respiratórios por minuto. Mas depois de uma atividade física intensa (uma corrida, por exemplo) esse ritmo pode aumentar para cerca de 60 vezes por minuto. Que vantagem esse aumento traz para o organismo?

7. Explique por que a proibição de fumar em recintos fechados é uma boa medida. Faça o mesmo para a proibição de propaganda de cigarros em rádio, televisão, jornais e revistas.

8. O gráfico a seguir (figura 6.10) mostra o número de cigarros fumados por pessoa a cada ano na Inglaterra.

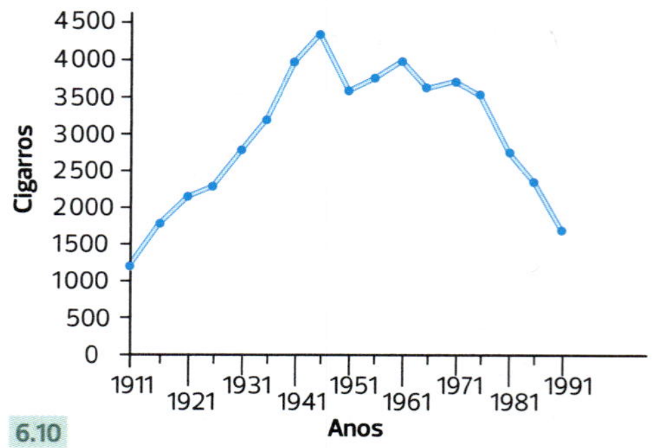

Banco de imagens/Arquivo da editora

6.10

Fonte: FOSBERY, R. *Human Health and disease*. Cambridge: Cambridge University Press, 1997, p. 41.

Se você quiser saber, por exemplo, o número de cigarros fumados por pessoa em 1951, faça com a régua uma linha reta vertical, partindo do ponto que indica o ano de 1951. A linha vai cair em um ponto da linha do gráfico. Depois, partindo desse ponto do gráfico, faça com a régua uma linha horizontal. Veja em que ponto ela caiu: é ele que indica o número aproximado de cigarros fumados. Veja isso no gráfico a seguir (figura 6.11).

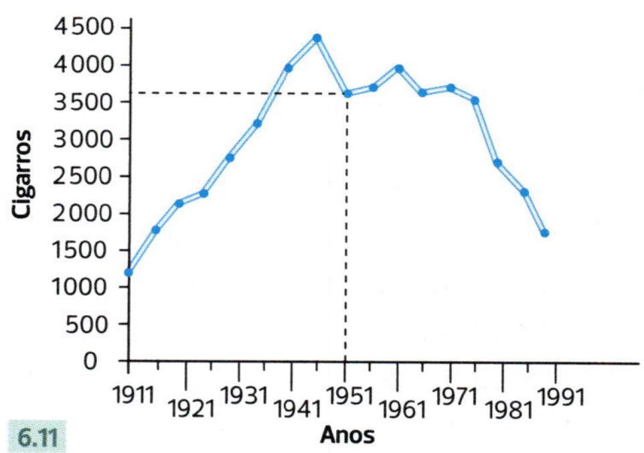

Banco de imagens/Arquivo da editora

6.11

Fonte: FOSBERY, R. *Human Health and disease*. Cambridge: Cambridge University Press, 1997, p. 41.

O gráfico a seguir (figura 6.12) mostra o número de mortes por câncer de pulmão a cada ano na Inglaterra. Use o mesmo procedimento anterior e obtenha uma ideia do número aproximado de pessoas que morreram por câncer de pulmão em cada ano.

Banco de imagens/Arquivo da editora

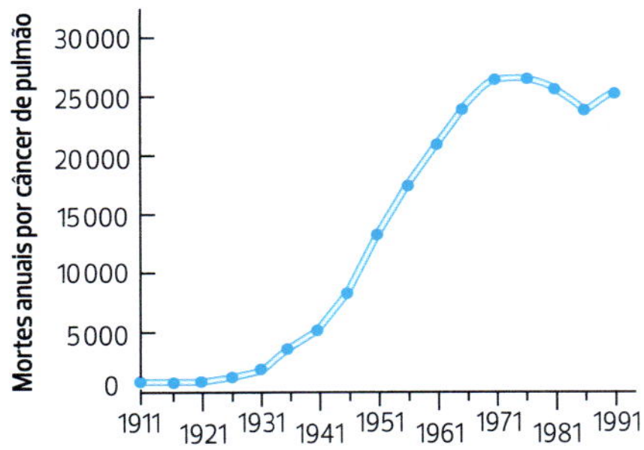

6.12

Fonte: FOSBERY, R. *Human Health and disease*. Cambridge: Cambridge University Press, 1997, p. 41.

Agora, compare os gráficos e responda:

a) O que aconteceu com o número de cigarros consumidos por pessoa até 1941? E com o número de mortes por câncer de pulmão durante esse mesmo período?

b) O que ocorreu com o número de cigarros a partir de 1961? E com o número de mortes por câncer de pulmão?

c) Com base no que aprendeu neste capítulo, como você explica as relações entre os dois gráficos nos dois períodos mencionados?

9. O gráfico abaixo (figura 6.13) mostra a concentração de gás carbônico no sangue de uma pessoa em três situações: dormindo, andando e correndo (não necessariamente nessa ordem).

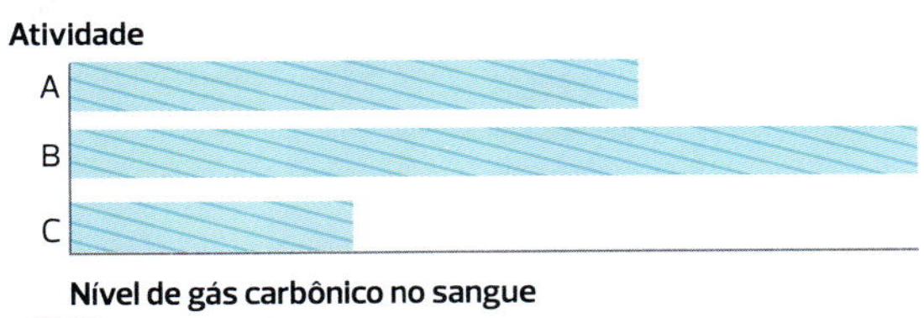

6.13

Analisando o gráfico, responda:

a) Que letra corresponde a cada uma dessas situações? Por quê?

b) Em qual das três situações está havendo maior consumo de oxigênio? Justifique sua resposta.

10. Por que é importante que os túneis nas cidades tenham um bom sistema de ventilação?

11. A figura abaixo mostra a superfície interna da traqueia. O que são os fios (cor verde) que você vê? Qual é a função deles?

Steve Gschmeissner/Science Photo Library/Latinstock

6.14 **Superfície interna da traqueia (aumento de cerca de 1 000 vezes ao microscópio eletrônico; cores artificiais).**

12. Por que é mais adequado para a saúde respirar pelo nariz do que pela boca?

Atividade em grupo

Escolham um dos assuntos abaixo para pesquisar (em livros, internet, CD-ROMs). Informem-se também sobre a possibilidade de convidar um médico para apresentar uma palestra para a comunidade escolar sobre os problemas que afetam o sistema respiratório.

1. O que é sinusite, laringite, rinite alérgica e asma alérgica.

2. Como o resfriado, a gripe e a pneumonia afetam o sistema respiratório.

3. Como a tuberculose afeta o sistema respiratório, qual é a situação dessa doença no Brasil, como é feito o tratamento dela e por que é importante não interromper o tratamento sem a indicação médica.

4. Façam um estudo comparado dos sistemas respiratórios dos vertebrados (peixes, anfíbios, répteis, aves e mamíferos).

5. Pesquisem as principais substâncias que poluem o ar e seus efeitos sobre a saúde. Procurem saber também como está o ar da cidade onde vocês moram.

6. Pesquisem também como acontece o ronco.

Aprendendo com a prática

Você aprendeu que, ao contrário do coração, os pulmões não têm movimentos próprios. A entrada e a saída de ar dependem do diafragma e dos músculos intercostais, que provocam uma diferença entre a pressão do ar atmosférico e a pressão do ar no interior dos pulmões e do tórax. Com o experimento a seguir, você poderá compreender melhor o que ocorre durante a respiração.

Material

- Uma garrafa descartável transparente e de plástico flexível, com cerca de 1,5 L de volume.
- Uma rolha que fique bem justa no gargalo da garrafa.
- Um prego.
- Um tubo de plástico rígido ou uma caneta esferográfica sem carga e sem a tampinha do fundo. Se for usada a caneta, é preciso tapar bem o furo lateral com fita adesiva.
- Dois balões de festa (bexigas), um pequeno e outro grande.
- Uma tesoura com ponta.
- Barbante e fita adesiva.
- Cola plástica.

Procedimentos

- Peça ao professor que faça um furo com a ponta da tesoura e depois corte a garrafa um pouco acima da metade. Você vai usar apenas a parte de cima, a do gargalo.
- Fure a rolha com o prego e introduza nela o tubo de plástico, como mostra a foto a seguir. O tubo deverá ficar bem justo no furo da rolha.

6.15

- Agora, tampe a boca da garrafa com a rolha. Passe cola plástica entre o gargalo e a rolha e entre o tubo e a rolha para vedar bem.
- Amarre com firmeza o balão de festa pequeno na ponta do tubo que ficou dentro da garrafa. Passe fita adesiva para vedar bem. A seguir, corte um pedaço do balão de festa grande e vede com ele o fundo da garrafa usando fita adesiva.
- Faça as observações a seguir e responda às questões.

a) Puxe com os dedos a borracha na parte inferior da garrafa. O que ocorre com o balão de festa menor? Agora, solte e veja o que acontece. Como você explica o que ocorreu?

b) O aparelho que você construiu é um modelo do nosso sistema respiratório. Mas, como todo modelo, ele não é perfeito. Compare cada parte do aparelho com um órgão do sistema respiratório.

c) Quando você puxa a borracha e depois solta, quais os dois fenômenos do sistema respiratório que você está reproduzindo?

d) Há alguma estrutura envolvida nesses dois fenômenos que não está representada no modelo. O que é?

e) Observe na figura 6.16 um modelo de sistema respiratório feito por outro aluno.

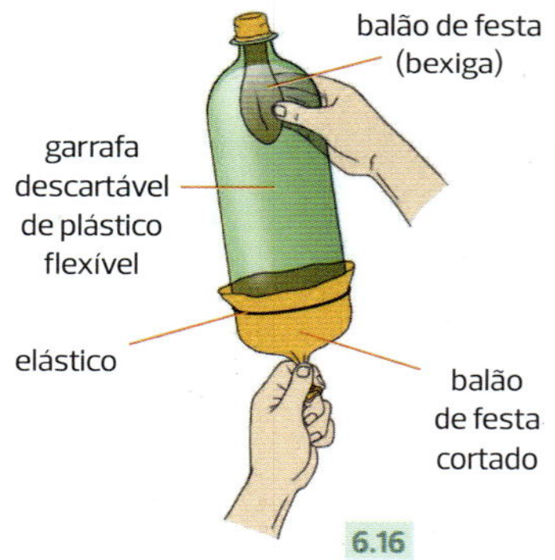

6.16

Que parte do sistema respiratório, presente no modelo anterior, deixou de ser representada nesse modelo (figura 6.16)?

Você pode fazer esse modelo com o auxílio do professor e testar para ver se ele funciona como o outro.

E que tal procurar outros modelos na internet, tentar reproduzi-los e fazer uma exposição para a comunidade escolar, com cartazes explicando o funcionamento dos pulmões e a importância de evitar o fumo?

> **Atenção!**
> Material de plástico, como a garrafa PET, pode ser reciclado, caso a atividade não venha mais a ser usada.

Capítulo

7 O sistema cardiovascular ou circulatório

A imagem abaixo foi obtida por meio de um exame chamado angiografia por ressonância magnética e nela aparecem o coração e algumas artérias do peito e do pescoço.

Esse é um, entre vários outros exames, que nos permite detectar anormalidades nos vasos sanguíneos e outros problemas do sistema cardiovascular.

Exames de imagem como esse e como aqueles vistos no capítulo anterior são resultado de pesquisas em áreas como a Física e a Química. Além de contribuírem com o diagnóstico e tratamento de doenças, as pesquisas são fundamentais porque promovem a construção do conhecimento sobre o organismo humano.

7.1 Angiografia por ressonância magnética (imagem colorizada por computador).

Simon Fraser/SPL/Latinstock

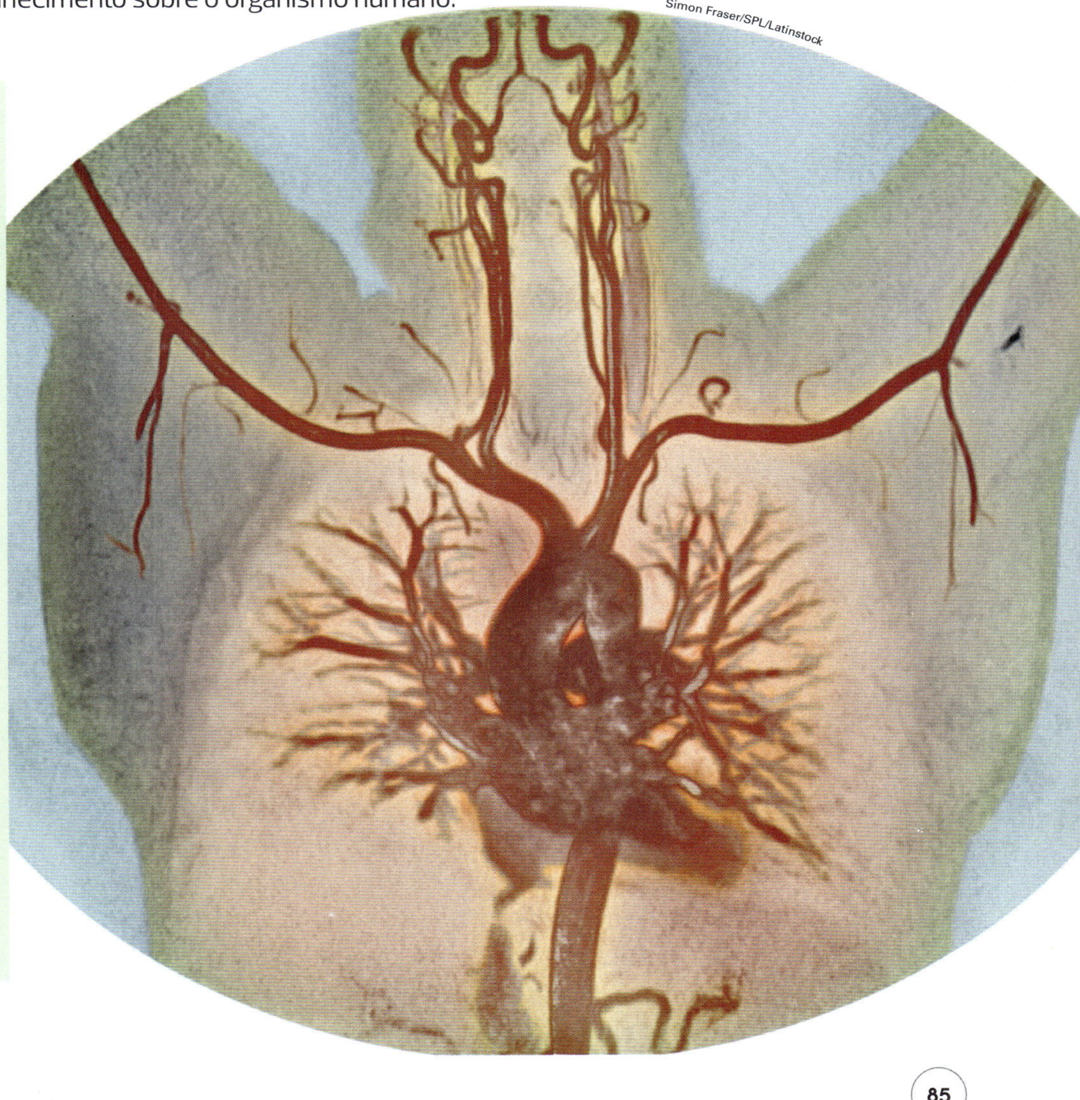

A questão é

Qual é o caminho percorrido pelo sangue no nosso corpo? O que acontece com ele ao longo desse caminho? Qual a função do coração? Qual a relação entre o sistema circulatório e outros sistemas do organismo, como o digestório e o respiratório? Qual a diferença entre artéria, veia e capilar? O que é pressão arterial e por que é importante mantê-la em níveis normais? Qual a função do sistema linfático? Que doenças podem afetar o sistema cardiovascular?

1 O caminho do sangue

O coração, os vasos sanguíneos e o sangue formam o sistema circulatório ou sistema cardiovascular. Veja a figura 7.2.

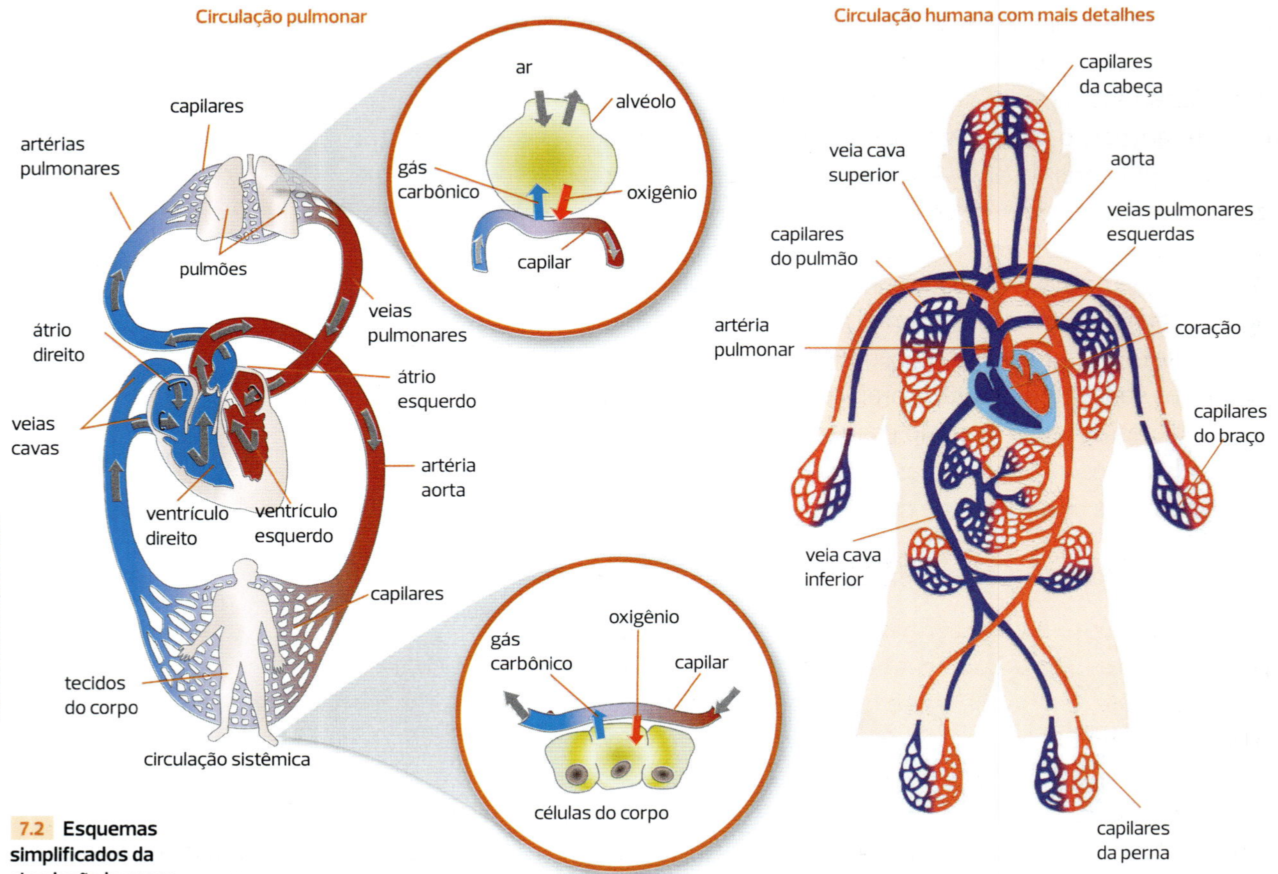

KLN Artes Gráficas/Arquivo da editora

7.2 Esquemas simplificados da circulação humana. Os capilares têm apenas 0,008 mm de diâmetro. Já as maiores artérias e veias do corpo chegam a ter 3 cm de diâmetro. (Os elementos da ilustração não estão na mesma escala. Cores fantasia.)

O coração é um órgão musculoso, que se contrai e impulsiona o sangue para as artérias.

Artérias são os vasos sanguíneos que levam sangue do coração a outras partes do corpo.

O lado esquerdo do coração bombeia sangue rico em oxigênio pela **artéria aorta**. Por isso esse sangue, rico em oxigênio, é, às vezes, chamado de sangue arterial. A aorta se ramifica em outras artérias, que se espalham pelo corpo e vão se tornando cada vez mais finas, até se transformarem em vasos microscópicos, os **capilares sanguíneos**.

O oxigênio e os nutrientes saem dos capilares e entram nas células, enquanto o gás carbônico e os outros resíduos das atividades das células (excretas) saem das células e entram nos capilares. O sangue rico em oxigênio dos capilares transforma-se, assim, em sangue pobre em oxigênio e rico em gás carbônico.

As veias são vasos que trazem o sangue das outras partes do corpo para o coração.

Os capilares vão se reunindo e formam vasos cada vez maiores, as **veias**, que trazem o sangue de volta ao coração, de onde ele será bombeado para os pulmões. O sangue rico em gás carbônico entra no coração por duas veias: a **veia cava superior**, que recolhe sangue das partes acima do coração (cabeça, braços), e a **veia cava inferior**, que recolhe sangue das partes abaixo do coração.

Essa circulação que leva o sangue rico em oxigênio para o corpo e traz de volta para o coração o sangue pobre em oxigênio e rico em gás carbônico é chamada de grande circulação ou **circulação sistêmica**.

Observe novamente a figura 7.2. Veja que o sangue pobre em oxigênio entra pelo lado direito do coração e também que os dois lados do coração não se comunicam. Isso quer dizer que o sangue rico em oxigênio não se mistura com o outro sangue.

Ao se contrair, o coração manda o sangue pobre em oxigênio para os pulmões por meio das artérias pulmonares (uma para cada pulmão). Observe que as artérias pulmonares levam para os pulmões sangue pobre em oxigênio e rico em gás carbônico.

Nos pulmões, o sangue rico em gás carbônico transforma-se em sangue oxigenado: perde gás carbônico e ganha oxigênio. Esse sangue volta em seguida para o coração por meio das veias pulmonares e é então bombeado para as células. Observe que as veias pulmonares levam sangue oxigenado para o coração. Veja a figura 7.3.

A circulação que leva sangue pobre em oxigênio para os pulmões e traz de volta sangue rico em oxigênio para o coração é chamada **circulação pulmonar** ou pequena circulação (porque leva sangue apenas para os pulmões).

Atenção!

As informações deste capítulo têm o objetivo de ajudar as pessoas a conhecer melhor o sistema cardiovascular e algumas doenças desse sistema, mas não substituem a consulta ao médico nem podem ser usadas para diagnóstico, tratamento ou prevenção de doenças.

São quatro as veias pulmonares: duas vindas do pulmão direito e duas vindas do pulmão esquerdo.

2 O coração impulsiona o sangue

Se ficasse abrindo e fechando uma das mãos cerca de 70 vezes por minuto, em pouco tempo seus músculos estariam doloridos e cansados e você teria de parar. Mas o coração bate, em média, entre 60 e 70 vezes por minuto — quando estamos em repouso —, contraindo e relaxando, alternadamente, a vida toda.

O lado esquerdo impulsiona sangue rico em oxigênio para o resto do corpo. O lado direito impulsiona sangue pobre em oxigênio para os pulmões. Observe a figura 7.3. Nela você pode ver também as artérias coronárias que saem da aorta e levam o sangue com nutrientes e oxigênio para o músculo cardíaco (miocárdio). As veias coronárias recolhem o sangue com gás carbônico.

CONTEÚDO DIGITAL

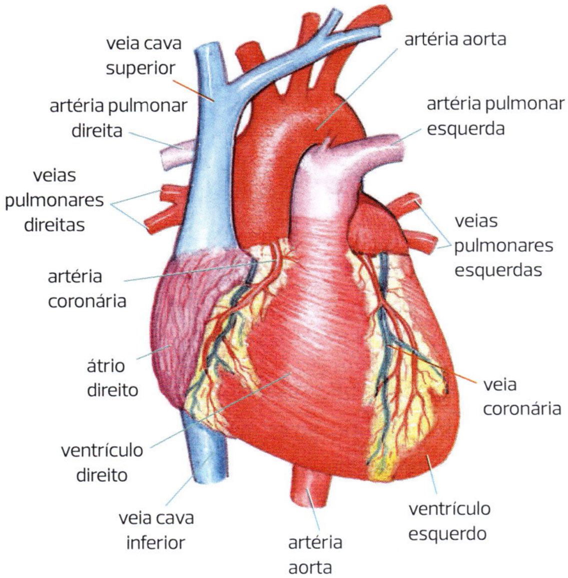

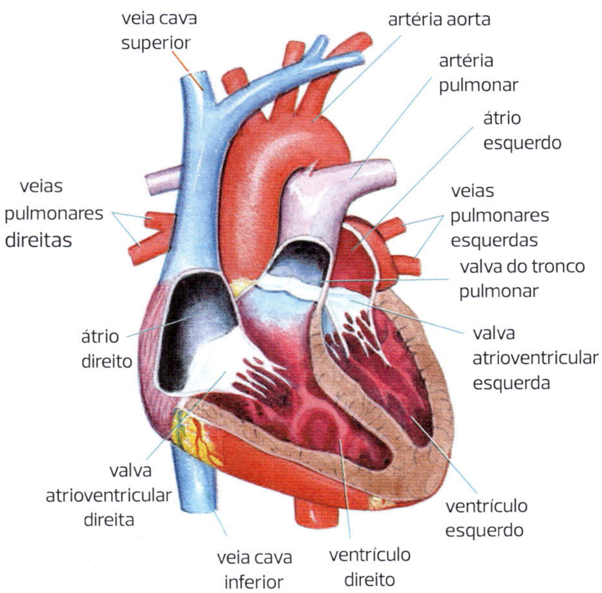

Hiroe Sasaki/Rodval Matias/Arquivo da editora

7.3 Representação do coração por dentro e por fora. O coração de uma pessoa tem, mais ou menos, o tamanho de sua mão fechada. Cores fantasia.

O coração é envolvido por uma membrana dupla, o pericárdio, e possui quatro cavidades: dois átrios (antes conhecidos como aurículas) e dois ventrículos. O sangue penetra no coração pelos átrios, que se contraem e mandam o sangue para os ventrículos. Quando os ventrículos se contraem, o sangue é impulsionado para as artérias.

A contração do músculo cardíaco é chamada de **sístole**, e o relaxamento, de **diástole**.

Entre cada átrio e o ventrículo correspondente existem valvas, que podem se abrir e se fechar. Isso faz o sangue circular sempre no mesmo sentido (do átrio para o ventrículo) e impede que haja refluxo. Cada **valva** é formada por peças chamadas **válvulas**. Portanto, valva é um conjunto de válvulas. Existem valvas também entre o ventrículo e a saída das artérias do coração.

A valva atrioventricular direita (nome oficial) é chamada também de tricúspide, porque é formada por três peças ou válvulas — *tri*: 'três'; *cuspidis*: 'peça'. A valva atrioventricular esquerda (nome oficial) é chamada de bicúspide ou **mitral** — *bi*: 'dois'. Já as valvas entre os ventrículos e a saída das artérias são chamadas de valva do tronco pulmonar e valva da aorta. Cada uma é formada por três válvulas presas às paredes das artérias.

Mitra é um barrete (espécie de chapéu) com duas faixas usado pelos bispos.

Auscultando o coração, o médico pode ouvir sons, chamados de bulhas cardíacas. Esses sons correspondem aos movimentos do sangue pelo coração e ao fechamento das válvulas. Alterações nesses sons podem indicar problemas cardíacos.

Inicialmente, os átrios se contraem ao mesmo tempo. Essa pressão que as paredes do coração exercem sobre o sangue faz as valvas se abrirem, permitindo que o sangue passe para os ventrículos.

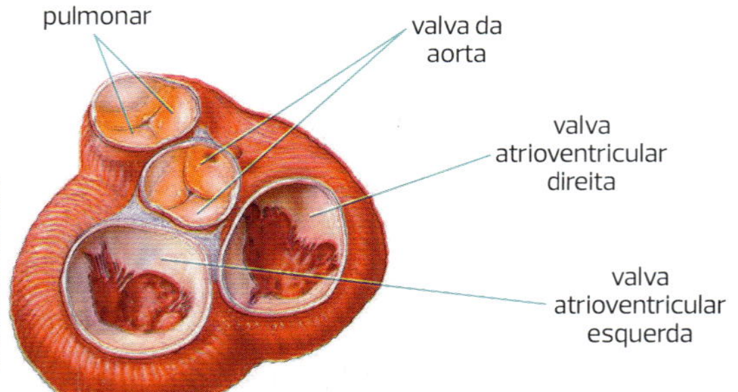

Bo Veisland/SPL/Latinstock

Com isso, os átrios relaxam e os ventrículos, simultaneamente, se contraem. As valvas entre os átrios e os ventrículos se fecham e impedem que o sangue retorne. Mas as valvas entre os ventrículos e a saída das artérias se abrem, e o sangue é impulsionado para as artérias. Os ventrículos, então, relaxam, e as valvas entre os ventrículos e as artérias se fecham, impedindo que o sangue das artérias retorne ao coração, e o ciclo recomeça. Veja a figura 7.4.

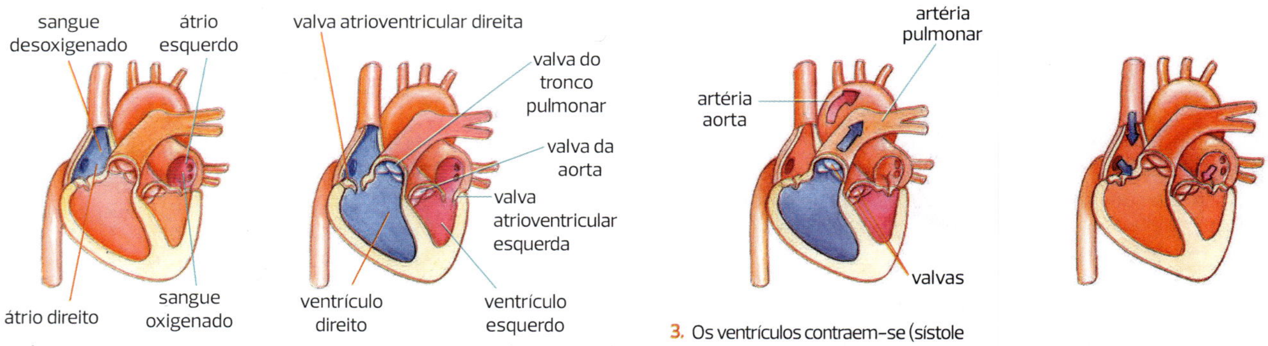

1. Átrios e ventrículos estão relaxados (diástole); o sangue entra no coração.
2. Os átrios contraem-se (sístole atrial) e o sangue entra nos ventrículos, que estão relaxados. As valvas entre os átrios e os ventrículos abrem-se.
3. Os ventrículos contraem-se (sístole ventricular). As valvas na saída dos ventrículos abrem-se e o sangue entra nas artérias. As valvas entre os átrios e os ventrículos fecham-se e impedem o refluxo do sangue.
4. Os átrios enchem-se novamente de sangue e o ciclo recomeça.

Ilustrações: Ingeborg Asbach/Arquivo da editora

7.4 Ilustração de corte no coração indicando as valvas e esquemas do fluxo de sangue pelo coração. (Os elementos da ilustração não estão na mesma escala. Cores fantasia.)

O ritmo do batimento cardíaco é determinado pelo nó sinoatrial (marca-passo natural do coração), um conjunto de células situado no átrio direito. O marca-passo produz impulsos elétricos que, levados por outras células, fazem o coração se contrair.

Mas o ritmo e a força do batimento cardíaco são influenciados também pelo sistema nervoso e pelos hormônios. Quando fazemos exercícios físicos ou levamos um susto, por exemplo, os nervos e os hormônios fazem o coração bater mais rápido.

Ciência e tecnologia

Coração: diagnósticos e tratamentos

Existe um aparelho que nos permite ouvir sons produzidos no coração (e também nos pulmões e no tubo digestório): é o estetoscópio. Veja a figura 7.5. Escutando os batimentos cardíacos com o estetoscópio, o médico é capaz de perceber ruídos anormais – chamados de sopros cardíacos. Eles podem indicar algum problema no fechamento das válvulas.

Em certos casos, é possível substituir válvulas com problemas por válvulas artificiais, feitas de tecidos de animais ou material sintético (com diâmetro entre 19 e 33 milímetros). Veja a figura 7.6.

Além do estetoscópio, para diagnosticar possíveis doenças do coração, o médico pode fazer uso de exames diversos, como o eletrocardiograma, o ecocardiograma e o exame por ressonância magnética.

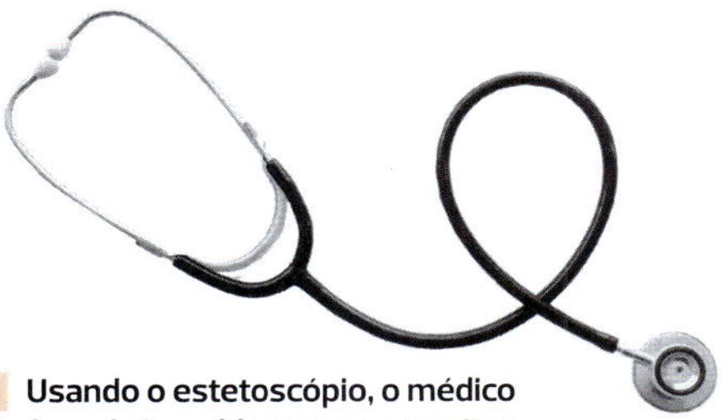

Perig/Shutterstock/Glow Images

7.5 **Usando o estetoscópio, o médico pode descobrir problemas no coração e também no sistema respiratório.**

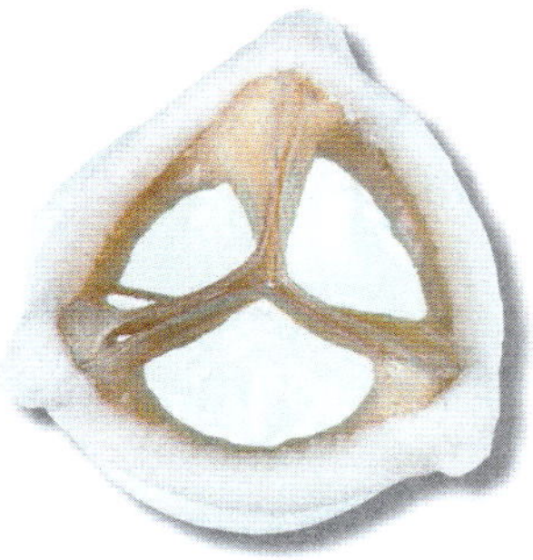

AP Photo/A. Parramón

7.6 **Válvula artificial (ampliada).**

O nosso corpo conduz bem a eletricidade. Por isso, um exame que registre a atividade elétrica do coração pode indicar como esse órgão está funcionando. Eletrocardiograma é o nome desse exame em que pequenas placas metálicas são postas sobre a pele e ligadas a um aparelho, o eletrocardiógrafo.

A atividade elétrica do coração aparece em forma de ondas em um gráfico. Veja a figura 7.7. Pelo eletrocardiograma o médico é capaz de diagnosticar vários problemas cardíacos.

Banco de imagens/Arquivo da editora

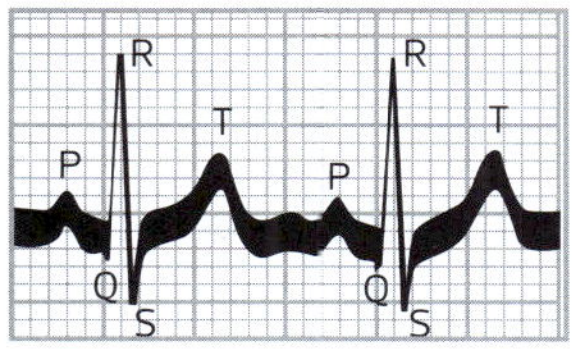

Eletrocardiograma normal.

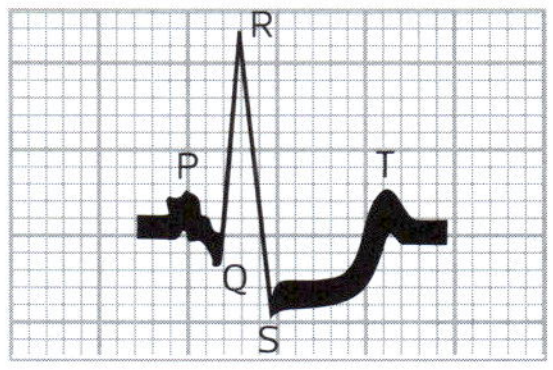

Eletrocardiograma anormal (o coração não está recebendo sangue suficiente).

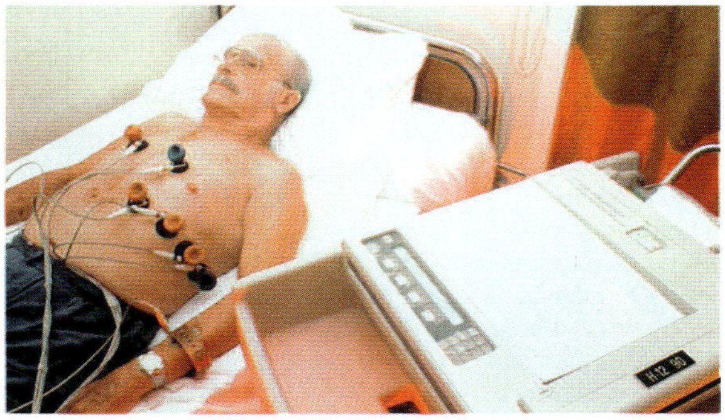

Bsip Laurent/Keystock

7.7 **Eletrocardiograma, exame que registra a atividade elétrica que acompanha o funcionamento do coração.**

Em filmes e séries de televisão que se passam em hospitais, é comum vermos cenas em que pacientes são reanimados por meio de uma descarga elétrica controlada no peito. O equipamento utilizado nesses casos é chamado de desfibrilador. Veja a figura 7.8.

A principal causa da parada cardíaca nessa situação é o infarto. A falta de irrigação sanguínea do músculo cardíaco faz com que o coração pare de funcionar. Na maioria dos casos, ele não para imediatamente, mas o ritmo da batida fica irregular. É nesse instante que o desfibrilador deve ser usado.

Esse procedimento deve ser aplicado logo, nos primeiros minutos, para restabelecer a atividade cardíaca.

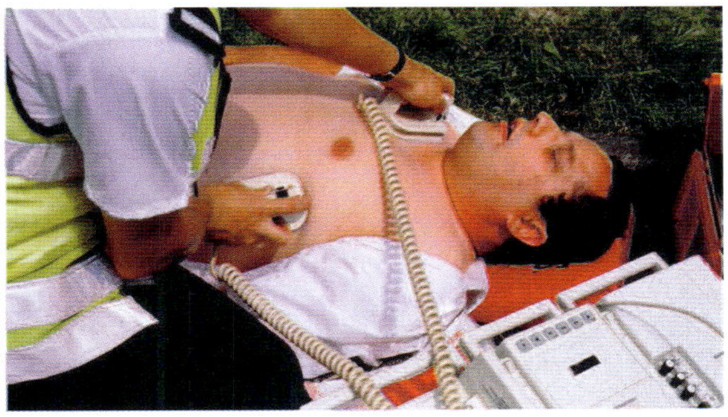

Adam Hart-Davis/Science Photo Library/LatinStock

7.8 **Desfibrilador sendo usado para reanimar pessoa que sofreu ataque cardíaco.**

Capilar vem do latim *capillum* e significa 'cabelo'.

Vênula é o diminutivo de *vena*, do latim, e significa 'veia'.

3 Os vasos sanguíneos

Você viu que o sangue que sai do coração é levado pelas artérias para as diversas partes do corpo.

As artérias são vasos elásticos e musculosos capazes de suportar a pressão que o coração comunica ao sangue.

O sangue é lançado inicialmente na artéria aorta. Ela se ramifica e forma artérias cada vez menores, que se distribuem por todo o corpo. As artérias muito finas são chamadas de **arteríolas**.

As arteríolas ramificam-se ainda mais e resultam nos capilares, que são vasos microscópicos.

Os capilares vão se reunindo até formar vasos mais grossos, as vênulas, que continuam a se juntar e formam as veias. As veias levam o sangue de volta ao coração. Observe a figura 7.9.

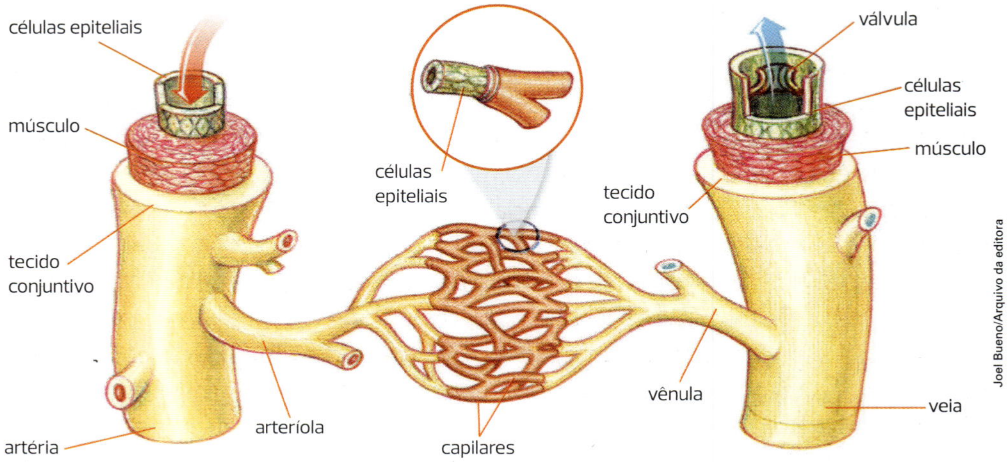

7.9 Artérias se ramificam até formar capilares. Os capilares se reúnem e formam as veias. É pelos capilares que ocorre a passagem de substâncias entre o sangue e as células do organismo. Assim, a glicose e o oxigênio saem do sangue para as células, e o gás carbônico e as excretas passam das células para o sangue. (Figura sem escala. Cores fantasia.)

A pressão do sangue diminui à medida que ele vai se afastando do coração. Nas veias, a pressão sanguínea é muito baixa, por isso não é suficiente para vencer, sozinha, a força da gravidade e impulsionar o sangue de algumas partes do corpo para voltar ao coração — das pernas, por exemplo, quando estamos em pé.

Mas, então, como o sangue volta ao coração?

Toda vez que um músculo que movimenta um osso do corpo (músculo esquelético) se contrai, ele comprime as veias mais próximas e impulsiona o sangue. Existem também válvulas nas veias que se abrem apenas no sentido da volta do sangue ao coração, e se fecham no sentido contrário. Desse modo, as válvulas fazem o sangue se deslocar sempre em direção ao coração. Veja em detalhes, na figura 7.10, como isso acontece.

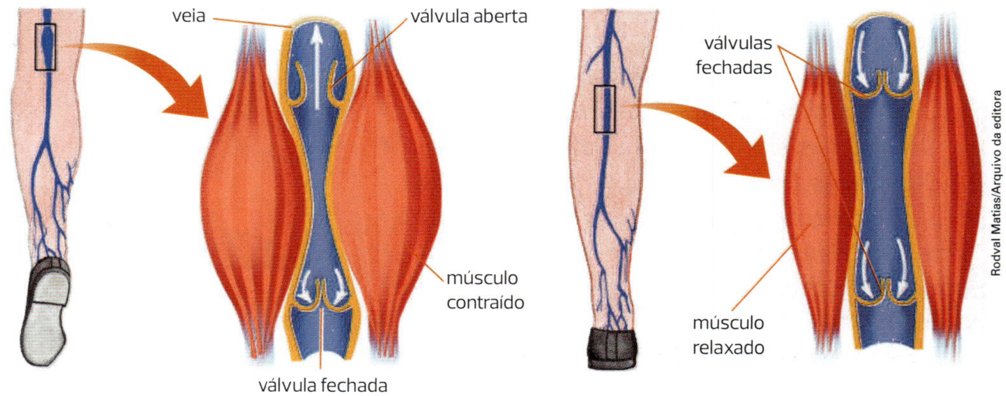

7.10 A contração dos músculos esqueléticos comprime as veias e impulsiona o sangue de volta ao coração. As válvulas impedem a passagem do sangue no sentido contrário. (Figura sem escala. Cores fantasia.)

Ciência e saúde

As varizes

Em algumas pessoas, o sangue se acumula e dilata certas veias. Com isso, formam-se as veias varicosas ou varizes, em geral nas pernas. As varizes podem ser decorrentes de fatores hereditários (veias com válvulas ou paredes fracas) ou da vida sedentária (tipo de vida que não inclui exercícios físicos e a prática regular de esportes). Quando uma pessoa fica, durante muito tempo, sentada ou parada em pé, por exemplo, diminui o número de contrações musculares que impulsionam o sangue para cima. O acúmulo de sangue na região abaixo do joelho pode então provocar a ruptura das válvulas.

Por isso é conveniente movimentar as pernas regularmente quando ficamos muito tempo sentados ou em pé. Se for necessário, a veia com varizes pode ser removida pelo médico por meio de cirurgia.

A pressão arterial

Quando os ventrículos se contraem, eles impulsionam o sangue para as artérias. É essa pressão que move o sangue pelas artérias. Você pode perceber a artéria se expandindo e se contraindo quando encosta os dedos no ponto em que ela passa perto da pele, como o pulso ou o pescoço (abaixo do ângulo do queixo). Veja a figura 7.11. É a chamada **pulsação** ou **pulso arterial**. Contando o número de pulsações, medimos o número de batimentos do coração por minuto.

Mas não use o polegar para sentir o pulso de outra pessoa: como ele tem pulsação própria, você vai sentir o seu próprio pulso.

A pressão que o sangue exerce contra a parede das artérias, fazendo-as se dilatarem, é chamada de **pressão arterial** ou **pressão sanguínea**.

A pressão arterial é maior durante a contração (sístole) dos ventrículos e menor durante o relaxamento (diástole). E, como vimos, ela diminui à medida que a artéria se afasta do coração.

A pressão de um adulto jovem em repouso é em torno de 120 milímetros de mercúrio, durante a sístole, e 80 milímetros de mercúrio, na diástole. Costuma-se dizer que, nesse caso, a pressão da pessoa é de 12 por 8 centímetros de mercúrio.

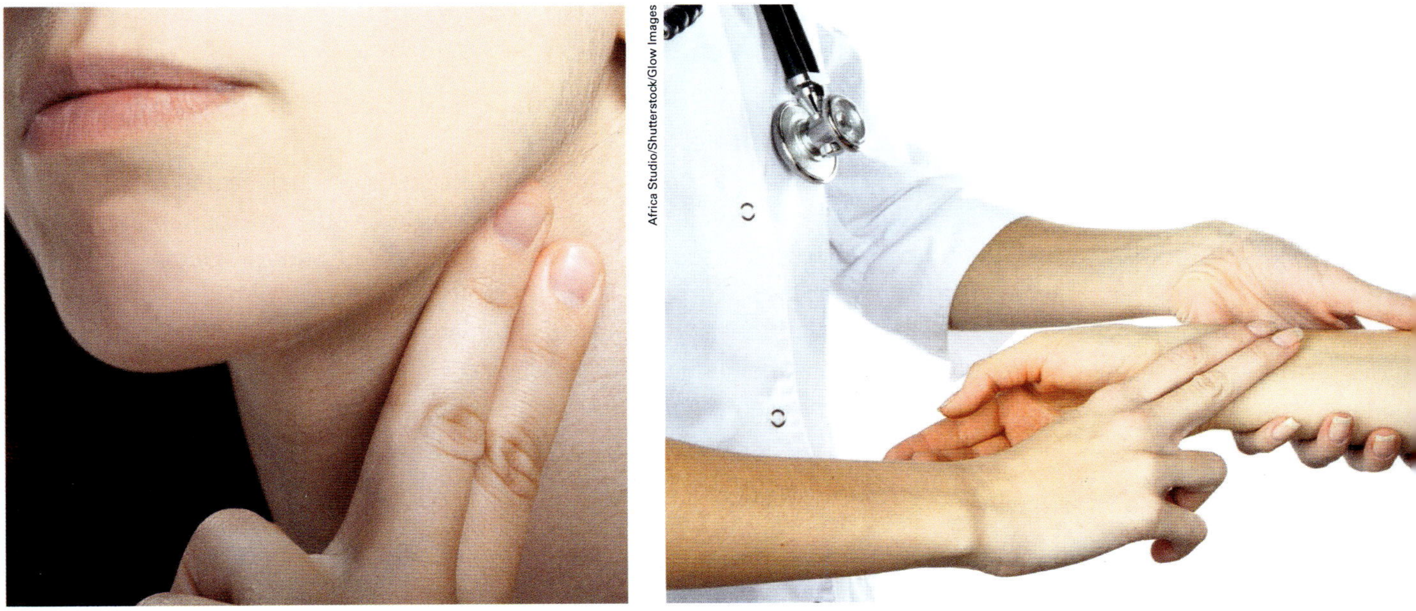

Ilya Andriyanov/Shutterstock/Glow Images

Africa Studio/Shutterstock/Glow Images

7.11 **Duas maneiras comuns de se tomar a pulsação.**

Ciência e tecnologia

Como o médico mede a pressão arterial

É importante ir ao médico periodicamente para verificar a pressão arterial e prevenir problemas de saúde.

O aparelho usado para medir a pressão arterial, chamado de esfigmomanômetro, é posto em volta do braço (veja a figura 7.12). Com esse aparelho e o auxílio do estetoscópio, usado para ouvir o barulho do fluxo do sangue na artéria do braço, obtêm-se duas medidas: a pressão na sístole do ventrículo (pressão arterial máxima) e a pressão no final da diástole (pressão arterial mínima).

Para medir a pressão, o médico bombeia ar no aparelho até que a pressão do ar comprima a artéria do braço e interrompa a pulsação, indicando que o fluxo sanguíneo na artéria foi interrompido. Aos poucos, o médico deixa o ar sair, até que possa escutar de novo o ruído provocado pela passagem do sangue, que nesse momento está com pressão máxima: ele está medindo a pressão sistólica.

O ar bombeado continua a sair até o sangue passar a fluir livremente, e o som desaparece de novo. Nesse momento, o coração está relaxado e o médico mede a pressão diastólica.

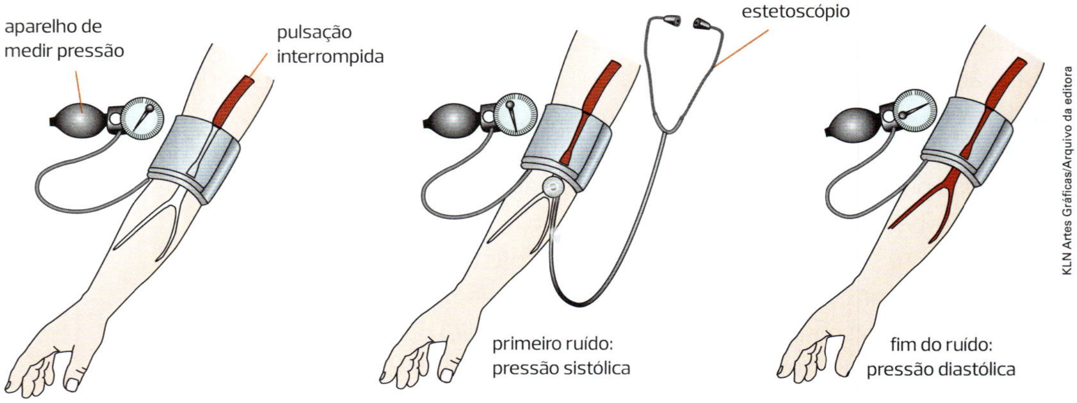

7.12

4 Doenças do sistema cardiovascular

O aumento anormal e constante da pressão arterial é chamado de **hipertensão arterial** ou, popularmente, "pressão alta".

Na hipertensão, o coração fica sobrecarregado e trabalha cada vez com mais dificuldade. Além disso, ela pode provocar um rompimento de vasos sanguíneos ou o entupimento desses vasos por coágulos no sangue, causando problemas no coração e em vários órgãos do corpo.

Como a hipertensão não produz sintomas — somente um exame médico pode diagnosticá-la —, muitos hipertensos não se cuidam porque simplesmente não sabem que têm esse problema. A doença, no entanto, exige acompanhamento médico.

A insuficiência cardíaca (situação em que o coração não está bombeando o sangue de forma correta) pode ter várias causas, como a hipertensão, o infarto, as arritmias e a doença de Chagas. O coração deixa de bombear o sangue com eficiência e o corpo não recebe sangue e oxigênio em quantidade suficiente. Disso resultam sintomas como falta de ar, inchaços e limitações nas atividades físicas. Em casos graves, a única saída é o transplante de coração.

Na aterosclerose há um depósito de placas de gordura na parte interna das artérias. Com o tempo, essas placas se calcificam e as artérias ficam estreitas e perdem elasticidade, o que favorece o surgimento da hipertensão. Além disso, o estreitamento dos vasos diminui o fluxo sanguíneo, e os órgãos irrigados passam a receber menos oxigênio (**isquemia**).

O coração pode ser seriamente afetado pelo estreitamento das artérias coronárias. A pessoa passa a sentir dores no peito, que se irradiam para o ombro e para o braço esquerdo (**angina *pectoris*** ou **do peito**). Além disso, nos vasos com aterosclerose há tendência à formação de coágulos, que entopem esses vasos e interrompem o fluxo sanguíneo (**trombose**). Nesse caso, parte do músculo cardíaco fica sem oxigênio e morre: é o **infarto** ou **enfarte do miocárdio**, a principal causa de parada cardíaca ou "ataque cardíaco".

A Z

Aterosclerose vem do grego *atheros*, que significa 'papa', e *skleros*, 'duro', indicando que as artérias ficam endurecidas e com depósitos gordurosos.

Coágulos são massas semissólidas de sangue ou de linfa (que você vai conhecer no tópico seguinte) que agem como um tampão nos vasos sanguíneos. (Trombo significa 'coágulo'.)

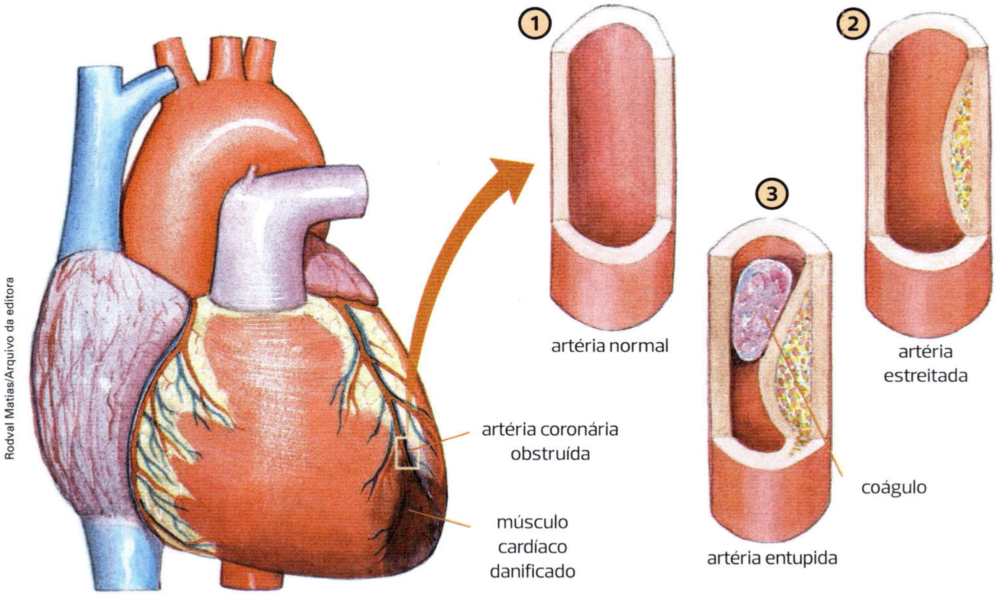

7.13 Um coágulo bloqueia parte da artéria coronária, e as células dessa região morrem. (Figura sem escala. Cores fantasia.)

Se houver suspeita de ataque cardíaco, é preciso chamar uma ambulância imediatamente. Há uma série de sinais que podem indicar esse problema: pressão e dor no peito que se irradiam para os ombros, pescoço ou braços; falta de ar; fraqueza súbita e desmaio.

A hipertensão aumenta também os riscos de formação de coágulos que entopem as artérias e interrompem o fluxo de sangue para o tecido afetado: é a **trombose**. Veja esse processo na figura 7.13.

No cérebro, a isquemia, a hipertensão e a trombose podem levar ao **acidente vascular cerebral** (AVC), lesão em uma região do cérebro causada por uma interrupção da circulação sanguínea ou por uma ruptura (derrame) de um vaso sanguíneo. Esses acidentes podem prejudicar diversas funções (fala, locomoção, entre outras) ou provocar a morte.

A **arritmia cardíaca** ocorre quando o tecido que conduz os impulsos elétricos do coração é afetado por infarto, lesões nas valvas ou outros problemas cardíacos. Deve ser tratada com medicamentos, mas às vezes é necessário implantar no tórax, abaixo da pele, um marca-passo artificial, pequeno aparelho composto de um circuito eletrônico gerador de impulsos elétricos, que funciona com pilhas especiais. Por meio de um condutor elétrico, esse aparelho envia impulsos ao coração e passa a controlar o ritmo desse órgão.

Veja a figura 7.14. Além de medicamentos, há vários tratamentos para problemas cardíacos, entre eles o transplante de coração. Trata-se de uma cirurgia que substitui um coração doente por um coração saudável de um doador em coma encefálico irreversível.

Outro tratamento, ainda em fase experimental, é o uso de células-tronco para regenerar lesões cardíacas. Células-tronco são células não especializadas capazes de se transformar em outros tipos de células e regenerar tecidos lesionados.

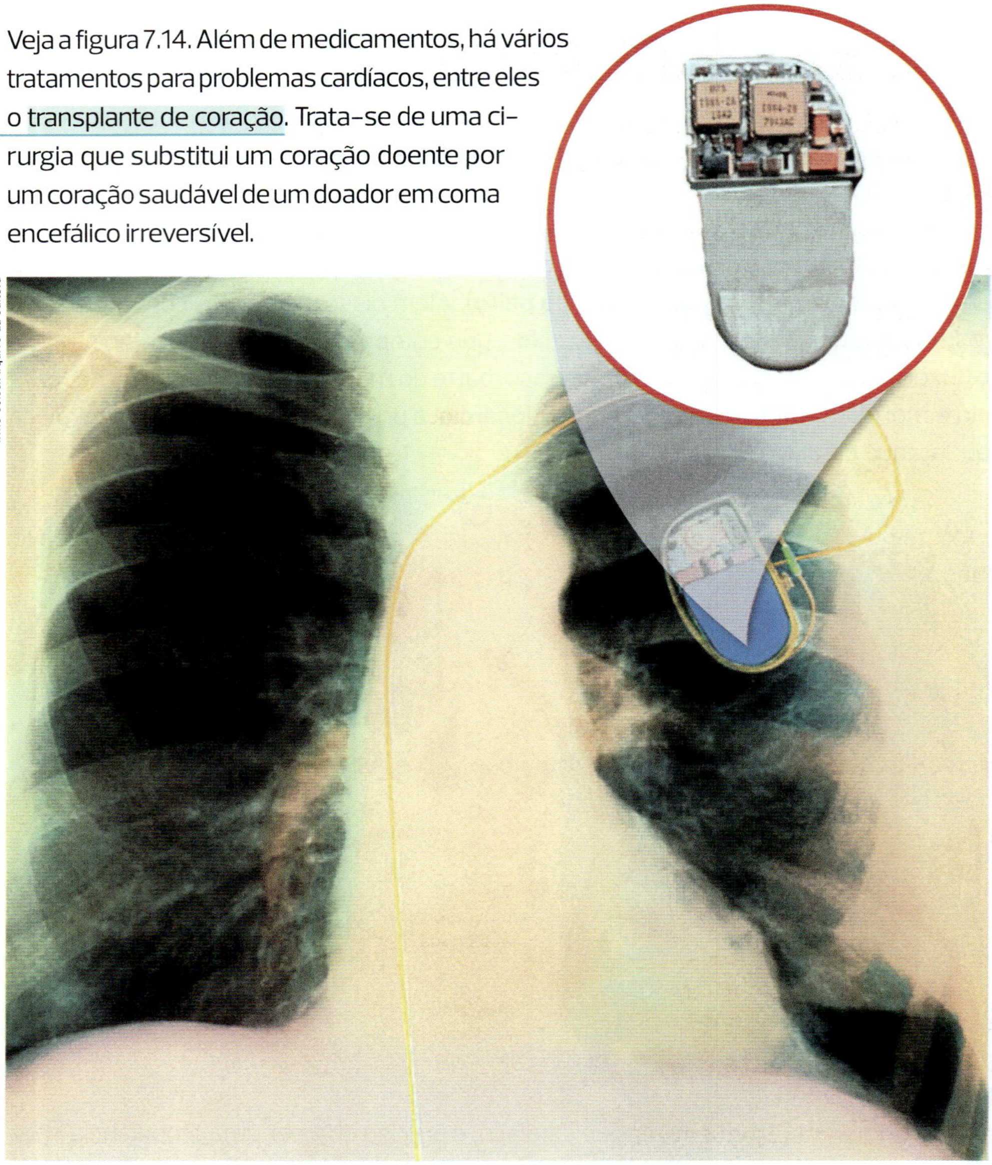

Irmo Celso/Arquivo da editora

7.14 Foto de marca-passo artificial e radiografia colorizada mostrando um desses aparelhos implantado na região do tórax.

Ciência e História

A descoberta da circulação

No século II, o médico grego Cláudio Galeno (129-216) mostrou que as artérias e veias conduziam sangue e não ar, como se pensava (nos cadáveres, as artérias estão vazias e o sangue fica acumulado nas veias). No entanto, para ele, o sangue venoso era gerado no fígado, enquanto o sangue arterial originava-se no coração.

Foi só no começo do século XVII que o médico inglês William Harvey (1578-1657) mostrou que o coração, ao se contrair, impulsionava o sangue para todo o corpo pelas artérias (na época achava-se que o sangue chegava ao coração e saía dele pelas veias). Harvey não sabia, no entanto, como o sangue passava das artérias para as veias. Somente com a invenção do microscópio, os capilares puderam ser observados.

O conhecimento sobre a circulação humana, assim como todo o conhecimento científico, é fruto do trabalho de muitos pesquisadores. E a história da ciência nos mostra como os fatos foram explicados de formas diferentes ao longo do tempo. E nos mostra também que muitas teorias aceitas em certas épocas acabaram sendo substituídas por outras.

5 O sistema linfático

As células do nosso corpo são banhadas por um líquido que sai dos capilares. Esse líquido, formado por água, nutrientes e oxigênio, é chamado de **líquido intercelular** ou **fluido** intersticial.

Parte do líquido intersticial volta para os capilares com o gás carbônico e outras excretas produzidas pelas células. Outra parte, porém, é recolhida por um conjunto de vasos bem finos, os **capilares linfáticos**. Estes se unem e formam vasos maiores, os **vasos linfáticos**. Observe que os capilares e os vasos linfáticos não transportam sangue, e sim um líquido chamado linfa.

Linfa é, portanto, o nome que se dá ao excesso de líquido intersticial depois que ele entra nos vasos linfáticos.

Observando a figura 7.15, você pode perceber que os vasos linfáticos se juntam e formam vasos mais grossos, até que, finalmente, a linfa é lançada nas veias. Desse modo, o líquido intersticial que saiu dos capilares retorna à circulação sanguínea.

Além de devolver o líquido intersticial ao sangue, os vasos linfáticos absorvem gorduras do intestino, lançando-as no sangue. E, ao atravessar os órgãos conhecidos como **linfonodos**, eles recebem certos glóbulos brancos que ajudam o corpo a combater os microrganismos causadores de doenças.

Os vasos linfáticos passam também pelo baço, pelo timo e pelas **tonsilas palatinas** (amígdalas, na antiga nomenclatura), que, com os linfonodos, produzem células de defesa do corpo. O conjunto desses órgãos e dos vasos linfáticos forma o **sistema linfático**.

A Z

Intersticial é quando algo ocupa uma parte intermediária. O líquido intersticial fica no espaço entre as células.

Linfa, em latim, significa 'água'.

Em algumas infecções, os linfonodos aumentam de tamanho e podem ser percebidos sob a pele em certos pontos do corpo, como o pescoço, as axilas e as virilhas. São as chamadas 'ínguas'.

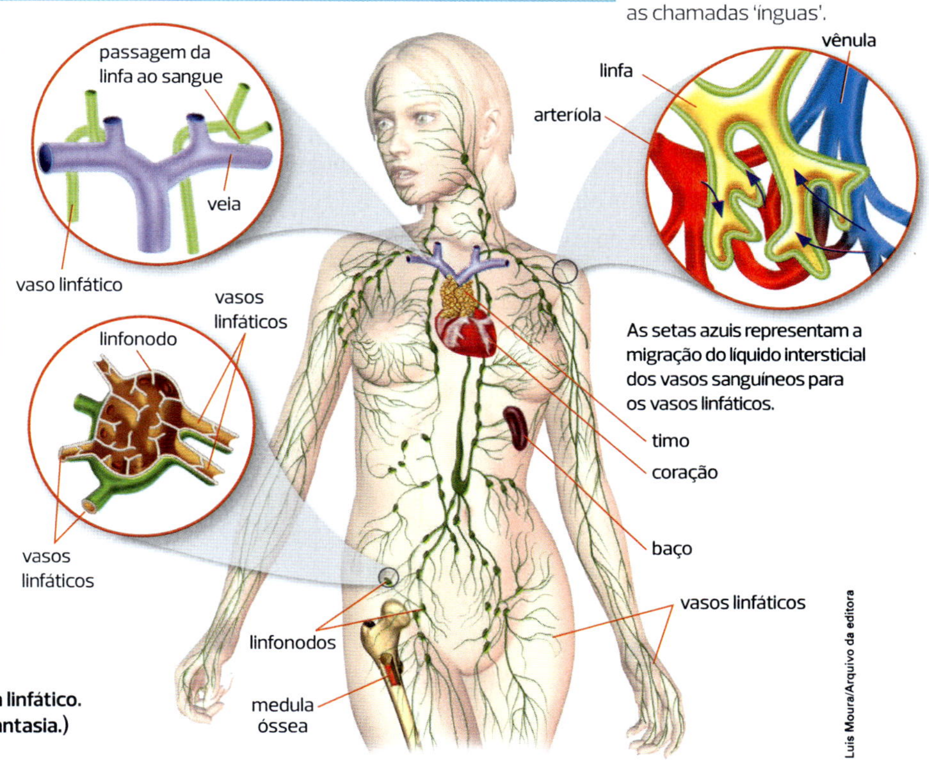

7.15 O coração e o sistema linfático. (Figura sem escala. Cores fantasia.)

Mundo virtual

Instituto Nacional de Cardiologia
<www.incl.rj.saude.gov.br>
Apresenta os serviços e as ações de ensino e pesquisa promovidas pelo Instituto Nacional de Cardiologia.

Sociedade Brasileira de Cardiologia
<http://prevencao.cardiol.br>
Cartilhas, receitas, jogos e notícias sobre a saúde do coração.

Sociedade Brasileira de Hipertensão
<www.sbh.org.br/geral/geral.asp>
Informações, notícias e *links* sobre a pressão arterial, os sintomas da hipertensão e como tratá-la.

Acesso em: 5 abr. 2015.

Reprodução/<http://prevencao.cardiol.br>

Atividades

Trabalhando as ideias do capítulo

1. Começando pelo ventrículo esquerdo, descreva a trajetória do sangue na grande circulação e, depois, na pequena circulação. Cite as cavidades do coração e as principais artérias e veias por onde o sangue passa. Identifique também, em cada caso, se o sangue é rico em oxigênio ou pobre em oxigênio.

2. O que ocorre com o sangue dos capilares que passa por tecidos como a derme?

3. No caderno, indique as afirmativas verdadeiras.
   a) As artérias trazem sangue de várias partes do corpo para o coração.
   b) O sangue chega ao coração pelas cavidades denominadas átrios.
   c) A contração do coração é chamada sístole, e o relaxamento, diástole.
   d) Quando os átrios se contraem, as valvas entre os átrios e ventrículos se fecham.
   e) Quando os ventrículos se contraem, as valvas entre os ventrículos e as artérias se abrem.
   f) As veias levam sangue do coração para o corpo.
   g) A circulação que leva sangue do coração para todo o corpo e traz de volta esse sangue para o coração é chamada circulação sistêmica.
   h) A aorta participa da circulação pulmonar, também chamada pequena circulação.
   i) O sangue rico em oxigênio é levado do coração para os pulmões pelas veias pulmonares.
   j) O sangue rico em oxigênio é levado para todo o corpo pela artéria aorta.
   k) A concentração de oxigênio no sangue das veias pulmonares é maior do que no sangue das veias cavas.
   l) A concentração de oxigênio no sangue das artérias pulmonares é praticamente igual à concentração no sangue da artéria aorta.
   m) A pressão arterial diminui à medida que o sangue se afasta do coração.
   n) A passagem de oxigênio do sangue para os tecidos ocorre nos capilares.
   o) Depois de passar pelos alvéolos pulmonares, o sangue pobre em oxigênio passa a ser sangue rico em oxigênio.
   p) A hematose ocorre nos pulmões.
   q) As válvulas das veias ajudam o sangue a retornar ao coração.
   r) Hipertensão é o aumento anormal da pressão arterial.
   s) O ritmo do coração é comandado pelo nó sinoatrial (marca-passo).
   t) Em geral, a aterosclerose ocorre por causa de depósitos de placas gordurosas nas veias.
   u) No enfarte do miocárdio, parte do músculo cardíaco fica sem oxigênio e morre.
   v) Todas as veias do corpo levam sangue pobre em oxigênio.

4. Como o sangue das pernas e de outras partes abaixo do coração retorna a esse órgão?

5. O excesso de líquido que sai do sangue e banha as células e que não retorna aos capilares sanguíneos é recolhido por um conjunto de vasos, formando um líquido incolor, a linfa.
   a) Como se chamam esses vasos?
   b) Qual é o destino desse líquido?
   c) O que acontece com esse líquido quando passa pelos linfonodos?

6. Observe o esquema simplificado da circulação humana e responda às questões no caderno.

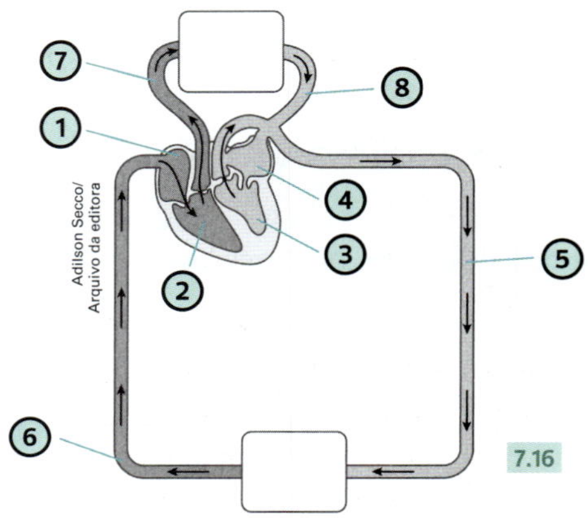

7.16

a) Para onde é conduzido o sangue que sai do coração pelo vaso 5? E o sangue que sai pelos vasos representados por 7?

b) De onde vem o sangue que chega ao coração pelos vasos representados por 6? E o sangue que chega pelos vasos representados por 8?

c) Que números representam vasos que participam da circulação sistêmica? E da circulação pulmonar?

d) Quais são os nomes das cavidades do coração indicadas pelos números de 1 a 4?

e) Em que números encontra-se sangue rico em oxigênio? E sangue pobre em oxigênio?

7. O esquema simplificado ao lado representa o coração e os vasos de chegada ou saída de sangue. Cada número pode indicar um vaso sanguíneo ou um conjunto de vasos. No caderno, identifique esses vasos.

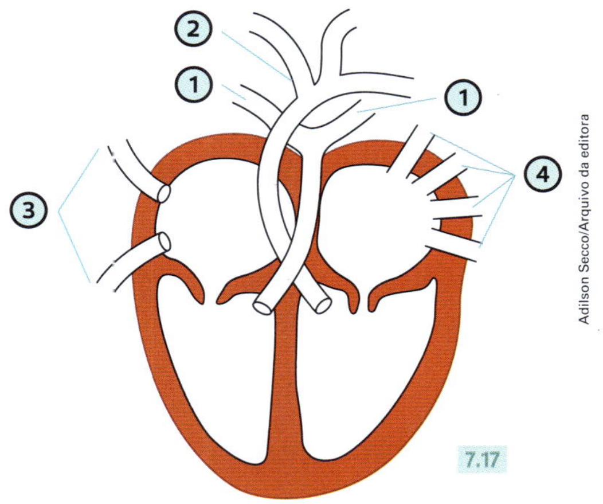

7.17

Pense um pouco mais

1. Explique por que, em sentido figurado, pode-se dizer que temos dois corações bombeando o sangue.

2. O ventrículo esquerdo tem uma musculatura mais desenvolvida que o ventrículo direito. Como você explica essa diferença?

3. O treinador de atletismo de um clube verificou que o número de pulsações por minuto de um atleta, logo após uma corrida de cem metros, era bem maior do que o número medido antes da corrida. Qual é a importância dessa alteração para o funcionamento do organismo?

4. O corte de uma artéria ou veia provoca hemorragias que podem levar uma pessoa à morte. Se o corte for em uma artéria, o sangue sai em jatos. Se for em uma veia, o sangue escorre continuamente. Como você explica essa diferença?

5. Calcule quantas vezes o coração bate durante uma vida longa — até os 90 anos, por exemplo —, para ter uma ideia do trabalho do músculo cardíaco. (Use como base um batimento de 60 vezes por minuto.)

6. Por que a "pressão alta" (hipertensão) é chamada de "assassino silencioso"?

7. A foto a seguir mostra a perna de uma pessoa com elefantíase ou filariose, doença provocada por um verme, a filária, que se instala nos vasos linfáticos das pernas e dos braços, por exemplo. Explique por que as pernas ficam inchadas.

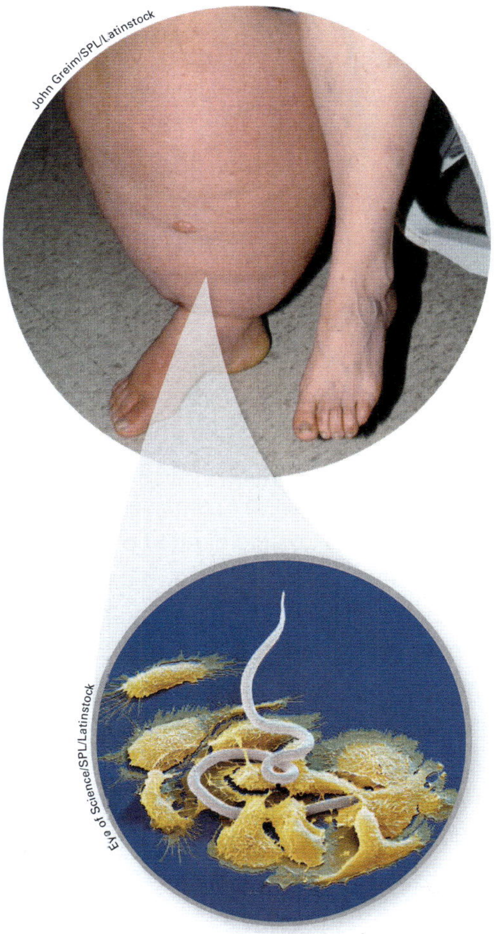

7.18 Macrófagos (células de defesa do corpo) atacando as larvas (microfilárias; microscópio eletrônico; aumento de cerca de 1500 vezes; colorizada por computador).

Mexa-se!

- Faça pesquisas sobre os temas a seguir.

1. Em 2000 foi aprovada no Brasil uma lei que proíbe a propaganda de cigarro em rádio, televisão, jornais e revistas. Você concorda com essa proibição? Faça uma breve redação para justificar sua posição.
2. O Ministério da Saúde obriga os fabricantes de cigarro a estampar, em todos os maços, imagens e frases alertando sobre os males causados pelo fumo. Pesquise algumas dessas frases e elabore você mesmo algumas novas.
3. O que é febre reumática? Indique as causas, os sintomas e o tratamento.
4. O que é síndrome da classe econômica?

Aprendendo com a prática

1. Nesta atividade, você vai apenas observar enquanto seu professor disseca um coração de boi (que pode ser adquirido em açougues ou feiras livres) e, com base no que observar, responder a perguntas propostas ao longo deste texto.

   O professor, vestindo luvas de látex, deverá colocar o coração (previamente lavado, para retirar todo o sangue coagulado) em uma bandeja plástica (ou uma fôrma retangular para bolo) e mostrar-lhes a parte externa do órgão. O que são as massas amareladas ao redor do coração?

   Tente identificar também os principais vasos ligados a ele. Em seguida, o professor, com um bisturi ou uma gilete (com uma das bordas protegida por esparadrapo ou fita-crepe), fará um corte longitudinal no ventrículo direito e outro no ventrículo esquerdo. Usando a pinça para manusear o órgão, observe a comunicação entre o átrio e o ventrículo do lado direito do coração e entre as cavidades correspondentes do lado esquerdo. O que são as pequenas membranas entre elas? Observe novamente os principais vasos ligados ao coração (agora pelo lado interno) e veja se há membranas entre eles e as cavidades do órgão. Finalmente, observe a musculatura na parte inferior do coração. Ela deve se apresentar mais desenvolvida em um dos lados. Pensando no funcionamento do coração, procure explicar essa diferença na espessura das paredes do órgão.

2. Para esta atividade é necessário medir o ritmo respiratório de uma pessoa contando quantas vezes ela respira por minuto. É preciso também contar o número de batimentos cardíacos dessa mesma pessoa, usando um relógio e apoiando a ponta dos dedos no pulso dela, abaixo do polegar.

   Esta atividade envolve a classe toda e deve ser acompanhada pelo professor de Educação Física. Sigam os seguintes passos:

   O professor de Educação Física deverá escolher alguns alunos que não têm problemas para a prática de esportes e que se exercitam regularmente. Esses alunos devem ficar sentados, em repouso, por cerca de 2 minutos. O ritmo respiratório e o cardíaco desses alunos devem ser medidos e anotados.

   Cada aluno que estava sentado faz um pouco de exercício físico, orientado pelo professor de Educação Física, por cerca de 2 minutos — correr sem sair do lugar, por exemplo. Todos devem manter o mesmo ritmo, sem correr de forma exagerada.

   Terminado o tempo, cada um desses alunos senta e, novamente, o ritmo respiratório e o cardíaco são medidos e anotados.

   Agora responda:

   a) Qual é a explicação para as diferenças de ritmo respiratório e cardíaco nas duas situações?
   b) O ritmo respiratório e o cardíaco demoram certo tempo para voltar ao ritmo de uma pessoa descansada. Em pessoas que praticam esporte e estão bem preparadas fisicamente, a volta ao número normal de pulsações é mais rápida do que em quem não pratica esporte. Pesquise por que isso acontece.

Capítulo 8

O sangue

Pessoas que fazem cirurgias ou que sofrem acidentes às vezes precisam de transfusões para repor o sangue perdido. Sem a transfusão, correm risco de morrer.

CONTEÚDO DIGITAL

Mas o sangue guardado em hospitais e bancos de sangue dura pouco mais de quarenta dias. Por isso, é preciso conscientizar a população da necessidade de doar sangue. Doar sangue é um ato ético, de solidariedade.

Para doar sangue, o voluntário deve procurar um hemocentro, local que se ocupa da coleta, preparação e fornecimento de sangue. Antes da doação em si, o doador passa por uma entrevista médica de triagem (seleção), pois existem algumas condições estabelecidas pelo hemocentro para que uma pessoa seja doadora de sangue.

8.1 Doar sangue é um ato de solidariedade que salva vidas. A imagem mostra pessoas doando sangue.

Monkey Business Images/Shutterstock/Glow Images

A questão é

Por que o sangue é vermelho? Quais são os componentes do sangue e que funções eles exercem no corpo? Por que é importante identificar o grupo sanguíneo de uma pessoa? O que é anemia e que problemas ela causa? E a hemofilia?

1 De que é feito o sangue?

Hemácias são também chamadas de eritrócitos. *Eritros* vem do grego e significa 'vermelho'.

Leucócitos vem do grego *leukos*, que significa 'branco'.

O sangue é formado por células mergulhadas em um líquido, o **plasma**.

No plasma encontram-se água e várias substâncias dissolvidas: glicose, sais minerais e diversas proteínas, entre elas as que formam os anticorpos, encarregados de defender o organismo contra as infecções.

É pelo plasma que são transportados os nutrientes para as células, os hormônios e a ureia, um produto que será excretado pelos rins.

As células do sangue realizam funções diferentes: as **hemácias** ou glóbulos vermelhos transportam oxigênio; os **leucócitos** ou glóbulos brancos defendem o corpo; as plaquetas ajudam a interromper o sangramento quando um vaso é danificado.

Hemácias, leucócitos e plaquetas são chamados, em conjunto, de **elementos figurados** do sangue. Observe, na figura 8.2, como esses elementos podem ser separados do sangue em laboratório por profissionais especializados. Na separação dos componentes do sangue é usado um equipamento chamado de centrífuga, no qual um material é submetido a rotações cada vez mais rápidas, fazendo com que as partes mais densas se depositem no fundo de tubos.

Ilustrações: KLN Artes Gráficas/Arquivo da editora

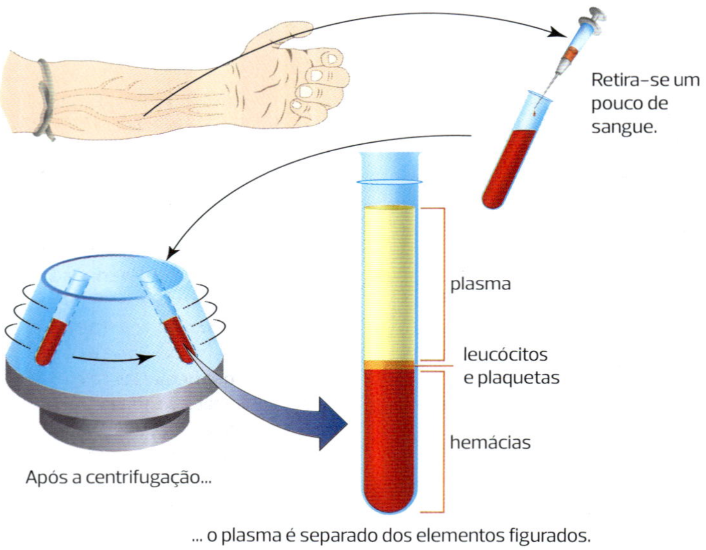

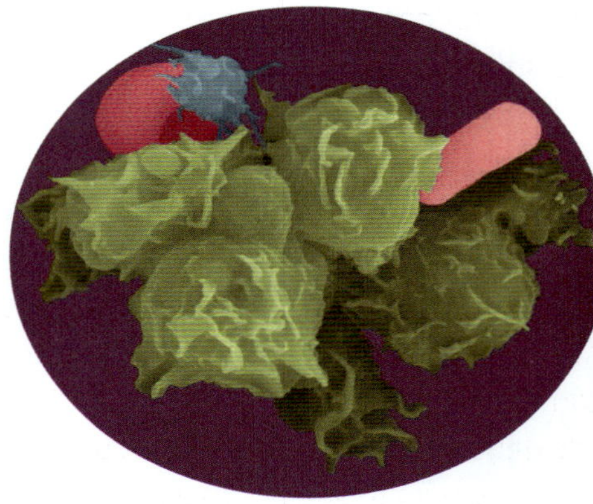

Visuals Unlimited/Corbis/Latinstock

8.2 Ao lado, separação dos componentes do sangue (os elementos da ilustração não estão na mesma escala; cores fantasia). Na ilustração acima, hemácias (em vermelho), leucócitos (em verde) e plaqueta (em azul) vistos ao microscópio eletrônico (aumento de cerca de 1 000 vezes; cores artificiais).

Atenção!
As informações deste capítulo têm o objetivo de ajudar as pessoas a conhecer melhor algumas doenças ligadas ao sangue, mas não substituem a consulta ao médico nem podem ser usadas para diagnóstico, tratamento ou prevenção de doenças.

Ciência e tecnologia

O exame de sangue

Você sabe por que os médicos às vezes pedem aos pacientes que façam exames de sangue?

Porque esses exames permitem descobrir diversas doenças ou informações sobre funções orgânicas. Existem vários tipos de exames, cada um com uma finalidade específica. Um deles, o hemograma, permite saber, por exemplo, se a pessoa está com anemia, uma doença que consiste na diminuição no número de hemácias ou na quantidade de hemoglobina.

Em outros exames é possível diagnosticar o nível de glicose no sangue. Uma taxa muito elevada dessa substância pode ser sinal da doença chamada de diabetes. Há ainda exames que indicam doenças como a Aids e a sífilis.

2 Hemácias: o transporte de oxigênio

Cada milímetro cúbico de sangue tem, em média, entre 4 milhões e 6 milhões de hemácias, elementos figurados sem núcleo, que contém hemoglobina, uma proteína responsável pelo transporte de oxigênio e que confere cor vermelha ao sangue. Como você viu no Capítulo 6, nos pulmões, a hemoglobina combina-se com o oxigênio, transformando-se em oxiemoglobina. Nos tecidos ocorre o inverso: o oxigênio é liberado para as células e a oxiemoglobina volta a se transformar em hemoglobina.

A hemoglobina transporta apenas uma pequena porção do gás carbônico. A maior parte desse gás é levada pelo plasma.

As hemácias são produzidas na medula de certos ossos (costelas, vértebras e entre outros), de onde são lançadas no sangue e circulam por cerca de 120 dias. Depois, já desgastadas (sua membrana sofre danos quando as hemácias passam pelos capilares estreitos), são destruídas no fígado e no baço.

A anemia

Uma pessoa com anemia apresenta menor número de glóbulos vermelhos ou menor quantidade de hemoglobina em cada glóbulo. Consequentemente, há diminuição na quantidade de oxigênio que vai para os tecidos e as células, o que pode causar cansaço, falta de ar, dor de cabeça e tontura — entre outros sintomas (mas somente o médico pode fazer o diagnóstico e o tratamento corretos).

Por isso a anemia em mulheres grávidas traz riscos tanto para a mãe quanto para a criança. E, em crianças de até 2 anos de idade, pode prejudicar o desenvolvimento do cérebro.

Uma das causas da anemia é a falta de ferro necessário para a produção da hemoglobina, em geral decorrente da carência de alimentos ricos em ferro (carne, gema de ovo, hortaliças com folhas verdes, etc.). Veja a figura 8.3. A doença pode surgir também quando uma pessoa perde sangue devido à presença de vermes parasitas no intestino ou de úlceras no estômago ou no duodeno, por exemplo. Há ainda anemias provocadas pela falta de certas vitaminas, como o ácido fólico ou a vitamina B_{12}; anemias de origem hereditária; ou aquelas que se desenvolvem a partir de danos na medula óssea provocados por radiação ou produtos químicos.

A anemia é mais comum entre as crianças mais pobres e costuma aparecer depois que elas deixam de receber o leite materno. O ferro do leite humano, ao contrário do ferro que se encontra no leite de vaca, é de fácil absorção.

8.3 **Na imagem abaixo, à esquerda, hemácias vistas ao microscópio óptico (aumento de cerca de 715 vezes, com o uso de corantes). Na anemia, o número de hemácias ou a quantidade de hemoglobina em cada hemácia diminui, como nas hemácias da foto abaixo, à direita (microscópio óptico; aumento de cerca de 1428 vezes; com uso de corantes).**

Eric Grave/Science Photo Library/Latinstock

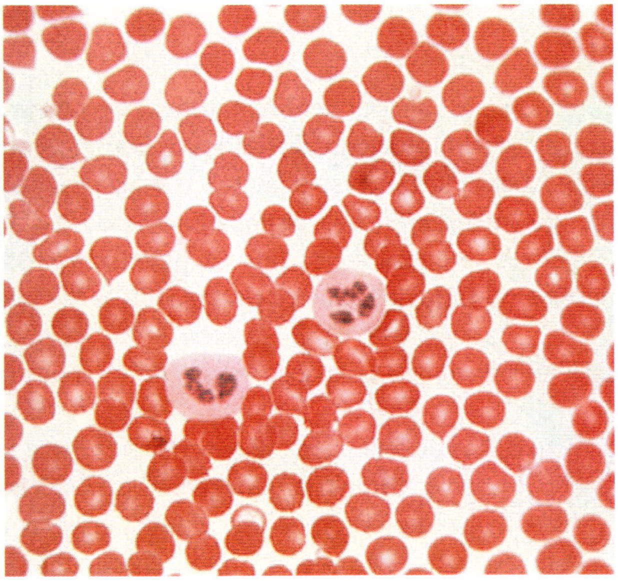

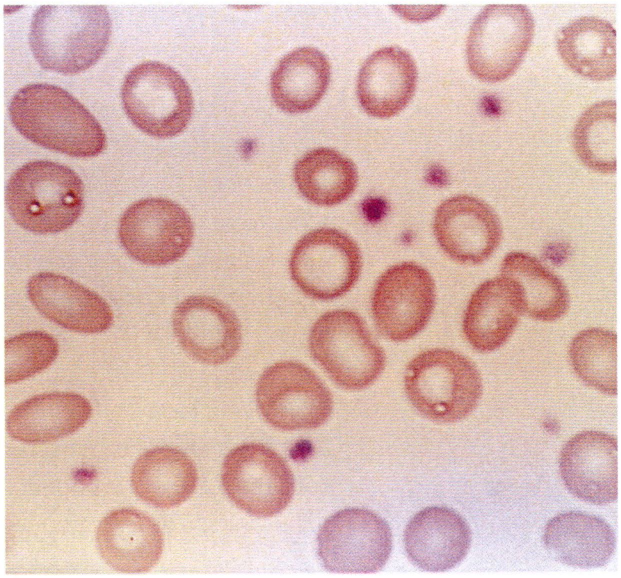

Biophoto Associates/Photo Researchers, Inc./Latinstock

3 Leucócitos: a defesa do corpo

Os leucócitos defendem o organismo contra microrganismos e outros invasores. O corpo humano possui, em média, entre 6 mil e 10 mil leucócitos por milímetro cúbico de sangue. O aumento do número dessas células de defesa pode indicar a presença de infecção.

Os glóbulos brancos são produzidos na medula de alguns ossos e também nos chamados **tecidos linfáticos**, que se encontram nos linfonodos, no baço, no timo e nas tonsilas palatinas (antigamente chamadas de amígdalas).

Pseudópodes vem do grego *pseudos*, 'falso', e *podos*, 'pés'.

Fagocitose vem do grego *phagein*, que significa 'comer'.

Há vários tipos de leucócitos. Alguns saem do sangue e combatem os microrganismos invasores no local da infecção. Essa saída do sangue é chamada de **diapedese**. Os leucócitos esticam partes do citoplasma e formam prolongamentos chamados de **pseudópodes**. Com esses prolongamentos, eles envolvem completamente o microrganismo, que será depois digerido e destruído. Esse processo é chamado de **fagocitose** e está representado na figura 8.4.

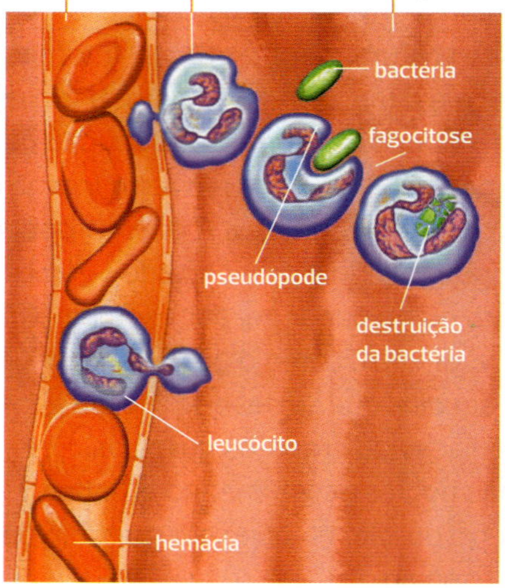

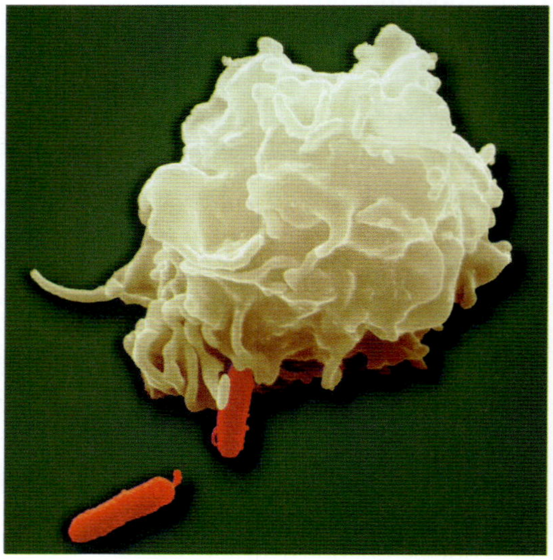

8.4 À esquerda, esquema de leucócitos saindo de um capilar sanguíneo e englobando bactérias que penetraram no corpo (figura sem escala; cores fantasia); à direita, foto de leucócito fagocitando bactérias (ao microscópio eletrônico; aumento de cerca de 7 150 vezes; cores artificiais).

A defesa por anticorpos

Quando uma bactéria ou um organismo estranho penetra no corpo, suas proteínas serão consideradas estranhas: são chamadas de **antígenos**. Inicia-se então a produção de proteínas, chamadas de **anticorpos**, que neutralizam os antígenos. Os anticorpos são específicos: para cada tipo de antígeno é produzido apenas um tipo de anticorpo.

Os glóbulos brancos encarregados de produzir anticorpos são os **linfócitos**. Os linfócitos são encontrados em grande número nos linfonodos. Veja figura 8.5, na página seguinte.

Quando há uma infecção no corpo, os linfonodos próximos ao local da infecção produzem mais linfócitos e aumentam de tamanho, formando pequenos caroços, as 'ínguas'. Esses caroços podem ser percebidos no pescoço, nas axilas ou na virilha, locais onde há grande acúmulo de linfonodos.

Agora, você pode compreender melhor como a vacinação (estudada ao longo do 7º ano) funciona.

A vacina contém microrganismos mortos ou atenuados, ou ainda partes desses microrganismos que podem ser reconhecidas pelo corpo como antígenos. Isso faz com que um grupo de linfócitos seja ativado, se multiplique e produza anticorpos que circulam no sangue e ajudam o organismo a se defender do agente estranho sem ficar doente.

Além disso, alguns linfócitos ativados pelo antígeno transformam-se em células de memória: se o antígeno invadir o corpo novamente, algumas dessas células transformam-se e, em poucas horas, passam a produz r anticorpos. É assim que o organismo se torna imune a doenças como sarampo, catapora, etc.

Os linfócitos fazem parte do chamado **sistema imunitário** ou **imune**. Esse sistema realiza um combate individualizado contra cada tipc de invasor.

Se um microrganismo invadir um organismo que ainda não tiver sido protegido contra ele, podemos usar outra defesa: o soro **terapêutico**, que é formado por anticorpos já prontos.

Por exemplo, se a bactéria que causa o tétano penetrar em uma ferida, tomamos o soro antitetânico, que contém anticorpos específicos contra essa bactéria. O soro pode ser usado também contra certas toxinas, como é o caso do soro antiofídico, aplicado em pessoas picadas por serpente peçonhenta.

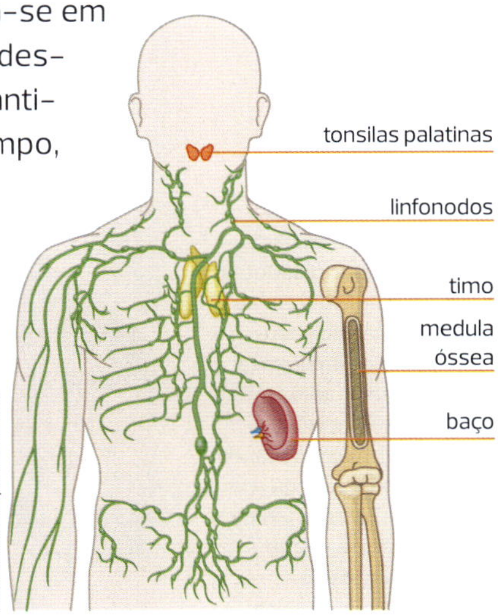

8.5 Locais de produção dos elementos do sangue. (Figura sem escala. Cores fantasia.)

A leucemia

O aumento do número de glóbulos brancos no sangue de uma pessoa costuma indicar que ela tem uma infecção. Mas pode indicar também leucemia, uma forma de câncer que ataca os leucócitos. Na leucemia não há apenas aumento no número de glóbulos brancos, a medula óssea ou os tecidos linfáticos passam a produzir, em grande número, leucócitos anormais, incapazes de defender o corpo.

Há vários tipos de leucemia, que podem ser causados por fatores genéticos, certos tipos de vírus, radiações ou substâncias químicas. O tratamento dessa doença pode incluir medicamentos (quimioterapia) ou radiações (radioterapia), que destroem as células cancerosas. Em alguns casos, é necessário um transplante de medula óssea: a medula doente é destruída e substituída pela medula óssea de um doador (figura 8.6). Com os recursos atuais da medicina, várias formas de leucemia podem ser totalmente curadas.

Simon Fraser/Department of Haematology, RVI, Newcastle, Reino Unido/SPL/Latinstock

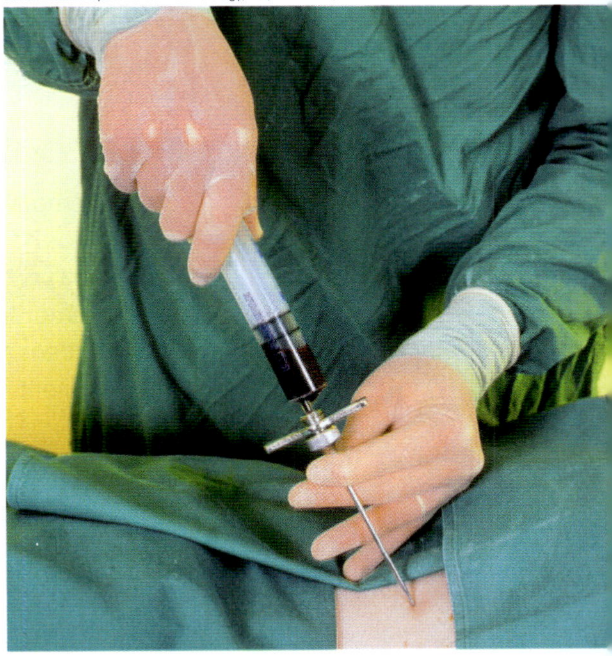

8.6 Doação de medula para transplante.

4 Plaquetas

Você já deve ter se machucado algumas vezes em sua vida. Provavelmente também percebeu que pequenos cortes na pele param de sangrar depois de certo tempo. Mas você sabe por que isso acontece?

É por causa da ação das plaquetas, também conhecidas como trombócitos (trombo = coágulo), pequenos fragmentos de células, produzidas na medula de alguns ossos. Elas aderem ao local do corte e lançam no sangue substâncias que desencadeiam uma série de transformações químicas que fazem o sangue coagular naquele local.

Há, em média, entre 150 mil e 400 mil plaquetas por milímetro cúbico de sangue.

O coágulo é formado por hemácias, leucócitos e plaquetas presos à rede de uma proteína, a fibrina. Ele funciona como uma "tampa": fecha o vaso sanguíneo que foi cortado e interrompe o sangramento. Observe a figura 8.7 e entenda melhor como isso ocorre.

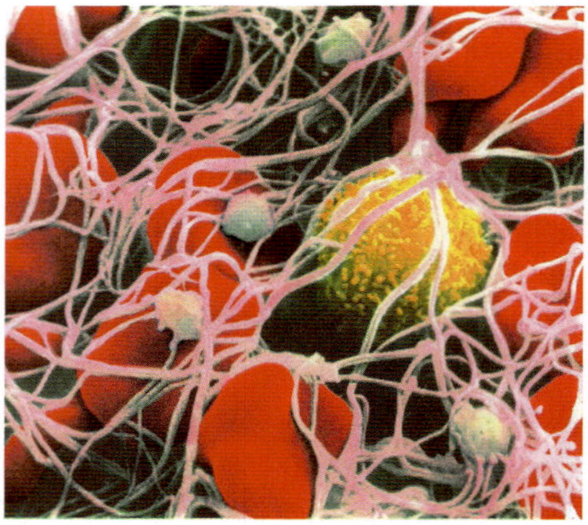

8.7 Na ilustração, à esquerda (sem escala; cores fantasia), plaquetas (em amarelo) aderem ao local da lesão no vaso sanguíneo e diminuem a perda de sangue. Na foto, à direita, hemácias (em vermelho), glóbulo branco (em amarelo) e plaquetas (em verde) presos à rede de fibrina formam um coágulo (vistos ao microscópio eletrônico; aumento de cerca de 4 mil vezes; cores artificiais).

Frrancis Leroy, Biocosmos/Science Photo Library/Latinstock

CNRI/Science Photo Library/Latinstock

Em certos casos, porém, como no rompimento de vasos sanguíneos maiores, pode ocorrer uma hemorragia: como não há coagulação, o sangue não para de escorrer. A perda excessiva de sangue pode ser fatal. Por isso, é necessário atendimento médico urgente.

A hemofilia

A hemofilia é uma doença hereditária provocada pela falta de um dos fatores necessários na coagulação do sangue. Um pequeno ferimento pode fazer o hemofílico (pessoa portadora de hemofilia) sangrar muito e até correr risco de vida.

O hemofílico precisa receber transfusões de sangue ou dos fatores deficientes, que impedem a coagulação. A pessoa com hemofilia deve fazer exames médicos periodicamente e utilizar apenas medicamentos recomendados pelo médico.

5 Os grupos sanguíneos

Qual é seu grupo sanguíneo?

Talvez você já saiba que essa informação é importante para a transfusão de sangue.

No início do século XVII, quando foram feitas as primeiras transfusões de sangue, muitos pacientes morreram em decorrência desse procedimento.

Só no início do século XX, após as pesquisas do médico austríaco Karl Landsteiner (1868-1943), descobriu-se que a transfusão era segura quando envolvia determinados tipos de sangue. Veja a figura 8.8.

American Philosophical Society/Science Photo Library/Latinstock

8.8 O médico austríaco Karl Landsteiner descobriu, em 1901, os três grupos sanguíneos: A, B e O, e, posteriormente, o grupo AB.

Os problemas nas transfusões acontecem quando a membrana das hemácias do doador possui substâncias diferentes das encontradas nas hemácias do receptor. Nesse caso, após a transfusão podem ocorrer as mesmas reações que acontecem quando um microrganismo que contém uma proteína estranha invade o organismo. Veja um exemplo: alguns indivíduos pertencem ao grupo ou tipo sanguíneo A, e isso significa que a membrana de suas hemácias possui determinada substância (por convenção indicada pela letra A); outros são do grupo B, ou seja, a membrana das hemácias possui a substância B.

No plasma de um indivíduo do grupo A encontram-se anticorpos contra a substância B, isto é, contra uma substância que é estranha ao organismo dele. Da mesma forma, no plasma de pessoas do grupo B, encontram-se anticorpos contra a substância A.

Imagine, então, que um indivíduo do grupo B receba hemácias de um indivíduo do grupo A. O que acontece?

Os anticorpos anti-A do receptor atacam as hemácias do sangue recebido (do tipo A). Esses anticorpos fazem as hemácias do grupo A se aglutinarem, isto é, se reunirem em grupos que podem entupir vasos sanguíneos e interromper a circulação em certos órgãos. Isso pode levar o receptor à morte. Observe os detalhes na figura 8.9.

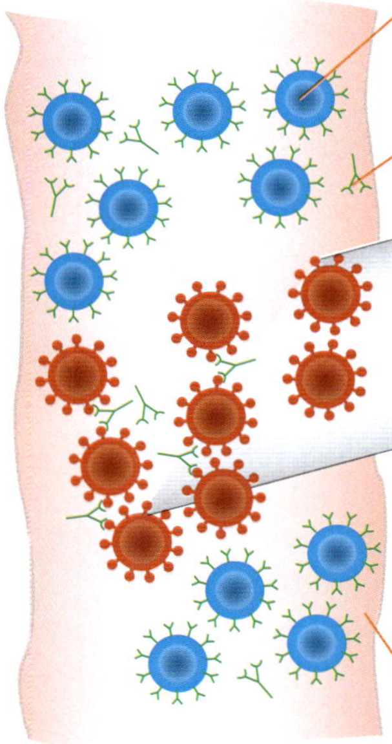

8.9 Se uma pessoa do grupo B recebe sangue de uma pessoa do grupo A, os anticorpos anti-A aglutinam as hemácias recebidas. (Figura sem escala. Cores fantasia.)

Do mesmo modo, quando uma pessoa do grupo A recebe sangue do grupo B, as hemácias doadas são aglutinadas pelos anticorpos anti-B.

Os antígenos A e B são também chamados de **aglutinogênios** A e B, já que sua transfusão pode gerar (*genos*, em grego é 'gerar') aglutinações nas hemácias. Da mesma forma, os anticorpos anti-A e anti-B são chamados de **aglutininas**, porque causam aglutinação.

A presença da substância A ou B é determinada geneticamente, portanto é hereditária. Assim, pessoas do grupo A possuem uma versão de determinado gene, a qual leva à produção de uma substância A nas hemácias, enquanto pessoas do grupo B possuem outra versão do mesmo gene, que leva à produção da substância B.

Existem também pessoas que têm as duas versões desse gene: elas possuem antígenos A e B nas hemácias. Pertencem, portanto, ao grupo AB.

Finalmente, outro grupo de pessoas não possui nenhuma das versões do gene e, portanto, não tem nenhum desses antígenos nas hemácias. Essas pessoas pertencem ao grupo O.

Pessoas do grupo AB não possuem anticorpos contra os antígenos A ou B, e pessoas do grupo O possuem anticorpos contra esses dois antígenos, mas como não possuem aglutinogênio, nas transfusões apenas de hemácias, podem ser doadores para os outros grupos. Por isso, pessoas do grupo O são chamadas de doadores universais de hemácias. De modo semelhante, pessoas do grupo AB, por não terem aglutininas, podem aceitar transfusões de hemácias vindas de qualquer tipo de sangue e, por isso, são chamadas de receptores universais de hemácias.

Mundo virtual

Fundação Pró-Sangue
<www.prosangue.sp.gov.br>
Site sobre doação de sangue, etapas da doação e hemocentros no Brasil.

Centro de Vacinação de Adultos
<www.cva.ufrj.br/informacao/vacinas>
Calendário de vacinas, vacinas indicadas em cada viagem e informações sobre doenças imunopreveníveis.

Instituto de Tecnologia em Imunológicos Bio-Manguinhos
<www.bio.fiocruz.br>
Site mantido pela Fundação Oswaldo Cruz, contém informações sobre diferentes doenças e a produção de imunobiológicos.

Acesso em: 1 abr. 2015.

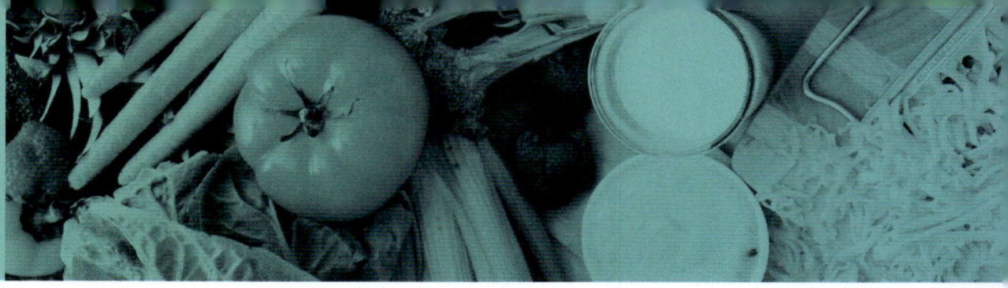

Atividades

Trabalhando as ideias do capítulo

1. Quais são as funções que o sangue desempenha em nosso organismo?

2. No caderno, indique apenas as afirmativas verdadeiras.
   a) A parte líquida do sangue é chamada plasma.
   b) A hemoglobina é responsável pela cor vermelha do sangue.
   c) As hemácias são produzidas no fígado e no baço.
   d) Os glóbulos vermelhos e brancos são destruídos na medula dos ossos.
   e) O número de hemácias aumenta na leucemia.
   f) Na hemofilia há dificuldade de coagulação do sangue.
   g) Alguns leucócitos produzem anticorpos.
   h) Os antígenos atacam microrganismos que invadem nosso corpo.
   i) O transporte de oxigênio é feito pela hemoglobina, que existe no interior dos leucócitos.
   j) Em geral, o número de leucócitos diminui nas infecções.
   k) Na anemia, o número de glóbulos vermelhos é aumentado.
   l) Pessoas com anemia podem se cansar mais do que o normal durante atividades físicas.
   m) Soros terapêuticos contêm anticorpos.
   n) Quando somos vacinados nosso corpo começa a produzir antígenos.
   o) Para estimular as defesas do corpo usam-se vacinas.

3. Como se chama a doença caracterizada pela diminuição da quantidade de hemoglobina ou do número de hemácias no sangue? Por que uma pessoa com essa doença pode se cansar facilmente, mesmo com a realização de um esforço físico que, em condições normais de saúde, não a cansaria? Quais são as possíveis causas dessa doença?

4. Você conheceu neste capítulo três elementos do sangue: hemácias, leucócitos e plaquetas. Agora, no caderno, escreva quais dos elementos citados possuem as características a seguir (um elemento pode ter mais de uma).
   a) Protege o corpo contra as bactérias.
   b) Atua na coagulação do sangue.
   c) Contém hemoglobina.
   d) Transporta o oxigênio.
   e) O número aumenta durante as infecções.
   f) O elemento em maior quantidade no sangue.
   g) Alguns tipos realizam fagocitose.
   h) Alguns tipos produzem anticorpos.
   i) Não têm núcleo e têm a forma de disco.

5. Para estimular o sistema de defesa do corpo e prevenir certas infecções usam-se vacinas ou soros terapêuticos?

6. Os soros terapêuticos contêm antígenos ou anticorpos? E as vacinas?

7. Quando somos vacinados, nosso corpo começa a produzir antígenos ou anticorpos?

8. Copie o quadro a seguir no caderno e substitua os números pelos antígenos e anticorpos que correspondem a cada grupo sanguíneo.

Grupo sanguíneo	Antígenos	Anticorpos
A	(1)	(2)
B	(3)	(4)
(5)	A e B	(6)
(7)	(8)	Anti-A e Anti-B

8.10

9. No caderno, explique o que vai acontecer se uma pessoa do grupo A doar sangue para uma pessoa do grupo B.

10. Onde as hemácias são produzidas? Onde são destruídas?

11. Qual o perigo que uma pessoa hemofílica corre? Por quê? O que pode ser feito para evitar esse problema?

12. Uma pessoa picada por serpente peçonhenta deve tomar soro ou vacina? Por quê?

Pense um pouco mais

1. Em regiões de altitudes elevadas, o ar é mais rarefeito e, consequentemente, menos oxigênio entra nos pulmões. No entanto, nosso organismo possui mecanismos que, até certo ponto e depois de algum tempo, compensam essa diminuição de oxigênio. Partindo dessa informação, responda às questões.
   a) Por que as pessoas que vivem em regiões de baixa altitude se sentem mais cansadas logo depois de chegar a regiões de altitude elevada?
   b) Depois de ter passado cerca de um mês em uma região de altitude elevada, uma pessoa não se sente mais tão cansada como quando chegou a esse lugar. Um exame mostrou que havia uma alteração no número de hemácias. Como você acha que a escassez de oxigênio do ar pode ter sido compensada no organismo dessa pessoa?

2. O vírus da Aids ataca um tipo de linfócito que "comanda" a ação dos outros linfócitos. Explique por que pessoas que são portadoras do vírus da Aids têm mais risco de morrer por causa de infecções provocadas por vários tipos de vírus e bactérias.

3. Uma pessoa procura uma médica queixando-se de dores de garganta. Além de conversar com a paciente, a médica executa o procedimento mostrado na foto abaixo.

Saturn Stills/Science Photo Library/Latinstock

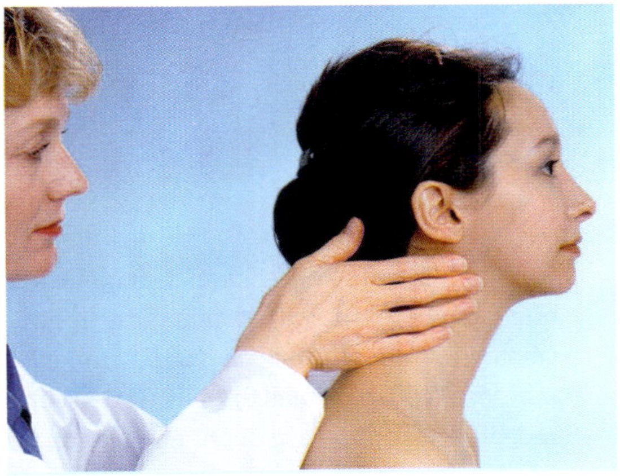

8.11 **Médica apalpando o pescoço de uma paciente.**

O que a médica deve estar tentando observar e em que esse procedimento poderá auxiliar no diagnóstico?

4. A ilustração abaixo corresponde a um tubo com sangue que foi centrifugado. As letras indicam partes do sangue. Identifique essas partes no caderno, sabendo que Y atua na defesa do corpo e Z na coagulação do sangue.

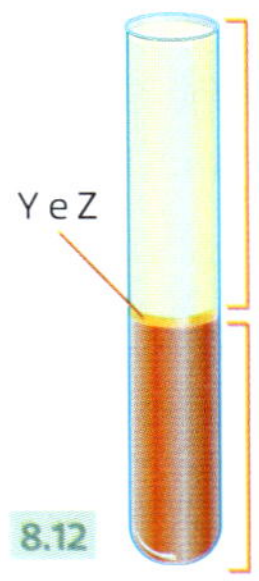

8.12

KLN Artes Gráficas/Arquivo da editora

5. As hemácias adultas não sofrem divisão celular. Explique, então, por que, apesar de hemácias velhas serem constantemente destruídas, o número de hemácias não diminui.

6. A tabela abaixo indica os valores normais dos elementos figurados em um exame de sangue.

Hemácias	4 500 000 a 5 700 000/mm³
Leucócitos	4 200 a 10 000/mm³
Plaquetas	150 000 a 450 000/mm³

8.13

Com base nessas informações, responda, no caderno, que pessoas da tabela abaixo podem estar com os seguintes problemas:
   a) anemia;
   b) infecção;
   c) sangramentos prolongados.

	Hemácias por mm³	Leucócitos por mm³	Plaquetas por mm³
Pessoa S	4 900 000	12 000	280 000
Pessoa Y	2 000 000	4 000	300 000
Pessoa Z	5 000 000	7 500	4

8.14

7. Existem pessoas que precisam ficar dentro de uma "bolha" de plástico, em ambiente esterilizado. Elas possuem uma doença que impede o funcionamento adequado de certas células. Que células são essas? Por que essas pessoas precisam ficar em ambientes esterilizados?

8. Cada milímetro cúbico de sangue contém, em média, 4 a 6 milhões de hemácias. Calcule então a fantástica quantidade de hemácias existentes em 5,6 L de sangue, que é a média do volume total de sangue num adulto.

9. A dengue é uma doença em que o número de plaquetas no sangue diminui. Por essa razão, em casos de suspeita dessa doença, medicamentos à base do ácido acetilsalicílico – substância que diminui a atividade das plaquetas – não devem ser tomados.

Sabendo disso, responda:

Em caso de dengue, que problema o uso desses medicamentos poderia provocar?

10. Por que se diz que a vacina é uma defesa ativa e o soro terapêutico, uma defesa passiva? (Dica: os termos "passivo" e "ativo" se referem ao organismo que recebe a vacina ou o soro.)

11. Suponha que você sofreu um corte na pele e que, por esse ferimento, penetraram bactérias. Certas células produzem no local do ferimento substâncias que dilatam os vasos sanguíneos, aumentando o fluxo de sangue para a área afetada e facilitando a saída dos leucócitos e de parte do plasma. Essas reações constituem o que chamamos inflamação. Então, responda:

a) O que os leucócitos farão no local da infecção?

b) Depois que o leucócito engloba as bactérias, elas são digeridas. Que organela da célula realiza essa função?

12. Se um pouco de sangue for colocado em um vidro, após algum tempo podemos ver ao fundo uma "pasta" escura. Acima dessa "pasta", forma-se um líquido amarelado, chamado soro. Explique do que essa "pasta" escura é composta e como ela se forma.

13. O teste para identificar o grupo sanguíneo de uma pessoa é feito por profissionais da saúde nos laboratórios ou nos hospitais. Duas gotas de uma amostra de sangue são postas em uma lâmina de vidro (usada em microscopia), uma em cada extremidade da lâmina. Veja a figura 8.15. A uma das gotas, adiciona-se soro com anticorpos anti-A e, à outra, soro com anti-B (o soro é a parte líquida do sangue, obtida após a coagulação). Mistura-se o soro com o sangue e observa-se se há aglutinação das hemácias.

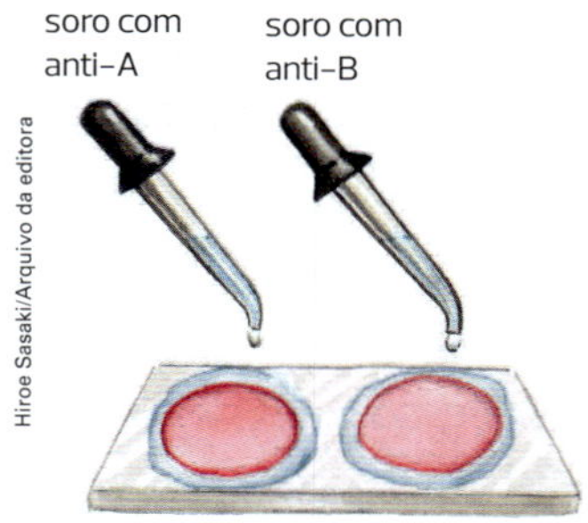

8.15

Então, em seu caderno escreva que tipo de grupo sanguíneo foi identificado em cada um dos resultados abaixo. Justifique sua resposta.

a) Ocorreu aglutinação com o soro anti-A, mas não com o soro anti-B.

b) Ocorreu aglutinação com o soro anti-B, mas não com o soro anti-A.

c) Ocorreu algutinação com o soro anti-A e com o soro anti-B.

d) Não ocorreu aglutinação com nenhum dos dois soros.

De olho no texto

Leia o texto abaixo e depois responda às questões.

Transplantes

O transplante consiste na substituição de um órgão (coração, fígado, pulmão, rim) ou tecido danificado (medula óssea, córneas) de uma pessoa doente por um órgão ou tecido normal de um doador, vivo ou morto. (A família precisa autorizar a retirada do órgão.)

Geralmente é necessário usar medicamentos que diminuem a atividade de alguns tipos de leucócitos, que podem destruir o órgão transplantado, por serem suas células diferentes das células do receptor. Esse processo é conhecido como rejeição. São necessários também exames para verificar se o órgão doado é compatível, isto é, se certas proteínas presentes nele são parecidas com as proteínas do receptor. O risco de rejeição diminui quando o órgão vem de um parente próximo.

No transplante de medula óssea, a medula de um paciente com anemia ou leucemia é substituída por uma medula sadia. Essa medula é retirada, com agulhas especiais, dos ossos do doador ou obtida em bancos de medula óssea. O transplante não causa nenhum tipo de problema para o doador: em poucas semanas, sua medula estará totalmente recuperada.

Quando uma pessoa com câncer vai se submeter a um tratamento intensivo de quimioterapia, que pode destruir as células da medula óssea, esta pode ser retirada antes e recolocada depois do tratamento.

a) Qual o tipo de leucócito envolvido na rejeição de um órgão transplantado?

b) Qual a vantagem de usar a medula da própria pessoa, em vez de realizar um transplante com outra medula?

Mexa-se!

1. Uma pessoa que contraiu sarampo dificilmente terá essa doença novamente. No entanto, a gripe pode atacá-la várias vezes. Sabendo disso: pesquise por que a imunidade contra a gripe não dura tanto quanto a do sarampo. (Pista: o motivo tem a ver com um assunto estudado no 7º ano: a evolução dos seres vivos.)

2. Pesquise: o que uma pessoa mordida ou ferida por um cão, gato ou outro mamífero doméstico ou silvestre deve fazer?

Atividade em grupo

Escolham um dos assuntos abaixo para pesquisar (em livros, internet, CD-ROMs, etc.).

1. Tragam para a classe o resultado impresso de um exame de sangue para ser analisado em grupo. Depois comparem essa análise com a de outros grupos. Tentem descobrir também:
   - O volume de hemácias está dentro dos limites considerados normais?
   - E o de leucócitos?
   - Que tipos de problema de saúde os exames de sangue podem apontar?

2. Pesquisem em hospitais ou bancos de sangue quais são os requisitos para que uma pessoa possa doar sangue. Procurem saber também quais são as leis que tratam da doação de órgãos, quais deles podem ser doados e quais os requisitos em cada tipo de doação.

   Com o auxílio dos professores de Ciências, de Língua Portuguesa e de Arte, elaborem uma campanha (com cartazes, folhetos, letras de música, etc.) para estimular a doação de sangue e de órgãos. O resultado do trabalho poderá ser apresentado para a comunidade escolar. Nesse caso, antes da apresentação, o conteúdo deve ser avaliado por um profissional da área de saúde, que também poderá ser convidado a participar da apresentação com uma palestra sobre o assunto.

Capítulo

9 O sistema urinário

Quando os rins de uma pessoa estão muito prejudicados e param de funcionar, pode ser necessário filtrar o sangue em um aparelho que funciona como um rim artificial. Essa filtração é chamada de hemodiálise. Em alguns casos, é preciso recorrer ao transplante renal. O rim a ser transplantado pode ser retirado de doadores vivos, já que é possível ter uma vida normal com apenas um rim.

9.1 Mulher idosa fazendo hemodiálise.

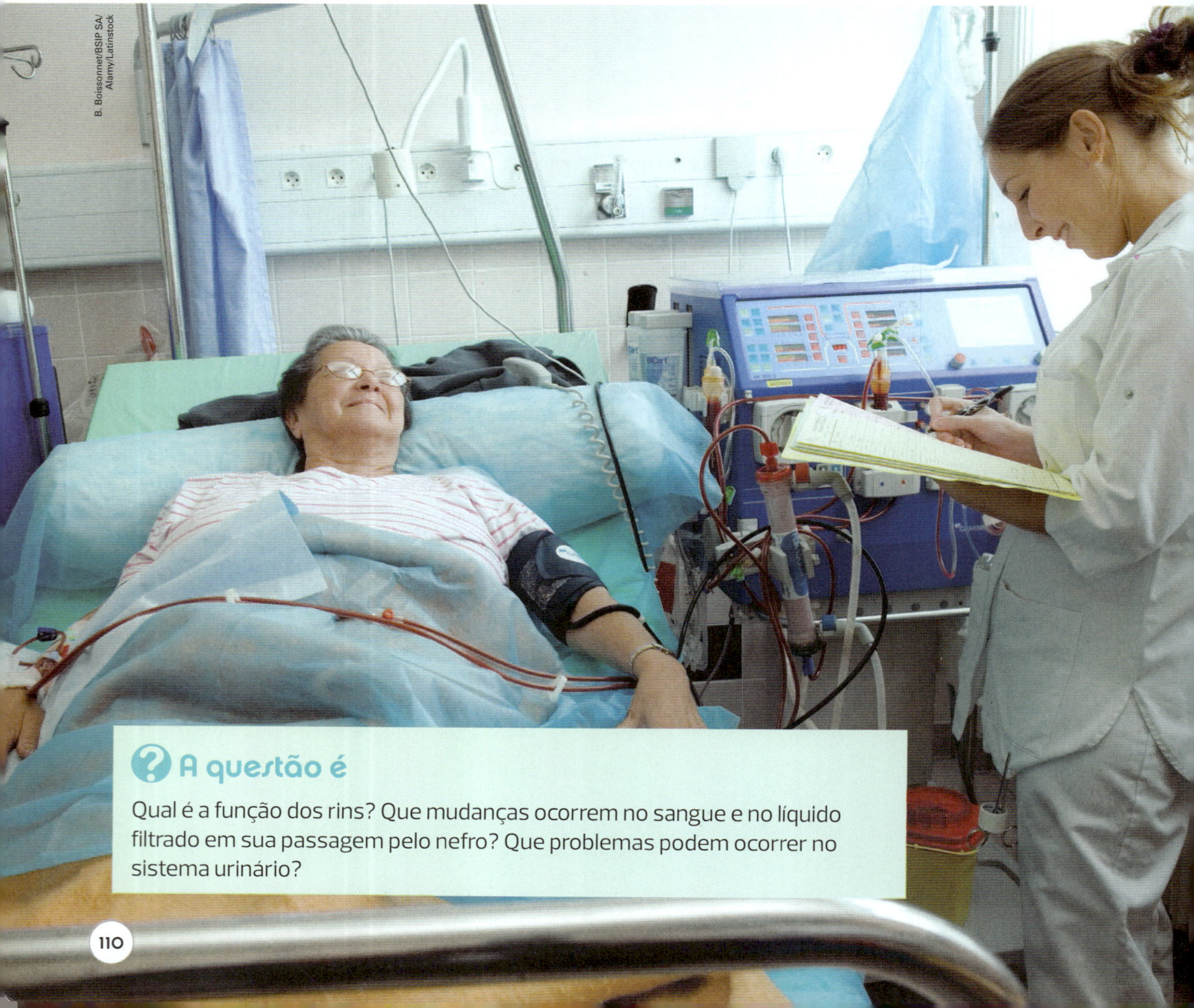

B. Boissonnet/BSIP SA/ Alamy/Latinstock

A questão é

Qual é a função dos rins? Que mudanças ocorrem no sangue e no líquido filtrado em sua passagem pelo nefro? Que problemas podem ocorrer no sistema urinário?

1 A função do sistema urinário

Quando você bebe muita água, produz mais urina, e o excesso de água é eliminado. O mesmo acontece com o excesso de sal que você consome e com certas substâncias a mais em seu organismo. Você os elimina pela urina.

Durante as atividades da célula, muitas substâncias são produzidas. Algumas delas, principalmente as tóxicas, são eliminadas do corpo, isto é, são excretadas.

Os aminoácidos, que formam as proteínas do corpo, podem ser usados como forma de energia ou transformados em outras substâncias. Nesse caso, é produzida no fígado uma substância tóxica, a ureia, que é eliminada, isto é, excretada pela urina. Isso ocorre também com outras substâncias que possuem nitrogênio em sua composição.

A excreção é fundamental para o bom funcionamento do corpo. Ela ajuda a manter constante a composição química do organismo ao eliminar substâncias tóxicas ou em excesso. O principal sistema encarregado desse trabalho é o **sistema urinário**.

Essa capacidade do organismo de manter suas condições mais ou menos constantes é chamada homeostase ou homeostasia. São palavras que vêm do grego *homoios*, que significa 'o mesmo', e *stasis*, 'parada'.

2 Os órgãos do sistema urinário

Os **rins** filtram o sangue e removem as toxinas ou substâncias que estão em excesso no organismo.

O sangue chega ao rim pela artéria renal e, depois de ser filtrado, sai pela veia renal.

A urina formada em cada rim é lançada em cavidades, os **cálices renais**, que se fundem em uma cavidade maior, a **pelve renal**. Da pelve renal a urina segue para os **ureteres**, que desembocam na **bexiga urinária**. A bexiga é um saco muscular que armazena temporariamente a urina. À medida que ocorre o acúmulo de urina, a bexiga aumenta. E, quando o volume atinge entre 200 e 300 mililitros, surge a vontade de urinar. Nesse momento, os músculos em forma de anel, localizados em torno da **uretra**, relaxam e a urina é eliminada do corpo pela micção, que é o ato de urinar.

9.2 **O sistema urinário e os vasos que o abastecem de sangue. (As medidas de um rim, em centímetros, são: 11 × 6 × 3, aproximadamente. Os elementos da ilustração não estão na mesma escala. Cores fantasia.)**

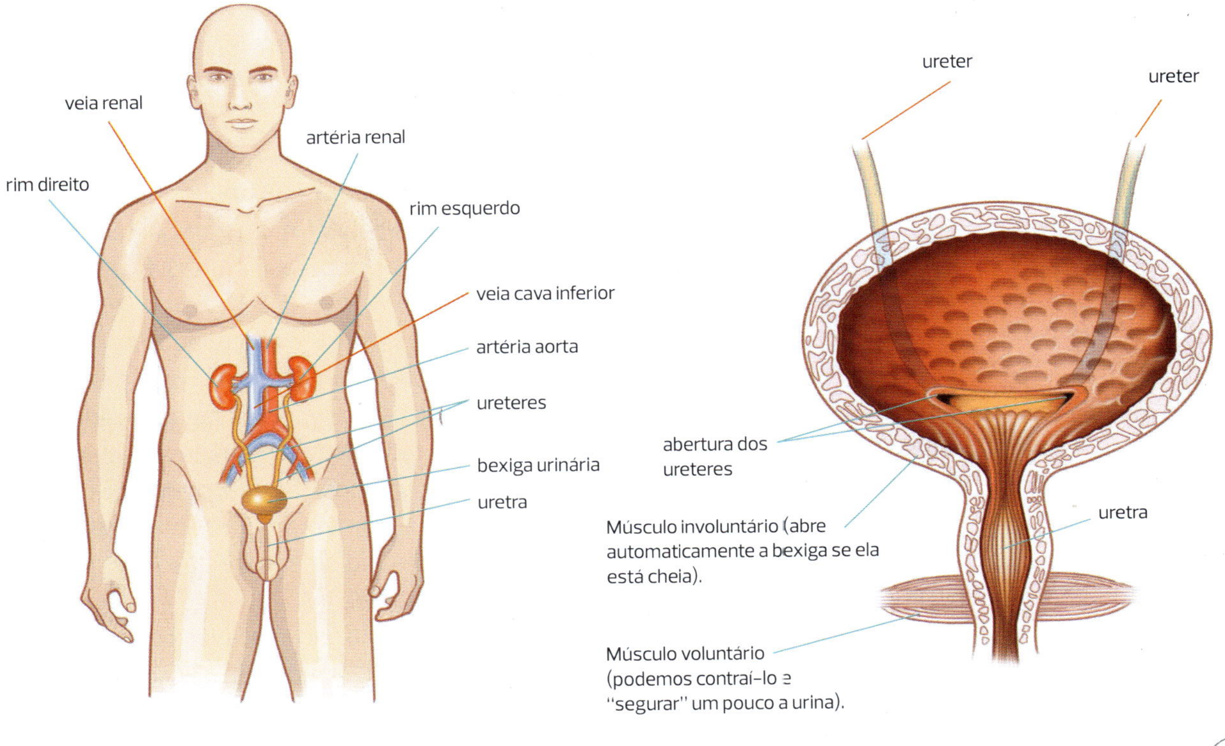

Christiane S. Messias/Arquivo da editora

3 O funcionamento do rim

Cada rim é formado por cerca de 1 milhão de tubos microscópicos chamados **nefros** (ou **néfrons**). É no nefro que o sangue é filtrado e se produz a urina. Veja a figura 9.3.

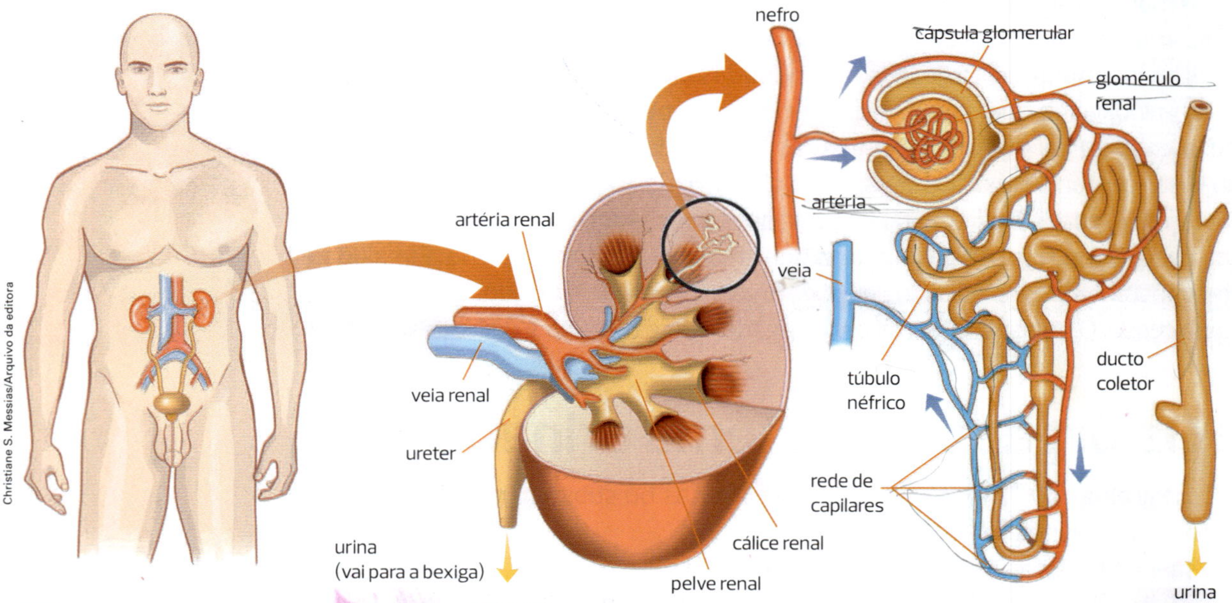

9.3 **Sistema urinário e rim esquerdo em corte. À direita, nefro (microscópico), que filtra o sangue e produz a urina. (Figura sem escala. Cores fantasia.)**

O nefro é formado por um tubo com uma extremidade dilatada em forma de taça, a **cápsula glomerular** (anteriormente, cápsula de Bowman). A cápsula envolve uma rede de capilares, o **glomérulo renal**.

O trabalho do nefro pode ser dividido em duas etapas principais. Na primeira, diversas substâncias saem do sangue que está no glomérulo e caem na cápsula. Entre essas substâncias estão a água, os sais minerais, a glicose, os aminoácidos, algumas vitaminas e a ureia. Essa etapa é chamada de **filtração**. As proteínas e os glóbulos do sangue, por serem grandes demais, não saem do glomérulo.

O líquido que foi filtrado do sangue passa por um tubo chamado **túbulo néfrico**. Ao longo desse tubo, ocorre a segunda etapa do funcionamento do nefro: a **reabsorção**. As substâncias úteis, como a glicose, os aminoácidos e as vitaminas, são reabsorvidas, isto é, voltam para o sangue. Nessa etapa, a maior parte da água e dos sais minerais também é reabsorvida. A ureia, porém, não é reabsorvida.

Quando bebemos muito líquido, os rins reabsorvem uma proporção menor de água em relação aos sais minerais, e passamos a urinar mais. Se bebermos pouco líquido, vai ocorrer o contrário.

A reabsorção de água e de sais minerais pelos rins é controlada por hormônios. Um desses hormônios é o hormônio antidiurético, lançado no sangue pela glândula hipófise. Quando, por exemplo, suamos muito e não repomos logo a quantidade de água perdida, esse hormônio entra em ação, facilitando a reabsorção da água. Com isso, perdemos menos água pela urina, o que compensa a perda pelo suor.

O álcool das bebidas alcoólicas também é diurético e inibe o hormônio antidiurético. Com isso, a reabsorção de água diminui e o volume da urina aumenta.

Algumas bebidas têm ação diurética, isto é, aumentam o volume de água eliminado na urina (a eliminação de urina é chamada de diurese). É o caso da cafeína, que se encontra no café, no chá e em alguns refrigerantes.

Os medicamentos que possuem efeito diurético são indicados pelos médicos (e, é claro, só devem ser tomados com indicação médica) para pessoas com retenção de água causada por problemas cardiovasculares e renais, entre outros.

4 Problemas no sistema urinário

Os cálculos renais, conhecidos popularmente como "pedras nos rins", são pequenos grãos, formados, em sua maioria, por sais de cálcio, que se alojam nos rins ou em outras partes do sistema urinário e causam dores muito fortes: as cólicas renais. Veja a figura 9.4.

Eles se formam quando há aumento na concentração de certos sais na urina provocado por alguma doença. Algumas pessoas têm maior tendência para a formação de cálculos.

Cálculos pequenos podem sair naturalmente com a urina. Os maiores, porém, têm de ser removidos por meio de cirurgias ou quebrados com ondas de choque (litotripsia) para que possam ser eliminados pelo organismo.

O sistema urinário também pode ser atacado por germes, que provocam **nefrite** (infecção nos rins), **uretrite** (na uretra) ou **cistite** (na bexiga).

Se as funções renais estiverem muito prejudicadas, pode ser necessário recorrer à **hemodiálise**. O sangue do paciente circula por um rim artificial, no qual há tubos com membranas mergulhados em um líquido que contém glicose, sais minerais e outras substâncias que, geralmente, estão presentes no sangue (reveja a figura 9.1, página 113). As membranas deixam passar as excretas do sangue e impedem a saída dos glóbulos e das proteínas. Como o líquido possui (na mesma concentração que o sangue) glicose, sais e outras substâncias necessárias ao organismo, apenas a ureia, o excesso de sais e outros produtos com concentrações anormais saem do sangue. Esse processo precisa ser feito, em média, três vezes por semana para manter o paciente saudável. Em alguns casos, é necessário o transplante de rim.

Cistite vem do grego *cysto*, que significa 'bexiga', e *ite*, 'inflamação'.

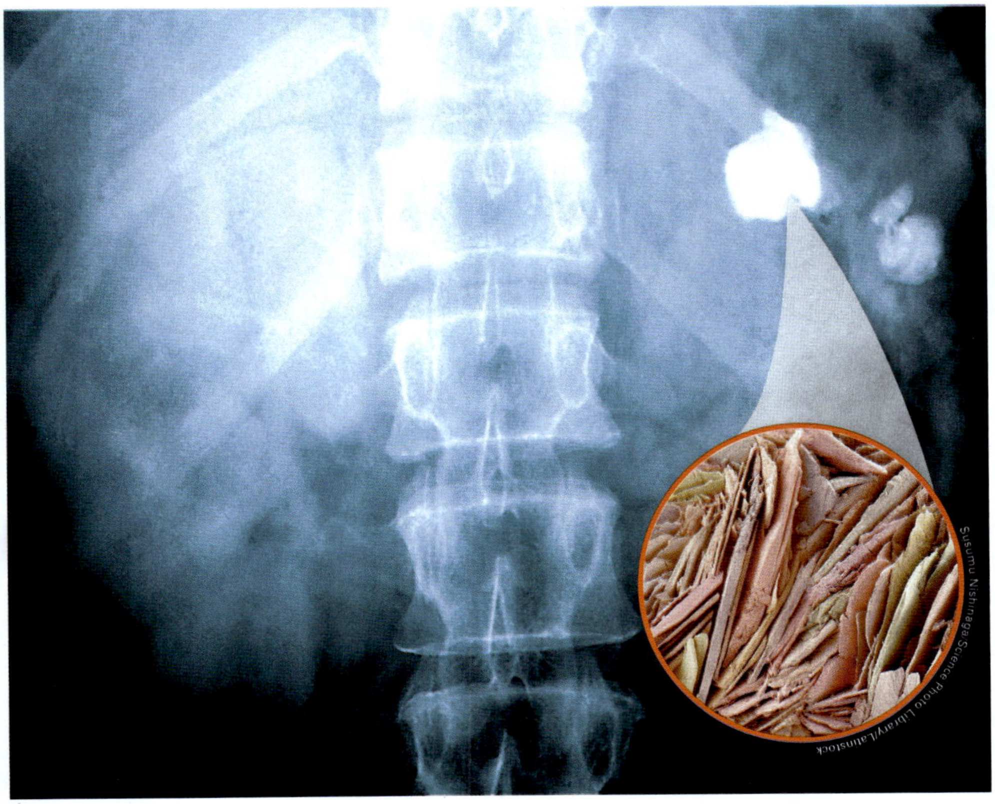

Zephyr/Science Photo Library/Latinstock

Susumu Nishinaga/Science Photo Library/Latinstock

9.4 Imagem de raio X de tórax mostrando cálculo renal (mancha branca à direita). No detalhe, imagem da superfície de um cálculo renal obtida por microscopia eletrônica (colorizada por computador).

Atenção!

As informações deste capítulo têm o objetivo de ajudar as pessoas a conhecer melhor algumas doenças ligadas ao sistema urinário, mas não substituem a consulta ao médico. Também não podem ser usadas para diagnóstico, tratamento ou prevenção de doenças.

Transplante de rins

O transplante de órgãos é uma conquista importante da Medicina e salva milhares de vidas por ano (figura 9.5).

O rim foi o primeiro órgão vital a ser transplantado com sucesso em pessoas, e o primeiro transplante feito no Brasil também foi desse órgão, em 1965. O Brasil possui o maior programa público de transplantes do mundo e é o segundo com maior número de transplantes, atrás apenas dos Estados Unidos.

O rim a ser transplantado pode ser retirado de doadores vivos, já que é possível ter uma vida normal com apenas um rim.

Antes de um transplante, devem ser feitos testes para determinar o grau de compatibilidade entre o doador e o receptor, pois o principal problema nesse tipo de cirurgia é a rejeição do órgão pelo sistema imunitário. Não ocorre rejeição quando o doador e o receptor são gêmeos univitelinos, pois suas proteínas são iguais. A segunda opção de doador são os parentes próximos. Além disso, hoje há vários medicamentos que diminuem o risco de rejeição.

9.5 Para realizar um transplante (retratado à esquerda), o rim removido precisa ser acondicionado em recipiente esterilizado e conservado à baixa temperatura (imagem à direita).

Antonia Reeve/Science Photo Library

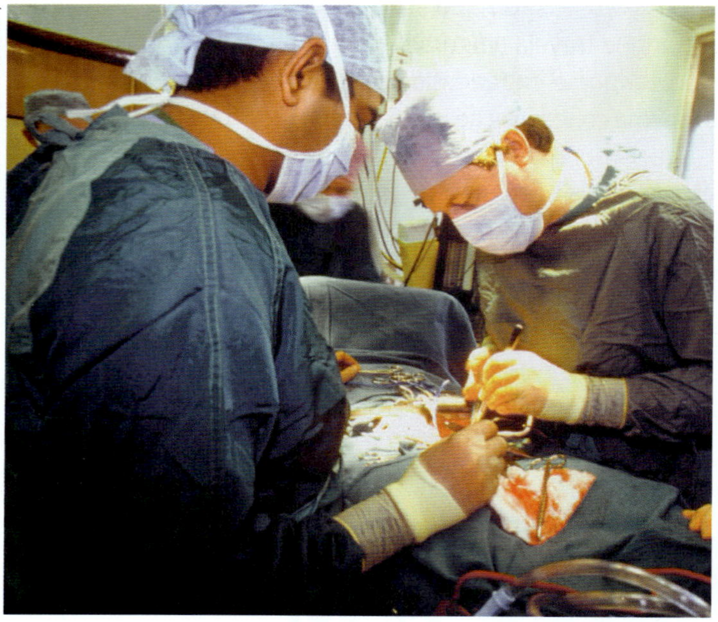

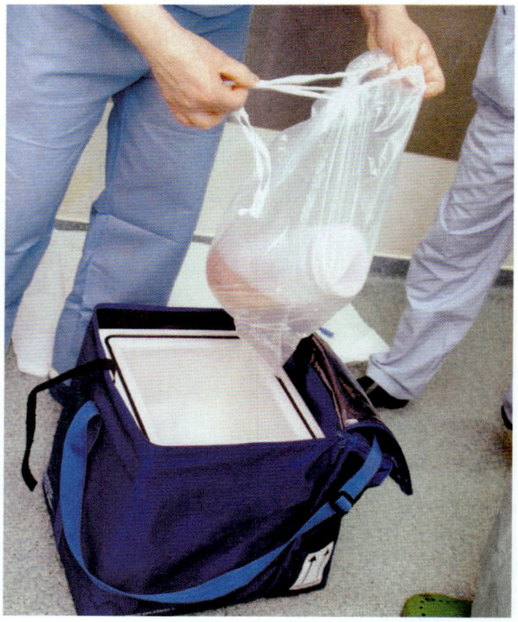

Aj Photo/Science Photo Library

Mundo virtual

Grupo Institucional do Rim do Paraná
<www/rim-online.com.br/os-rins>
Contém informações sobre os rins, as doenças renais, como preveni-las e tratá-las, além de vídeos educacionais e notícias.

Os filtros do corpo: o papel purificador dos rins
<http://galileu.globo.com/edic/91/saude2htm>
Reportagem sobre o funcionamento e as funções dos rins e também sobre alguns distúrbios do aparelho urinário.

Sociedade Brasileira de Nefrologia
<www.sbn.org.br>
Apresenta notícias, vídeos educacionais e dúvidas frequentes sobre os rins.

Acesso em: 5 abr. 2015.

Reprodução/<www/rim-online.com.br/os-rins>

Atividades

Trabalhando as ideias do capítulo

1. No caderno, indique as afirmativas corretas.
   a) O sistema urinário elimina do corpo produtos tóxicos ou em excesso.
   b) O sistema urinário colabora na manutenção do equilíbrio interno do corpo, isto é, na homeostase.
   c) A filtração é a passagem de certas substâncias do sangue para a cápsula glomerular.
   d) Na filtração, a água, os sais, a ureia, as proteínas e as hemácias passam do glomérulo renal para a cápsula glomerular.
   e) No néfron, a glicose e a ureia são totalmente reabsorvidas para o sangue.
   f) A ureia e as substâncias em excesso são eliminadas pela urina.
   g) O hormônio antidiurético é secretado pelo rim.
   h) Na hemodiálise, o sangue é filtrado artificialmente, retirando-se, entre outras coisas, a ureia.

2. Você aprendeu que o hormônio antidiurético controla a reabsorção de água pelo rim. Responda:
   a) Qual é o efeito desse hormônio no néfron?
   b) A deficiência desse hormônio faz com que a pessoa produza muita ou pouca urina? E o excesso?
   c) Você aprendeu também que o álcool atua sobre a produção desse hormônio. Então, bebidas com álcool aumentam ou diminuem a produção de urina? Por que isso acontece?

3. No caderno, ordene as partes do sistema urinário começando por onde a urina é formada até chegar ao ponto em que ela é eliminada: uretra, bexiga, rim e ureter.

4. Quando bebemos mais água, a reabsorção aumenta ou diminui? Em que sentido isso colabora para o equilíbrio do corpo?

5. Que procedimentos podem salvar a vida de uma pessoa se os rins dela pararem de funcionar?

6. Entre os problemas do sistema urinário estão a nefrite, a cistite, a uretrite e os cálculos renais. No caderno, relacione esses problemas com as descrições a seguir:
   a) infecção na bexiga urinária;
   b) infecção nos rins;
   c) infecção na uretra;
   d) pedras nos rins.

7. Observe o esquema na figura 9.6. Depois, seguindo a numeração da imagem, responda às questões no caderno.
   a) Em que parte do organismo o sangue é filtrado?
   b) Onde a urina é armazenada antes de ser eliminada do corpo?
   c) Qual é a estrutura do corpo que conduz a urina para o meio externo?
   d) Qual e a estrutura que conduz a urina até o órgão armazenador?

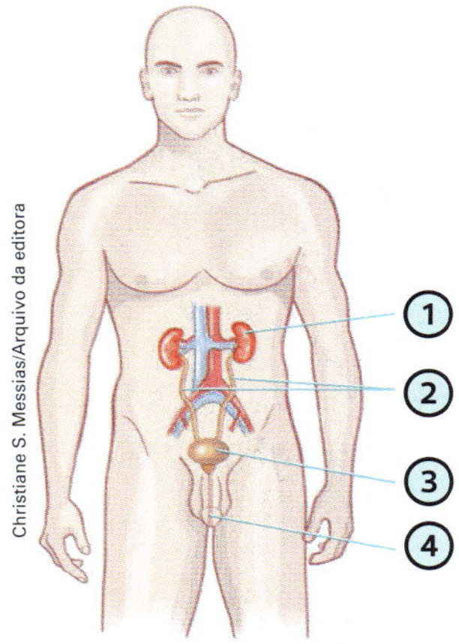

9.6 Figura sem escala. Cores fantasia.

8. Explique por que a excreção é importante para a manutenção da saúde do organismo.

9. Na figura 9.7 abaixo, identifique o que cada número indica.

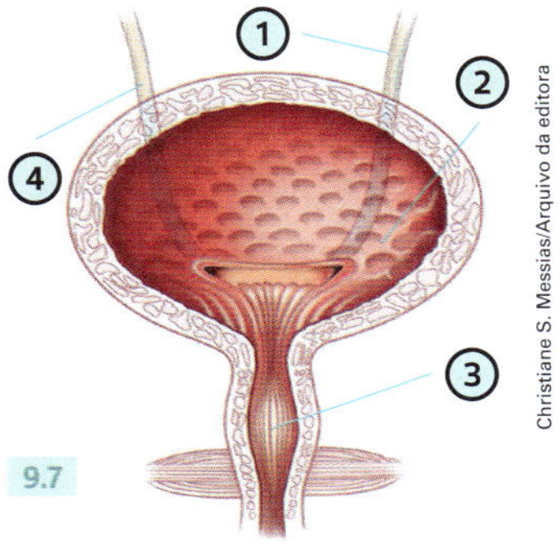

9.7

Pense um pouco mais

1. Você já sabe qual é o efeito do álcool sobre a produção de hormônio antidiurético. Agora, explique por que não se deve beber álcool depois de fazer uma atividade física aeróbica, principalmente em dias quentes.

2. No inverno, a urina costuma ser mais clara do que no verão. Além disso, no inverno o volume de urina também costuma ser maior. Procure dar uma explicação para ambos os fatos.

3. Diz-se que o fumo pode causar câncer em diversos órgãos, inclusive na bexiga e nos rins. Pense: como as substâncias químicas do cigarro, cuja fumaça é inalada pelo sistema respiratório, podem chegar até o sistema urinário?

4. Explique por que a taxa de concentração de glicose diminui no líquido filtrado à medida que percorre o túbulo néfrico.

5. Pelos rins passa cerca de 1 L de água por minuto. No fim de um dia, são filtrados cerca de 180 L de água, que passam do sangue para a cápsula. Mas nós só urinamos cerca de 1,2 L a 1,8 L por dia. O que acontece com o restante da água? Calcule também quantos litros de sangue são filtrados, em média, em um ano.

6. O médico explicou ao paciente que o nome do problema que ele apresenta é glomerulonefrite, causado por bactérias. O que é glomerulonefrite?

7. Em que situação uma pessoa teria tendência para eliminar mais ureia na urina: quando ela come muito carboidrato ou muita proteína? Explique.

8. A imagem a seguir mostra o interior do rim, visto ao microscópio eletrônico. Uma resina foi injetada nos vasos sanguíneos, de modo que só esses vasos aparecessem na imagem (os outros tecidos foram removidos), na qual se observam várias "bolas" formadas por um emaranhado de capilares sanguíneos. O que você acha que são essas "bolas"?

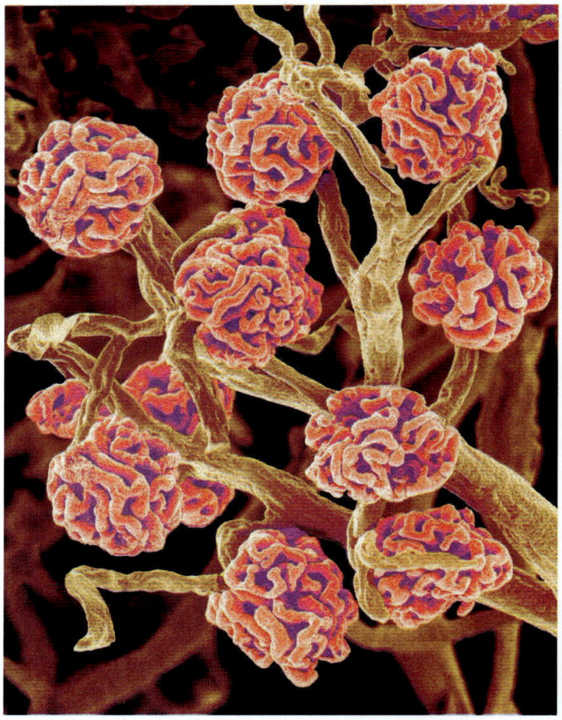

Susumu Nishinaga/Science Photo Library/Latinstock

9.8 Imagem ampliada cerca de 80 vezes. (Cores fantasia.)

9. Quais as semelhanças e as diferenças entre as etapas que ocorrem no nefro e o funcionamento de um filtro doméstico?

10. Observe o gráfico abaixo.

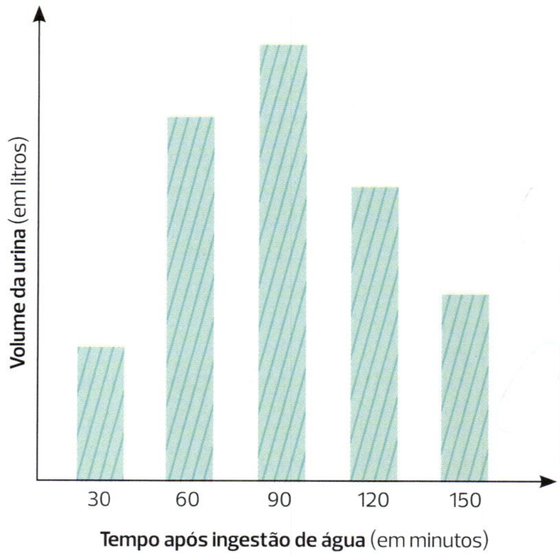

Banco de imagens/Arquivo da editora

9.9

O que acontece com o volume de urina até cerca de uma hora e meia após a ingestão de dois copos de água? Por que isso ocorre e qual é a importância desse fato?

Ponto de chegada

- Você aprendeu quais são os grupos de nutrientes que se encontram nos alimentos: os glicídios e os lipídios (que, entre outras funções, fornecem energia ao corpo); as proteínas (que formam a estrutura de diversas partes do corpo); as vitaminas (alimentos reguladores); e a água e os sais minerais, com diversas funções no organismo.

- Conheceu também as funções dos diversos órgãos do sistema digestório e alguns problemas, como o perigo da desidratação, que podem ocorrer nesse sistema, e sabe que é preciso valorizar os hábitos de higiene, como a escovação dos dentes.

- E, o que é muito importante, aprendeu a ler os rótulos de alimentos, a identificar a presença de amido com experimentos simples e a reconhecer a importância de uma alimentação equilibrada para a saúde do corpo. Como você sabe, isso significa, entre outras coisas, ter uma alimentação variada, que evite excesso de glicídios e lipídios (que, entre outras funções, fornecem energia ao organismo), precavendo-se assim contra a obesidade e os problemas cardiovasculares; ingerir uma quantidade adequada de fibras; consumir vitaminas e sais minerais na forma de alimentos, e não na forma de medicamentos (exceto sob indicação médica); além de ingerir uma quantidade adequada de água. Finalmente, aprendeu também a elaborar cardápios, a pesquisar as técnicas de conservação de alimentos e os problemas da desnutrição no Brasil, além de elaborar campanhas para estimular as pessoas a ter uma alimentação equilibrada.

- Conheceu a anatomia e a função do sistema respiratório, que absorve o gás oxigênio do ambiente, passando-o para o sangue no nível dos alvéolos e eliminando o gás carbônico produzido no corpo. Mais importante ainda: você se conscientizou dos problemas causados pelo fumo (bronquite, enfisema, câncer de pulmão), inclusive por meio da interpretação de gráficos, passando, então, a valorizar o ato de não fumar. E aprendeu a construir um modelo simples de sistema respiratório.

- Agora você sabe que o fumo não ataca apenas o sistema respiratório, mas também o sistema circulatório (ou cardiovascular). Aprendeu qual é o papel do coração e das artérias, veias e capilares na circulação sistêmica e pulmonar e quais são os problemas que afetam a circulação (aterosclerose, hipertensão, etc.). Sabe um pouco mais a respeito da função do sangue e da linfa, reconhecendo a importância dos grupos sanguíneos para as transfusões de sangue, e realizou pesquisas sobre a doação de sangue e de órgãos, além de aprender a promover campanhas para estimular essas atitudes.

- Por último, conheceu a anatomia e a função do sistema urinário e os possíveis problemas que podem ocorrer nesse sistema.

Suryara Bernardi/Arquivo da editora

Unidade 3

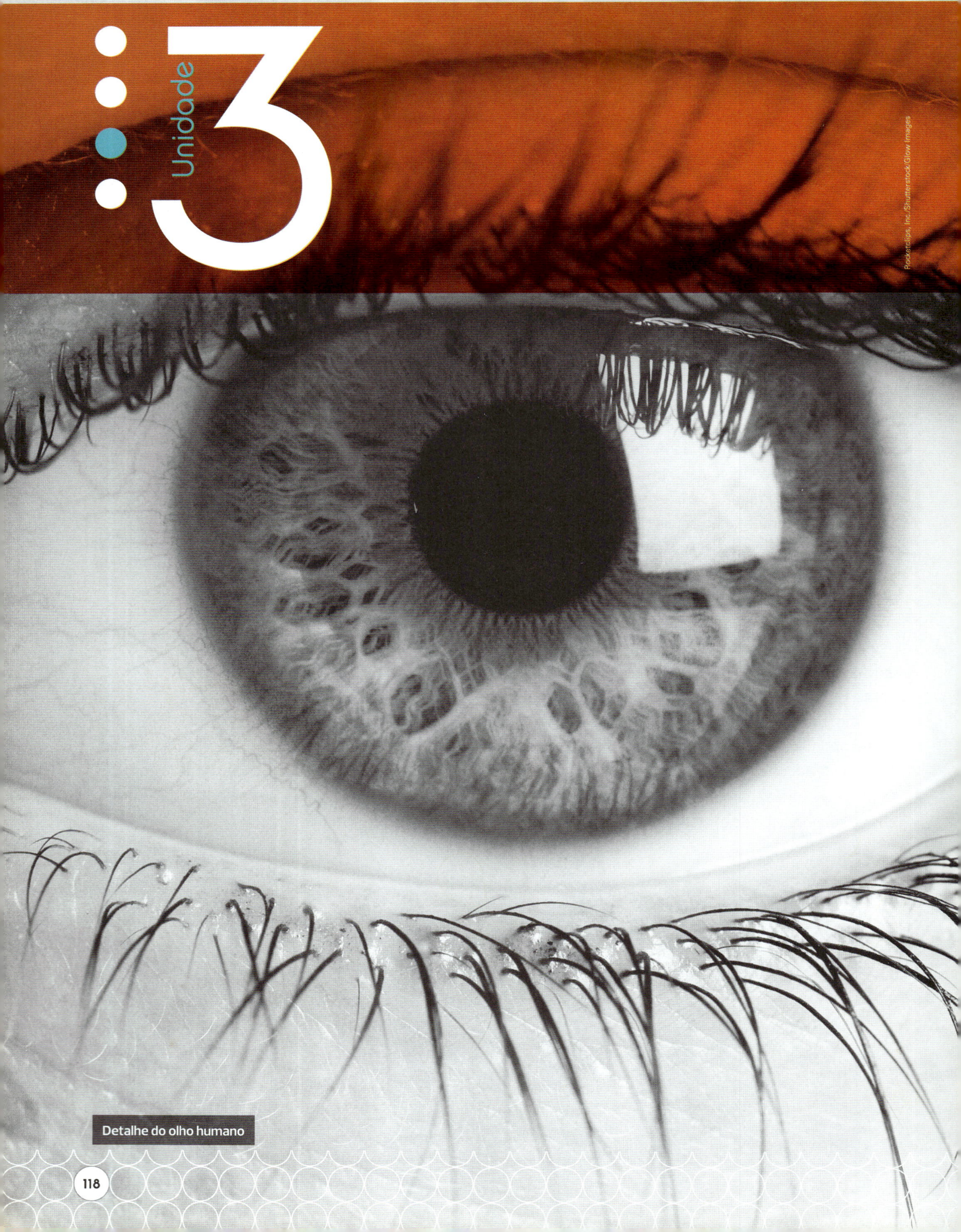
PocketClips, Inc./Shutterstock/Glow Images

Detalhe do olho humano

A relação com o ambiente e a coordenação do corpo

Quando você ouve uma conversa ou vê um colega, impulsos nervosos são conduzidos dos órgãos dos sentidos para o sistema nervoso. Já quando você vai ao encontro desse colega ou movimenta o braço acenando para ele, o sistema nervoso envia mensagens para que os músculos que movimentam os ossos se contraiam.

Você vai estudar agora como nos relacionamos com o ambiente e como o sistema nervoso e as glândulas do sistema endócrino participam desse processo.

Ponto de partida

1. Que funções a pele exerce em nosso corpo e que hábitos de higiene devemos ter para evitar problemas no organismo?
2. Como músculos e ossos atuam em conjunto para exercer suas funções?
3. Que funções os órgãos dos sentidos e os sistemas nervoso e endócrino exercem no organismo?
4. Que problemas podem surgir nesses sistemas e como podemos nos prevenir deles?

Capítulo

10 A pele

O Sol estimula a produção de vitamina D na pele, nutriente importante para a formação dos ossos, principalmente em crianças. No entanto, dependendo do tempo de exposição, os raios ultravioleta do Sol podem provocar queimaduras e aumentar a chance de desenvolver câncer no tecido epitelial. Por isso, deve-se evitar a exposição excessiva ao sol e usar filtros solares, que absorvem parte desses raios. Esse é mais um exemplo de que, ao estudar Ciências, você aprende a cuidar melhor de sua saúde.

10.1 Estudando Ciências, você aprende a cuidar melhor da saúde: fica sabendo, por exemplo, que não se deve ficar exposto demais ao sol e descobre a importância de usar o filtro solar.

YanLev/Shutterstock

A questão é

Você conhece as funções da pele? E sabe dos cuidados que deve ter com ela?

CONTEÚDO DIGITAL

1 Proteção do corpo

A pele tem entre 1,5 metro e 2 metros quadrados de área e pesa entre 2,5 quilogramas e 4,5 quilogramas. Como você viu no Capítulo 2, ela é formada por duas camadas: a epiderme, recoberta por **queratina** na superfície, e a derme, que, juntas, possuem entre 0,5 milímetro e 4 milímetros de espessura. Veja essas camadas na figura 10.2.

Queratina é uma proteína que se encontra em algumas partes do corpo, como as unhas e os cabelos. Na sola dos pés e na palma das mãos podem se formar camadas extras de queratina.

Com os seus acessórios, pelos, unhas, glândulas sebáceas e sudoríferas (ou sudoríparas) e os receptores que detectam estímulos (temperatura, pressão, dor, etc.), a pele forma o sistema tegumentar (tegumento significa 'cobertura').

Além de proteger o corpo contra os agentes físicos, químicos (sol, perda de água por evaporação, produtos químicos) e biológicos (parasitas), a pele ajuda a regular a temperatura do corpo e recebe estímulos do ambiente por meio dos órgãos dos sentidos.

Você já deve ter observado que em algumas partes do corpo, como a sola do pé, a pele é mais grossa. E sabe por que isso acontece? Nesses locais há muito atrito, e isso faz com que a camada de queratina aumente e fique bastante grossa, intensificando a proteção.

E pode se tornar ainda mais grossa, e até formar calos, com o roçar constante da pele nos sapatos, por exemplo.

A cada dia, milhões de células mortas, cheias de queratina, se desprendem da epiderme — perdemos cerca de 15 gramas de células epiteliais por dia! Mas as células vivas das camadas mais profundas da epiderme estão se dividindo constantemente e substituindo as que foram perdidas. Por isso, a pele está sempre se renovando.

Nessas camadas mais profundas encontram-se também células que fabricam a melanina (os **melanócitos**), uma substância escura que protege a pele contra os raios ultravioleta do sol e que dá cor à pele. Quanto mais melanina uma pessoa tiver, mais escura será a pele dela e maior a proteção contra os raios ultravioleta. A exposição ao sol aumenta a produção de melanina na pele.

10.2 Camadas da pele vistas ao microscópio óptico (aumento de cerca de 150 vezes; com o uso de corantes).

queratina
epiderme
derme

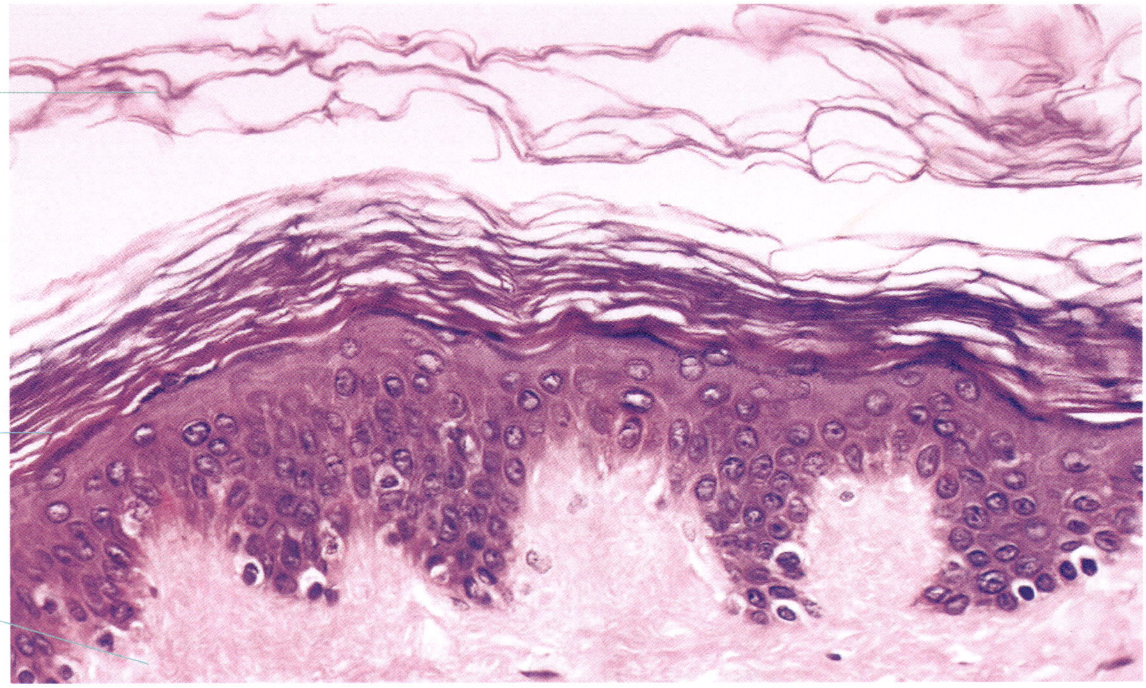

Richard J. Green/Science Photo Library/Latinstock

2 Pelos, glândulas e suor

O pelo tem origem em células situadas na parte mais profunda da pele, as células da derme. A parte externa é formada por células mortas cheias de queratina. Periodicamente, um pelo cai e é substituído por um novo.

Tanto a cor dos pelos como a cor da pele são determinadas pela quantidade de melanina.

À medida que envelhecemos, a produção de melanina diminui e, quando isso ocorre, podemos, por exemplo, passar a ter cabelos brancos — a cor da queratina.

As unhas são formadas por queratina bastante compactada. Elas protegem a ponta dos dedos e nos ajudam a segurar os objetos.

O pelo e toda a epiderme são lubrificados por uma substância oleosa (sebo) produzida pelas glândulas sebáceas. Essa substância protege a pele contra a desidratação, evita o ressecamento do pelo e inibe a proliferação de muitas bactérias.

O suor e o equilíbrio da temperatura

As glândulas sudoríferas (sudoríparas) produzem o suor, que é formado por água, sais, ureia e outras substâncias. Embora elimine um pouco de ureia, a principal função do suor é impedir que a temperatura do corpo aumente muito. Veja como isso ocorre.

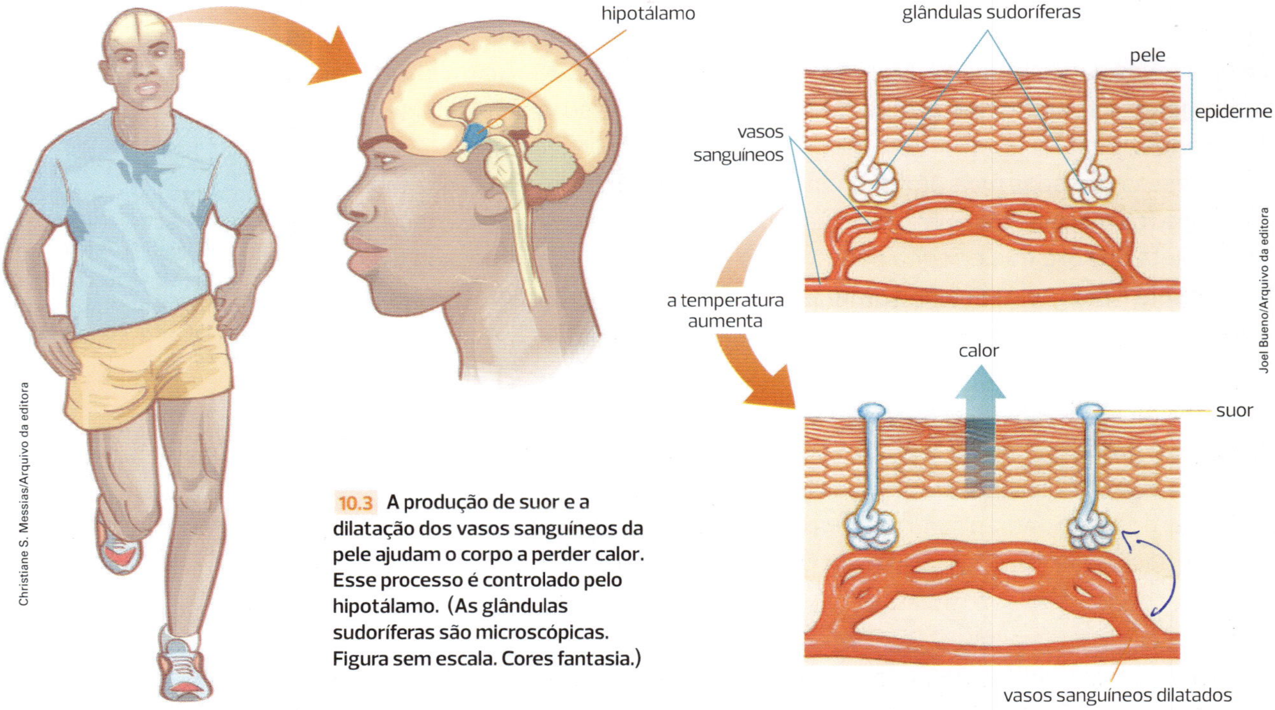

10.3 A produção de suor e a dilatação dos vasos sanguíneos da pele ajudam o corpo a perder calor. Esse processo é controlado pelo hipotálamo. (As glândulas sudoríferas são microscópicas. Figura sem escala. Cores fantasia.)

Em dias muito quentes ou quando fazemos exercícios físicos, a temperatura do corpo tende a aumentar. As glândulas sudoríferas começam então a eliminar mais suor. Ao evaporar, o suor retira calor da pele e assim baixa a temperatura. Ao mesmo tempo, os vasos sanguíneos da pele se dilatam e levam mais sangue para a pele. Com o sangue perto da superfície do corpo, fica mais fácil eliminar o calor do sangue no ambiente. Todas essas reações são comandadas pelo **hipotálamo**, um centro nervoso no encéfalo. A figura 10.3, mostra como isso acontece.

Quando sentimos frio, a produção de suor diminui e os vasos sanguíneos da pele se contraem. Essas reações reduzem a perda de calor que ocorre através da pele.

O suor pode ser produzido também quando ficamos muito emocionados ou quando estamos tensos. Nesses casos, ele costuma se concentrar mais nas palmas das mãos, nas solas dos pés e nas axilas.

3 Problemas na pele

Microrganismos e outros parasitas podem se instalar na pele e provocar doenças. Uma delas, a **micose**, é causada por fungos, que podem se instalar entre os dedos dos pés (frieiras), no cabelo ou em outras partes da pele. O tratamento deve ser feito por um médico dermatologista (médico especialista em tratar os problemas da pele).

As micoses costumam aparecer com mais frequência no verão por causa do suor, da temperatura elevada, da umidade do ar e do contato dos pés com o chão molhado de ambientes fechados, como os vestiários de clubes. Esses fatores estimulam a reprodução dos fungos.

A Z

Micose vem do grego *mykes*, que significa 'cogumelo' ou 'fungo'; o sufixo *ose* designa uma doença.

Dr. P. Marazzi/Science Photo Library/Latinstock

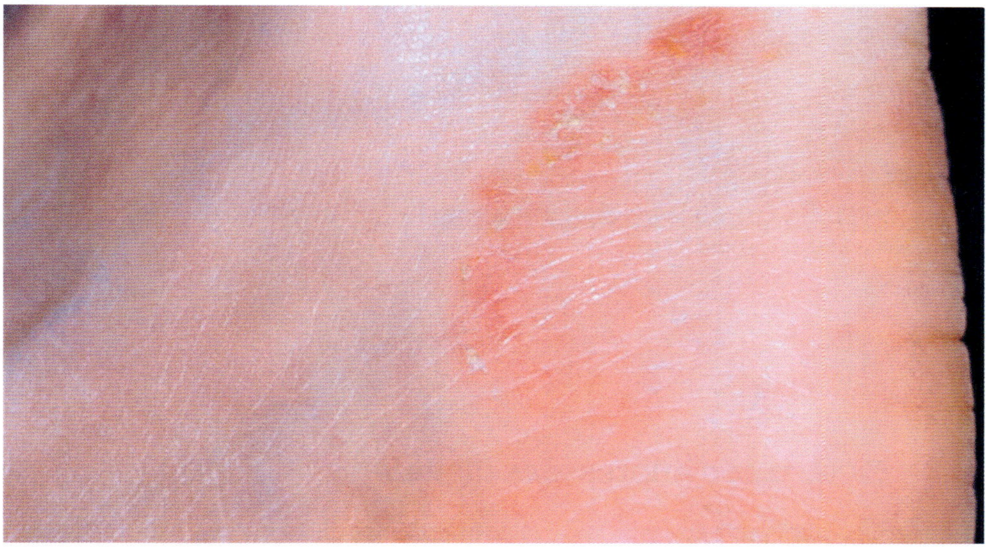

10.4 **As micoses e outras doenças da pele devem ser diagnosticadas e tratadas pelo médico.**

Para prevenir as micoses, é importante manter uma boa higiene corporal, além de usar roupas leves, de preferência de algodão, e secar bem os pés após o banho.

Além disso, as fezes de cães e gatos depositadas no solo e na areia das praias podem transmitir a larva de um verme, que penetra na pele e forma traços avermelhados em relevo. O nome da doença é **larva migrans cutânea** ou **bicho-geográfico**. Há remédios que matam essas larvas.

Para evitar a transmissão da larva do bicho-geográfico:

- não deixe que animais brinquem em tanques de areia de escolas ou de outros lugares frequentados por crianças;
- não leve animais à praia;
- na praia, evite o contato direto com a areia — use chinelos, cadeiras ou esteiras.

Já o **herpes simples** é causado por um vírus que faz aparecer vesículas (pequenas bolhas), geralmente na região da boca ou dos genitais. O **herpes-zóster** (popularmente conhecido como "cobreiro") provoca muita dor e atinge áreas maiores que o herpes simples. Há vários medicamentos que controlam a doença e diminuem os sintomas.

As **verrugas** são provocadas por vírus, mas, muitas vezes, se confundem com outros sinais da pele. Por isso é sempre bom ir ao médico quando houver alguma mudança de cor ou tamanho nesses sinais.

As chamadas **verrugas genitais** ou **condilomas**, que aparecem geralmente na vagina ou no colo do útero, devem ser logo tratadas, pois, em alguns casos, elas podem aumentar os riscos de câncer no colo do útero.

Atenção!

As informações deste capítulo têm o objetivo de ajudar as pessoas a conhecer melhor algumas doenças da pele, mas não substituem a consulta ao médico nem podem ser usadas para diagnóstico, tratamento ou prevenção de doenças.

Os **piolhos** são insetos que provocam coceira no couro cabeludo e na pele. Chama-se **pediculose** o problema de pele causado por piolhos.

Já a **sarna** ou **escabiose** é causada por um **ácaro** (um aracnídeo) que também provoca coceira. O tratamento nesses casos é feito com loções ou cremes indicados pelo médico. Veja esses dois parasitas na figura 10.5.

Fabio Colombini/Acervo do fotógrafo

Piolho (cerca de 2 mm a 6 mm de comprimento) visto com uma lupa.

Eye of Science Photo Library/Latinstock

Ácaro da sarna (visto ao microscópio; cores artificiais). Mede entre 0,2 mm e 0,4 mm.

10.5 **Parasitas da pele vistos com aumento.**

Ciência no dia a dia

Cicatrizes e impressões digitais

Os cortes pequenos, que atingem apenas a epiderme, fecham-se rapidamente por causa do grande poder de regeneração das células epiteliais. Porém nos cortes profundos, que atingem a derme, é a produção de tecido fibroso que permite que eles se fechem. Essas fibras aparecem entre as células da epiderme e formam as cicatrizes. Observe a figura 10.6.

Já as impressões digitais, mostradas na figura 10.7, são consequência de dobras da derme, que fazem surgir elevações e sulcos na epiderme. O padrão dessas dobras é determinado, em parte, pelos genes e é exclusivo de cada indivíduo. Por isso é usado para identificar uma pessoa.

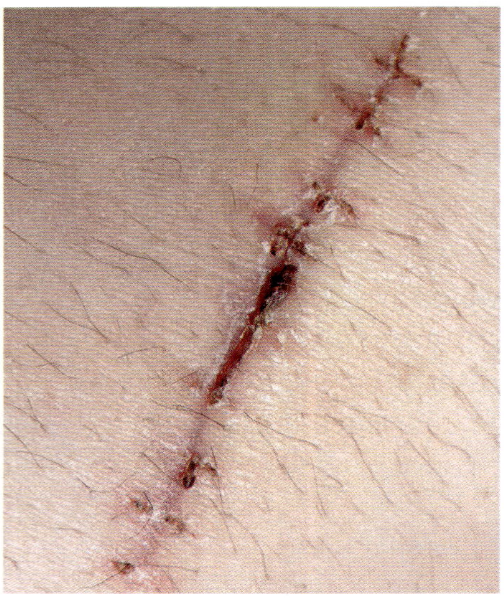

Emilio Ereza/Easypix Brasil

10.6 **Cicatriz**

Jelena Zaric/Getty Images

10.7 **Impressões digitais**

A acne

Na puberdade, há um aumento na produção de hormônios sexuais, os quais, entre outras coisas, estimulam o funcionamento das glândulas sebáceas. Consequentemente, a pele fica mais oleosa. Em alguns casos, a gordura produzida (sebo) entope a saída da glândula e forma o cravo. A cor escura do cravo se deve à melanina e ao sebo oxidado.

Além disso, bactérias podem se reproduzir no canal da glândula e provocar uma inflamação no local. Surgem as conhecidas espinhas: é a **acne**. A figura 10.8 mostra como se formam os cravos e a acne.

Se você tem acne, deve manter a pele limpa lavando-a duas ou três vezes por dia com água fria e sabonete indicado pelo médico. Não esprema as espinhas: elas podem inflamar. Em alguns casos, é necessário consultar o dermatologista (só ele pode indicar os medicamentos e o tratamento adequados). Não use loções por conta própria nem confie em tratamentos indicados por pessoas não especializadas: essas medidas podem piorar a situação.

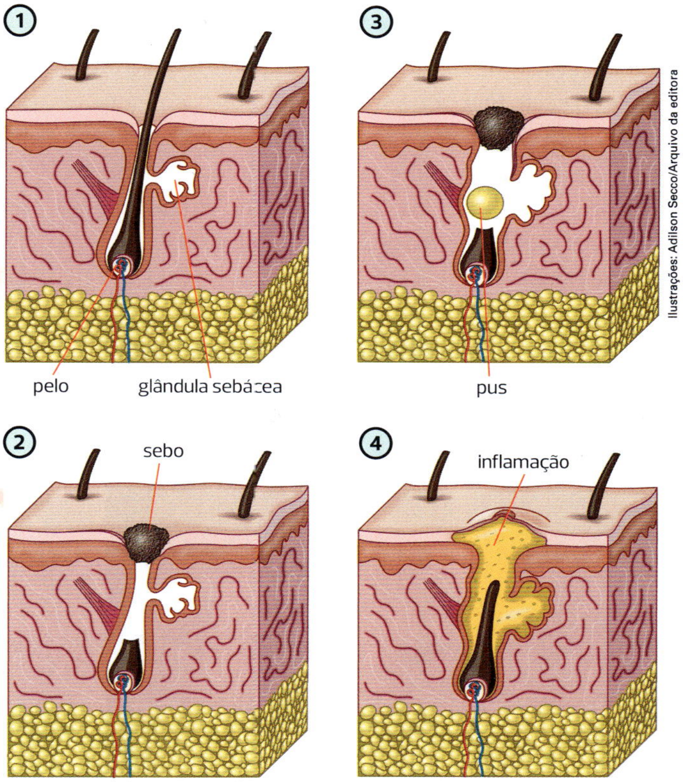

10.8 **A formação de uma espinha. (Figura sem escala. Cores fantasia.)**

Ciência e saúde

Celulite

A celulite é o nome popular de uma alteração do tecido adiposo. Ocorre na hipoderme, a camada mais profunda da pele, e afeta principalmente a mulher. Ela aparece nas regiões onde há mais gordura acumulada, como abdome, quadril, coxas e nádegas. Daí o seu nome oficial: lipodistrofia ginoide (*gino*, em grego, significa 'mulher').

Há o aumento do volume das células adiposas e uma compressão das veias e dos vasos linfáticos, que drenam o excesso de líquido proveniente do sangue. Com isso, a circulação fica prejudicada e desenvolve-se um edema (inchaço) no local. As fibras que formam o tecido conjuntivo da derme são repuxadas e aparecem irregularidades na pele, que fica com aspecto semelhante ao de uma casca de laranja.

A celulite além de ser provocada por fatores hereditários, pode surgir por causa de sedentarismo, obesidade, consumo de álcool ou cigarro e problemas hormonais.

É importante manter o peso sob controle, praticar atividades físicas, ter uma alimentação saudável, rica em legumes, verduras e frutas, e beber bastante líquido, pois esses cuidados podem auxiliar na prevenção do problema. Alguns tratamentos podem ajudar, desde que orientados por um dermatologista (cuidado: no mercado, existem muitos produtos que não funcionam).

Ciência e sociedade

A cor da pele e a ideia de raças

Em artigo publicado na revista *Scientific American Brasil* (nov. 2002, p. 64-71), os cientistas Nina G. Jablonski e George Chaplin demonstraram que a luz solar intensa pode provocar a perda de uma vitamina, o ácido fólico (os raios ultravioleta podem destruir parte do ácido fólico que se encontra nos vasos sanguíneos da pele). Essa vitamina é necessária para a formação do sistema nervoso do embrião e em outros processos (atualmente é costume os médicos indicarem suplementos dessa vitamina para mulheres grávidas).

Segundo o artigo, a pele escura seria uma adaptação que protege contra a perda dessa vitamina em lugares com muita intensidade luminosa, como os trópicos. Já a pele clara seria uma adaptação a locais pouco iluminados, porque permite a absorção de certa intensidade de luz necessária à produção de vitamina D.

Porém, mais importante do que discutir a função adaptativa da cor da pele é combater a ideia errônea de que a cor da pele serve para dividir a espécie humana em raças.

Walter Bennett/Time & Life Pictures/Getty Images

Vladimir Yatsina/ITARTASS/Keystone Brasil

10.9 Martin Luther King (1929-1968), líder do movimento dos direitos civis dos negros nos Estados Unidos e no mundo. Nelson Mandela (1918-2013), líder sul-africano, defensor dos direitos humanos e ativista contra a segregação racial. A Organização das Nações Unidas instituiu o Dia Internacional Nelson Mandela no dia de seu nascimento (18 de julho), como forma de valorizar em todo o mundo a luta pela liberdade, pela justiça e pela democracia.

Uma raça é formada por um grupo de indivíduos com muitas características genéticas semelhantes entre si e, ao mesmo tempo, muitas características diferentes em relação a outros grupos.

No caso da espécie humana, porém, as diferenças genéticas entre as populações são muito pequenas. Estudos recentes indicam que todos os grupos atuais se originaram de uma mesma população. As migrações e a mistura entre as populações diminuíram ainda mais essas diferenças.

Pode haver mais diferenças genéticas entre dois europeus brancos do que entre um europeu e um africano, por exemplo. Mas há muitas outras características genéticas semelhantes entre o europeu e o africano. Por isso, indivíduos que, supostamente, fariam parte de "raças" diferentes são, de fato, muito parecidos. "Não é que todos os seres humanos sejam iguais, mas as variações dentro de uma mesma comunidade são tão grandes quanto entre comunidades diferentes", como diz o geneticista italiano Luca Cavalli-Sforza.

Se usarmos o critério do tipo de hemoglobina em vez da cor da pele para reunir grupos de pessoas em "raças", teremos uma classificação muito diferente. E assim também se escolhermos outros critérios – grupos de sangue, por exemplo.

Estudando a origem do povo brasileiro, o pesquisador Sergio Danilo Pena concluiu que é impossível dividir o povo em raças biológicas, pois a maioria das pessoas possui genes herdados de ancestrais brancos, negros e índios – independentemente da cor da pele. Isso significa que, mesmo se uma pessoa tiver a pele clara, a maior parte de sua herança genética pode ser de origem africana, e vice-versa.

Isso explica por que, para muitos cientistas, não faz sentido falar em raças na espécie humana. Muito menos em "raças puras". Aliás, qualquer tentativa de formar uma "raça pura", de fazer com que todos os indivíduos da espécie humana sejam geneticamente muito parecidos, ameaçaria nossa sobrevivência: a diversidade de indivíduos é uma característica importante para a sobrevivência de uma espécie. O conceito de raça é portanto, uma construção social que, muitas vezes, serve apenas de pretexto para o racismo e o preconceito.

O racismo, isto é, a ideia de que há raças superiores a outras, não tem nenhuma base científica. Ele serviu apenas de pretexto para justificar a dominação e a exploração de um grupo por outro.

O racismo deve ser combatido com leis severas (no Brasil é considerado crime). Por isso é importante que, desde crianças, as pessoas se acostumem a respeitar as diferenças individuais e aprendam a cooperar com os outros. Estamos todos no mesmo barco: a cooperação é importante para a sobrevivência da espécie humana.

Mundo virtual

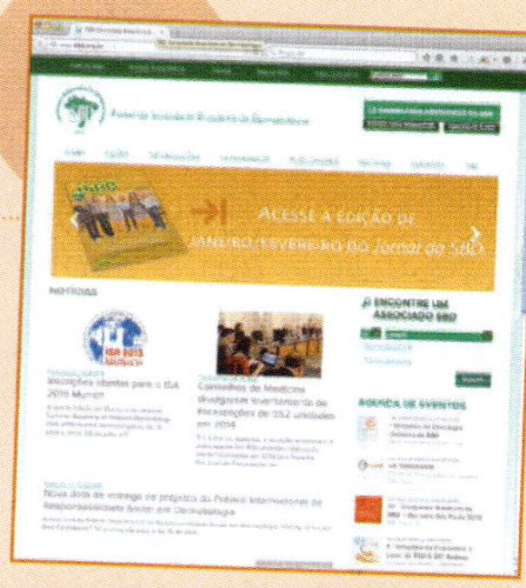

Reprodução/<www.sbd.org.br>

Dermatologia.net
<www.dermatologia.net>
Site que contém informações sobre a pele e doenças, além de notícias relacionadas à dermatologia.

Portal da Sociedade Brasileira de Dermatologia
<www.sbd.org.br>
Site da organização reconhecida pelo Conselho Federal de Medicina e pela Associação Médica Brasileira, como representante dos dermatologistas no Brasil. Contém publicações, notícias e eventos sobre pele, cabelos e unhas.

Prevenção do câncer da pele
<www1.inca.gov.br/rbc/n_49/v04/pdf/norma1.pdf>
Cartilha do Instituto Nacional do Câncer (INCA) com normas e recomendações para prevenção e controle do câncer de pele.

Acervo digital de lâminas da Universidade São Judas Tadeu
<www.usjt.br/acervolaminas/index.php/citologia/4-histologiageral/51-tecidos-epiteliais-de-revestimento#3>
Página que contém lâminas de tecido epitelial de revestimento com diferentes graus de aumento.

Acesso em: 2 abr. 2015.

Atividades

Trabalhando as ideias do capítulo

1. Indique as afirmações verdadeiras no caderno.
   a) Cravos e espinhas não devem ser espremidos.
   b) A melanina protege o corpo contra a perda de água.
   c) A camada de queratina filtra totalmente a radiação ultravioleta.
   d) A cor da pele é dada pela quantidade de melanina.
   e) As pessoas morenas não precisam usar filtro solar.
   f) Ao evaporar, a água do suor retira calor da pele, o que ajuda a diminuir a temperatura do corpo.
2. Quais as duas camadas que formam a pele? De que tecidos elas se compõem?
3. Qual a função da queratina? Onde ela é encontrada?
4. Qual a função da melanina?
5. Por que pessoas de pele clara ficam mais morenas quando tomam sol? Qual é a importância dessa mudança?
6. O que acontece com os vasos sanguíneos da pele no calor e no frio? Explique por que essas reações são importantes.

Pense um pouco mais

1. Na tatuagem, os desenhos são feitos com pequenas gotas de tinta injetadas na pele. A tatuagem é, em princípio, permanente (só pode ser removida por *laser* ou cirurgia). Pense e responda: a tinta é injetada na epiderme ou na derme? Justifique sua resposta.
2. Por que devemos beber mais água depois de fazer exercícios físicos, principalmente em dias quentes?
3. O vitiligo se caracteriza por manchas brancas na pele como mostra a figura ao lado. É provocado pela destruição de um tipo de célula. Que célula é essa e o que ela produz?

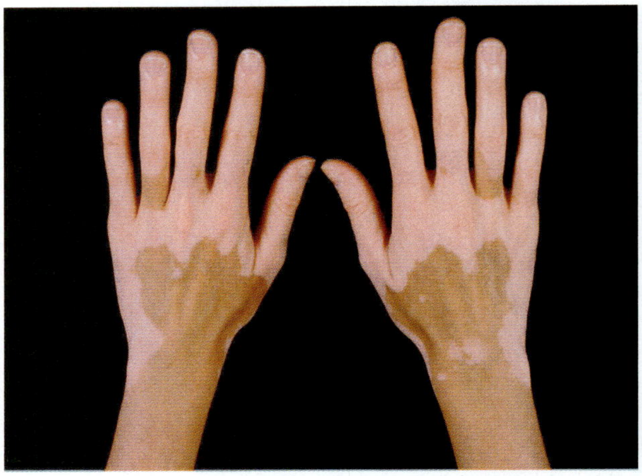

Custom Medical Stock Photo/SPL/Latinstock

10.10

Mexa-se!

1. Pesquise personalidades brasileiras afrodescendentes que marcaram a história do Brasil, destacando-se nas artes, esportes, ciências, política e na luta pelos direitos humanos e outras questões sociais. Faça um resumo sobre a história de cada uma delas.
2. Pesquise o que é fator de proteção solar, quais os cuidados que devemos ter com a pele ao tomar sol e quais os perigos da exposição excessiva e sem proteção ao sol.

Capítulo

11 Ossos e músculos

Você acha que ter um bom conhecimento sobre o sistema esquelético e muscular — e também sobre os outros sistemas do corpo — é importante apenas para médicos, fisioterapeutas e profissionais de educação física?

Saiba que seja qual for a atividade profissional que você vai desempenhar, um conhecimento básico do sistema esquelético e de todos os outros sistemas pode ajudá-lo a manter a saúde. Além disso, esse conhecimento pode evitar que você seja enganado por propagandas de tratamentos sem base científica, que, infelizmente, vez por outra aparecem na internet e em outros meios de comunicação.

BSIP/UIG/Getty Images

11.1

A questão é

Se os ossos são tão rígidos, como você consegue dobrar o braço ou a perna? Que funções os ossos exercem no organismo? Como os músculos e ossos colaboram nos movimentos? Por que se diz que muitos músculos trabalham aos pares? Que problemas podem ocorrer nos sistemas esquelético e muscular?

1 O esqueleto humano

Lembre-se de que no interior de alguns ossos há a medula óssea, um tecido que produz células do sangue.

Os ossos atuam nos movimentos servindo de ponto de apoio para os músculos, funcionando como alavancas. Também ajudam a sustentar o corpo e protegem diversos órgãos, como os pulmões, o cérebro e a medula espinal. Os ossos funcionam também como reserva de sais de cálcio. Quando há necessidade, certa quantidade desses sais pode ser liberada e utilizada em outras partes do corpo.

Os ossos variam no tamanho e na forma. O corpo humano possui:

- ossos longos — têm o comprimento consideravelmente maior que a largura e a espessura, como o úmero (do braço) e o fêmur (da perna);
- ossos **laminares** ou planos — são finos e achatados, isto é, o comprimento e a largura são equivalentes, predominando sobre a espessura, como a maioria dos ossos do crânio e as costelas;
- ossos curtos — têm as três dimensões aproximadamente iguais, como os do carpo (nas mãos) e os tarsais (nos pés);
- ossos irregulares sem padrão definido, como as vértebras.

Veja alguns ossos na figura 11.2. Repare que os ossos da cabeça, do tórax (costelas e esterno) e da coluna vertebral formam um eixo no meio do corpo. Presos a esse eixo, ficam os ossos dos membros superiores e inferiores.

Pode-se dividir o esqueleto em três partes: **cabeça**, **tronco** e **membros**.

Vamos examinar melhor alguns ossos do corpo.

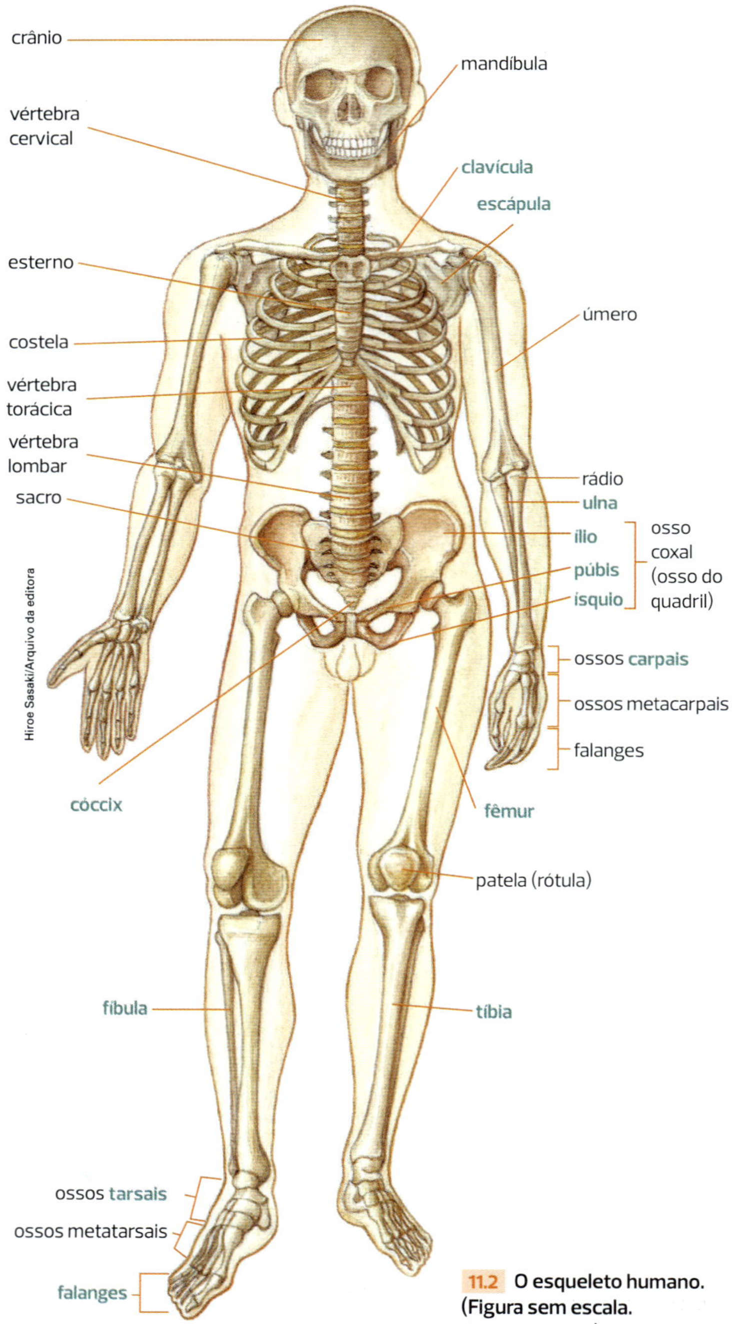

11.2 **O esqueleto humano. (Figura sem escala. Cores fantasia.)**

A Z

Laminar é o que tem a forma de lâmina ou o que se refere a algo em que há lâmina(s).

Clavícula vem do latim *clavis*, que significa 'clava' (um bastão de combate).

Escápula vem do latim *scapulae*, 'espádua'.

Ulna vem do latim *ulna*, 'braço'.

Ílio vem do latim *ilia*, que significa 'flanco', 'ventre'.

Púbis, do latim *pubis*, indica penugem (os pelos que aparecem na puberdade).

Ísquio, do latim *ischion*, 'quadril'.

Carpo vem do latim *karpos*, 'fruto'.

Cóccix vem do grego *kokkyx*, 'cuco', por causa da semelhança do osso com o bico dessa ave.

Fêmur vem do latim *femur*, 'coxa'.

Tíbia vem do latim *tibia*, 'flauta'.

Fíbula vem do latim *fibula*, 'fivela'.

Tarso vem do grego *tarsos*, 'cercado'.

Falange vem do latim *falange*, 'bastão'.

As articulações

As **articulações** ou juntas são os pontos em que os ossos se encontram. Existem mais de cem articulações no corpo. Em algumas, os ossos estão bem unidos e não há nenhum movimento entre eles. Essas **articulações imóveis**, chamadas de **suturas**, mantêm unidos os ossos do crânio. A mandíbula também pertence ao conjunto do crânio, mas possui uma articulação móvel.

Você pode dobrar a perna ou o antebraço porque no cotovelo e no joelho existe uma **articulação móvel**, comparável à dobradiça de uma porta. Esse tipo de articulação permite movimentos em uma única direção.

Já no ombro existe um tipo de articulação que permite movimentos do braço em várias direções. Isso também ocorre com o quadril e as pernas. Nesses casos, uma extremidade de um dos ossos tem a forma de bola, que, por sua vez, se encaixa na cavidade do outro osso. A figura 11.3 mostra algumas articulações móveis.

Há ainda as chamadas articulações semimóveis, que permitem pequenos movimentos, como na ligação entre as vértebras.

A Z

Articulação vem do latim *articulatione*, que significa 'encaixe'.

Sutura, em latim, significa 'costura'. As suturas são também chamadas de sinartroses, do grego *syn*, 'união', e *artro*, 'articulação'.

Articulação móvel também chamada diartrose, do grego *dia*, 'através de', e *artro*, 'articulação'.

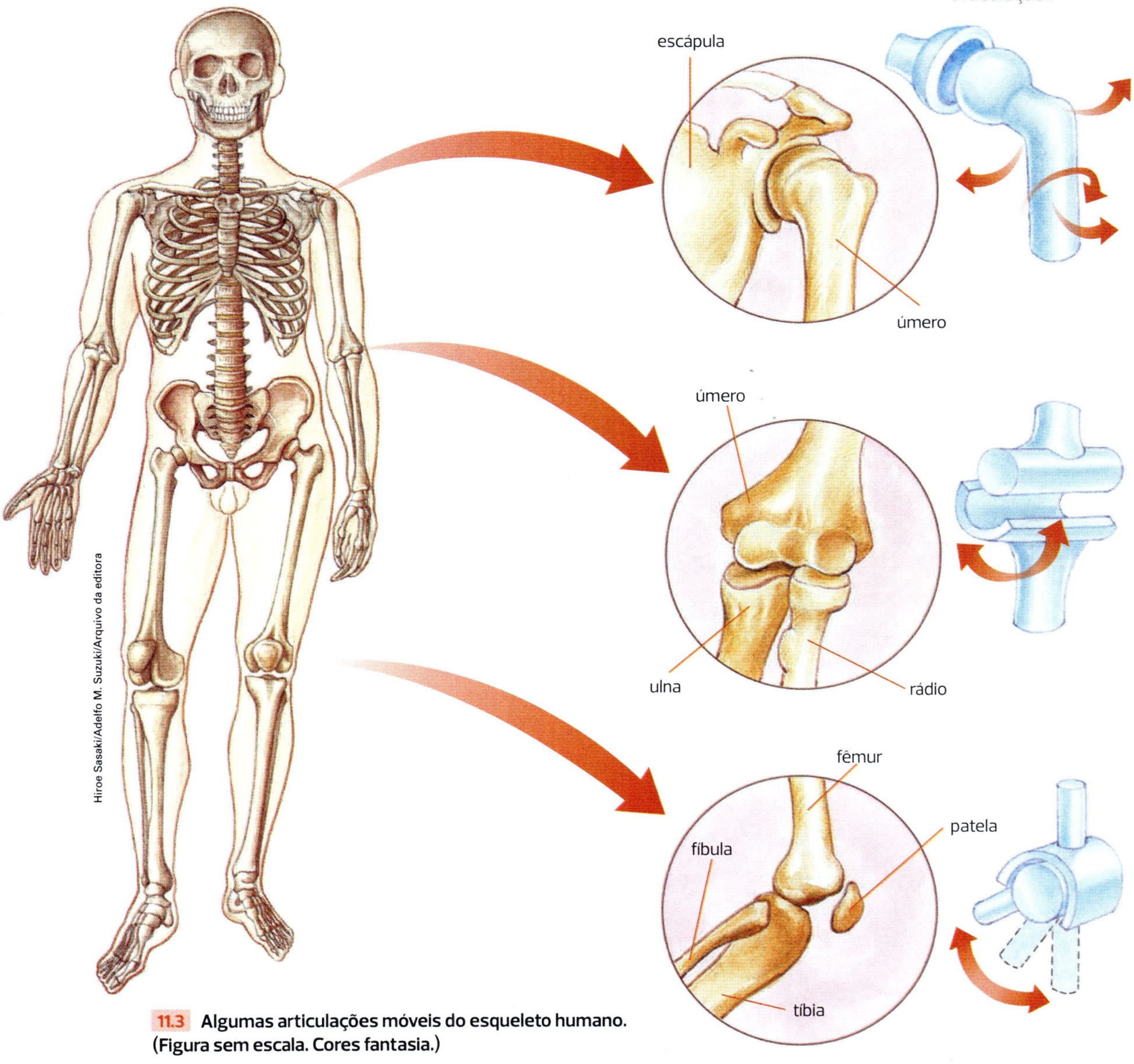

11.3 Algumas articulações móveis do esqueleto humano. (Figura sem escala. Cores fantasia.)

Os ossos do crânio

Existem 22 ossos no crânio, dos quais 14 estão no rosto.

Os ossos do crânio formam uma espécie de capacete, que envolve e protege o encéfalo e alguns órgãos dos sentidos. Além disso, esses ossos dão apoio aos músculos da face. Como você já sabe, as articulações do crânio são imóveis, com exceção da que existe entre a mandíbula e o osso temporal. É essa articulação que nos permite abrir e fechar a boca. Observe a figura 11.4.

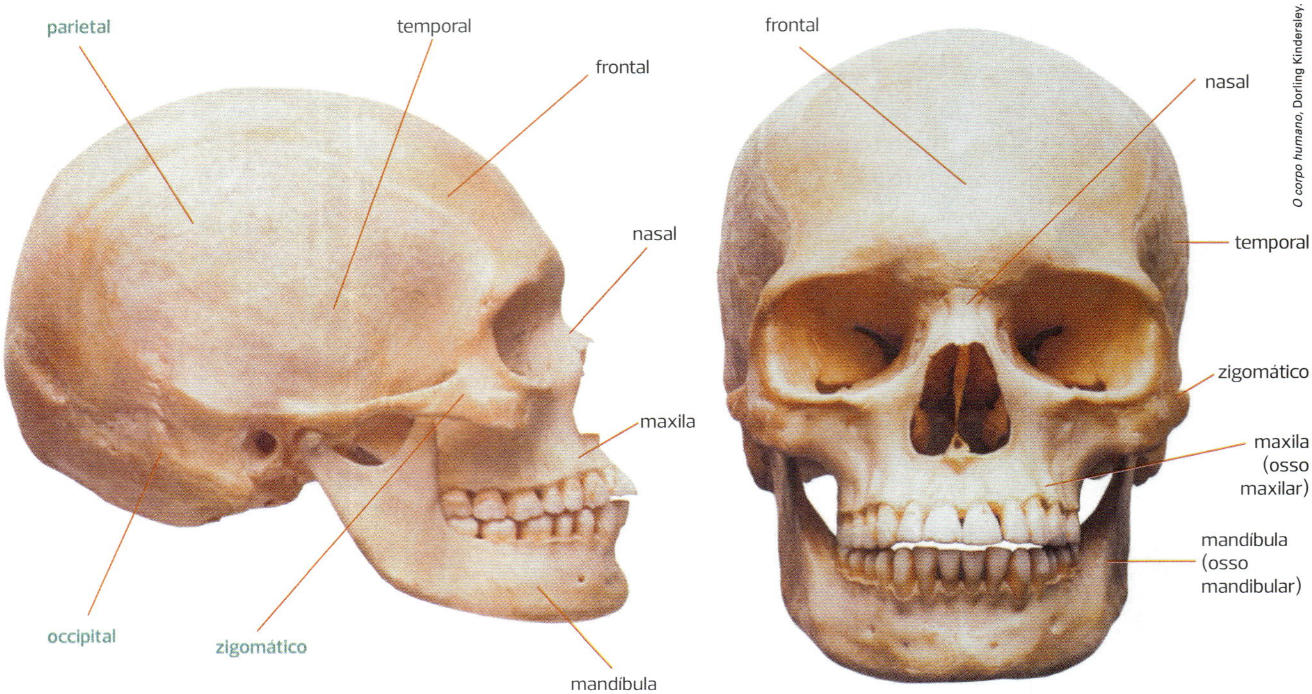

11.4 Alguns ossos da cabeça. (Cores fantasia.)

Os ossos do tronco

O tronco é formado pela coluna vertebral, pelas costelas e pelo esterno.

A **coluna vertebral** é constituída por uma pilha de 33 pequenos ossos, as **vértebras**. No adulto, as quatro últimas vértebras são soldadas e formam o osso chamado de cóccix; isso também ocorre com as cinco anteriores ao cóccix, que unidas formam o osso sacro. Reveja a figura 11.2.

Entre uma e outra vértebra há pequenas almofadas de cartilagem, os discos intervertebrais, que amortecem choques quando andamos ou corremos. São eles que permitem certos movimentos da coluna. Temos assim um eixo de sustentação do corpo que, ao mesmo tempo, é forte e flexível, o que permite a realização de uma série de movimentos com o tronco.

A coluna vertebral serve ainda de proteção para a medula espinal (ou medula nervosa), que passa por um canal formado pelos orifícios das vértebras.

A **caixa torácica** é formada por doze pares de costelas que protegem os pulmões e o coração. Reveja a figura 11.2.

As costelas se prendem à coluna vertebral e ao osso esterno. Os dois últimos pares se prendem somente à coluna e são chamados de costelas flutuantes.

A cartilagem que une as costelas ao osso esterno permite que elas se movam um pouco durante a inspiração e a expiração, aumentando e diminuindo o volume do tórax.

A Z

Parietal vem do latim *parietale*, referente a parede.

Occipital vem do latim *occipitium*, 'parte posterior da cabeça'.

Zigomático vem do grego *zygomatikos*, 'unido', 'ligado'.

Os membros superiores e inferiores

Os ossos do braço se unem ao tórax pela cintura escapular (ombro) formada pela escápula e pela clavícula. Já os ossos dos membros inferiores se unem ao tronco pela pelve, formada pelos ossos coxais e pelo sacro. A pelve apoia e protege os órgãos do abdome, e seus ossos largos, assim como a escápula no ombro, servem de apoio para músculos fortes. Reveja a figura 11.2.

Os ossos coxais originam-se da fusão dos ossos íleo, púbis e ísquio.

Os ossos longos do braço, do antebraço, da coxa e da perna funcionam como alavancas para os músculos. Reveja a figura 11.2 e observe quais são esses ossos e onde eles se localizam.

Junto com os diversos tipos de articulação e com os pequenos e numerosos músculos, os ossos da mão participam de uma grande variedade de movimentos, que podem ser bastante precisos. Observe como o polegar em oposição aos outros dedos facilita a preensão e a manipulação de objetos.

Os ossos dos pés colaboram na locomoção e no equilíbrio do corpo.

Mais da metade dos ossos do corpo está nos pés e nas mãos.

Veja a figura 11.5.

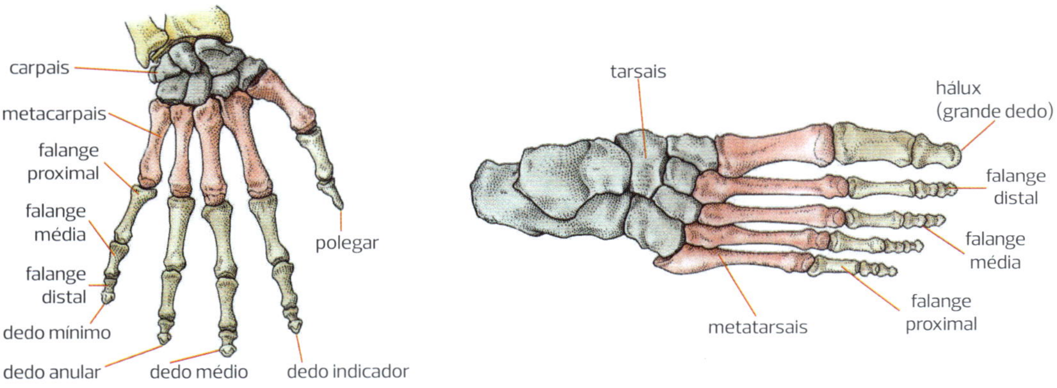

The Human Body: an illustrated guide to its structure, function, and disorders, Dorling Kindersley.

11.5 Ossos das mãos e dos pés. (Figura sem escala. Cores fantasia.)

Cuidados com os ossos e as articulações

Dor nas costas? A maioria das pessoas já teve essa dor alguma vez. No entanto, isso não quer dizer que haja problemas na coluna vertebral: a dor é apenas um sintoma e pode indicar muitas doenças que só o médico é capaz de diagnosticar. Por exemplo, pode ser o caso de uma infecção no sistema urinário, que precisa ser tratada.

Outra causa de dor nas costas é a hérnia de disco, que ocorre quando uma parte de um disco intervertebral se desloca para a frente ou para os lados. A hérnia pode pressionar um nervo e provocar muita dor. Veja a figura 11.6.

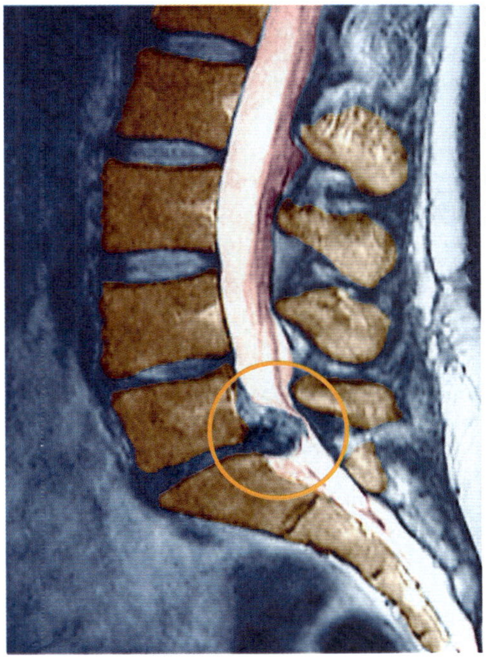

Zephyr/Science Photo Library/Latinstock

11.6 Exame (ressonância magnética) mostrando hérnia de disco (dentro do círculo) na parte inferior da coluna vertebral (cores fantasia).

Vista de frente, a coluna vertebral é reta; vista de lado, tem curvas normais. Em alguns casos, porém, ocorrem desvios que devem ser diagnosticados e tratados pelo médico. Alguns desses desvios podem ser consequência da má postura, mas podem também ter outras causas. Por isso devem ser diagnosticados e tratados por um profissional. Veja alguns desses desvios na figura 11.7.

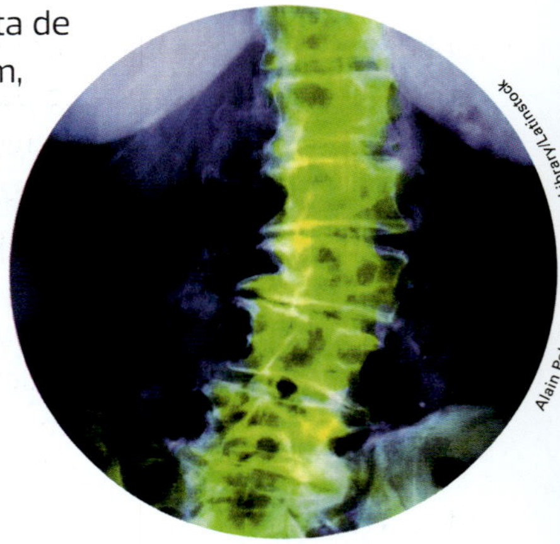

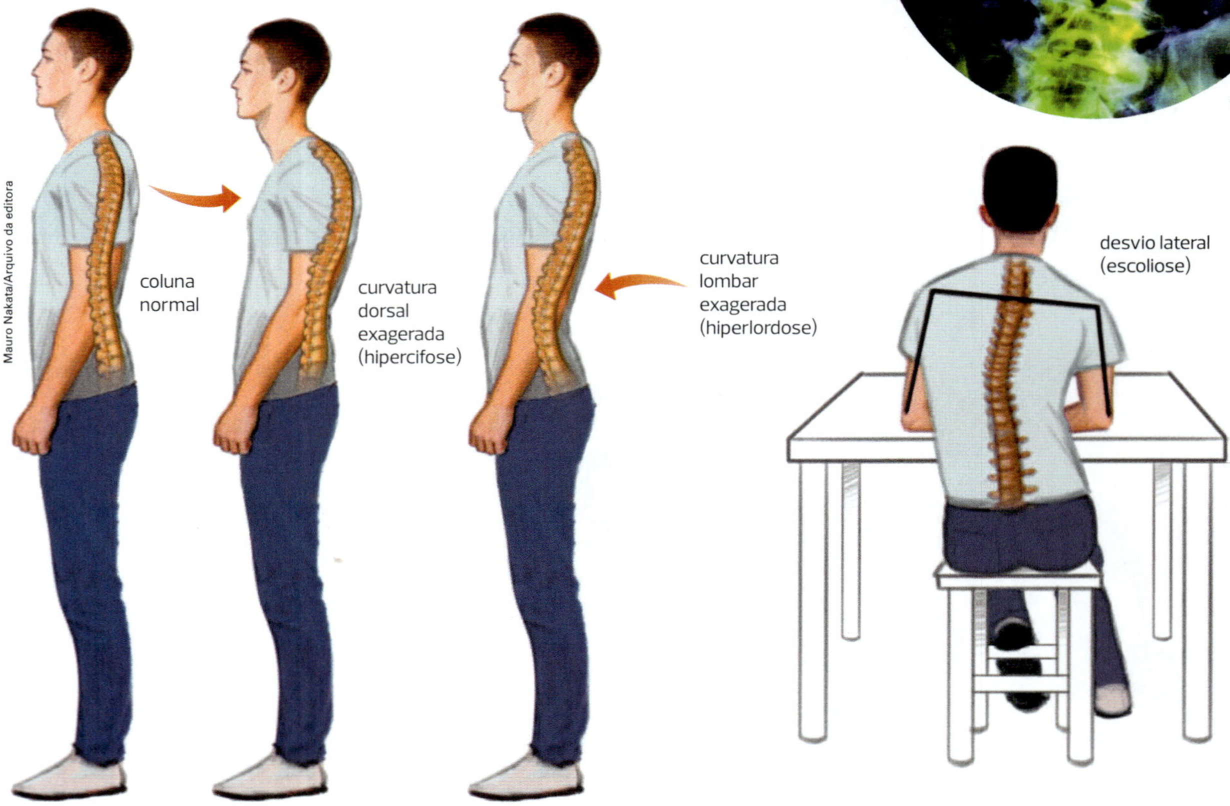

11.7 Alguns desvios da coluna: hipercifose (do grego *kyphos*, 'curvado para a frente'); hiperlordose (*lordós*, 'curvado para trás'); escoliose (*skoliós*, 'torto'). Lordose e cifose são curvaturas normais da coluna (*hiper* significa 'muito'), mas, às vezes, esses termos são usados também para curvaturas anormais. (Figura sem escala. Cores fantasia.) Na foto, radiografia colorizada de coluna com escoliose.

Veja agora algumas recomendações que ajudam a prevenir problemas na coluna:

- Mantenha as costas retas e a cabeça erguida ao caminhar ou ao apanhar algum objeto do chão (dobre apenas os joelhos).
- Quando estiver sentado, mantenha a coluna reta apoiando as costas em toda a extensão do encosto da cadeira e fique com os pés bem apoiados no chão. Levante-se de vez em quando (no intervalo entre as aulas, por exemplo) para ativar a circulação sanguínea e relaxar os músculos.
- Evite carregar objetos pesados forçando apenas um lado do corpo. Procure manter o objeto bem próximo ao corpo.
- Procure não usar calçados de salto alto.
- Pratique exercícios físicos com regularidade, orientado por especialistas.
- Não provoque torções inúteis da coluna: quando quiser se virar para apanhar algum objeto, gire o corpo inteiro.
- Durma em colchões firmes, com elasticidade adequada ao seu peso e altura. Os travesseiros não podem ser altos demais: devem ter somente a espessura mínima para manter o pescoço reto.

- Mantenha o monitor do computador em sua linha de visão (essa medida evita que você dobre o pescoço para olhar para cima ou para baixo). Além disso, os cotovelos devem ficar no nível da mesa. A coluna deve ficar reta e apoiada na cadeira, e os pés, apoiados no chão.
- Controle seu peso: a obesidade favorece o aparecimento de problemas na coluna.
- Não carregue mochilas pesadas. Elas devem pesar, no máximo, o equivalente a 10% do seu peso corporal e devem ser carregadas sempre com as duas alças nos ombros para evitar problemas na coluna.

Veja na figura 11.8 qual deve ser a postura correta do corpo em algumas situações.

Mauro Nakata/Arquivo da editora

11.8 Para manter a coluna saudável, é importante prestar atenção à postura.

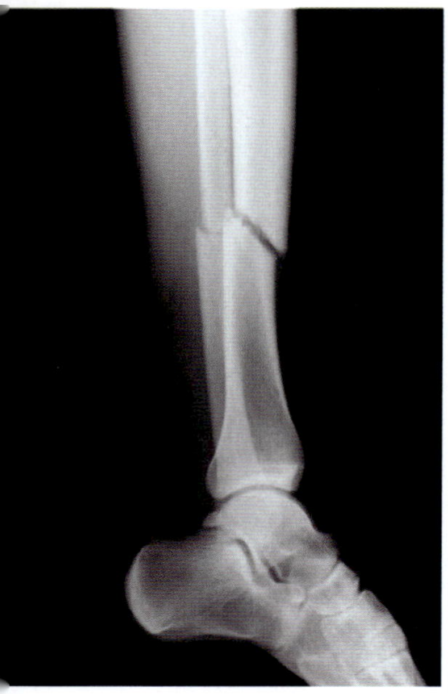

Science Photo Library/Latinstock

11.9 **Radiografia da perna mostrando fratura da tíbia e da fíbula.**

O médico que cuida do sistema esquelético é o ortopedista.

Problemas ósseos

Quando um osso quebra, dizemos que ocorreu uma **fratura**. Veja a figura 11.9. Felizmente, porém, o osso tem grande poder de regeneração.

Se houver fratura ou suspeita de fratura, não se deve tentar pôr o osso "no lugar", pois movê-lo pode causar mais danos aos vasos sanguíneos, nervos e outros tecidos que o rodeiam. Somente o médico pode fazer isso. A vítima deve permanecer imóvel, e os primeiros socorros devem ser prestados por alguém preparado para isso. Em geral, a região fraturada é imobilizada com o auxílio de gesso, fibra de vidro, talas ou aparelhos especiais. As partes quebradas são mantidas próximas umas das outras para que o osso possa se reconstituir. Na região da fratura se forma uma elevação, o calo ósseo.

Movimentos mais bruscos podem provocar **entorses**, que são lesões nos ligamentos das articulações. Elas ocorrem com frequência no tornozelo e no joelho. O tratamento vai depender do tipo de lesão.

Já a **luxação** é um deslocamento do osso, que se "desencaixa" do outro na articulação.

Esses e outros problemas nas articulações, nos ossos e nos músculos podem aparecer durante a prática inadequada de exercícios, feitos sem orientação de especialistas. Então, reflita: você está tomando cuidado ao praticar esporte ou atividade física? E como é sua postura em sala de aula: você se senta com a postura correta? Será que você não está carregando uma mochila muito pesada? Leve apenas o material necessário para as aulas do dia.

2 Os músculos

Andar, correr, mexer braços e pernas... Você sabe o que essas atividades têm em comum?

Todas são provocadas pela contração de músculos esqueléticos.

Os músculos recebem mensagens do sistema nervoso. E são essas mensagens que levam os músculos a se contrair e a provocar vários tipos de movimento no corpo.

O conjunto de músculos do corpo forma o sistema muscular.

No Capítulo 2, você viu que existem três tipos de músculo no corpo: o **músculo não estriado** ou **liso**, o **músculo estriado cardíaco** e o **músculo estriado esquelético**.

Você vai conhecer neste capítulo um pouco mais sobre esse último tipo de músculo, que se encontra principalmente preso aos ossos. Mas existem também os que estão ligados à pele. Veja alguns desses músculos na figura 11.10.

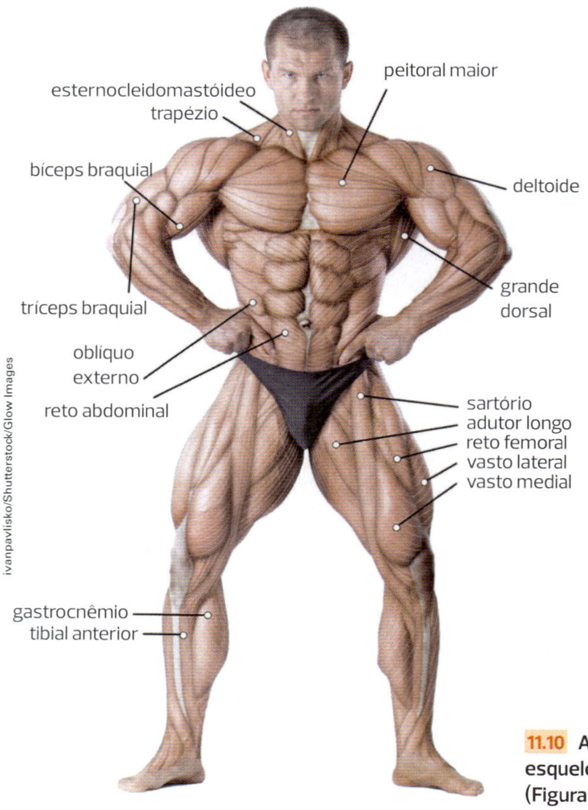

ivanpavlisko/Shutterstock/Glow Images

11.10 **Alguns músculos estriados esqueléticos do corpo humano. (Figura sem escala. Cores fantasia.)**

Como os músculos funcionam

Os ossos funcionam como alavancas que facilitam os movimentos do corpo. No caso do braço, o úmero serve de ponto de apoio para os ossos do antebraço, enquanto determinados músculos exercem uma força que levanta um peso nas mãos.

Muitos músculos trabalham aos pares: quando um músculo se contrai, o outro relaxa, e vice-versa. Dizemos, nesse caso, que há um **antagonismo** entre os músculos porque eles trabalham de forma inversa.

A contração do bíceps braquial (músculo do "muque"), por exemplo, puxa os ossos do braço e os faz dobrar. Observe a figura 11.11. Repare que, enquanto o bíceps braquial se contrai, outro músculo, o tríceps braquial, relaxa. Depois, quando se estica o braço, ocorre o inverso: o bíceps relaxa e volta ao tamanho original, enquanto o tríceps se contrai, diminui de tamanho e faz o braço esticar.

A Z

Antagonismo é a oposição; a ação em sentido contrário. Em cada parte do corpo, o movimento depende de músculos que trabalham aos pares, sendo o movimento de um contrário ao do outro.

CONTEÚDO DIGITAL

Atenção!

As informações deste capítulo têm o objetivo de ajudar a conhecer melhor o funcionamento e os problemas ligados ao sistema muscular, mas não substituem a consulta ao médico nem podem ser usadas para diagnóstico, tratamento ou prevenção de doenças.

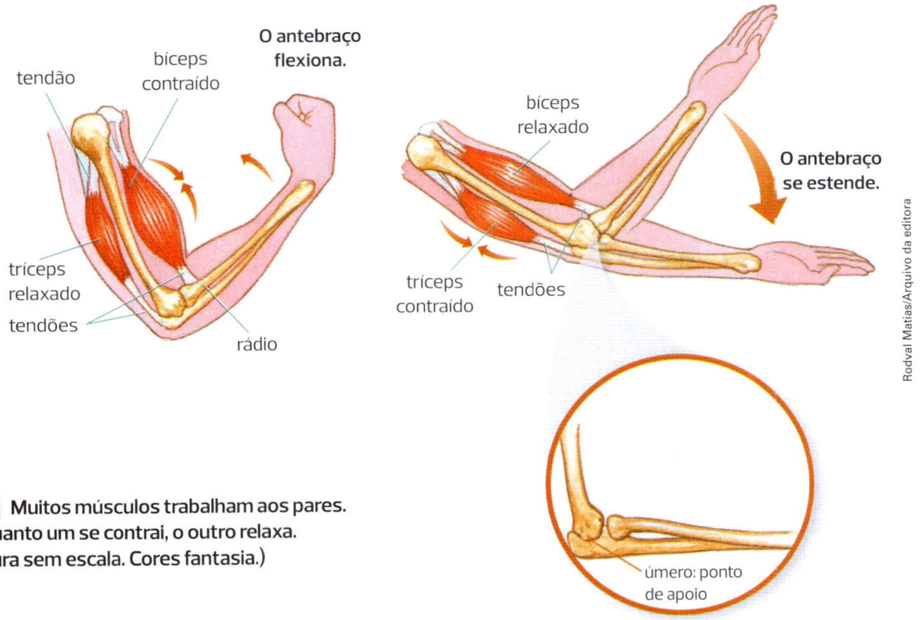

11.11 **Muitos músculos trabalham aos pares. Enquanto um se contrai, o outro relaxa. (Figura sem escala. Cores fantasia.)**

Ciência e saúde

Cuidado com os esteroides anabolizantes!

Os esteroides anabolizantes são hormônios sintéticos semelhantes à testosterona, um hormônio masculino. Eles são indicados pelos médicos em doses controladas para tratar certos problemas, como a deficiência de hormônios masculinos na adolescência.

No entanto, os esteroides anabolizantes são também consumidos em grande quantidade e sem acompanhamento médico por pessoas que querem aumentar a musculatura rapidamente. O nome anabolizante indica justamente que essas substâncias estimulam o anabolismo (a produção de substâncias no organismo) e aumentam a síntese de proteínas no músculo.

O perigo é que o uso de esteroides sem controle médico pode interromper o crescimento do adolescente, provocar esterilidade no homem, depressão, câncer de fígado e danos aos rins ou ao sistema circulatório (aumento de pressão arterial e até ataque cardíaco). Na mulher, pode provocar diminuição do tamanho dos seios, desequilíbrio no ciclo menstrual e desenvolvimento de características masculinas, como pelos na face, entre outras alterações.

Por isso os esteroides anabolizantes são proibidos nas competições esportivas, e muitos atletas perdem medalhas e títulos quando se constata que usaram essas substâncias.

Para saber mais

Alavancas

As alavancas, assim como as roldanas e o plano inclinado, são máquinas simples que nos permitem realizar certos movimentos e tarefas com mais facilidade. (Você vai saber mais sobre essas máquinas no livro do 9º ano.)

Uma alavanca é basicamente uma barra ou uma haste de madeira ou outro material resistente que pode se mover sobre um ponto de apoio ou calço. É muito útil para mover objetos pesados, por exemplo. Veja a figura 11.12.

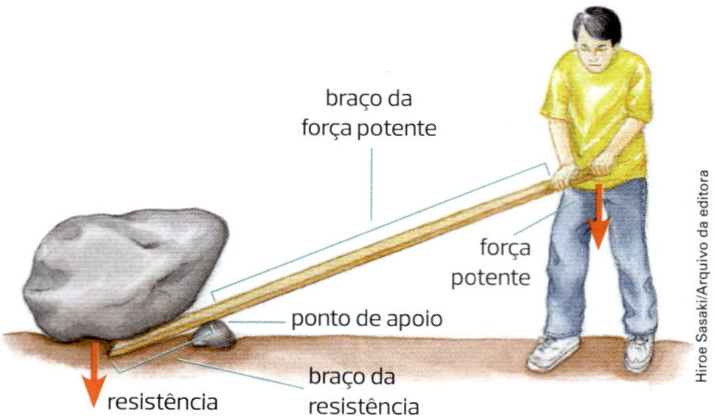

11.12 Tipo de alavanca usado para mover um peso, como a pedra da figura. (Figura sem escala. Cores fantasia.)

Quanto mais próximo o ponto de apoio da alavanca estiver da carga (essa distância é chamada braço da resistência) e quanto mais distante estiver do ponto (essa distância é chamada braço da força potente) no qual o garoto exerce a força (força potente), menor a força que ele precisa fazer para mover a pedra (força resistente ou resistência).

Esse tipo de alavanca, encontrado em alicates, tesouras e outros utensílios, é chamado de alavanca interfixa, porque o ponto de apoio fica entre a força potente e a resistência, ou força resistente. Reveja a figura 11.12.

Muitos ossos de nosso corpo funcionam como alavancas. As forças são aplicadas pelos músculos. A contração dos músculos da nuca, por exemplo, puxa os ossos da cabeça, que está apoiada na coluna vertebral, fazendo-a inclinar-se para trás.

Quando levantamos nosso corpo apoiados na ponta dos pés, os músculos da perna (força potente) puxam o osso calcâneo, agindo contra nosso peso (força resistente). Esse sistema, utilizado no abridor de garrafas e no carrinho de mão, é uma alavanca inter-resistente: a força resistente fica entre o ponto de apoio e a força potente.

Outro tipo de alavanca é a alavanca interpotente, em que a força potente está entre o ponto de apoio e a força resistente. É a alavanca encontrada em pás, vassouras, pinças e também em nosso corpo: ao se contrair, o bíceps puxa o osso do antebraço, levantando um objeto na mão. Nesse caso, embora a força exercida seja maior que a resistência, uma pequena contração do músculo faz a mão se mover a uma distância maior, ampliando o movimento. Reveja a figura 11.11.

Mundo virtual

Sociedade Brasileira de Ortopedia e Traumatologia
<www.sbot.org.br>
Biblioteca virtual, *links* para notícias, sugestões de *sites* e informações sobre o ensino e pesquisa em ortopedia.

Como um osso quebrado se regenera?
<http://mundoestranho.abril.com.br/materia/como-um-osso-quebrado-se-regenera>
Reportagem que explica como se dá a regeneração e a consolidação de uma fratura óssea.

Boa postura evita dor causada pelo uso do PC
<http://g1.globo.com/Noticias/Tecnologia/0,,MUL82591-6174,00-BOA+POSTURA+EVITA+DOR+CAUSADA+PELO+USO+DO+PC.html>
Reportagem com orientações para evitar as dores causadas pela má postura em frente ao computador.

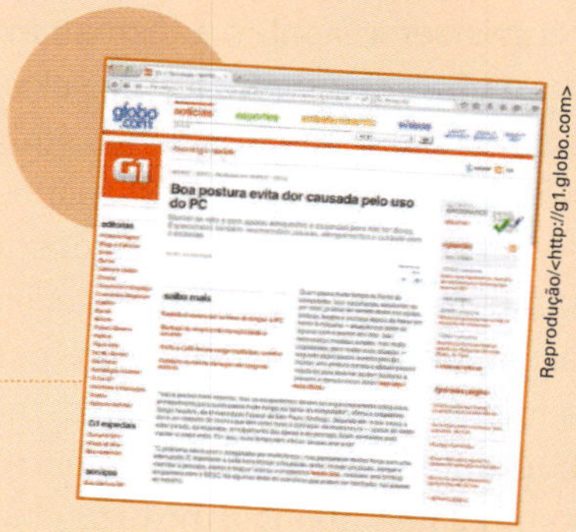

Acesso em: 2 abr. 2015.

Atividades

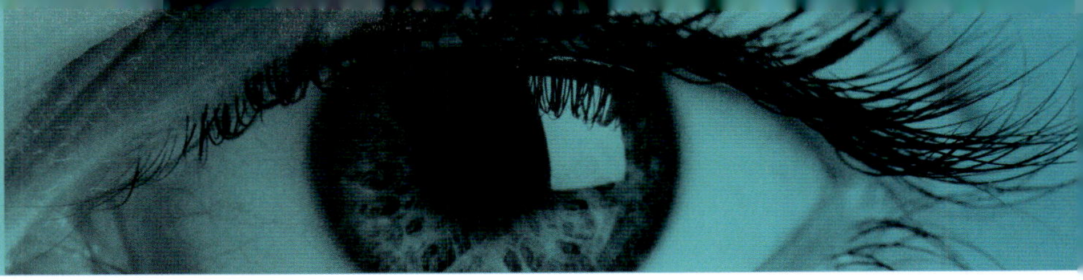

Trabalhando as ideias do capítulo

1. No caderno, indique as afirmativas verdadeiras.
   a) Os ossos sustentam e protegem o corpo, colaborando ainda nos movimentos.
   b) No interior de alguns ossos há um tecido que produz células do sangue.
   c) As articulações entre quaisquer dois ossos do corpo permitem o movimento desses ossos.
   d) As costelas protegem a medula espinal.
   e) A caixa torácica protege pulmões e coração.
   f) Quando um osso quebra, dizemos que houve uma entorse.

2. Você aprendeu neste capítulo que as articulações podem ser móveis, imóveis ou semimóveis. Agora, no caderno, indique como são as articulações nas seguintes partes do corpo:
   a) entre a maioria dos ossos do crânio;
   b) no cotovelo;
   c) no joelho;
   d) entre as vértebras;
   e) no ombro.

3. Você aprendeu neste capítulo que os ossos podem ser classificados como longos, curtos, irregulares e planos ou chatos. Agora, no caderno, escreva qual(is) dessas características os ossos a seguir possuem:
   a) a maioria dos ossos do crânio;
   b) o fêmur;
   c) os ossos do carpo;
   d) o úmero;
   e) as costelas;
   f) as vértebras.

4. No caderno preencha as lacunas com uma das palavras entre parênteses.
   a) A coluna vertebral é formada por 33 ■ (vértebras, costelas). As quatro últimas vértebras estão soldadas e formam o osso ■ (sacro, ilíaco, cóccix).
   b) Quando um osso quebra, ocorre uma ■ (fratura, luxação) e, quando ele apenas sai do lugar na articulação, houve uma ■ (fratura, luxação).

5. Que parte do corpo é protegida pela coluna vertebral?

6. Com base no que você estudou até aqui, descreva quais são as funções das articulações.

7. Qual a vantagem de haver cartilagem na união entre as costelas e o osso esterno?

8. Como se chama a "almofada" de cartilagem que fica entre as vértebras? E o problema causado quando essa cartilagem sai de sua posição?

9. No caderno, escreva quais dos fatores a seguir não provocam o surgimento de problemas na coluna.
   a) Carregar objetos pesados apenas de um lado do corpo.
   b) Estar com o peso muito acima do indicado.
   c) Manter as costas retas ao apanhar algum objeto do chão.
   d) Usar calçados de salto alto.
   e) Praticar atividade física orientada por especialistas.

f) Carregar mochilas ou malas muito pesadas, principalmente durante longos períodos de tempo.

g) Dobrar apenas os joelhos ao apanhar algum objeto do chão.

h) Manter os cotovelos abaixo da linha da mesa ao trabalhar no computador.

i) Ao sentar, manter as costas apoiadas no encosto da cadeira.

j) Usar travesseiros que mantenham o pescoço reto ao deitar de lado.

10. A caixa torácica é formada por doze pares de ossos. Como se chamam esses ossos? Que órgãos do nosso corpo são protegidos pela caixa torácica?

11. Ao nascer, uma criança tem mais ossos do que um adulto. Isso acontece porque durante o crescimento alguns ossos se fundem entre si e formam um osso único. É o caso dos quatro últimos ossos da coluna, que estão soldados e formam um único osso. Como se chama esse osso?

12. Quando alguém sofre uma fratura, as partes quebradas devem ser mantidas próximas umas das outras, imobilizadas. Por que esse procedimento é necessário?

13. No interior de alguns ossos, há um tecido conhecido popularmente por "tutano", que desempenha uma função importante para o sangue. Que tecido é esse e qual a função dele?

14. Qual é o sistema do corpo humano que controla os músculos esqueléticos, fazendo com que eles se contraiam?

15. Que estrutura do corpo funciona como ponto de apoio para a maioria dos músculos voluntários do corpo?

16. Se os músculos só podem puxar um osso, mas não empurrá-lo, explique como é possível dobrar e esticar o braço.

17. Observe a figura. Depois, no caderno, responda às questões.

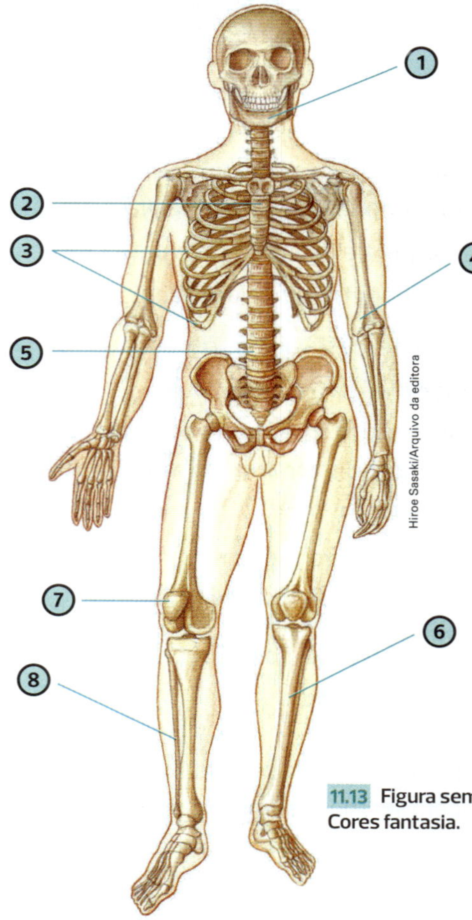

11.13 **Figura sem escala. Cores fantasia.**

a) Que ossos estão presos à coluna e ao esterno? Cite uma função do conjunto desses ossos.

b) Indique um osso longo e um osso chato representados na figura.

c) Indique um osso que ajuda a proteger a medula espinal.

Agora, escreva no caderno o nome das estruturas indicadas por números. E escreva também o nome:

d) do osso mais longo do corpo;

e) do único osso com articulação móvel da cabeça. Explique também qual é a função desse osso.

f) dos ossos que formam o eixo que sustenta o corpo;

g) do osso que protege a articulação do joelho;

h) do osso da região da perna conhecida popularmente como "canela".

Pense um pouco mais

1. No raquitismo, que é provocado pela falta de vitamina D, os ossos da perna ficam curvados. Explique por que isso acontece.

2. Na gravidez, a necessidade de cálcio da mulher aumenta porque parte desse mineral é usada para a formação do esqueleto do bebê. Explique quais são os problemas que podem acontecer com a gestante se a quantidade disponível de cálcio no organismo dela for insuficiente.

3. Fetos e crianças recém-nascidas apresentam um tecido conjuntivo macio entre os ossos do crânio. Trata-se da moleira ou fontanela, que pode ser vista na figura a seguir.

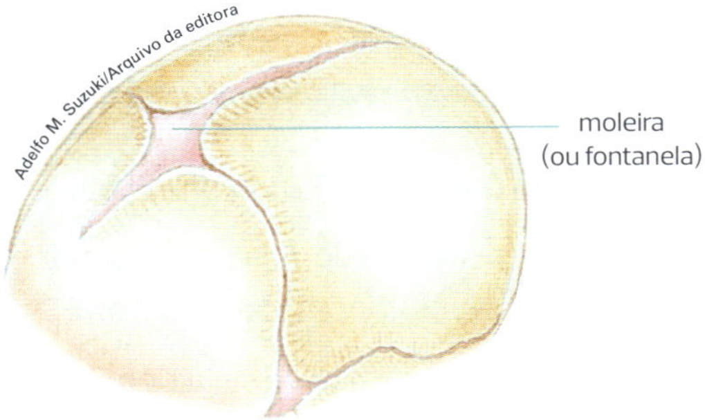

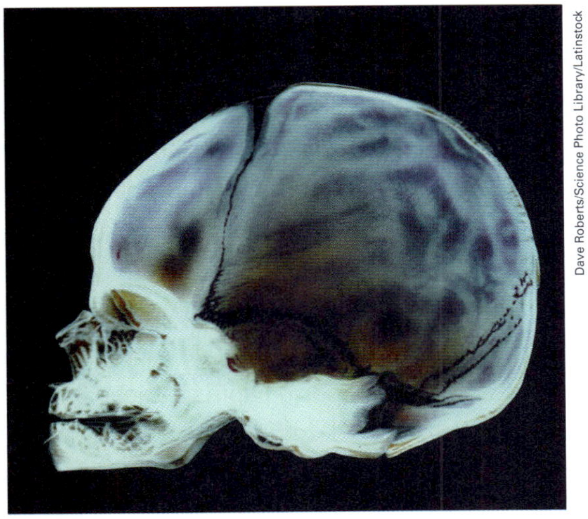

11.14 **Esquema (sem escala; cores fantasia) de moleira (ou fontanela). Na foto, radiografia de crânio de feto com fontanela (região escura na parte de cima do crânio).**

Por volta dos 2 anos de idade, a moleira se fecha, sendo então substituída por tecido ósseo. Mas a existência da fontanela é fundamental no momento do parto. Por quê?

4. A figura a seguir é de uma radiografia de tórax. Ao tirar uma radiografia, a pessoa fica entre um aparelho de raios X e um filme sensível a essa radiação. Os ossos absorvem os raios X e aparecem como manchas claras no filme.

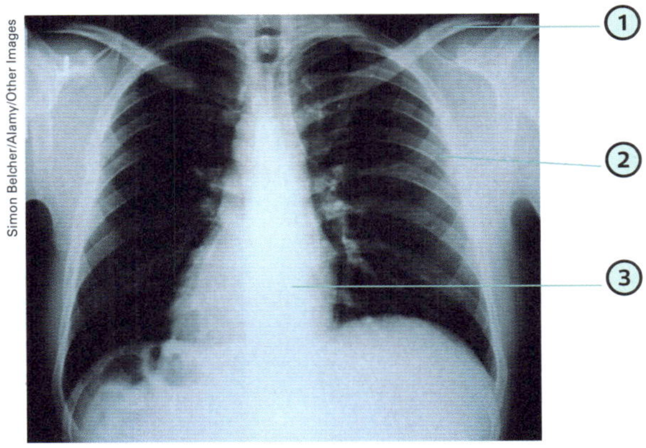

11.15

a) Identifique as partes claras indicadas por números.

b) Que órgão aparece como duas manchas grandes e escuras nas laterais da imagem?

5. Por que um atleta que vai participar de uma série de corridas deve aumentar a quantidade de carboidratos em sua refeição? Por que ele também deve ingerir uma quantidade adequada de líquido?

6. Os ossos funcionam como alavancas. Veja um esquema de alavanca na figura abaixo.

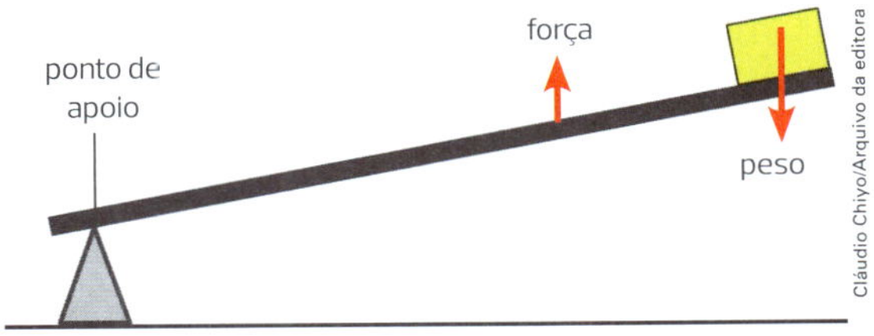

11.16 **Esquema geral de alavancas interpotentes.**

Reveja a figura 11.11. Agora, imagine que você está dobrando o braço com algum objeto pesado na mão e responda:

a) Nessa situação, que parte do corpo funciona como uma alavanca?

b) Que músculo está se contraindo e exercendo a força na alavanca?

c) Em que osso esse músculo se insere?

d) Em que parte do corpo está o peso e em que parte está o ponto de apoio da alavanca?

e) Que músculo está relaxado durante esse movimento?

f) Por que os pares de músculos que atuam dessa maneira são chamados de antagônicos?

g) Como você classifica a alavanca da figura: interfixa, interpotente ou inter-resistente? Justifique sua resposta.

Atenção!
A orientação de um profissional especializado é fundamental para a realização de atividades físicas de forma adequada.

7. Observe novamente a figura 11.10 (página 136). Que região do corpo apresenta vários músculos pequenos, capazes de realizar movimentos precisos e delicados? Que região apresenta músculos volumosos, longos e fortes?

8. Mesmo que uma pessoa fique deitada e totalmente relaxada, pelo menos dois músculos do corpo continuam se contraindo várias vezes por minuto. Quais são esses músculos?

9. Os músculos esqueléticos costumam ter bastante irrigação sanguínea. O que isso quer dizer? Por que esse fato é importante para o trabalho do músculo?

Atividade em grupo

- Escolham um dos temas abaixo para pesquisar (em livros, na internet, CD-ROMs, etc.). Se possível, convidem profissionais da área de saúde, especializados em sistema muscular, para apresentar uma palestra à comunidade escolar sobre o tema. Na palestra podem ser abordados também os cuidados que se deve ter na prática da atividade física, a importância do aquecimento e do alongamento, entre outros.

1. A sigla LER indica um conjunto de doenças. Façam uma pesquisa sobre essas doenças e respondam às questões a seguir.

a) O que significa essa sigla? Quais são as doenças? Quais são as causas?

b) Que órgãos costumam ser afetados? Quais são os sintomas?

c) Qual é o tratamento?

d) Que atividades profissionais costumam apresentar maior incidência dessas doenças?

e) Pode-se dizer que essas doenças chegam a afetar a economia de um país ou de uma empresa? Por quê?

f) Como podemos nos prevenir contra elas?

g) Qual é o significado do termo *ergonomia* e que relação esse conceito tem com as LER?

h) Qual é o significado da sigla Dort?

2. Pesquisem quais são as características dos exercícios aeróbicos e dos anaeróbicos. Pesquisem também quais são os benefícios, para a saúde, da atividade física realizada com a orientação de profissionais especializados e elaborem uma campanha (com cartazes) para promover a prática de atividades físicas. Apresentem o resultado da pesquisa à comunidade escolar. Antes, porém, o trabalho deve ser avaliado por um profissional da área de saúde e pelo professor de Educação Física, que poderá participar da apresentação e fazer uma palestra sobre o tema.

3. Apalpem a região do calcanhar. Nela existe um tendão, o tendão calcâneo, popularmente chamado de "tendão de aquiles". Pesquisem por que esse tendão tem esse nome e expliquem também a origem e o significado da expressão "calcanhar de aquiles".

Mexa-se!

Pesquise os temas a seguir.

1. O que é artrose (ou osteoartrite) e bursite?
2. O que é pé plano? E pé cavo?
3. Toque as partes de seu corpo mencionadas a seguir. Depois, reveja a figura 11.2 e responda no caderno que ossos existem em cada uma das regiões que você tocou:
   a) o punho, no lugar em que você usa o relógio;
   b) o queixo;
   c) a testa;
   d) a parte de cima do tronco, chamada popularmente de "saboneteira";
   e) a parte da frente da perna;
   f) o joelho;
   g) os "nós" nos dedos das mãos;
   h) o calcanhar;
   i) o cotovelo.
4. O que é osteoporose?

Aprendendo com a prática

Para realizar esta atividade, providencie, primeiramente, o que se pede a seguir e depois leia as orientações.

Material

- dois ossos de coxa de galinha limpos
- dois copos
- um pouco de vinagre
- dois pedaços de filme plástico (PVC)
- um pouco de água

Procedimentos

- Ponha um dos ossos de galinha em um copo com vinagre e o outro em um copo com água.
- Cubra os copos com o filme plástico. Deixe os ossos de molho por cerca de 7 dias.
- Ao fim desse prazo, retire os ossos dos copos e lave-os muito bem em água corrente.
- Depois, faça o que se pede e responda às questões a seguir:
  a) Tente dobrar os dois ossos. O que você observou?
  b) Qual é a explicação para o que aconteceu?

Mauro Nakata/Arquivo da editora

11.17

Capítulo

12 Os sentidos

As informações que chegam até nós são filtradas e organizadas por nossos órgãos dos sentidos e pelo cérebro. Mas em certas situações elas podem nos enganar, como acontece nas ilusões de óptica. Observe a figura 12.1.

Neste capítulo vamos conhecer os órgãos que nos fornecem informações sobre o ambiente externo: olhos (visão), orelhas (audição), língua (gustação), nariz (olfato) e pele (tato, calor, frio, etc.).

Darq/Shutterstock/Glow Images

12.1 As três silhuetas humanas são do mesmo tamanho, embora não pareçam. Use uma régua para comprovar isso.

A questão é

Você sabe qual é a função da íris, da lente (cristalino) e da retina? Sabe que fenômenos ocorrem quando o som atinge a orelha? E que sentidos dependem principalmente do nariz, da língua e da pele?

1 A visão

Os olhos são protegidos pelas pálpebras e pelos cílios. Além disso, cada vez que piscamos, certa quantidade de lágrima espalha-se sobre a superfície do olho para protegê-lo.

Quando um corpo estranho entra nos olhos, a produção de lágrimas aumenta automaticamente. Isso também ocorre quando passamos por fortes emoções. Além de impedir que as camadas externas dos olhos percam água e sequem, as lágrimas possuem substâncias que atacam as bactérias.

A **esclera** ou **esclerótica** (a parte branca) protege o olho, nela estão presos músculos que movem os olhos e nos permitem dirigir a visão rapidamente para o que acontece à nossa volta.

A **córnea** é transparente e fica na região da frente do olho, no centro dele. Parte da esclera e a superfície interna das pálpebras são revestidas por uma membrana chamada **conjuntiva**.

Sob a esclera há uma camada cheia de vasos sanguíneos que nutrem as células do olho, a **corioide** (ou coroide). À frente, por baixo da córnea, encontra-se a **íris**, a parte colorida do olho. A cor da íris varia de acordo com a quantidade de pigmento que a pessoa possui: quanto mais pigmentos, mais escuro é o olho.

Observe a estrutura do olho na figura 12.2.

CONTEÚDO DIGITAL

Ao usar o monitor do computador, piscamos menos. Com isso, a lubrificação do olho reduz e podemos sentir ardência e desconforto. Por isso, a cada hora de uso do computador é recomendável fazer outra atividade por cerca de 10 minutos e, periodicamente, consultar o oftalmologista para verificar se não há problema de visão.

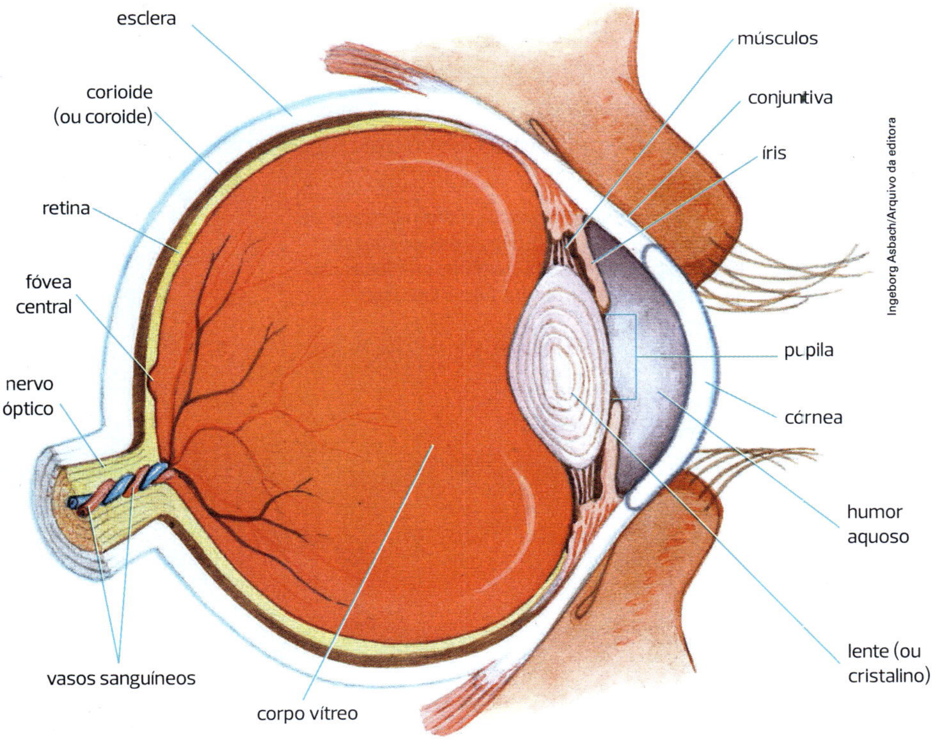

12.2 Esquema simplificado do globo ocular (cerca de 3 cm de diâmetro). (Esquema sem escala. Cores fantasia.)

No meio da íris há uma abertura, a **pupila**, por onde a luz entra depois de passar pela córnea. Observe o que acontece à pupila em ambientes claros e em ambientes escuros. Com um colega, faça a seguinte experiência: vá a um ambiente bem iluminado e observe a pupila dele. Depois, fique em um ambiente pouco iluminado e repita a observação. O que você notou?

A Z

Pupila vem do latim, *pupilla*, 'menininha'. Ao olhar nos olhos de alguém, vemos nossa imagem refletida em miniatura. A pupila é conhecida também como "menina dos olhos". A expressão quer dizer também algo que tem um significado especial para alguém.

Atenção!

Nunca olhe diretamente para o Sol.

A íris possui músculos que podem se contrair ou relaxar, diminuindo ou aumentando o tamanho da pupila de acordo com a iluminação do ambiente. Dessa forma, a íris regula automaticamente a intensidade de luz que entra nos olhos. Observe a figura 12.3.

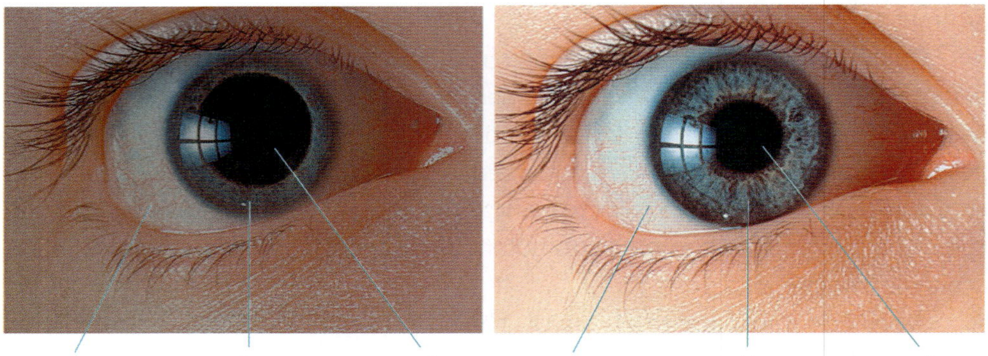

12.3 A íris controla a intensidade de luz que entra nos olhos.

Atrás da íris está a **lente** (pela nova terminologia anatômica) ou **cristalino**, que pode ser comparada com a lente da máquina fotográfica. Isso significa que ela, junto com a córnea, concentra os raios luminosos de modo a formar uma imagem no fundo do olho, na sua camada mais interna e sensível à luz, a **retina**. Reveja a figura 12.2.

A Z
Convergir é dirigir-se para o mesmo ponto.

Entre a lente do olho e a córnea há um líquido, o **humor aquoso**. E entre a lente e a retina há um material gelatinoso, o **corpo vítreo**. O conjunto formado pela lente do olho, pelo humor aquoso e pelo corpo vítreo funciona como um sistema de lentes de uma máquina fotográfica, que faz os raios de luz **convergirem** para a retina. Veja a figura 12.4.

A luz que chega dos objetos até os olhos atravessa a córnea, passa pelo humor aquoso, pela pupila, pela lente e pelo corpo vítreo até chegar à retina.

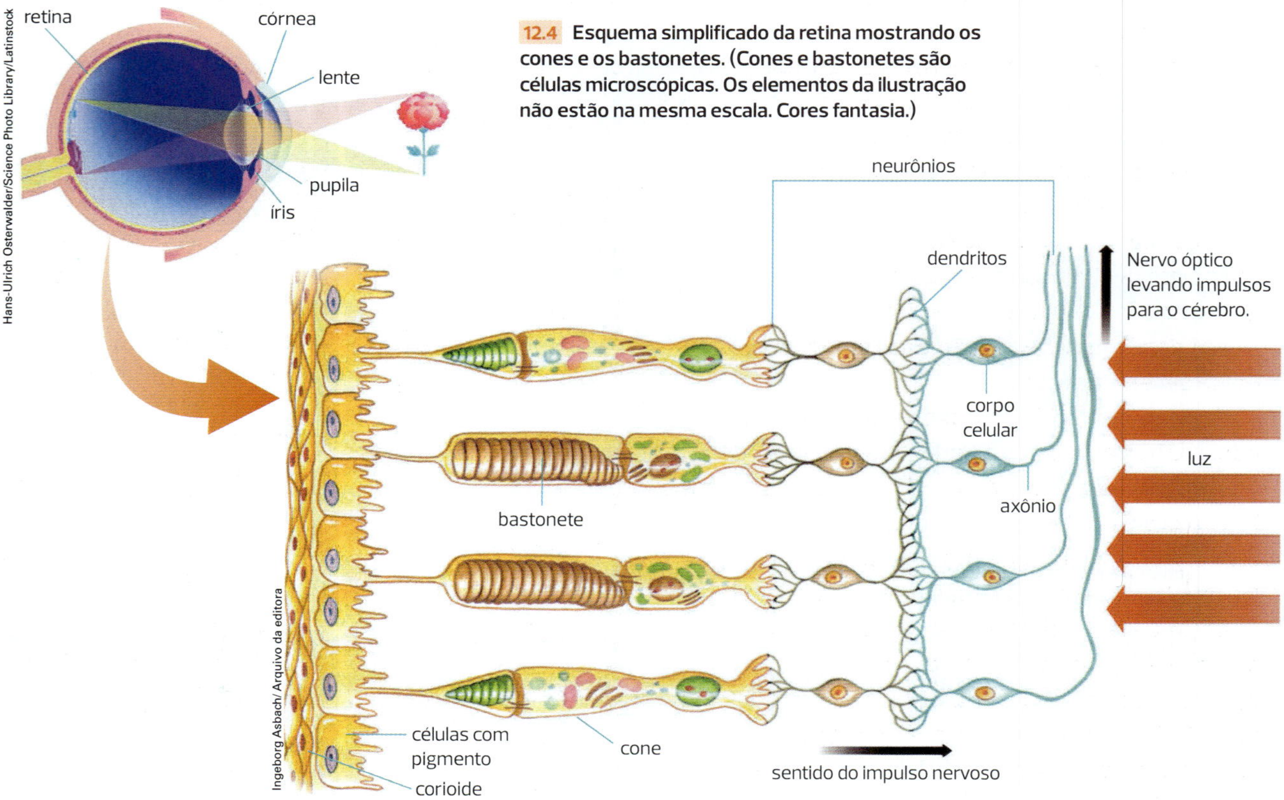

12.4 Esquema simplificado da retina mostrando os cones e os bastonetes. (Cones e bastonetes são células microscópicas. Os elementos da ilustração não estão na mesma escala. Cores fantasia.)

A imagem formada é invertida em relação ao objeto. Mas a imagem será percebida somente quando as mensagens nervosas provenientes da retina chegarem ao cérebro, órgão que fornece a imagem correta do objeto. A função da retina, portanto, é transformar a luz em mensagens nervosas que serão levadas pelo **nervo óptico** até o cérebro.

Na retina encontram-se cerca de 160 milhões de células sensíveis à luz, que podem ser de dois tipos: os **bastonetes** e os **cones**. Os bastonetes são bem sensíveis à luz e captam imagens em lugares pouco iluminados, porém não distinguem cores, e as imagens que eles fornecem não são muito nítidas. Reveja a figura 12.4.

Vemos imagens coloridas porque temos três tipos de cones na retina: os que reagem ao vermelho, os que reagem ao verde e os que reagem ao azul. As cores que percebemos dependem da combinação dos sinais nervosos enviados pelos três tipos de cones.

Enquanto os bastonetes encontram-se com maior frequência na periferia da retina, os cones estão mais concentrados em uma pequena região, a **fóvea central**, que tem o tamanho da cabeça de um alfinete. Os detalhes de uma imagem são formados na fóvea.

Nos cones e nos bastonetes há substâncias que sofrem transformações químicas quando recebem luz. Essas transformações dão origem a mensagens que são levadas pelo nervo óptico até o cérebro, órgão em que a imagem será percebida. Na parte da retina atravessada pelo nervo óptico não há cones nem bastonetes. Essa região em que a imagem não pode ser detectada é o **ponto cego**.

Para saber mais

A visão e as ondas luminosas

O que acontece quando os raios de luz chegam aos nossos olhos? Para compreender isso, você precisa conhecer um fenômeno chamado refração (você vai saber mais sobre esse fenômeno no 9º ano).

Faça uma experiência: mergulhe um canudinho plástico em um copo com água e observe-o do alto. Você notará que o canudinho parece torto. Na verdade, ele continua reto – é a imagem de sua parte submersa que produz essa impressão. Isso acontece porque a luz, quando passa da água para o ar, sofre uma mudança de direção.

Quando os raios de luz emitidos ou refletidos por um objeto qualquer passam de um meio para outro (por exemplo, da água para o ar ou do ar para a água), eles podem mudar de direção. Esse fenômeno é chamado de refração da luz.

A refração também acontece quando os raios luminosos atravessam uma lente. Ao atravessá-la, a luz muda duas vezes de meio: primeiro, passa do ar para a lente e, depois, da lente para o ar. Nas chamadas lentes convergentes, como as lentes de aumento, os raios de luz paralelos que as atravessam convergem para um único ponto. Já nas chamadas lentes divergentes, como as lentes de óculos para a miopia, os raios de luz paralelos que as atravessam se afastam uns dos outros. A figura 12.5 mostra o que acontece com os raios luminosos quando atravessam esses dois tipos de lente.

Algo semelhante acontece no olho humano: os raios de luz sofrem um desvio (mudam de direção) ao passar pela córnea e pela lente do olho (ou cristalino) – que funcionam como lentes convergentes – e formam na retina uma imagem invertida do objeto. O cérebro humano, porém, interpreta essas informações, e as imagens são registradas sem a inversão.

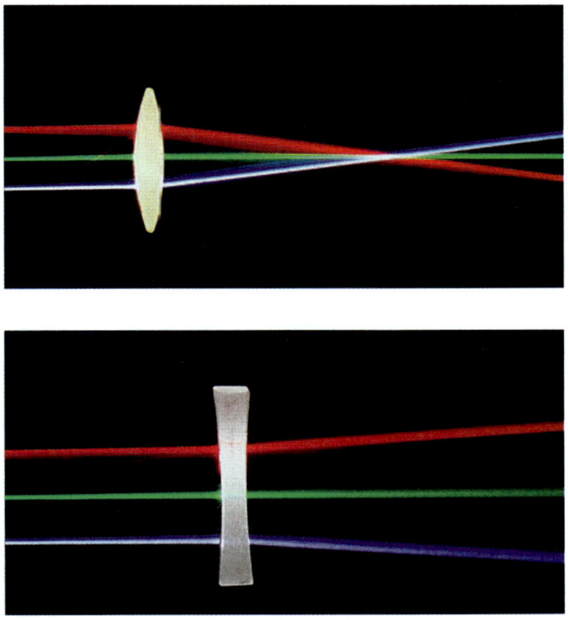

Fotos: David Parker/Science Photo Library

12.5 A trajetória da luz depois de passar por uma lente convergente (1ª foto) e por uma divergente (2ª foto).

Problemas da visão

A lente do olho é um pouco elástica, e os músculos presos a ela podem mudar sua curvatura, desviando os raios luminosos de modos diferentes para que a imagem caia sobre a retina. Essa capacidade, chamada de acomodação, põe em foco objetos situados a distâncias diversas. Observe a figura 12.6.

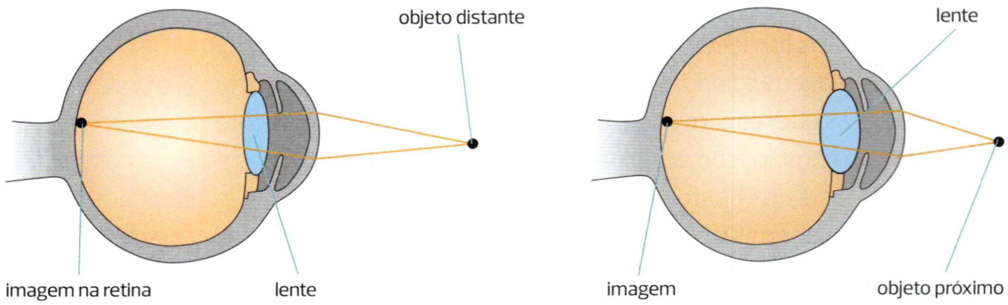

12.6 A mudança da curvatura da lente permite que imagens situadas a distâncias diversas se formem sobre a retina. (Figura sem escala. Cores fantasia.)

Com o passar dos anos, porém, a lente vai perdendo a elasticidade. Isso resulta na dificuldade de enxergar de perto, ou seja, de pôr em foco os objetos próximos: trata-se da vista cansada ou **presbiopia**, que costuma ocorrer depois dos 40 anos. O problema é corrigido com o uso de óculos com lentes que desviam os raios luminosos e fazem a imagem formar-se na retina. Veja a figura 12.7.

A Z

Presbiopia vem do grego *presbys*, 'antigo', e *opsis*, 'olho'.

Miopia vem do grego *myein*, 'cerrar', e *opsis*, 'olho', porque a pessoa míope aperta as pálpebras para ver melhor.

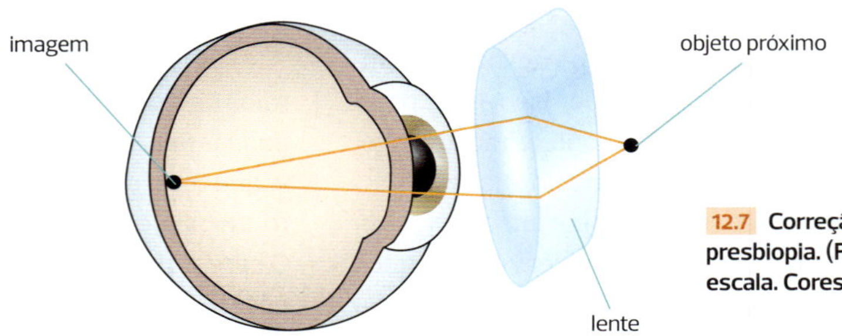

12.7 Correção da presbiopia. (Figura sem escala. Cores fantasia.)

Em geral, a imagem se forma exatamente sobre a retina, e a visão é nítida. Algumas pessoas, porém, possuem um globo ocular mais alongado ou uma lente mais espessa, nesse caso, o ponto em que a imagem é focalizada fica um pouco à frente da retina. Reveja a figura 12.7. Se o objeto está próximo do olho, a lente consegue mudar de forma a se acomodar. Mas os objetos mais distantes passam a ser vistos fora de foco, o que resulta na dificuldade de enxergar de longe: é a **miopia**.

A correção da miopia é feita com lentes divergentes, em óculos ou lentes de contato, que desviam os raios luminosos e fazem com que a imagem se forme na retina. Veja, na figura 12.8, como isso ocorre.

12.8 Miopia e sua correção. As lentes divergentes afastam os raios luminosos uns dos outros, formando um feixe divergente. (Figura sem escala. Cores fantasia.)

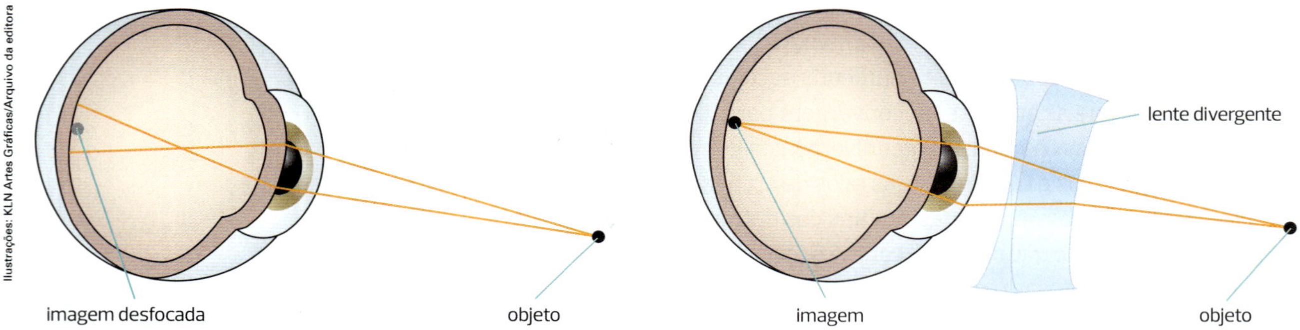

12.9 A imagem à esquerda representa a visão de um míope.
Na imagem à direita, uma representação da imagem corrigida pelo uso de óculos ou lentes de contato.

Um problema de visão oposto à miopia é a **hipermetropia**. Na pessoa com hipermetropia, em geral, o diâmetro do globo ocular é mais curto. Por isso, o ponto em que a imagem se forma fica depois da retina. Veja a figura 12.10. Nesse caso, a elasticidade da lente permite que ela mude de forma e se acomode para focalizar objetos distantes, mas os objetos mais próximos são vistos fora de foco, o que resulta na dificuldade de enxergar de perto.

O uso de lentes convergentes, que desviam os raios luminosos e fazem a imagem se formar sobre a retina, corrige a hipermetropia. A figura 12.9 mostra como isso funciona. Há também cirurgias a *laser* que modificam a córnea e corrigem problemas como a miopia e a hipermetropia. Mas é preciso que o oftalmologista considere a indicação para essas cirurgias de acordo com cada caso individual.

12.10 Hipermetropia e sua correção. Lentes convergentes aproximam os raios luminosos uns dos outros, isto é, tornam-nos convergentes. (Figura sem escala. Cores fantasia.)

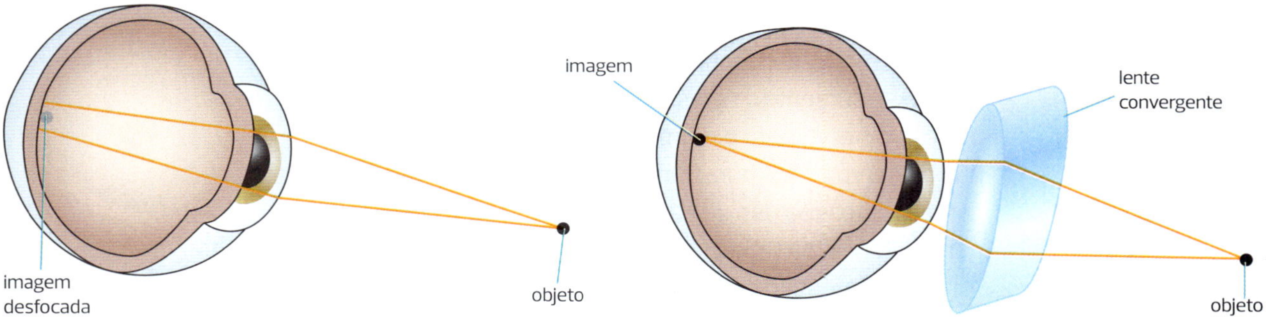

Em algumas pessoas, a lente ou a córnea (ou ambos) tem um formato irregular. Com isso, a imagem fica fora de foco em algumas direções: é o **astigmatismo**. A correção é feita com lentes que fazem alguns raios convergirem mais do que outros. Desse modo elas compensam a curvatura desigual do olho. Veja a figura 12.11.

Astigmatismo vem do grego *a*, 'sem', e *stygma*, 'ponto', 'marca'.

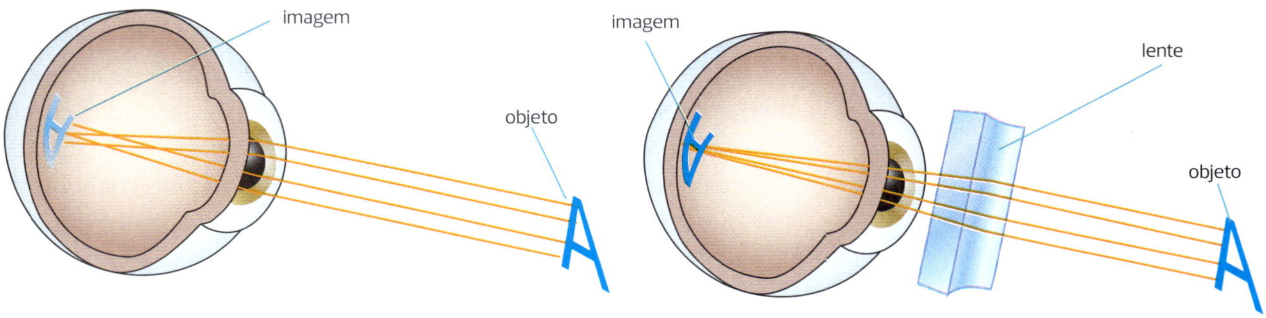

12.11 Astigmatismo e sua correção. (Figura sem escala. Cores fantasia.)

Na catarata, a lente do olho pode aparecer translúcida quando examinada por instrumentos especiais, de modo semelhante ao que se vê por trás de uma cascata ou catarata.

A **catarata** é um problema em que a lente perde parte da transparência e prejudica a visão. É mais comum após os 50 anos. O problema pode ser corrigido retirando-se a lente do olho por meio de cirurgia e substituindo-a por uma lente artificial. Veja a figura 12.12.

B. Boissonnet/BSIP/Alamy/Latinstock

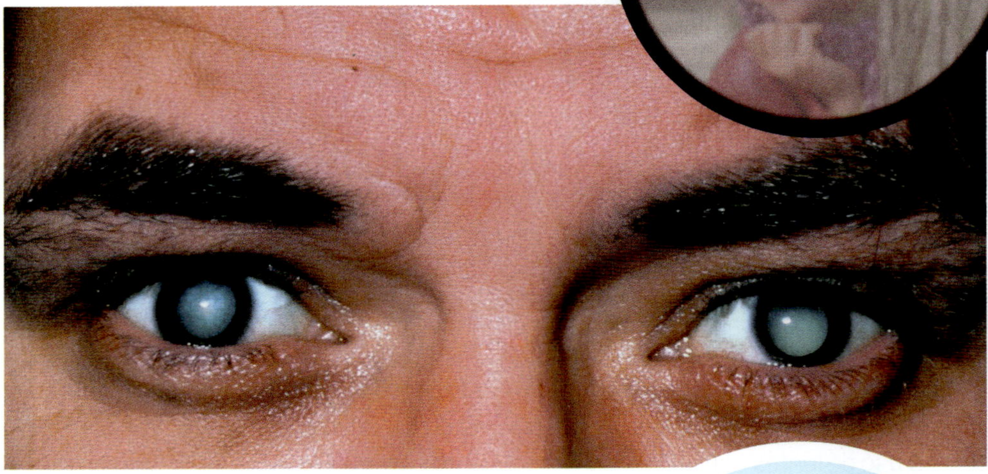

Sue Ford/Science Photo Library/Latinsotck

12.12 Indivíduo com catarata em estado avançado nos dois olhos. A pessoa com essa condição enxerga como se estivesse no meio da neblina (como no detalhe no alto, à direita).
Ao lado, técnico mostra uma lente artificial usada para corrigir o problema.

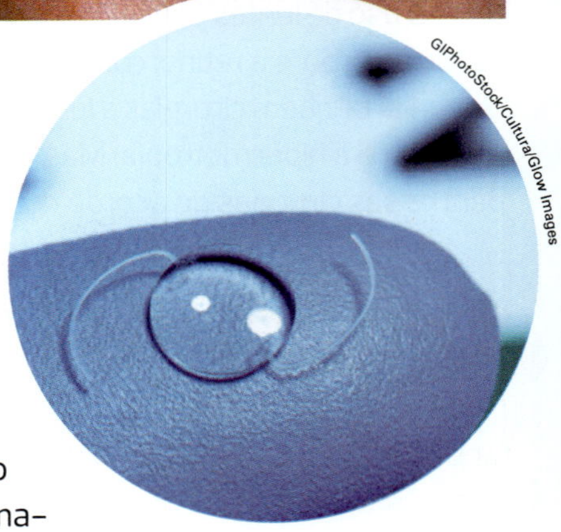

GIPhotoStock/Cultura/Glow Images

Glaucoma vem do grego *glaux*, 'azulado'.

Daltonismo vem do nome do físico inglês John Dalton, um dos primeiros cientistas a estudar essa anomalia, da qual ele mesmo era portador.

Já no **glaucoma** há um excesso de humor aquoso, o que aumenta a pressão dentro do olho. Esse aumento de pressão pode destruir aos poucos o nervo óptico e provocar a cegueira. Se não há nervo óptico para transmitir a mensagem ao cérebro a pessoa não vê nada, mesmo que uma imagem se forme na retina.

O diagnóstico é feito pelo oftalmologista, que mede a pressão intraocular e verifica se está havendo destruição do nervo óptico. O tratamento é feito com medicamentos ou cirurgia.

12.13 Pessoas com certos tipos de daltonismo têm dificuldade de enxergar o número 15 neste quadro (mas o diagnóstico deve ser feito apenas pelo médico).

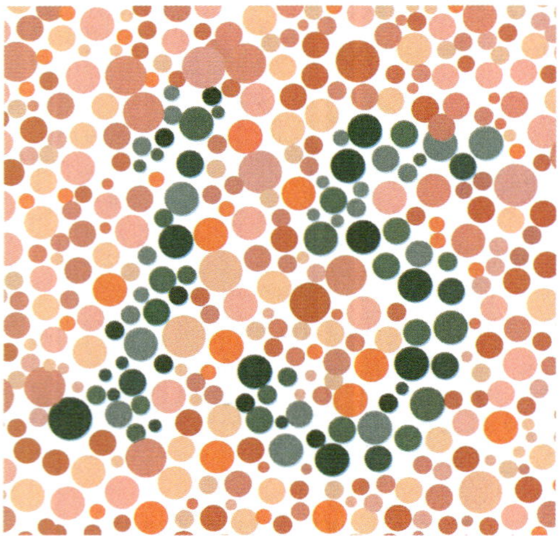

Annabella Bluesky/Science Photo Library/Latinstock

Em razão de um problema genético, algumas pessoas nascem com um ou mais tipos de cone em número reduzido ou ausentes. Consequentemente, essas pessoas têm dificuldade de distinguir certas cores: é o **daltonismo**.

Cada pessoa enxerga as cores de acordo com o tipo de cone que possui. Um daltônico, por exemplo, pode enxergar o amarelo e o azul, mas as demais cores são percebidas como branco, preto ou tons de cinza. Ou ele vê o verde e o vermelho, mas não identifica o amarelo e o azul. São poucos os daltônicos que não detectam nenhuma cor e percebem apenas o branco, o preto e os tons de cinza.

Para detectar o daltonismo o médico pode usar alguns quadros de cores, como o da figura 12.13.

Conjuntivite é a inflamação da conjuntiva, a membrana que reveste parte da esclerótica e a superfície interna das pálpebras. Veja na figura 12.4 um caso típico de conjuntivite. Há várias causas: bactérias, vírus, entre outras. Os olhos costumam ficar avermelhados, e o indivíduo pode ter uma sensação incômoda, como se tivesse areia nos olhos.

É importante procurar o médico: não use colírios ou outros medicamentos por conta própria. Eles podem provocar efeitos indesejados e até outras doenças.

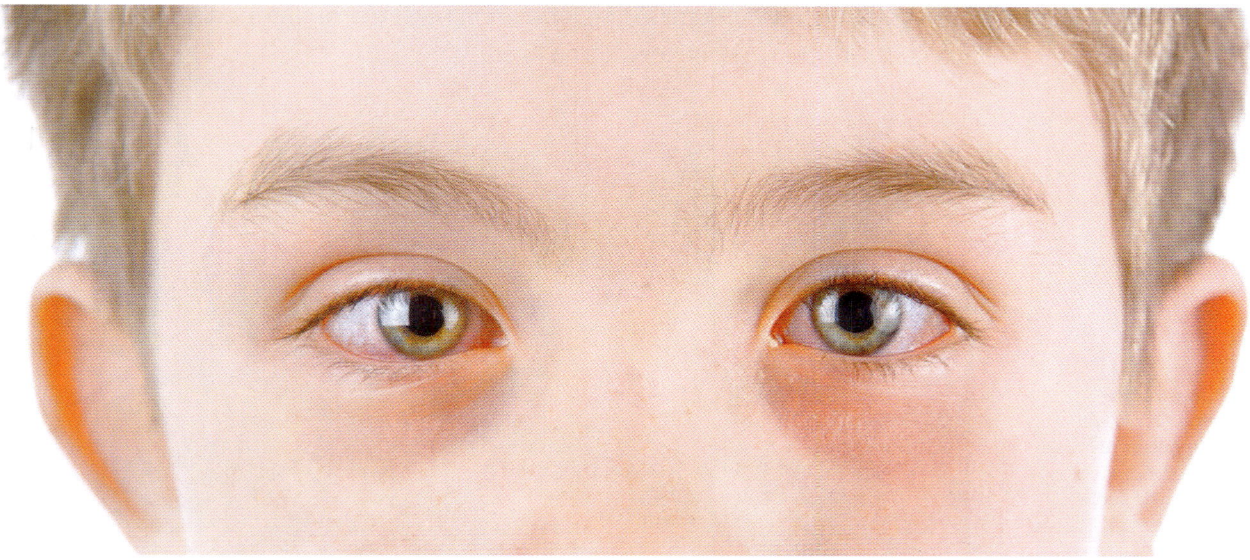

12.14 Garoto com conjuntivite nos dois olhos.

Suzanne Tucker/Shutterstock/Glow Images

Na **degeneração macular**, mais comum em pessoas idosas, a mácula (região central da retina onde a imagem se forma com mais nitidez) é afetada. Dependendo do tipo de degeneração, há tratamentos que podem retardar a evolução da doença. Outro recurso é o uso de aparelhos, como as lupas, que auxiliam a visão.

Nas pessoas diabéticas, o problema são as doenças na retina. Nesse caso, é fundamental controlar a taxa de açúcar no sangue e ir periodicamente ao oftalmologista para um exame de fundo de olho.

Nos países pobres, uma das causas de cegueira em crianças é a deficiência de vitamina A. Nesse caso, melhores condições de alimentação, com um bom suprimento de alimentos ricos nessa vitamina, preveniriam a doença.

Ciência e História

A invenção dos óculos

As mais antigas lentes corretivas, feitas para enxergar melhor de perto, eram produzidas com vidros cheios de água ou pedras preciosas bem finas e polidas. Acredita-se que tais lentes fossem usadas desde o século I d.C. Os óculos, porém, só foram inventados no século XIII, em fábricas de vidro da cidade de Murano, na Itália.

Nessa época, o filósofo inglês Roger Bacon (1214-1294) realizou grandes avanços nos estudos sobre a óptica, possibitando a criação de lentes de cristal para corrigir problemas de visão. Bacon, assim como outros pensadores daquele século, começou a questionar as explicações da época para os fênomenos naturais de caráter místico e que não dependiam da observação. Passou, então, a buscar na observação e na experimentação as respostas para as suas questões. Sua atitude teve grande importância para o desenvolvimento da investigação científico.

2 Audição e equilíbrio

Na linguagem comum costuma-se usar orelha como sinônimo de pavilhão auricular (ou auditivo), a parte externa desse órgão.

Os órgãos popularmente conhecidos como "ouvidos" nos permitem muito mais do que ouvir sons: eles também são órgãos do equilíbrio, que fornecem ao cérebro informações sobre o movimento e a posição do nosso corpo. Por isso os cientistas que estudam a anatomia do corpo e dão nome aos órgãos recomendam que se use o termo orelha em vez de ouvido.

A orelha é dividida em três regiões: **orelha externa**, **orelha média** e **orelha interna**. Sua estrutura pode ser observada na figura 12.15.

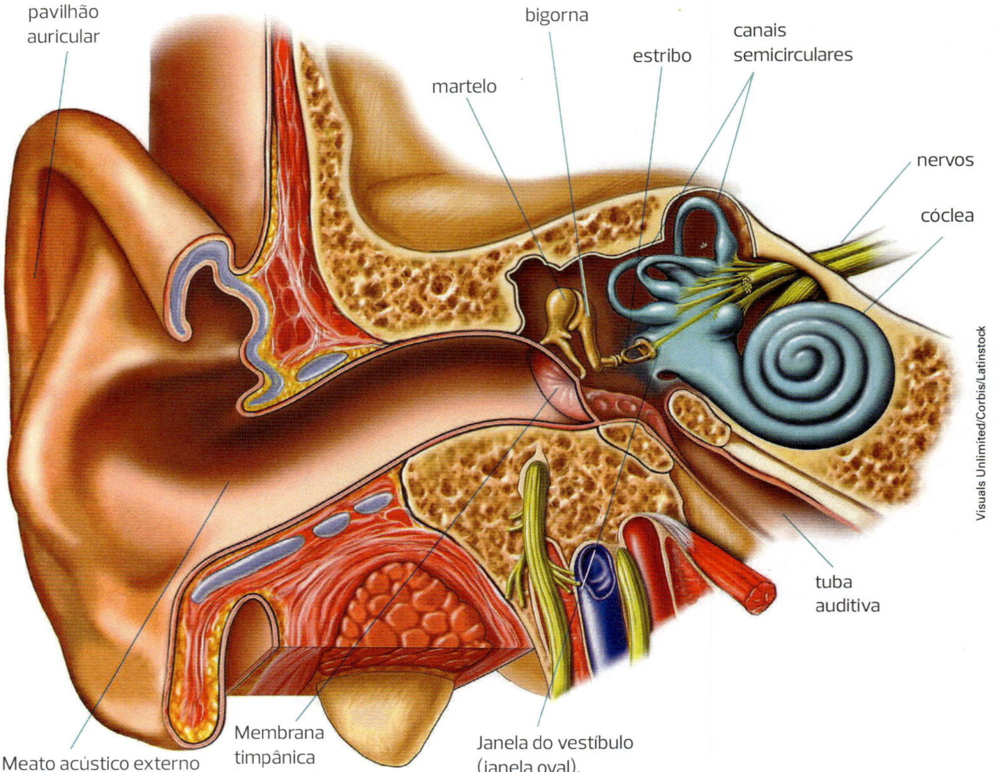

12.15 A estrutura da orelha. Os nervos levam impulsos nervosos até o cérebro, onde temos a sensação de audição. (Figura sem escala. Cores fantasia.)

A orelha externa é formada pelo **pavilhão auricular** (também conhecido como pavilhão da orelha), pelo **meato acústico externo** (chamado **canal auditivo** na antiga terminologia) e pela **membrana timpânica** (chamada **tímpano** na antiga terminologia). A orelha externa capta as ondas sonoras, que são levadas até a membrana timpânica. Essa membrana fica esticada como se fosse a pele de um tambor e vibra de acordo com o som que chega até ela.

As vibrações da membrana timpânica são transmitidas para três ossículos (pequenos ossos) na orelha média, articulados entre si: o **martelo**, a **bigorna** e o **estribo**. Eles funcionam como um sistema de alavancas, que pode amplificar ou diminuir as vibrações do tímpano e protege os ouvidos contra sons muito fortes. Para isso existem pequenos músculos que estão presos a esses ossos e que podem frear os movimentos deles.

O movimento do estribo faz vibrar uma membrana, a **janela oval**. E a vibração dessa membrana faz vibrar um líquido no interior de um tubo com a forma de concha de caracol, a **cóclea**, situada na orelha interna. A vibração desse líquido estimula as células sensitivas dentro da cóclea, agrupadas em um órgão, o **órgão espiral** (chamado de órgão de Corti na antiga terminologia).

As células ciliadas sensitivas transformam as vibrações em mensagens nervosas, que são levadas ao cérebro pelo nervo vestibulococlear. É no cérebro que se forma a sensação do som. A figura 12.16 mostra detalhes dessa parte da orelha

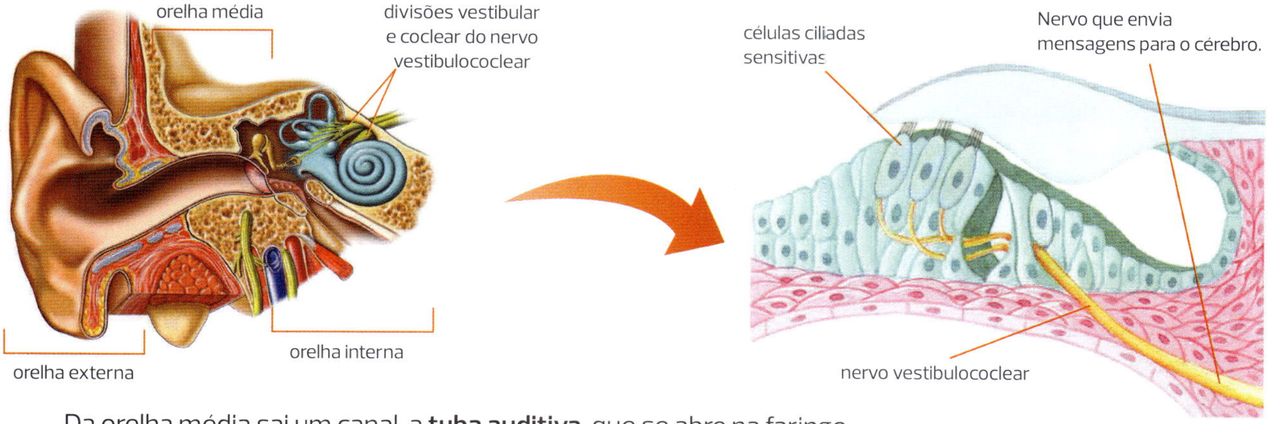

Visuals Unlimited/Corbis/Latinstock

Hiroe Sasaki/Arquivo da editora

12.16 Partes da orelha e detalhe do órgão espiral. (As células são microscópicas. Figura sem escala. Cores fantasia.)

Da orelha média sai um canal, a **tuba auditiva**, que se abre na faringe.

A tuba auditiva permite que a pressão do ar de dentro da orelha média se equilibre com a da atmosfera. Vamos ver como isso acontece a partir de um exemplo.

Quando subimos uma serra de carro ou de ônibus, sentimos uma pressão na orelha. É que, como a pressão atmosférica diminui com a altitude, fica menor do que a pressão do ar na orelha. A membrana timpânica é então pressionada de dentro para fora e fica um pouco curvada. Se continuar assim, a membrana timpânica não pode vibrar direito, o que prejudica a audição. A saída de parte do ar pela tuba auditiva equilibra as pressões e resolve o problema. De modo geral, isso ocorre naturalmente, mas podemos facilitar esse processo engolindo um pouco de saliva, mastigando ou bocejando.

O equilíbrio do corpo

Além da cóclea, a orelha interna possui canais, os **canais semicirculares**, e uma cavidade, o **vestíbulo**, sendo, por isso, também chamada de **labirinto**. Os canais e a cavidade estão cheios de líquido.

Quando movemos a cabeça, ou quando nos movimentamos, o líquido dos canais semicirculares e de outras cavidades, juntamente com pequenos cristais de cálcio, se desloca e estimula as células sensitivas da cóclea. Estas, por sua vez, enviam mensagens ao cérebro, que identifica o tipo de movimento realizado (para os lados, para a frente, etc.) e corrige o corpo. Essas informações são importantes para manter o equilíbrio, outro sentido do corpo.

Quando uma pessoa roda o corpo e para de repente, o líquido nos canais e nas cavidades continua a se deslocar por alguns instantes. Consequentemente, são enviadas ao cérebro informações de que o corpo está se movimentando. Mas essas informações não são coerentes com a percepção de que o corpo está parado. O conflito de informações faz a pessoa ficar tonta temporariamente.

Quando andamos de barco também há um conflito de informações: o piso do barco está fixo, mas a visão nos mostra que ele se desloca. Em algumas pessoas, esse conflito pode provocar enjoos e até vômitos.

Existem várias doenças que afetam o labirinto, chamadas de labirintopatias (*labirintite*, termo usado popularmente para denominá-las, é apenas um tipo de labirintopatia, que se caracteriza pela infecção ou inflamação da orelha interna). Dependendo do problema, a pessoa pode ter tonturas, vertigens, enjoos, dor de cabeça, ouvir zumbidos ou outros sintomas. O tratamento é feito de acordo com a causa do problema e somente o médico pode diagnosticá-lo e tratá-lo corretamente.

Para saber mais

Ondas sonoras

Gotas de chuva caindo na água formam ondas em sua superfície. Cordas de um violão vibrando também formam ondas, que, nesse caso, se propagam pelo ar, graças à vibração das partículas de gases que formam o ar. Essa é uma característica das ondas mecânicas: elas são perturbações que transmitem energia e se propagam por vibrações das partículas de um meio (as ondas eletromagnéticas não precisam de um meio para se propagar, como você vai estudar adiante).

O som que ouvimos resulta de ondas sonoras captadas pela orelha e transformadas em impulsos nervosos, que são interpretados como sons no cérebro.

Quando puxamos as cordas de um violão, elas vibram comprimindo o ar que está à volta. Surgem assim, ao redor delas, regiões em que o ar está mais comprimido – isto é, regiões em que as partículas do ar estão mais juntas – e regiões em que o ar está menos comprimido – isto é, regiões em que as partículas estão mais afastadas.

Essa alternância de regiões de compressão e descompressão (rarefação) do ar forma a onda sonora. Veja a figura 12.17.

No caso das ondas sonoras, a frequência de vibração das partículas do ar determina uma das características do som: a altura. A altura de um som refere-se ao fato de ele ser mais ou menos agudo ou mais ou menos grave: quanto maior a frequência de uma onda sonora, mais agudo é o som (ou mais alto); quanto menor sua frequência, mais grave é o som (ou mais baixo).

Já aquilo que no dia a dia chamamos altura do som, em ciências corresponde à sua intensidade. Assim, quando, por exemplo, pedimos a uma pessoa que fale "mais alto", na verdade estamos pedindo que emita sons com maior intensidade. A intensidade do som ("forte" ou "fraco") depende da energia transportada pela onda: quanto maior a energia que a onda transporta, maior a amplitude de vibração das partículas de ar e maior a intensidade do som. (No 9º ano, você vai saber mais sobre ondas sonoras.)

12.17 **Conforme a menina toca o violão, surgem no ar regiões em que as partículas estão mais próximas e outras em que as partículas estão mais distantes. A alternância de compressão e descompressão está representada em cinza.**

Mauro Nakata/ Arquivo da editora

Poluição sonora e problemas de audição

Os efeitos da poluição sonora dependem da intensidade do som, do tempo de exposição e da sensibilidade da pessoa, e podem variar de zumbidos e perda passageira da audição até a redução ou perda irreversível da audição. Mas a poluição sonora não afeta apenas a audição, ela também gera estresse e problemas relacionados com essa situação.

A intensidade do som pode ser medida por meio da unidade decibel (dB). Em tom normal, a voz humana produz um som da ordem de 60 decibéis. Uma buzina muito alta, uma britadeira ou um ônibus podem produzir um barulho de 100 decibéis. Quanto maior a intensidade sonora, menor o tempo necessário para que a exposição cause alguma perda de audição. Por isso, o limite de tolerância a ruídos estabelecido pelo Ministério do Trabalho para ambientes industriais é de 85 dB durante 8 horas diárias. Para intensidades maiores, o tempo de exposição tem de ser progressivamente reduzido. Há leis que limitam o número de horas que determinados profissionais podem trabalhar por dia em função da intensidade sonora a que ficam expostos. Veja a figura 12.18.

O decibel é um submúltiplo de outra unidade, o *bel*, nome dado em homenagem a Alexander Graham Bell (1847-1922), o inventor do telefone.

Fonte sonora	Intensidade sonora em decibéis (nível de pressão sonora)
Turbina de avião a jato	140
Arma de fogo	130-140
Serra elétrica	110
Cortador de grama	107
Shows de *rock*, com distância de 1 a 2 metros da caixa de som	105-120
Furadeira pneumática	100-105
Piano tocando forte	92-95
Pátio do Aeroporto Intenacional do Rio de Janeiro (medição fornecida pela Infraero)	80-85
Avenida movimentada	85
Tráfego pesado	80
Automóvel (passando a 20 metros)	70
Conversação a 1 metro	60
Sala silenciosa	50
Área residencial à noite	40
Falar sussurrando	20

Tempo de exposição máxima por dia, em horas	Nível sonoro em decibéis
8	85
6	92
4	95
3	97
2	100
11/2	102
1	105
1/2	110
<1/4	115

12.18 Tabelas relacionam fontes sonoras e intensidade; e tempo de exposição máximo conforme nível sonoro. Tabelas adaptadas de: <www.saudeauditiva.org.br/novo_site/?s=decibeis.php>. Acesso em: 7 nov. 2014.

Atenção!
Procure ajuda médica tão logo perceba qualquer alteração em sua audição.

Para minimizar o problema, é preciso adotar medidas de planejamento urbano para desviar o trânsito pesado de zonas residenciais, hospitais e áreas de lazer; conservar e ampliar áreas verdes (que funcionam como barreiras contra os ruídos); promover campanhas educativas para evitar o uso excessivo da buzina (por lei, na área urbana, a buzina só pode ser usada em toques breves para evitar acidentes; fora dessa área, pode ser usada em ultrapassagens); fiscalizar os bares e outras casas noturnas para que respeitem os limites sonoros estabelecidos por lei; construir aeroportos longe de locais populosos; criar leis para obrigar pessoas que trabalham em lugares muito barulhentos a usar tampões nas orelhas e fiscalizar o cumprimento dessa ação, além de limitar o tempo de exposição do trabalhador em função do número de decibéis do ambiente, pois, quanto maior o número de decibéis, menor é o tempo de exposição tolerável. Finalmente, é preciso evitar os locais muito barulhentos, assim como ouvir música com o som muito alto.

O hábito de ouvir música alta com fones de ouvido pode causar sérios problemas de audição. Os equipamentos com fones de ouvido costumam trazer um aviso sobre o volume, veja a figura 12.19. O problema é que nem sempre as pessoas o leem ou respeitam os limites aconselhados.

Procure deixar o volume do aparelho na metade do volume máximo; se o som que sai dos fones puder ser ouvido também pelas pessoas ao seu redor, isso significa que o volume de som está muito alto e pode lhe prejudicar. Além disso, evite ouvir música com fone de ouvido muitas horas seguidas.

A perda total ou parcial da audição não é provocada apenas pela poluição sonora: ela pode ter diferentes causas: perfurações da membrana timpânica, infecções (otites), fatores hereditários, etc.

A perda de audição pode ser corrigida com medicamentos, cirurgias ou aparelhos que amplificam o som. Um recurso utilizado pelas pessoas portadoras de deficiência auditiva é a linguagem de sinais. O diagnóstico e tratamento dos problemas de audição é feito pelo **otorrinolaringologista**.

Otorrinolaringologista vem do grego *otos*, 'orelha'; *rinos*, 'nariz'; *laringo*, 'garganta'.

Connel/Shutterstock/Glow Images
Reprodução/Arquivo da editora

12.19 **Ouvir música com fones de ouvido é muito comum e pode nos ajudar em várias tarefas, mas é fundamental que se respeitem os limites aconselhados.**

3 Olfato

Pelo olfato reconhecemos o cheiro de diversas substâncias. Desse modo, podemos identificar um alimento estragado ou algum produto capaz de causar danos à saúde. No entanto, é bom lembrar que nem todas as substâncias perigosas e nem todos os alimentos estragados podem ser identificados pelo cheiro.

Nós só podemos perceber o cheiro porque as substâncias soltam partículas no ar. Quando essas partículas chegam às **cavidades nasais** (**fossas nasais**, na terminologia antiga), elas estimulam as células sensitivas, os **receptores olfatórios**, que se concentram em uma região das cavidades nasais. Pelo **nervo olfatório**, essas células mandam mensagens ao cérebro, que nos permite identificar o cheiro da substância. Veja a figura 12.20.

O olfato humano não é tão desenvolvido quanto o da maioria dos mamíferos. Ainda assim, temos cerca de 16 milhões de receptores olfatórios, que possibilitam uma percepção de cerca de 10 mil odores diferentes.

Quando estamos resfriados, o excesso de muco produzido no nariz dificulta o contato dos receptores olfatórios com as partículas responsáveis pelo cheiro. O resultado é que os alimentos perdem muito do sabor.

Boa parte do que conhecemos como sabor do alimento deve-se ao olfato: com o nariz e os olhos tapados, pode ser difícil distinguir, só pelo gosto, uma maçã de uma cenoura.

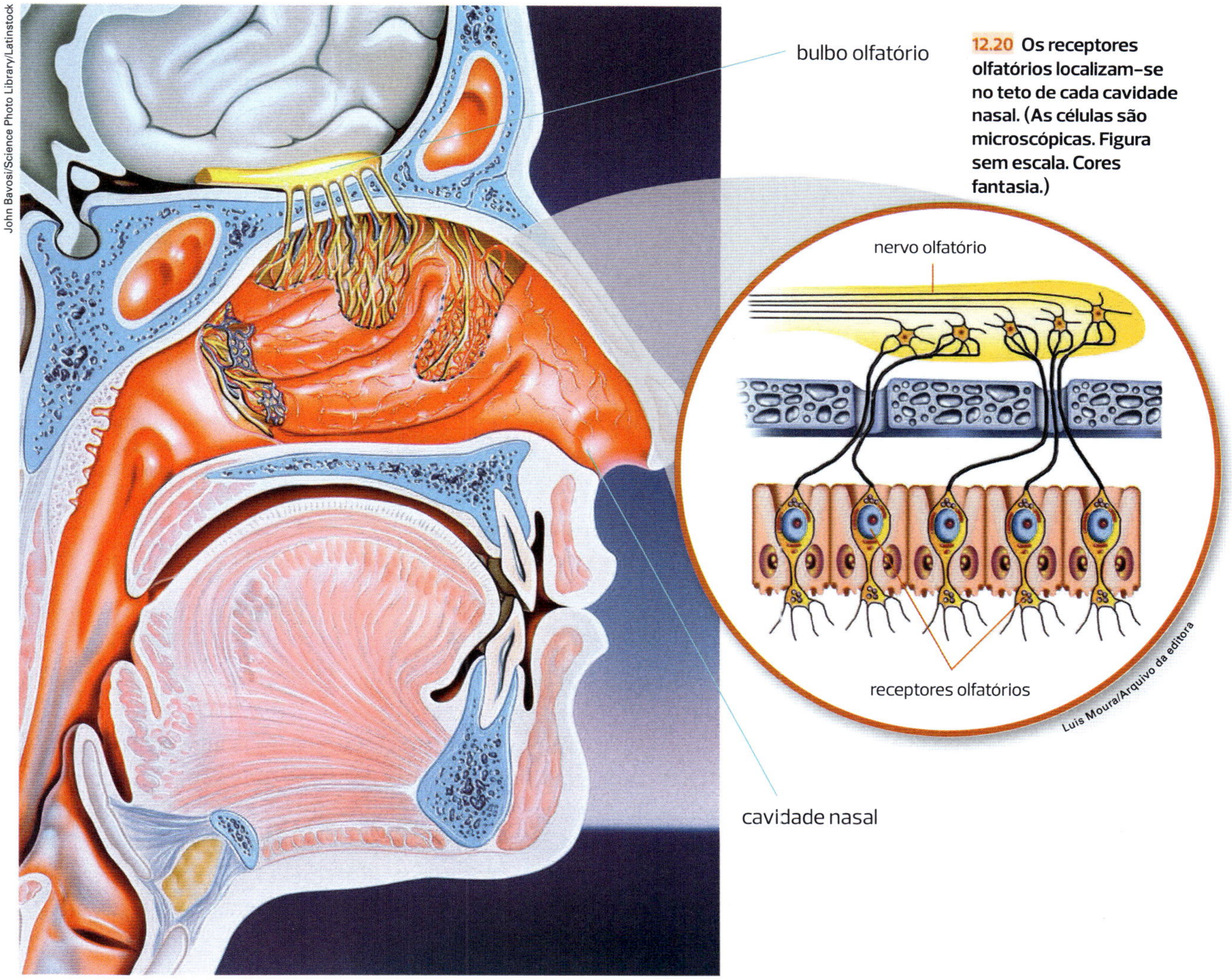

12.20 Os receptores olfatórios localizam-se no teto de cada cavidade nasal. (As células são microscópicas. Figura sem escala. Cores fantasia.)

4 Gustação

A gustação também é chamada paladar.

O sentido da gustação nos dá informações sobre certas substâncias dissolvidas nos alimentos. Por meio da gustação, é possível perceber centenas de gostos diferentes e reconhecer diversos tipos de alimento. Podemos identificar, por exemplo, alimentos ricos em açúcares e evitar alimentos estragados ou substâncias venenosas. Mas, assim como em relação ao cheiro, nem todas as substâncias prejudiciais podem ser identificadas por esse sentido.

Na parte de cima da língua, há pequenas elevações que podem ser vistas a olho nu, as **papilas gustatórias**. Cada papila contém **botões gustatórios**, que só podem ser vistos com o auxílio de microscópio. Na língua há cerca de 9 mil botões gustatórios.

Quando os botões gustatórios são estimulados por partículas de alimento dissolvidas na saliva, eles enviam mensagens ao sistema nervoso. Este, por sua vez, traduz as mensagens nas sensações de sabor. Veja essas estruturas em detalhe na figura 12.21.

Com os botões gustatórios, percebemos quatro tipos de sensações fundamentais (sabores básicos): o doce, o salgado, o azedo e o amargo. Porém, o sabor total de um alimento envolve não apenas uma combinação das quatro sensações, mas também o cheiro e a textura do alimento.

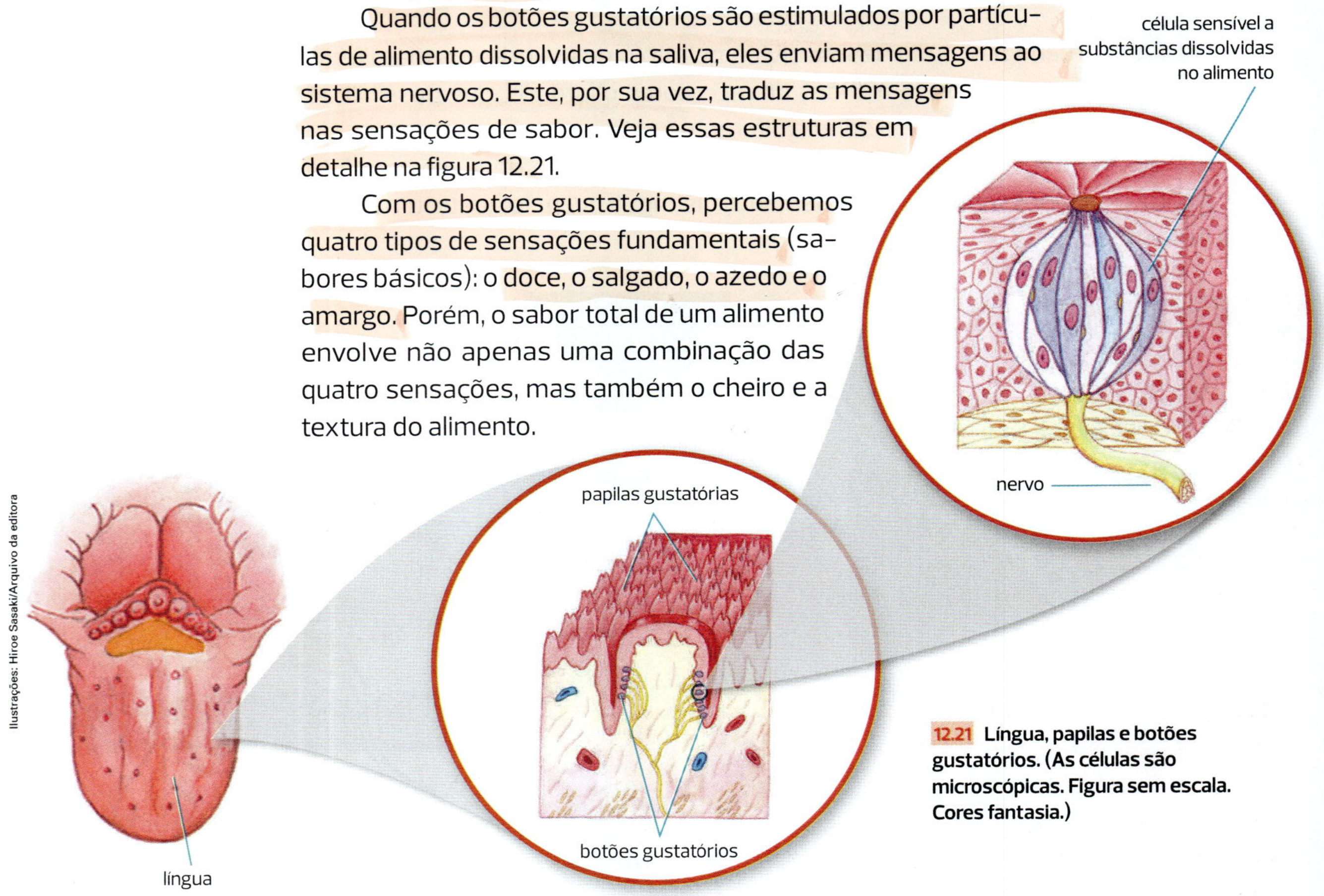

12.21 Língua, papilas e botões gustatórios. (As células são microscópicas. Figura sem escala. Cores fantasia.)

Para saber mais

O quinto sabor

Embora geralmente se fale em quatro sabores básicos (salgado, doce, azedo e amargo), muitos cientistas afirmam que há um quinto sabor, o *umami*. Trata-se de uma palavra japonesa, que vem dos ideogramas *umai*, 'gostoso', e *mi*, 'sabor'. Ele pode ser percebido em alimentos temperados com glutamato monossódico, derivado de um aminoácido, o ácido glutâmico (mas algumas pessoas podem ser alérgicas a esse tempero). O ácido glutâmico também está naturalmente presente, com outros aminoácidos, nos alimentos ricos em proteínas, como a carne e o peixe. Por isso, esse sabor também pode ser percebido, em menor grau, nesses alimentos.

5 Sensibilidade da pele

Do contato agradável com a pele de outra pessoa até a dor de uma queimadura, a pele nos dá informações importantes sobre o mundo. Isso é possível porque temos vários tipos de receptores, que acusam dor, sensações táteis (tato e pressão) e sensações térmicas (calor e frio). O tato é a percepção de que algo tocou nossa pele e de que esse toque ocorreu em determinado ponto dela.

Observe a figura 12.22. Entre os receptores do tato, por exemplo, encontram-se, na parte de cima da derme, aqueles que são muito sensíveis a toques leves, que fornecem informações sobre qual foi o ponto tocado. Há também corpúsculos que estão situados em áreas mais profundas e acusam pressões mais fortes de um objeto sobre a pele.

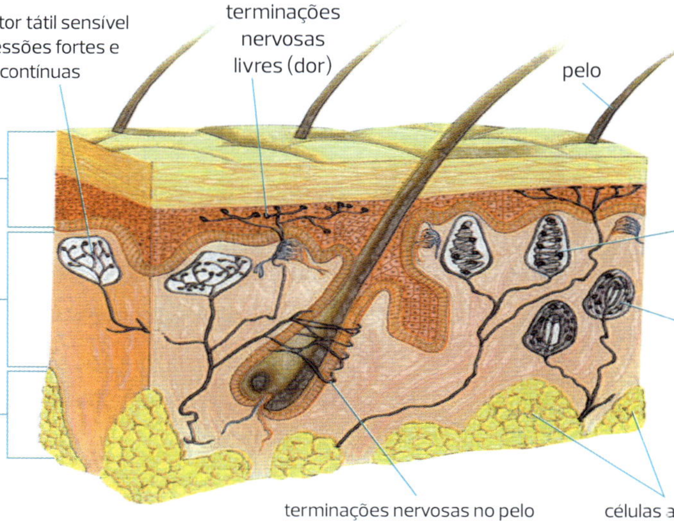

12.22 Os diversos receptores da pele. Algumas áreas da pele possuem mais receptores que outras, por isso são mais sensíveis: é o caso da extremidade dos dedos, que tem maior concentração de receptores que o dorso da mão, por exemplo. (As células são microscópicas. Figura sem escala. Cores fantasia.)

Os receptores que acusam a dor são terminações de células nervosas que estão espalhadas em vários tecidos do corpo.

A dor é uma informação importante: ela nos diz que há algo errado ocorrendo em nosso corpo. A dor impede, por exemplo, que uma pessoa tente mover uma perna quebrada, o que poderia piorar a fratura. E imagine o que ocorreria se você não sentisse dor ao encostar a mão em uma panela muito quente!

Certos anestésicos locais, como a novocaína, usados pelos dentistas, atuam diretamente em receptores da dor na pele ou nas gengivas. A aspirina e outros medicamentos inibem a produção de certas substâncias que produzem dor e inflamação em diversas regiões do corpo. Há outros tipos de **analgésicos** que atuam diretamente nos centros da dor no cérebro.

A Z

Analgésicos são substâncias ou medicamentos que diminuem ou suprimem a dor.

Mundo virtual

Sociedade Brasileira de Oftalmologia
<www.sboportal.org.br>
Artigos e publicações sobre oftalmologia.

Sociedade Brasileira de Otologia
<www.sbotologia.com.br>
Notícias, *links* e imagens sobre otologia, o ramo da medicina que estuda a orelha.

Instituto Benjamin Constant
<www.ibc.gov.br>
Site que contém informações sobre o olho, a visão e a educação especial para deficientes visuais.

Acesso em: 5 abr. 2015.

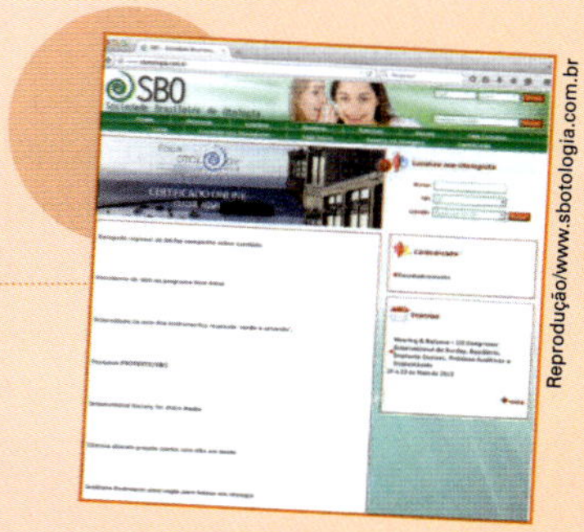

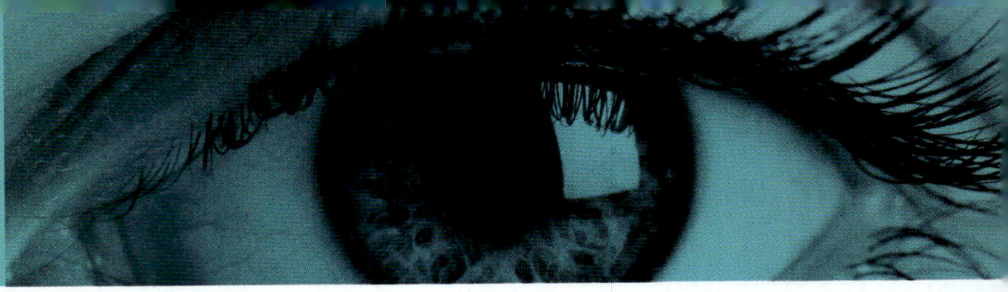

Atividades

Trabalhando as ideias do capítulo

1. No caderno, organize as partes dos olhos na sequência, partindo do sentido da passagem de um raio de luz: pupila, corpo vítreo, córnea, lente (ou cristalino), humor aquoso, retina.

2. O esquema abaixo mostra o olho de uma pessoa em dois instantes: ao ar livre, em um dia de sol, e em casa, em um quarto pouco iluminado. Identifique as duas situações e justifique sua resposta.

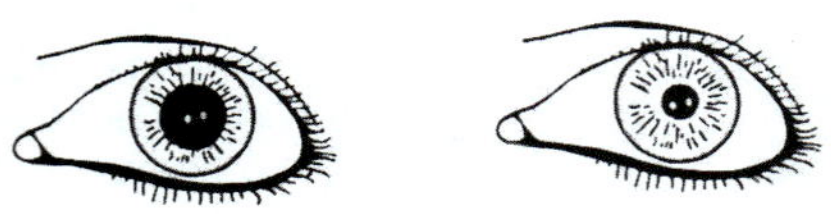

KLN Artes Gráficas/ Arquivo da editora

instante 1 instante 2

12.23

3. No caderno, indique as afirmativas corretas.

a) A córnea possui pigmentos que dão cor ao olho.

b) A íris é capaz de se contrair e recobre a lente do olho.

c) Cones e bastonetes fazem parte da retina.

d) O humor aquoso preenche todo o globo ocular.

e) A pupila é a abertura da íris.

f) O corpo vítreo situa-se entre a córnea e a lente do olho.

g) Os bastonetes são mais sensíveis à luz do que os cones.

h) Os cones fornecem imagens mais nítidas e coloridas do que os bastonetes.

i) A esclera (esclerótica) corresponde ao "branco dos olhos".

4. Você conheceu neste capítulo alguns problemas de visão: miopia, hipermetropia, astigmatismo, catarata, glaucoma, daltonismo. Agora, no caderno, escreva quais dos problemas citados correspondem a cada uma das descrições a seguir.

a) Lente com pouca transparência.

b) Aumento da pressão intraocular.

c) Dificuldade de distinguir certas cores.

d) Lente ou córnea com formato irregular.

e) Dificuldade de enxergar de longe.

f) Dificuldade de enxergar de perto.

5. No caderno, indique as afirmativas corretas.

a) O martelo, a bigorna e o estribo localizam-se na orelha interna.

b) Além de captar ondas sonoras, a orelha atua no equilíbrio do corpo.

c) A cóclea atua na audição.

d) Os canais semicirculares atuam no equilíbrio.

e) Desviar o trânsito pesado para locais afastados dos centros residenciais ajuda a combater a poluição sonora.

f) Conservar e ampliar áreas verdes na cidade não ajuda a combater a poluição sonora.

g) Ouvir música alta com fones de ouvido pode causar danos graves à audição.

h) Quanto maior o número de decibéis, menor é o tempo de exposição capaz de provocar danos à audição.

6. No caderno, ordene os termos a seguir, de acordo com o sentido da passagem de uma onda sonora: membrana timpânica (tímpano), bigorna, pavilhão auricular, estribo, cóclea, órgão espiral (órgão de Corti), martelo, meato acústico externo (canal auditivo).

7. Por que a dor é importante para nossa sobrevivência?

8. Como a miopia e a hipermetropia podem ser corrigidas?

9. Explique o que é a presbiopia (ou vista cansada).

10. Como a catarata pode ser corrigida?

11. Por que o glaucoma é uma doença perigosa?

12. Que parte do sistema sensorial nos informa sobre a posição/orientação da nossa cabeça no espaço?

13. Como o ruído excessivo pode afetar nossa saúde?

14. Por que não é possível perceber bem o sabor dos alimentos quando estamos resfriados?

15. Observe a figura abaixo e, no caderno, responda às questões.

a) Em que região encontram-se os cones e os bastonetes?

b) Que estrutura envia mensagens ao cérebro?

c) Qual é a parte que pode regular a intensidade de luz que penetra nos olhos?

d) Qual é a estrutura que colabora para a acomodação visual?

Agora, siga a numeração e escreva no caderno o nome das estruturas indicadas.

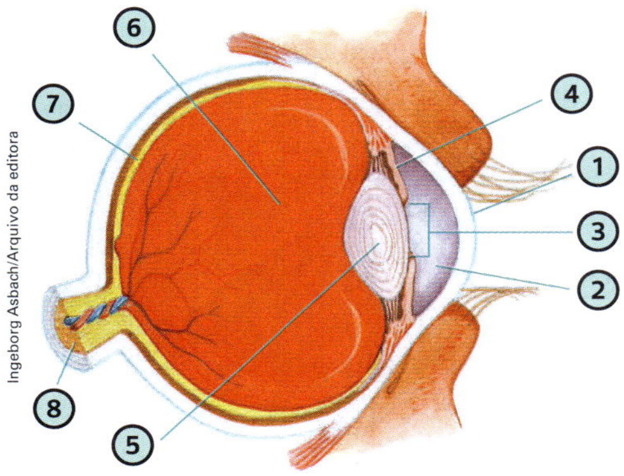

12.24 **Figura sem escala. Cores fantasia.**

16. Que estrutura permite equilibrar a pressão de ar dentro da orelha média com a pressão da atmosfera?

17. Observe a figura abaixo e, no caderno, responda às questões.

a) Qual é a estrutura que se relaciona com o equilíbrio do corpo?

b) Quais são os ossos que recebem a vibração da membrana timpânica?

c) Que estrutura se comunica com faringe?

d) Em que parte as vibrações de líquidos são transformadas em impulsos nervosos?

Agora, siga a numeração e escreva no caderno o nome de cada uma das estruturas indicadas.

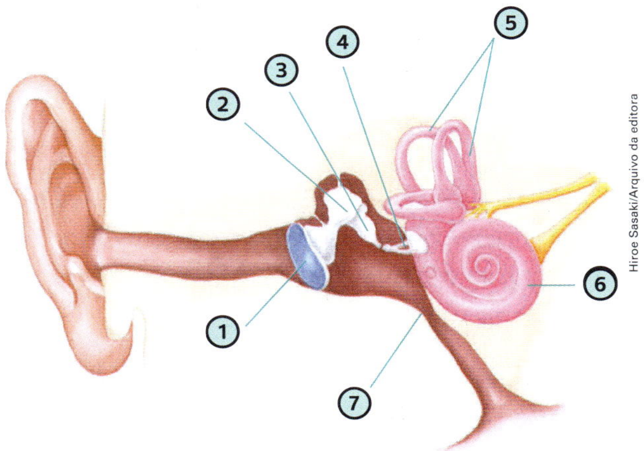

12.25 **Figura sem escala. Cores fantasia.**

Pense um pouco mais

1. Os raios ultravioleta do Sol podem causar danos à visão, aumentando, por exemplo, a probabilidade de aparecimento de catarata. Com base nessa informação, explique por que usar óculos escuros de má qualidade que não filtram os raios ultravioleta pode ser mais prejudicial do que não usá-los.

2. Os peixes abissais vivem em regiões muito profundas do oceano, aonde a luz praticamente não chega. Esses peixes possuem apenas bastonetes na retina. Com base nessa informação, o que podemos deduzir que está fora da capacidade de visão desses peixes?

3. Um estudante afirmou que o termo "ouvido" não é totalmente correto, porque não expressa tudo o que esse órgão faz. Você concorda com ele? Por quê?

4. Uma pessoa que se queixa de tonturas e falta de equilíbrio soube, depois de consultar um médico, que poderia estar com inflamação em uma parte da orelha (ou ouvido). Qual é a relação entre os sintomas que o paciente apresenta e o diagnóstico feito pelo médico?

5. Na opinião de um estudante, devíamos dizer que alguns ossos, além de proteger órgãos e atuar nos movimentos, também participam na condução do som. O estudante está certo? Por quê?

6. Além da visão, que outro sentido é importante para a locomoção? Que órgão do sentido atua nesse caso?

7. Que vantagem você acha que existe em ter duas orelhas (ouvidos) em vez de uma?

8. Às vezes não conseguimos ver uma estrela de luz fraca no céu olhando para ela diretamente, mas só com o canto dos olhos. Qual é a explicação para isso?

9. Imagine a seguinte situação: uma pessoa se balança na rede, de olhos fechados. Mas, mesmo de olhos fechados, ela sabe para que lado o seu corpo está indo a cada momento. Você sabe explicar por quê?

10. A polícia e a Defesa Civil usam alguns cães para localizar drogas e sobreviventes em desastres. Que sentido bem desenvolvido nos cães torna-os eficientes nessas tarefas?

11. A ponta dos dedos é rica em receptores táteis. Que vantagens você vê nesse fato?

12. A figura a seguir mostra o esquema de formação de imagens em uma câmera fotográfica antiga, que usa um filme fotográfico. O diafragma pode ficar mais aberto ou mais fechado. A objetiva possui lentes e o filme registra as imagens.
Nas câmeras digitais não há filme: a luz incide sobre os sensores eletrônicos, é transformada em uma corrente elétrica e depois decodificada em imagem ou armazenada em dispositivos eletrônicos e processadas em computador.
Se compararmos os olhos às câmeras fotográficas, o que corresponderia, no olho humano, ao diafragma, à objetiva e ao filme ou ao sensor eletrônico?

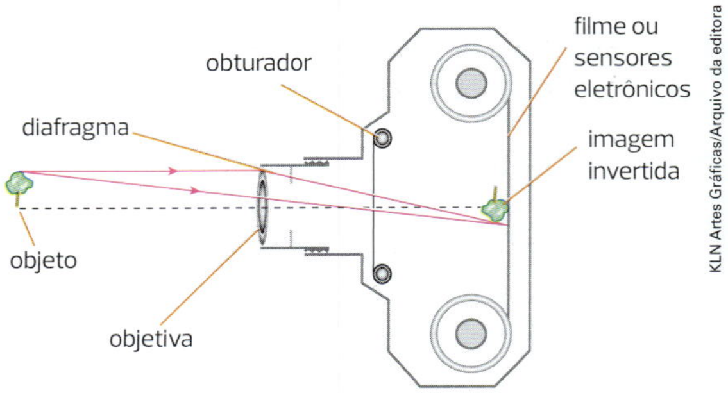

12.26 **Esquema simplificado de máquina fotográfica (figura sem escala; cores fantasia) e foto de sensor eletrônico.**

Mexa-se!

Pesquise em livros, revistas e na internet uma figura de ilusão de óptica, isto é, uma imagem que "engana" o cérebro e nos faz interpretar de forma equivocada uma figura e apresente a imagem para a turma. Depois, explique a imagem e, em alguns casos, você pode usar uma régua para mostrar que a figura não é o que aparenta.

Atividade em grupo

Escolham um dos temas a seguir para pesquisar (em livros, CD-ROMs, na internet, etc.). Depois, apresentem o resultado do trabalho de pesquisa para a classe e a comunidade escolar (alunos, professores e funcionários da escola e pais ou responsáveis).

1. Pesquisem quais são os problemas visuais e os cuidados que devemos ter com os olhos ao usar por tempo prolongado o computador.

2. Façam um trabalho de campo para verificar se onde vocês vivem há recursos que favorecem o acesso de pessoas com deficiência a locais públicos (cinemas, teatros, estações de metrô, etc.) ou o deslocamento dessas pessoas pela cidade — observem e registrem por escrito ou por meio de fotografias e desenhos — e o que diz a legislação a respeito. Se possível, entrevistem pessoas com deficiência física que estejam empregadas e procurem saber um pouco da história de cada uma e de suas dificuldades (se houver) no cotidiano.

3. Pesquisem a história de Helen Keller (nascida nos Estados Unidos em 1880) e apontem as lições que podem ser tiradas dessa história.

4. Como foi inventado e como funciona o alfabeto braile? O que é a Língua brasileira de sinais (Libras) e qual sua importância para deficientes auditivos?

Alsu/Shutterstock/Glow Images

12.27

Aprendendo com a prática

1. Em cada olho há uma região em que a imagem não pode ser detectada: é o chamado ponto cego (fica na saída do nervo óptico).
Faça um teste para verificar a existência do ponto cego. Em uma folha de papel ou em um cartão, desenhe uma cruz e um ponto, separados por cerca de 10 cm, como indica a figura 12.28.

Alsu/Shutterstock/Glow Images

12.28

Segure o cartão com o braço esticado, tape o olho esquerdo e fixe a visão sobre a cruz com o olho direito. Depois, aproxime o cartão do rosto devagar, sempre olhando para a cruz.

a) O que ocorre com a imagem do ponto, em determinado momento?

b) Por que isso acontece?

2. Com o professor, prepare pequenos pratos com balas de diversos sabores, cubinhos de queijo e pedaços de batata e maçã descascadas e cruas. (Outros alimentos também podem ser usados.)
A classe escolhe um grupo de alunos que deve ficar de olhos e nariz tapados e boca aberta, para identificar os alimentos só pela gustação. Com um garfo ou palito, ponha um dos alimentos na língua de um dos alunos do grupo e peça-lhe que o identifique. Repita o procedimento com outros alimentos e outros alunos. (Depois de cada teste, cada aluno deve fazer um bochecho com um pouco de água filtrada para tirar o gosto do alimento que acabou de provar.)
Ainda de olhos tapados, cada aluno escolhido deve tentar identificar os alimentos pelo sabor, com o nariz destapado.

a) Em cada situação, faça uma lista indicando que alimentos foram identificados e outra com os que não foram.

b) Compare os resultados e discuta a importância do cheiro para a percepção do sabor dos alimentos.

Capítulo

13 O sistema nervoso

O jogador vê a bola sendo lançada, ela cruza, ele corre, salta, cabeceia... é gol!

Isso pode ser narrado de outra maneira: o sistema nervoso do jogador recebe as informações dos órgãos dos sentidos, organiza-as e comanda uma reação: o cabeceio.

Mas o sistema nervoso faz muito mais. Dependemos desse sistema para sentir prazer ao comer um sanduíche, resolver um problema de Matemática, lembrar um número de telefone, escutar uma música, aprender a tocar um instrumento, atravessar a rua, escrever uma redação, ou, ainda, ficar triste, ficar alegre... e muito mais.

Finalmente, além de receber e organizar informações do ambiente e de comandar nossas reações, o sistema nervoso, juntamente com o sistema endócrino, coordena as diversas funções do corpo.

A questão é

Como os impulsos nervosos passam de um neurônio para outro? Quais são as partes do sistema nervoso e que funções elas executam no organismo? Como os neurônios estão organizados de modo a conduzir um impulso nervoso em um ato reflexo?

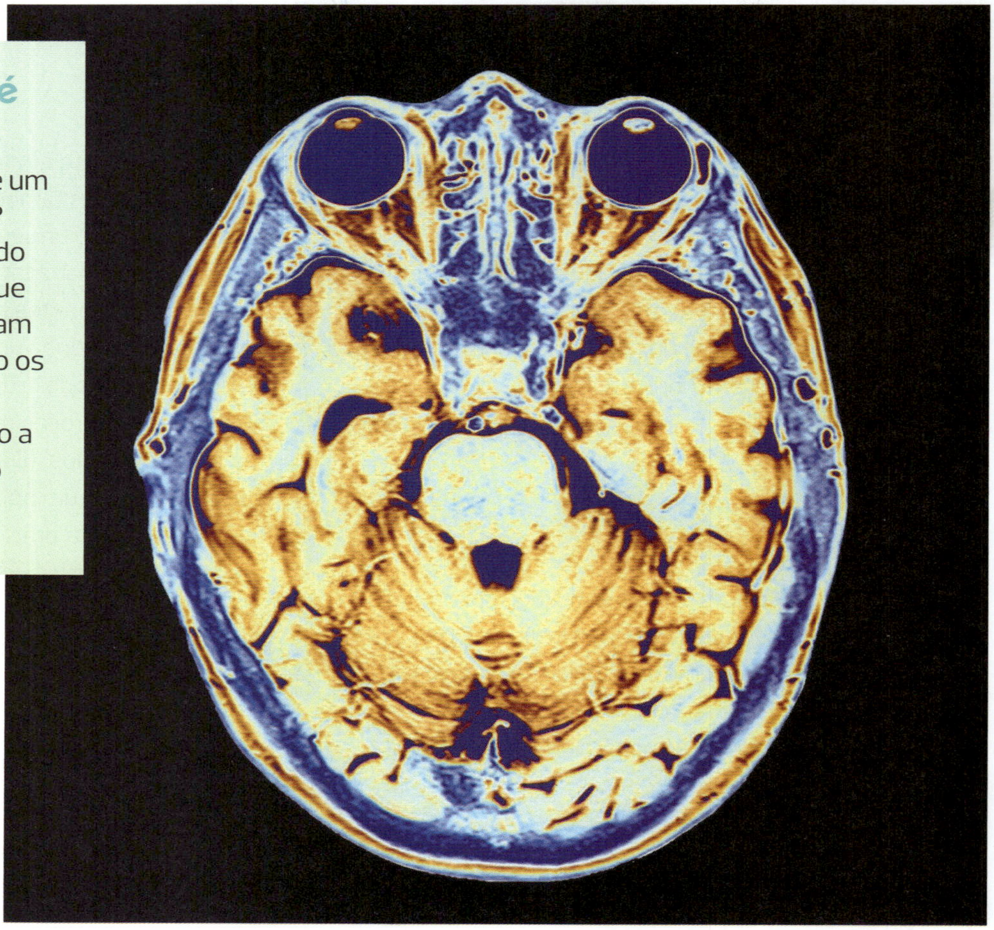

Alfred Pasieka/SPL/Latinstock

13.1 Exame de ressonância magnética funcional da cabeça, que mostra o cérebro (em amarelo) e outras estruturas do encéfalo. (Imagem colorizada por computador.)

1 A comunicação entre os neurônios

Você aprendeu que no sistema nervoso há células altamente especializadas, os neurônios, que se comunicam entre si e formam uma rede pela qual circulam mensagens. Quando um neurônio é estimulado, ocorrem mudanças de cargas elétricas em sua membrana plasmática. Essas mudanças percorrem rapidamente as partes dos neurônios, os dendritos, o corpo celular e o axônio, formando o que chamamos de impulso nervoso.

O impulso nervoso pode ser transmitido de um neurônio para outro ou para músculos ou glândulas.

Quando o impulso nervoso chega à ponta do axônio, ocorre um fenômeno químico: pequenas bolhas microscópicas (vesículas) se abrem e despejam substâncias químicas no neurônio seguinte. Essas substâncias provocam mudanças elétricas no outro neurônio, que passa a conduzir um novo impulso nervoso. E, dessa forma, o impulso passa de um neurônio a outro muito rapidamente — demora cerca de um milésimo de segundo. Veja a figura 13.2.

Sinapse vem do grego *syn*, que significa 'união', e *apsein*, 'ato de tocar'.

É dessa mesma forma que o neurônio estimula um músculo e permite, por exemplo, que uma pessoa estique ou dobre o braço. Ou, estimula uma glândula e leva, por exemplo, o organismo a suar ou lançar enzimas digestivas no intestino.

A região de contato entre dois neurônios é chamada de **sinapse**; as substâncias químicas que transmitem as mensagens de um neurônio a outro pela sinapse são chamadas de **mediadores químicos** ou **neurotransmissores**. Na sinapse há um espaço (microscópico) entre os neurônios.

Como os mediadores químicos estão acumulados somente no final do axônio, a sinapse faz com que o impulso nervoso ao longo do neurônio siga um caminho único: dendrito — corpo celular — axônio.

Os cientistas descobriram que, em muitas doenças do sistema nervoso, a quantidade desses mediadores químicos (neurotransmissores) fica alterada. O consumo habitual de drogas, como a cocaína, o tabaco e a maconha, também altera a passagem do impulso nervoso pela sinapse.

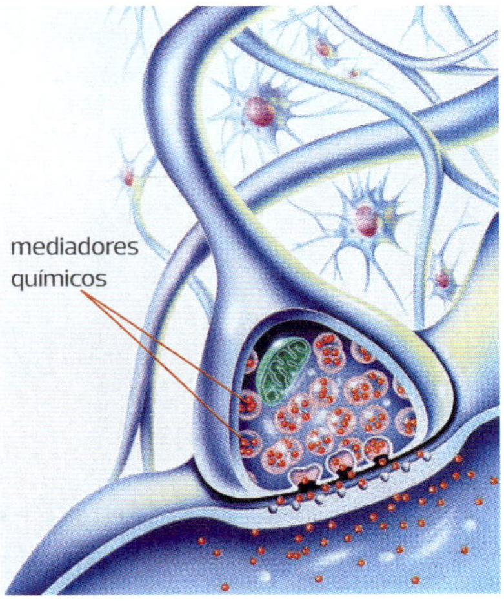

John Bavosi/Science Photo Library/Latinstock

13.2 Ilustração mostrando os mediadores químicos sendo lançados de um neurônio para outro na sinapse. (Figura sem escala. Cores fantasia.)

Ciência e tecnologia

A anestesia

Já pensou como era extrair um dente quando a anestesia ainda não existia? Não apenas cirurgias, mas muitos tratamentos médicos só foram possíveis com a descoberta de processos que eliminam ou diminuem a dor. Isso pode acontecer de várias formas. Uma delas é bloqueando a transmissão do impulso nervoso até o cérebro.

Já nas civilizações antigas do Egito e da Assíria havia o uso de plantas que aliviavam a dor, mas a anestesia moderna começou no século XVIII, com os trabalhos do teólogo e cientista inglês Joseph Priestley (1733-1804) e do químico inglês Humphry Davy (1778-1829), que isolaram o óxido nitroso, um gás, que ficou conhecido como gás hilariante, por levar a acessos de riso.

Em 1844, o dentista estadunidense Horace Wells (1815-1848) utilizou esse gás em uma extração dentária. Mas esse gás, junto com o éter e o clorofórmio, acabou sendo substituído por novas substâncias com menos efeitos colaterais.

2 A organização do sistema nervoso

Os telefones de uma cidade não estão conectados diretamente entre si. Seus fios são ligados a uma central, que recebe as chamadas e executa as ligações de um telefone a outro.

Do mesmo modo, as mensagens recolhidas pelos órgãos dos sentidos são levadas por nervos ao **sistema nervoso central**, formado pelo **encéfalo** (o cérebro é uma parte do encéfalo) e pela **medula espinal** (ou espinhal). No sistema nervoso central são feitas conexões entre os neurônios, e, através dos nervos, é enviada uma mensagem aos músculos ou glândulas. O conjunto de nervos que recebe mensagens e leva as respostas é chamado de **sistema nervoso periférico** (veja a figura 13.3).

Encéfalo vem do grego *en*, que significa 'dentro', e *kephalé*, 'cabeça'.

Meninge vem do grego *meninx*, 'membrana'.

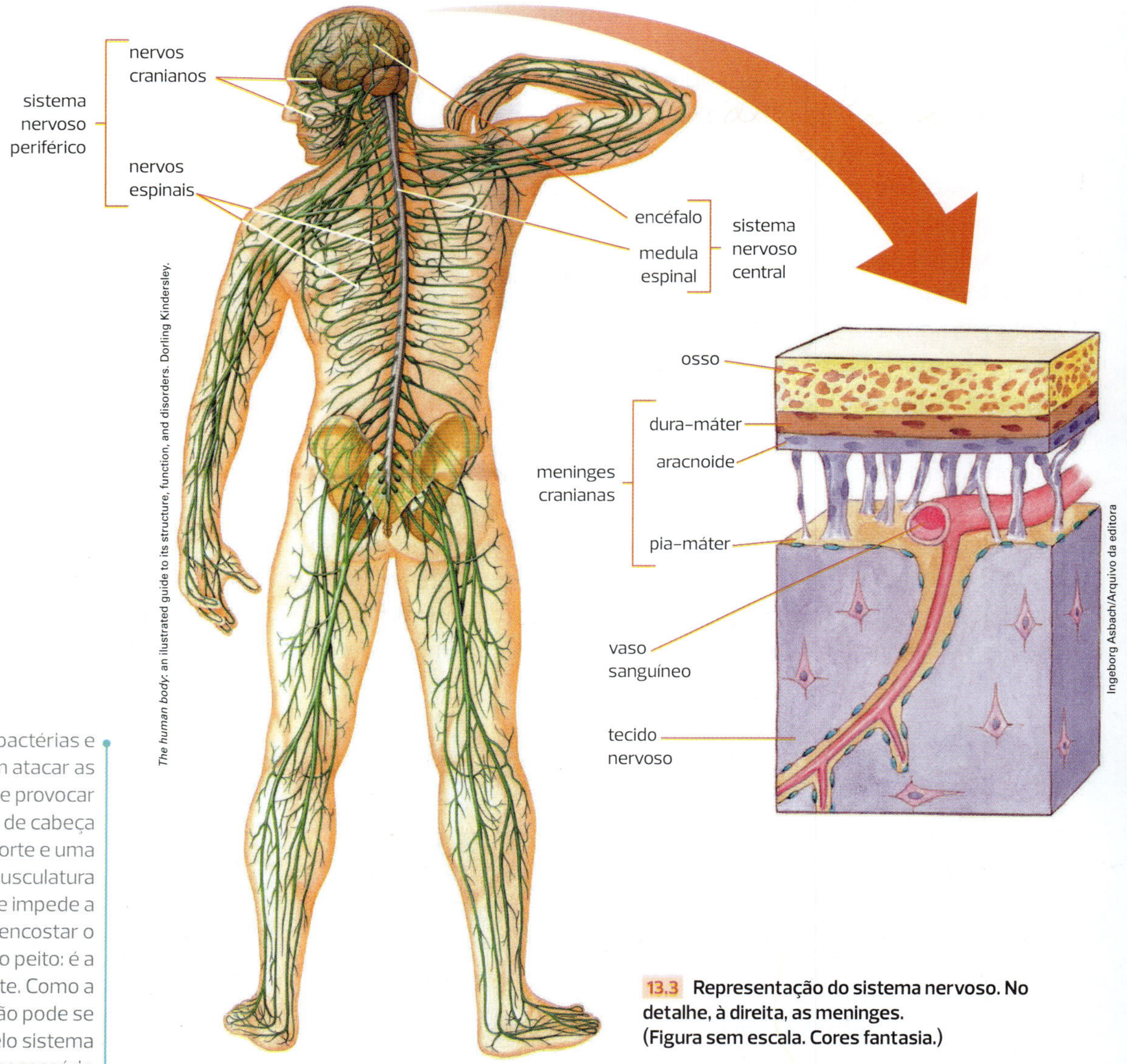

13.3 Representação do sistema nervoso. No detalhe, à direita, as meninges. (Figura sem escala. Cores fantasia.)

Algumas bactérias e vírus podem atacar as meninges e provocar febre, dor de cabeça muito forte e uma rigidez na musculatura da nuca que impede a pessoa de encostar o queixo no peito: é a meningite. Como a infecção pode se espalhar pelo sistema nervoso, é necessário pronto atendimento médico.

O sistema nervoso central é protegido por ossos (crânio e coluna vertebral) e por membranas de tecido conjuntivo, as **meninges**. Entre elas há um líquido, o **líquido cerebrospinal** (ou **cefalorraquidiano**), que ajuda a nutrir o sistema nervoso e o protege contra choques mecânicos.

O encéfalo

Você já sabe que a visão não depende apenas dos olhos. Para que possamos ver alguma coisa, é preciso que os impulsos nervosos cheguem até o cérebro, uma parte do encéfalo.

Memória, emoções, sede, fome, linguagem, consciência, inteligência, controle sobre boa parte do que fazemos — tudo isso também depende do encéfalo, uma massa cinzenta dentro do crânio.

No encéfalo há várias regiões: **cérebro**, **cerebelo**, **ponte**, **tálamo**, **hipotálamo** e **bulbo**. Essas regiões não estão isoladas entre si — pelo contrário, muitas funções dependem do trabalho conjunto de mais de uma delas. Algumas regiões, porém, têm um controle maior sobre determinadas funções. Vamos ver alguns exemplos. Acompanhe a explicação observando a figura 13.4.

13.4 O encéfalo, com volume em torno de 1,3 L a 1,5 L. (Ilustração sem escala. Cores fantasia.)

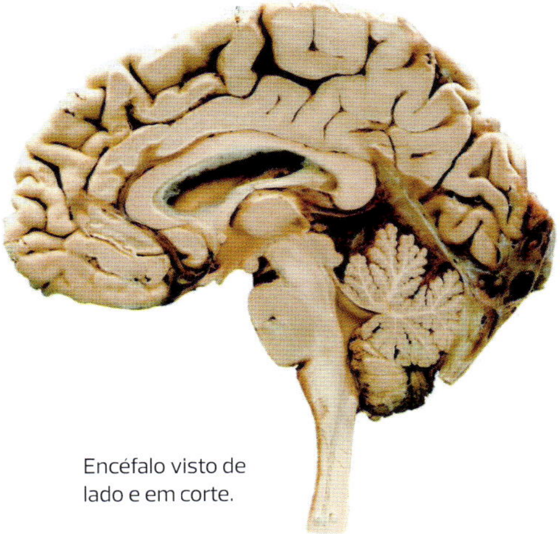

Medimage/Science Photo Library/Latinstock

Encéfalo visto de lado e em corte.

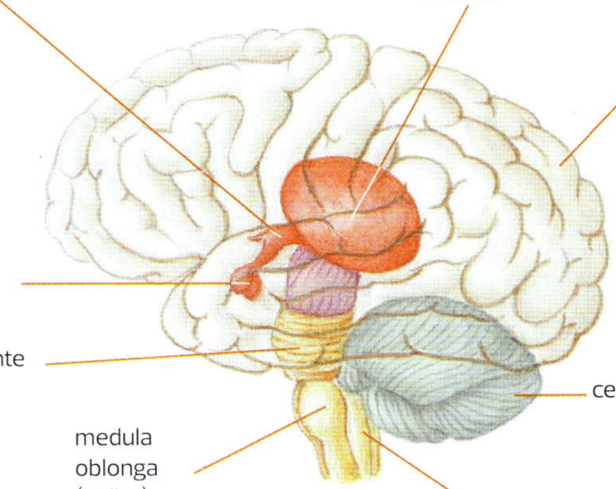

Hiroe Sasaki/Arquivo da editora

- **Cérebro.** É a maior parte do encéfalo. Divide-se em duas partes ou hemisférios: o direito e o esquerdo. No cérebro estão as áreas responsáveis pelos sentidos — visão, audição, olfato, tato e gustação — e pelas seguintes funções: linguagem (escrita e falada), raciocínio, aprendizagem, memória, consciência e controle voluntário dos músculos, entre outras.

  Sua camada mais externa, o córtex cerebral, tem entre 3 mm e 5 mm de espessura. Nela encontra-se o corpo celular de muitos neurônios, que lhe confere uma cor cinzenta. Já a camada mais interna possui muitos axônios cobertos por um tipo de gordura, a mielina, que lhe confere a cor branca.

- **Cerebelo.** Controla a postura e o equilíbrio do corpo; coordena os movimentos, recebendo mensagens do cérebro e fazendo pequenos ajustes. Um problema no cerebelo tornaria difícil a uma pessoa apanhar uma bola ou ficar em pé. Funciona também como uma espécie de "piloto automático", que nos permite executar movimentos automáticos, como caminhar, por exemplo.
- **Ponte.** Funciona como uma pequena "estação", que retransmite mensagens do cérebro para o cerebelo e do cérebro para o bulbo. Juntamente com o bulbo, participa do controle automático da respiração.
- **Medula oblonga (bulbo).** Controla a parte automática da respiração, o batimento do coração, a pressão do sangue, o reflexo da tosse e do espirro, além de regular a salivação, o ato de engolir e outras funções do sistema digestório.

A Z

Córtex vem do latim *cortex*, que significa 'casca'.

Apesar de sua pouca espessura, o córtex cerebral é muito desenvolvido na espécie humana em virtude de suas muitas dobras. Outros mamíferos, como os golfinhos, também têm muitas dobras no córtex.

- **Tálamo.** Recebe mensagens dos órgãos dos sentidos e as transmite para as regiões apropriadas do cérebro.
- **Hipotálamo.** Controla a temperatura do corpo, o batimento do coração, a pressão do sangue, o ritmo respiratório (junto com o bulbo), a digestão, a sede, a fome, os impulsos sexuais e interfere em algumas emoções (medo, raiva, prazer etc.), além de produzir os hormônios que serão acumulados na hipófise e de controlar as funções dessa glândula.

A Z

Tálamo vem do grego *thalamus*, que significa 'câmara'.

Hipotálamo vem do grego *hypo*, que significa 'abaixo'.

Como você acaba de ver, o encéfalo controla muitos órgãos e funções do corpo. Por isso, acidentes que causam lesões no cérebro podem provocar a morte ou afetar muito a vida de uma pessoa. É possível compreender, portanto, a importância do uso de capacetes ao andar de motocicleta, bicicleta, *skates ou* patins, por exemplo. Esse cuidado é fundamental tanto no exercício de determinadas atividades profissionais como em atividades de lazer.

A medula espinal

A medula espinal é um cordão com cerca de 40 centímetros de comprimento que passa pelo canal vertebral. Possui uma região cinzenta, mais interna, e uma região branca, mais externa. Na primeira, ficam concentrados os corpos celulares dos neurônios; na branca estão os axônios e dendritos. A mielina, uma substância gordurosa que envolve os axônios, é responsável pela cor branca dessa região. Veja a figura 13.5.

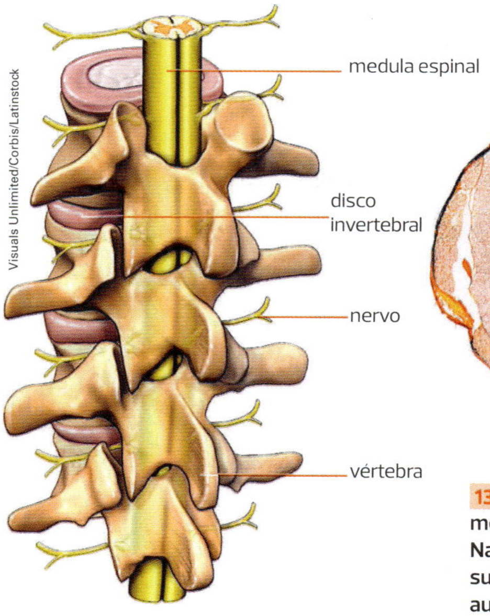

Visuals Unlimited/Corbis/Latinstock

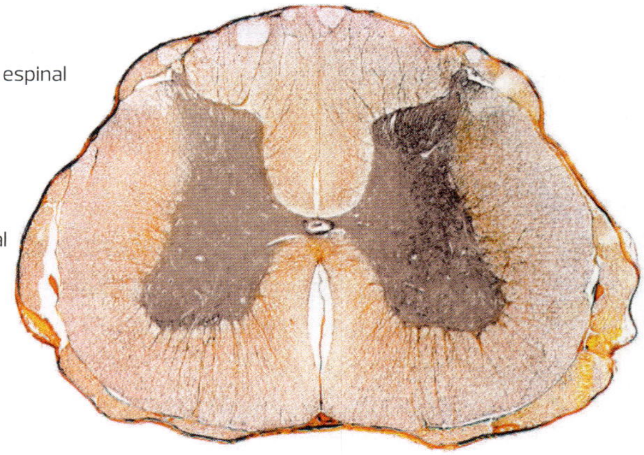

Manfred Kage/Science Photo Library/LatinStock

13.5 **A ilustração (sem escala; cores fantasia) mostra a medula espinal passando no interior da coluna vertebral. Na foto, medula espinal vista em corte mostrando a substância cinzenta e a branca (microscópio óptico; aumento de cerca de 13 vezes; com uso de corantes).**

Atenção!

As informações deste capítulo têm o objetivo de ajudar as pessoas a conhecer melhor o funcionamento do sistema nervoso e os problemas ligados a ele, mas não substituem a consulta ao médico nem podem ser usadas para diagnóstico, tratamento ou prevenção de doenças.

Muitas mensagens nervosas vindas de diversas partes do corpo passam antes pela medula, que as retransmite ao encéfalo; e muitas mensagens do encéfalo passam pela medula antes de se dirigirem aos músculos.

Como você vai ver adiante, grande parte das reações automáticas, chamadas reflexos, é comandada pela medula. É o que acontece quando tocamos um objeto muito quente e rapidamente tiramos a mão, ou quando pisamos em algo pontudo e levantamos imediatamente a perna. Os nervos da mão ou do pé levam impulsos para a medula, que encaminha uma mensagem para os músculos.

O sistema nervoso periférico

Os **nervos** levam as mensagens de todas as partes do corpo para o sistema nervoso central e trazem de volta os comandos do encéfalo e da medula para as diversas partes do corpo.

Como vimos, o conjunto dos nervos constitui o **sistema nervoso periférico**. Ele é formado por doze pares de nervos ligados ao encéfalo — são os **nervos cranianos** — e por 31 pares ligados à medula — os **nervos espinais**.

Alguns nervos cranianos são: o nervo olfatório, que transmite os impulsos associados ao olfato; o nervo óptico, que transmite os impulsos associados à visão; o nervo oculomotor, que movimenta as pálpebras, altera a lente ou cristalino e contrai a pupila; o nervo hipoglosso, que movimenta a língua; o nervo vestibulococlear, que transmite impulsos relacionados à audição e ao equilíbrio. Veja a figura 13.6.

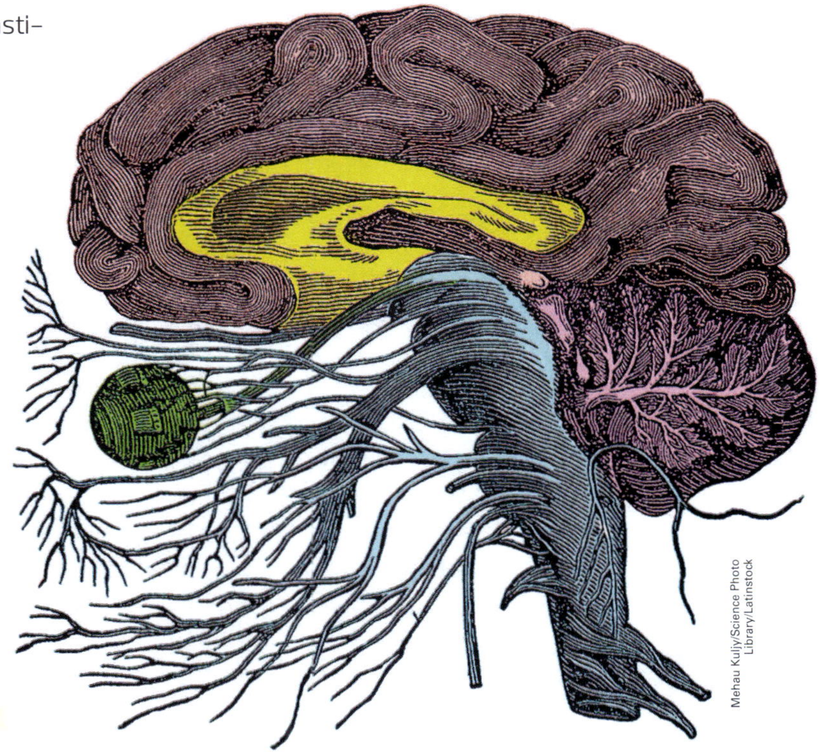

Mehau Kulyk/Science Photo Library/Latinstock

13.6 Os nervos cranianos. A esfera à esquerda representa o olho, de onde sai o nervo óptico. (Ilustração sem escala. Cores fantasia.)

Os **nervos sensitivos** levam mensagens de órgãos do corpo para o sistema nervoso central. Os **nervos motores** levam mensagens do sistema nervoso central para os músculos ou glândulas.Há ainda os **nervos mistos**, com prolongamentos de neurônios sensitivos e de neurônios motores.

Ao longo de alguns nervos há pequenos nódulos ou dilatações, os **gânglios nervosos**, onde ficam os corpos celulares dos neurônios. A partir dessas dilatações, um neurônio pode passar informações para outro.

O sistema nervoso autônomo

Alguns nervos enviam mensagens aos músculos esqueléticos; são eles que comandam nossas respostas ao ambiente. Outros controlam a digestão, o batimento cardíaco, a pressão do sangue, o trabalho das glândulas e as demais funções automáticas necessárias para a sobrevivência e a manutenção do equilíbrio do corpo.

Assim como o piloto automático controla um avião, o sistema nervoso autônomo comanda diversas funções do organismo sem que você tenha consciência desse trabalho. O conjunto desses nervos forma o sistema nervoso autônomo ou sistema nervoso vegetativo.

O sistema nervoso autônomo foi assim chamado porque se pensava que ele funcionasse de forma independente, sem nenhum controle do sistema nervoso central. Hoje sabe-se que o sistema nervoso central influencia o sistema nervoso autônomo.

Podemos reunir os nervos do sistema nervoso autônomo em dois grupos: o **sistema nervoso simpático** e o **sistema nervoso parassimpático**. Esses sistemas têm efeitos opostos: um estimula a contração da musculatura do órgão ou o funcionamento de uma glândula; o outro inibe a contração ou o funcionamento desse mesmo órgão ou glândula. Cada órgão recebe, portanto, os dois tipos de nervos.

Veja, na figura 13.7, o sistema nervoso autônomo e alguns órgãos que ele controla. Observe que, ao longo de alguns nervos, há gânglios nervosos, que são os locais em que as mensagens nervosas passam de um neurônio a outro.

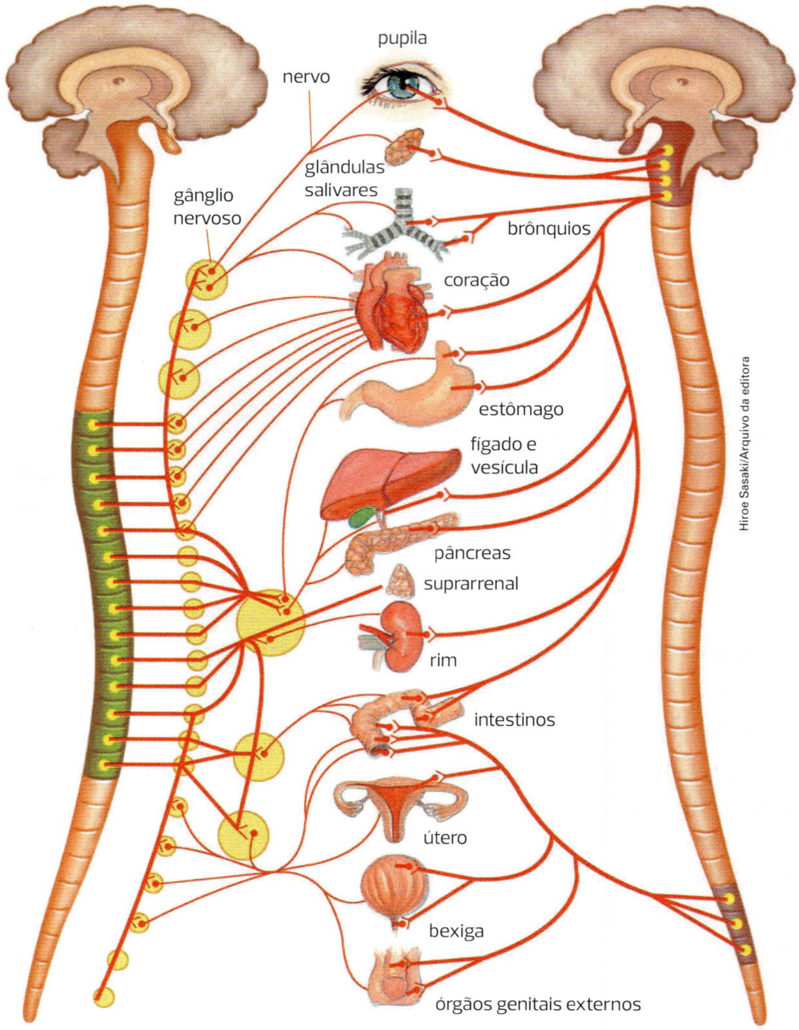

13.7 Sistema nervoso autônomo (a medula espinal e o encéfalo estão representados duas vezes para facilitar a visualização). O sistema nervoso simpático e o parassimpático têm ações opostas sobre os órgãos. Por exemplo, o simpático dilata a pupila e inibe a salivação, enquanto o parassimpático faz o contrário. (Os elementos da ilustração não estão na mesma escala. Cores fantasia.)

Observe também que cada órgão recebe dois conjuntos de nervos: os do sistema nervoso simpático e os do sistema nervoso parassimpático.

Quando estamos diante de uma situação de perigo ou de fortes emoções, por exemplo, os nervos do sistema nervoso simpático fazem o coração bater mais rápido e, com isso, aumenta a quantidade de sangue que chega aos músculos e ao cérebro. Desse modo, nos preparamos para enfrentar a situação. Ao mesmo tempo, o sistema nervoso simpático inibe a contração dos músculos do tubo digestório, já que a digestão não é uma função prioritária nesse momento. Esse sistema provoca também a contração das artérias da pele e de outros órgãos, o que desvia o sangue para o cérebro e para os músculos, e aumenta o ritmo da respiração. Essas reações do corpo duram certo tempo porque o sistema nervoso simpático estimula também a glândula suprarrenal, que lança o hormônio adrenalina.

A adrenalina tem os mesmos efeitos que o sistema nervoso simpático, mas mantém essas reações por um período de tempo maior.

Passado o perigo, o sistema nervoso parassimpático faz o corpo voltar ao normal: diminui o ritmo cardíaco, restabelece a circulação normal no tubo digestório, e assim por diante.

3 Os atos reflexos

Distraída, uma pessoa encosta a mão em uma panela muito quente no fogão... e rapidamente dobra o braço para afastar a mão da panela. Ao andar descalça na terra, outra pessoa pisa em uma pedrinha afiada... e prontamente levanta a perna.

Essas e outras reações rápidas e automáticas que executamos sem pensar são chamadas **atos reflexos** ou simplesmente **reflexos**.

Acompanhe a explicação observando a figura 13.8. Quando espetamos acidentalmente o dedo em um espinho, receptores da pele são estimulados e um impulso nervoso é transmitido por um neurônio chamado **neurônio sensitivo**. Esse neurônio leva o impulso até o **neurônio de associação** na medula espinal. Daí, o impulso passa para outro neurônio, o **neurônio motor**, que leva a resposta até um músculo. O músculo se contrai e retiramos o dedo do espinho.

Esse encadeamento de neurônios é chamado de **arco reflexo**. O arco reflexo é a base dos atos reflexos, isto é, das respostas automáticas e involuntárias que temos quando reagimos a certos estímulos.

Alguns impulsos se dirigem ao cérebro, onde sentimos a dor do contato com o espinho. Mas, quando a mensagem da dor está sendo registrada no cérebro, o braço já se moveu, porque o caminho de ida e volta dos impulsos pela medula é mais rápido que o percurso até o cérebro e a tomada de consciência do que aconteceu.

Muitos reflexos ocorrem de forma involuntária e protegem o corpo contra situações perigosas, em que não há muito tempo para pensar. Imagine se o bebê tivesse de aprender a tirar a mão de um objeto muito quente!

O espirro, por exemplo, é um reflexo que ajuda a desobstruir a cavidade nasal. A dilatação e a contração da íris também são atos reflexos: ajustam a intensidade de luz que chega à retina.

Mas há reflexos que podem ser aprendidos. Com o treinamento, por exemplo, um jogador de futebol aprende a reagir de forma rápida e automática a várias situações que acontecem em uma partida.

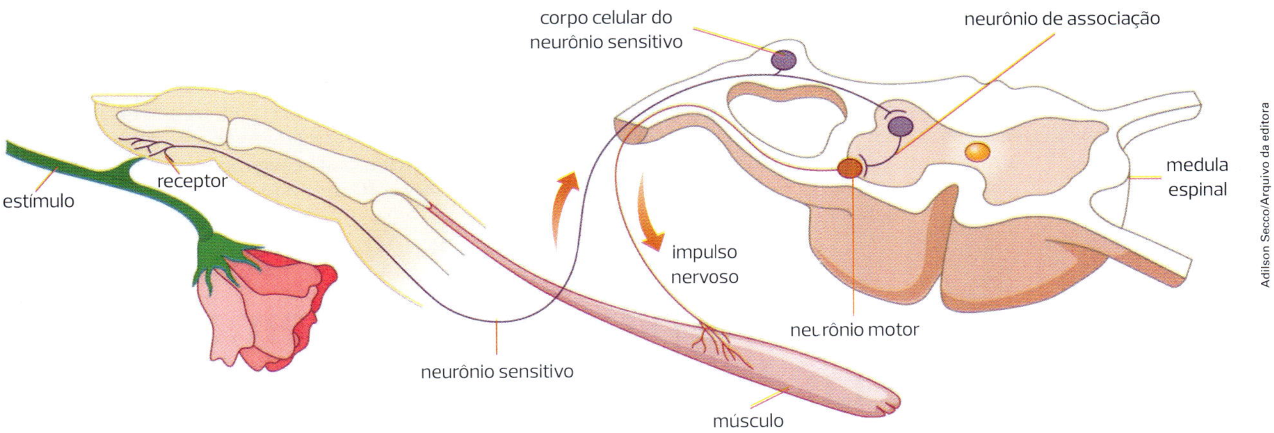

13.8 Esquema simplificado de um arco reflexo: o impulso nervoso vai até a medula espinal pelo neurônio sensitivo e volta pelo neurônio motor para um músculo, fazendo-o se contrair e provocando a retirada do dedo do espinho. (Um axônio tem entre 0,2 μm e 20 μm de diâmetro, enquanto seu comprimento varia entre frações de milímetro até cerca de 1 metro. Os elementos da figura não estão na mesma escala. Cores fantasia.)

O álcool pode provocar sonolência, diminuir os reflexos e prejudicar a coordenação motora de uma pessoa. Por isso, é muito perigoso dirigir veículos sob o efeito dessa substância. Essa mistura de álcool e direção é considerada uma das principais causas dos acidentes com veículos. Estudos revelam que, do total de acidentes de trânsito que resultam em internação ou morte, entre 30% e 50% foram provocados por motoristas que consumiram álcool antes de dirigir.

Ciência e tecnologia

Investigando o cérebro

A atividade dos neurônios pode ser percebida pelo eletroencefalograma, exame que registra a atividade elétrica do cérebro por meio de ondas que são gravadas em papel. As ondas variam conforme o estado de consciência da pessoa: se ela está acordada, se está em sono leve, em sono profundo, etc. O eletroencefalograma ajuda também a diagnosticar alguns problemas no cérebro, como tumores e epilepsia.

Tanto o diagnóstico de doenças como a investigação do funcionamento do cérebro contam hoje com muitos recursos. Um deles é a tomografia computadorizada, um exame que usa raios X para obter imagens tridimensionais do cérebro. Outras técnicas, como a ressonância magnética funcional ou a tomografia por emissão de pósitrons, que mapeia o cérebro com a ajuda de material radioativo, permitem visualizar as regiões do cérebro que estão em atividade quando pensamos em alguma coisa ou executamos determinada ação. Veja a figura 13.9.

Observe, na figura 13.10, as áreas do cérebro que estão em maior atividade em cada situação.

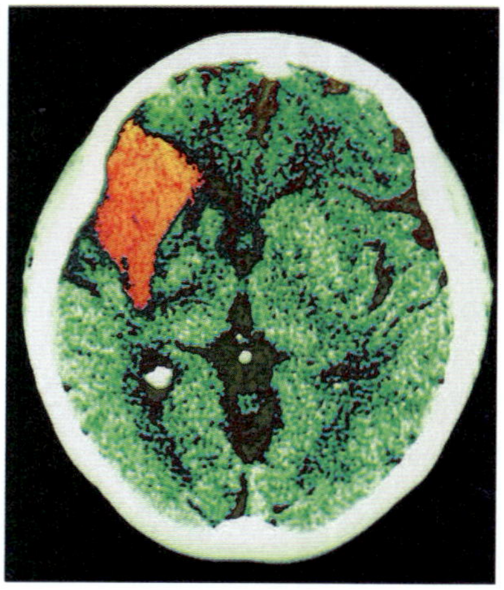

Zephyr/Science Photo Library/Latinstock

13.9 Tomografia computadorizada do cérebro: a área em vermelho indica a ruptura de um vaso sanguíneo (acidente vascular cerebral ou derrame). (Cores artificiais.)

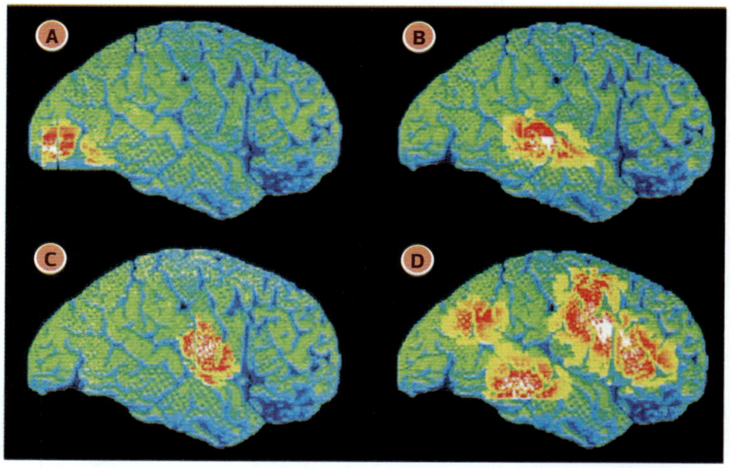

Welcome Dept. of Cognitive Neurology/Science Photo Library/Latinstock

13.10 Algumas áreas do cérebro mais especializadas em certas funções. Nas fotos, as áreas do cérebro em maior atividade (em vermelho, laranja e amarelo) quando uma pessoa lê (sem falar) uma palavra (A), ouve uma palavra (B), fala em voz alta a palavra que ouviu (C) e fala uma palavra relacionada àquela que acabou de ouvir (D). Essa técnica de análise por imagens se baseia na avaliação do aumento do consumo de oxigênio por determinadas áreas do órgão. (Cores artificiais.)

4 Sistema nervoso: problemas e cuidados

No Capítulo 7 você viu que as doenças do sistema cardiovascular, como a hipertensão e a aterosclerose, podem afetar diversos órgãos do corpo, incluindo o cérebro. O rompimento de um vaso sanguíneo, chamado de acidente vascular cerebral (AVC) ou derrame, pode provocar a morte de uma parte do cérebro, o que pode levar à morte ou deixar consequências graves, como a perda da visão ou de outro sentido, paralisia de uma área do corpo, entre outros problemas.

A **poliomielite** (também chamada paralisia infantil) é provocada por um vírus que destrói os neurônios. Como consequência, ocorre a paralisia e atrofia dos músculos esqueléticos, podendo levar à morte. Daí a importância da vacinação contra essa doença.

Há também os casos de paralisia provocados por traumatismos na medula espinal. Quando as lesões ocorrem na parte torácica e no início da parte lombar da coluna podem causar a paralisia dos membros inferiores, isto é, a paraplegia. As lesões na parte cervical da coluna podem causar a paralisia dos membros superiores e inferiores: a pessoa torna-se tetraplégica. Veja a figura 13.11.

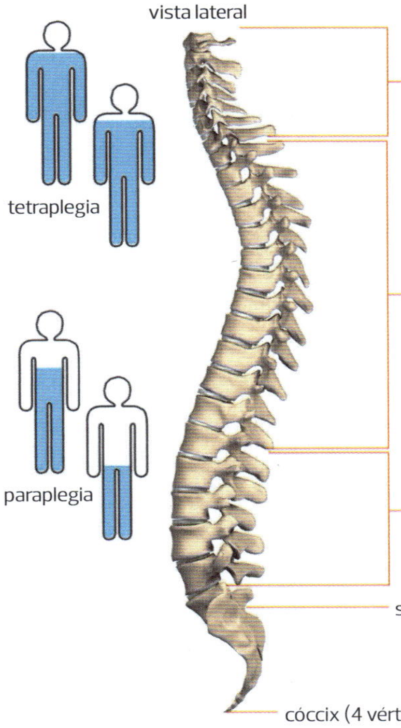

13.11 Lesões na coluna podem provocar paralisia. As regiões afetadas, indicadas pela cor azul, dependem da parte da medula espinal atingida. (Os elementos da ilustração não estão na mesma escala. Cores fantasia.)

Em certos casos, lesões nos vasos sanguíneos, infecções, tumores, drogas, traumatismos e outros fatores que causam danos aos neurônios podem diminuir ou interromper a atividade de certas regiões do encéfalo, fazendo a pessoa perder a consciência e entrar em **coma**. Embora pareça estar dormindo, a pessoa em coma não responde a estímulos do ambiente e não pode ser despertada, a não ser que um tratamento médico restaure sua atividade cerebral.

A Z

Coma vem do grego *koma*, 'sono'. O coma é um sinal de que há uma doença grave que está comprometendo o sistema nervoso central.

Ciência e sociedade

O conhecimento indígena

A preservação de outras culturas é uma obrigação moral e social, além de ser uma fonte importante de conhecimento. A tradição indígena pode dar pistas das plantas medicinais que merecem ser testadas para comprovar seus efeitos. A casca do salgueiro, por exemplo, era utilizada por algumas comunidades indígenas contra dores musculares, febre e dor de cabeça, muito antes de a medicina isolar dessa árvore uma substância, o ácido salicílico, modificando-a e utilizando-a como analgésico. Do veneno que algumas comunidades indígenas usam na ponta das flechas para paralisar a caça, foi extraída uma substância usada como relaxante muscular, entre outras finalidades. Do jaborandi, árvore encontrada no Norte e Nordeste do Brasil, foi isolada uma substância conhecida pelas comunidades indígenas, a pilocarpina, que foi usada inicialmente para ajudar a controlar o glaucoma.

Enfim, não podemos pensar somente em termos utilitários: os povos indígenas têm o direito de perpetuar sua cultura e seus valores, tendo, igualmente, o direito de acesso a outras culturas e às tecnologias de outras sociedades.

Infelizmente, não é possível prevenir todas as doenças que atacam o sistema nervoso, pois nem sequer conhecemos as causas de várias delas. No entanto, sabemos que muitos problemas do sistema circulatório afetam o sistema nervoso.

Por isso, é importante evitar o excesso de peso, o fumo, o consumo excessivo de bebidas alcoólicas e de gordura na alimentação, além de controlar a pressão arterial, dormir o número de horas necessárias para ter o repouso adequado e praticar exercícios físicos com a orientação de profissionais especializados. Essas medidas podem ajudar a manter a saúde do sistema nervoso.

Outro ponto importante é tentar lidar com os problemas e as situações de tensão de forma equilibrada. Isso é bem mais fácil de dizer do que de praticar, mas algumas dicas podem ajudar.

Uma das maneiras de fazer isso é aprender a avaliar um problema sem exagerá-lo. Às vezes, nossas expectativas são bem piores do que a realidade. Você já não pensou que uma tarefa ia ser chata ou muito difícil e depois descobriu que ela foi fácil e até mesmo prazerosa? Ao estudar, pense nas coisas novas que está aprendendo. A nota é apenas uma consequência. Ao viajar, tente não pensar só na chegada, mas aproveitar o percurso até o destino. Desse modo, talvez você descubra que muitos assuntos podem lhe dar um prazer que você não imaginava.

- Pratique atividades físicas, orientadas por especialistas, porque os exercícios ajudam a diminuir as tensões.
- Reserve parte do seu tempo para o lazer — de preferência, realize atividades que desenvolvam alguma habilidade ou que permitam a interação com a natureza ou com outras pessoas. Pense em quanta coisa você pode fazer em vez de ficar, por exemplo, vendo televisão ou na frente de um computador: praticar esportes, passear, conversar, ler livros, ir ao cinema, ao teatro, aprender a tocar algum instrumento musical, frequentar cursos de pintura, escultura, artesanato, desenho, participar de atividades que ajudem outras pessoas, etc.
- Procure conversar ou desabafar com familiares e amigos, isso pode ajudá-lo a enfrentar problemas e fazer você se sentir melhor. Muitas vezes não é fácil, mas vale a pena tomar a iniciativa, porque isso fortalece os vínculos afetivos entre as pessoas. Às vezes, pode ser necessário procurar psicólogos ou psiquiatras.
- Saiba que vários estudos científicos indicam que, desde que uma pessoa tenha o suficiente para suas necessidades básicas (comida, abrigo, vestimentas), o aumento de ganhos materiais não contribui tanto para a felicidade quanto muitos pensam. Mais importante do que isso são as relações pessoais, a família, as amizades. Os estudos mostram também que, quando ajudamos os outros, estamos cultivando amizades e aumentando o nosso próprio nível de bem-estar e felicidade.

Lembre-se de que somente um profissional especializado pode fazer o diagnóstico correto de um problema do sistema nervoso, principalmente de distúrbios mentais, e aplicar o tratamento adequado. Muitas vezes, o uso de medicamentos não é necessário, basta a psicoterapia. Outras vezes é preciso fazer um tratamento integrado, com medicamentos e psicoterapia.

Ciência e saúde

Os riscos das drogas

No sentido geral, droga é toda substância que provoca alterações no funcionamento do organismo. Algumas drogas agem no sistema nervoso e modificam a maneira de sentir, pensar ou agir: são as chamadas drogas psicotrópicas (*psico* vem de uma palavra grega que significa 'mente'; trópicas quer dizer 'atração'). Para simplificar, vamos chamá-las apenas de drogas.

O fumo e as bebidas alcoólicas são drogas legais, isto é, são drogas permitidas por lei (para maiores de 18 anos). Isso não quer dizer que elas não fazem mal — muito pelo contrário. Todas as drogas podem causar sérios distúrbios físicos e psíquicos.

Já a maconha, o *crack* e a cocaína são exemplos de drogas ilegais, também conhecidas como tóxicos.

Além de prejudicar a própria saúde, quem as usa – ou quem as vende ou distribui a outras pessoas – está sujeito às penas da lei.

Todas as drogas fazem mal à saúde, mas os efeitos variam de acordo com a quantidade e o tipo de droga utilizado e a pessoa que as utiliza. Algumas drogas fazem o cérebro funcionar de forma mais acelerada; outras diminuem a atividade mental; outras alteram a percepção e provocam alucinações.

Logo depois de ingerir a droga, a pessoa pode ter uma sensação de prazer, sentir-se alegre, relaxada ou com mais energia. Mas depois aparecem efeitos bem desagradáveis, que variam com o tipo de droga e a quantidade consumida. Pode ser um grande cansaço ou medo, depressão, problemas de memória, dificuldade de concentração e de aprendizagem ou incapacidade de reagir numa situação de emergência (os reflexos ficam prejudicados).

O uso repetido de drogas pode causar danos aos pulmões, fígado, coração, rins e cérebro, que podem levar a pessoa à morte (algumas drogas podem matar logo na primeira vez em que são ingeridas).

Determinadas drogas podem provocar tolerância, ou seja, com o uso repetido, o efeito desejado passa a ser cada vez menor. Portanto, é preciso usar doses cada vez maiores para obter a mesma sensação de antes. O aumento das doses pode interromper a respiração ou a circulação e provocar a morte.

Muitas drogas podem provocar dependência: depois de algum tempo de consumo, a pessoa se sente muito mal quando para de ingerir a droga e não consegue deixar de consumi-la. Para livrar-se da dependência, é preciso procurar a ajuda de um médico.

Em alguns casos, a interrupção no uso provoca o estado ou a síndrome de abstinência, caracterizada por reações físicas que variam de acordo com a droga e o usuário. Há também ocorrências de vômitos, tremores, suores, insônia, convulsões e outras reações que podem causar a morte. Para aliviar essas reações, a pessoa recorre novamente à droga. Em outros casos, embora não ocorra a síndrome de abstinência, há um desejo muito forte de consumir a droga. O uso passa a ser habitual e o usuário tem dificuldade de diminuir ou interromper o consumo.

Em resumo, apesar de inicialmente a pessoa se sentir bem, o consumo de drogas é uma agressão a todo o organismo. Além dos danos físicos à saúde, as drogas prejudicam o desenvolvimento da personalidade, a aprendizagem, o desempenho profissional, o relacionamento com outras pessoas e a capacidade de enfrentar os problemas do cotidiano. Por tudo isso, diga não às drogas e não aceite nenhuma oferta para consumi-las.

Mundo virtual

Reprodução/<www.cerebronosso.bio.br>

O cérebro nosso de cada dia
<www.cerebronosso.bio.br>
Site que apresenta informações sobre a neurociência, o que ela estuda, curiosidades e jogos.

Centro Brasileiro de Informações sobre Drogas Psicotrópicas
<www.cebrid.epm.br/index.php>
Site da instituição que funciona no Departamento de Medicina Preventiva da Unifesp (Universidade Federal de São Paulo), contém livros, trabalhos científicos e pesquisas relacionadas ao uso de drogas.

Memória
<http://drauziovarella.com.br/corpo-humano/memoria/>
Matéria que apresenta informações sobre os mecanismos da memória e sua relação com as atividades cerebrais.

Diga Sim à Vida – a Turma da Mônica na Prevenção do Uso de Drogas
<www.decarapravida.com.br/site/repoerica/GibiMonicaverde.pdf>
<www.decarapravida.com.br/site/repoerica/GibiMonicarosa.pdf>
Conjunto de histórias da Turma da Mônica que alertam para o uso de drogas e suas consequências. É resultado de uma parceria da Secretaria Nacional de Políticas sobre Drogas (Senad) e o cartunista Mauricio de Sousa.

Acesso em: 4 mar. 2015.

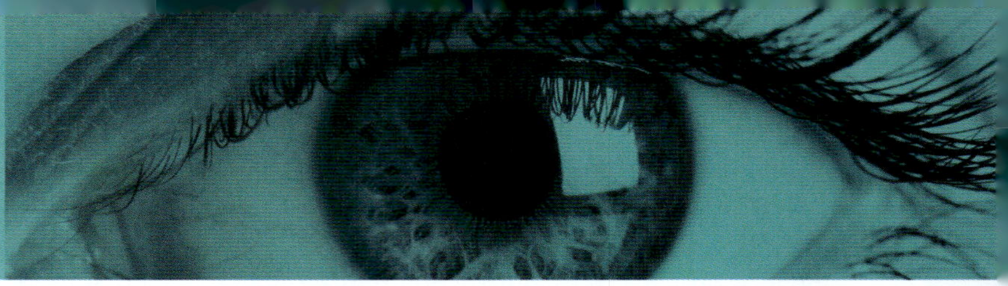

Atividades

Trabalhando as ideias do capítulo

1. No caderno, indique as afirmativas verdadeiras.

a) Quando um neurônio é estimulado, ocorrem alterações elétricas em sua membrana.

b) O ponto de contato entre dois neurônios é chamado de sinapse.

c) A passagem do impulso nervoso de um neurônio para outro se dá por meio de substâncias químicas, os neurotransmissores.

d) A transmissão do impulso nervoso ao longo de um neurônio ocorre no sentido: axônio – corpo celular – dendritos.

e) Os neurotransmissores são liberados pelas extremidades dos dendritos.

2. Um acidente com lesão na coluna vertebral pode fazer uma pessoa ficar paraplégica (paralítica nas regiões abaixo da cintura). Explique por que isso acontece.

3. No caderno, escreva quais são as partes do sistema nervoso central e quais são as que fazem parte do sistema nervoso periférico:

a) encéfalo;

b) nervos cranianos;

c) nervos espinais;

d) medula espinal.

4. No caderno, indique as afirmativas verdadeiras.

a) As meninges envolvem o encéfalo e a medula espinal.

b) O aumento da frequência cardíaca deve-se à ação do sistema nervoso autônomo.

c) O ato de salivar ao ver uma comida é controlado pelo sistema nervoso autônomo.

d) O ato de chutar uma bola é controlado pelo sistema nervoso autônomo.

e) Os atos de pensar, falar e memorizar ocorrem no bulbo.

f) O sistema nervoso autônomo é subdividido em simpático e parassimpático.

g) O acidente vascular cerebral pode provocar a morte de uma parte do cérebro.

h) No arco reflexo, o impulso nervoso caminha no sentido: neurônio de associação – neurônio motor – neurônio sensitivo.

5. Quando encostamos acidentalmente a mão em um objeto muito quente, imediatamente a retiramos. No caderno, indique a afirmativa falsa em relação a essa situação.

a) Trata-se de um ato reflexo.

b) O neurônio sensitivo enviou um impulso nervoso para a medula espinal.

c) O neurônio motor enviou um impulso nervoso para os músculos flexores do antebraço.

d) Ocorreu uma ação voluntária, controlada pelo cérebro.

6. A poliomielite é provocada por um vírus que se instala no sistema nervoso e destrói os neurônios. Explique por que essa doença pode causar a paralisia muscular.

7. O professor perguntou à turma que problemas uma pessoa com lesão no cerebelo teria. Alguns alunos disseram que ela não seria capaz de respirar; outros, que ela não seria capaz de ouvir; outros, que ela não seria capaz de coordenar os movimentos do corpo; outros, que ela perderia a memória. Responda, no caderno: qual dessas respostas é a correta?

8. No caderno, preencha as lacunas com uma das palavras entre parênteses.

Quando estamos diante de uma situação de perigo, os nervos do sistema nervoso simpático fazem o coração bater mais ■ (rápido, devagar) e, com isso, ■ (diminui, aumenta) a quantidade de sangue que chega aos músculos do tubo digestório e provoca a ■ (dilatação, contração) das artérias da pele e de outros órgãos, desviando sangue para o cérebro e para os músculos.

9. O aluno que respondeu na questão 7 que ela não seria capaz de respirar lembrou-se, logo depois, de que isso de fato ocorreria se a lesão fosse em outra parte do encéfalo. Que parte é essa?

10. Observe a figura e, no caderno, responda às questões.

a) Quais são as estruturas que fazem parte do sistema nervoso central? E do sistema nervoso periférico? (Dê a resposta indicando os números e as respectivas estruturas.)

b) Que partes são acionadas primeiro nas respostas automáticas de um reflexo?

c) Em que região ocorrem os fenômenos relacionados à inteligência e à memória?

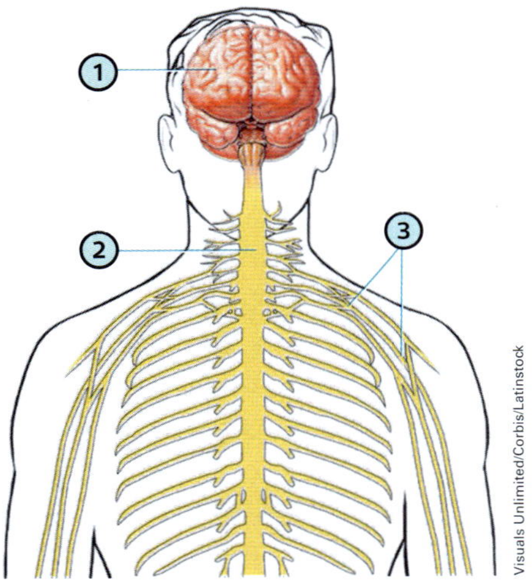

13.12 **Figura sem escala. Cores fantasia.**

11. Observe a figura 13.13 e, no caderno, identifique as regiões do encéfalo indicadas pelos números.

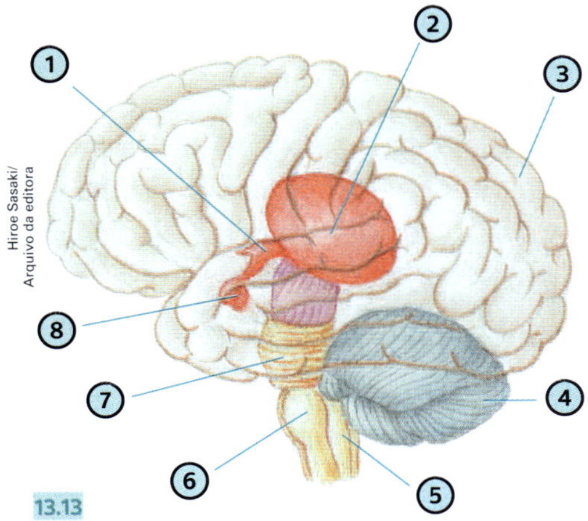

13.13

Agora, responda à qual região se referem os itens a seguir.

a) É a maior parte do encéfalo, responsável pelo raciocínio, memória, consciência etc.

b) Responsável pelo ajuste dos movimentos e pelo equilíbrio.

c) Produz hormônios e controla a temperatura do corpo, a sede, a fome etc.

d) Retransmite mensagens do cérebro para o cerebelo e do cérebro para o bulbo.

12. Para testar um tipo de reflexo, os médicos dão uma pequena batida com um martelinho de borracha logo abaixo do joelho. A pancada faz um músculo se contrair e provoca na perna um movimento semelhante ao de um pontapé. Veja a figura 13.14.

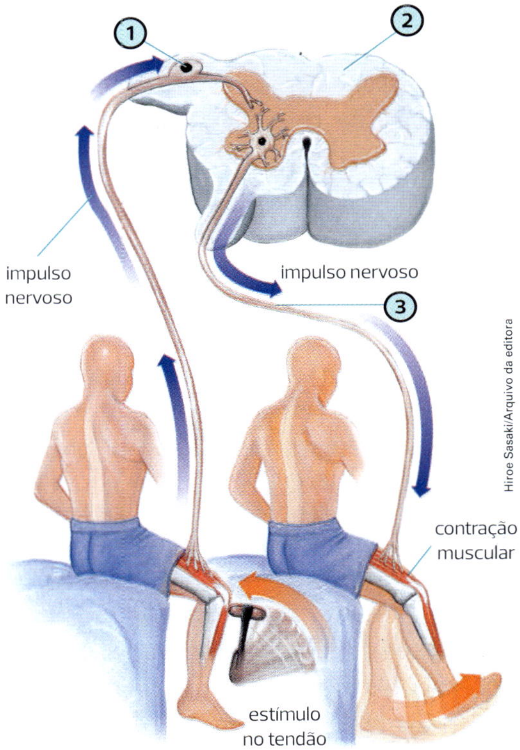

13.14 **Esquema simplificado do arco reflexo responsável pelo reflexo patelar. (O axônio tem diâmetro entre 0,2 μm e 20 μm e comprimento que varia de frações de milímetro até cerca de 1 m. Os elementos da figura não estão na mesma escala. Cores fantasia.)**

a) Como é chamado esse encadeamento de neurônios?

b) Identifique as partes indicadas pelos números.

c) Compare esse reflexo com o que foi estudado neste capítulo: que tipo de neurônio está ausente aqui?

d) Por que esse reflexo é chamado de "reflexo patelar"?

e) Esse ato reflexo é voluntário ou involuntário?

Pense um pouco mais

1. Suponha que o impulso nervoso seja transmitido com uma velocidade de 200 metros por segundo e que a distância do neurônio que recebe estímulo do seu dedão do pé até a medula espinhal seja de 1 metro. Quanto tempo deve levar para você retirar o pé se espetarem seu dedão? (Você pode pedir auxílio ao professor de Física para resolver esse problema.)

2. Uma pessoa cujos olhos estejam em perfeitas condições pode, ainda assim, não enxergar. Qual seria a explicação para isso?

3. O sistema nervoso simpático contrai vasos da pele, libera glicose do fígado para o sangue, estimula as glândulas sudoríferas, etc. Explique a importância desses efeitos em uma situação de perigo.

4. Em caso de acidente, quando há suspeita de algum dano à coluna vertebral, a vítima deve ser levada ao hospital imobilizada e deitada. Por que é necessário esse cuidado?

5. O curare, veneno que alguns índios usam nas flechas, impede a passagem do impulso nervoso para os músculos estriados esqueléticos. Por que uma pessoa envenenada por curare acaba morrendo por asfixia?

6. Existem aparelhos, como o bafômetro, que indicam a concentração de álcool no organismo de uma pessoa que dirige, analisando a quantidade de álcool expelida no ar que sai dos pulmões. Mas, na falta desse aparelho, o policial pode pedir ao motorista que "forme um quatro" ficando em pé sobre uma perna com a outra dobrada. Por que esse procedimento pode ser usado para descobrir se a pessoa está alcoolizada?

7. Por meio de eletrodos presos à cabeça, pode-se registrar a atividade elétrica do cérebro. Esse exame é chamado eletroencefalograma. Explique por que na região que sofreu um acidente vascular cerebral (derrame) o eletroencefalograma acusa atividade elétrica menor e por que, como consequência de um derrame, a pessoa pode apresentar distúrbios na fala, na movimentação, na visão e em outras funções.

8. Analise o gráfico a seguir.

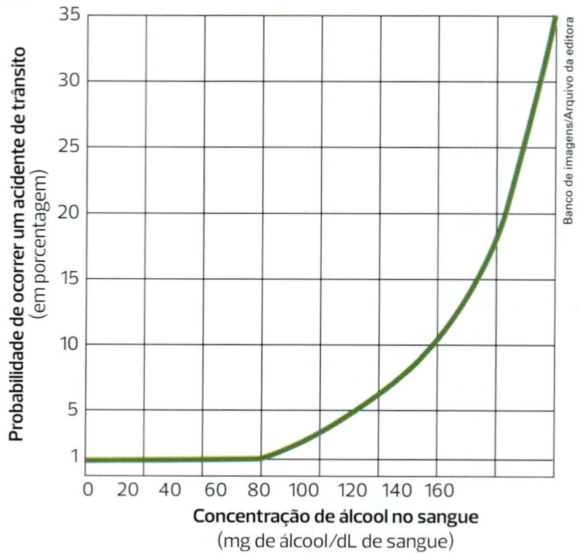

13.15

a) Qual é a relação entre a probabilidade de acontecer um acidente de trânsito e a concentração de álcool no sangue do motorista?

b) Com base no que você aprendeu sobre alguns efeitos do álcool no organismo, justifique a informação apresentada no gráfico.

9. Nos neurônios há grande número de ramificações no corpo celular e na ponta do axônio. Como são chamadas essas ramificações? Qual é o resultado disso para o funcionamento do sistema nervoso?

10. No frio, os pelos de muitos mamíferos se levantam pela ação de pequenos músculos, aumentando a quantidade de ar quente retido próximo ao corpo. Eles também podem se levantar quando o animal está ameaçado, o que pode assustar ou intimidar o agressor, visto que faz o animal parecer maior. Que parte do sistema nervoso autônomo é responsável pelo eriçamento dos pelos?

11. Por que dizemos que o impulso nervoso é unidirecional?

12. Durante a aula de Ciências, um aluno perguntou ao professor qual a diferença entre o impulso nervoso que nos permite ouvir os sons e aquele que nos permite enxergar os objetos. O que você responderia a ele?

De olho no texto

Leia o texto abaixo e depois responda às questões.

O cérebro e o computador

Bilhões de peças e trilhões de conexões entre elas processando mensagens. Peso: cerca de 1,4 quilograma. Não é um computador: é o cérebro.

É muito comum comparar o cérebro a um computador. Ambos transmitem mensagens, mas o modo de transmissão é diferente: no cérebro há alterações químicas que provocam mudanças elétricas; no computador a mensagem é conduzida por um fenômeno físico, uma corrente elétrica. E a velocidade com que a mensagem é transmitida no computador é muito maior do que no cérebro.

Tanto o computador como o cérebro têm memória, porém a memória do computador é armazenada em circuitos (nos chips), enquanto nossa memória é armazenada nas sinapses entre os neurônios.

O cérebro pode realizar tarefas que são muito difíceis ou até impossíveis para um computador (pelo menos por enquanto), como o reconhecimento de um rosto e de emoções, e outras impossíveis (novamente, pelo menos por enquanto), como a capacidade de ser consciente, de saber o que se está fazendo ou de sentir emoções.

Por outro lado, o computador pode realizar algumas tarefas que são muito difíceis para nós, como certos cálculos matemáticos complicados. Inclusive, já há computadores que conseguem ganhar de grandes mestres de xadrez e que fazem diagnósticos de certas doenças tão bem quanto os médicos. Discuta isso com os colegas e depois, no caderno, escreva as conclusões a que você chegou.

Agora, responda às questões:

a) Qual é a fonte de energia para o computador? E para o cérebro?

b) Quem você acha que têm mais criatividade: o cérebro ou o computador? Justifique sua resposta e discuta sua opinião com a turma.

c) Reflita sobre estas afirmações e diga com qual você concorda: "O cérebro é melhor do que o computador"; "O computador é melhor do que o cérebro"; "O cérebro é melhor em certas tarefas e o computador é melhor em outras". Justifique sua escolha.

d) Nosso cérebro sofreu uma evolução ao longo do tempo e o computador também tem evoluído – aliás, de forma muito mais rápida. Você acha que um dia será possível construir um computador que seja capaz de realizar tudo o que o cérebro humano faz? Que tenha emoções e consciência? Discuta sua opinião com a turma.

Mexa-se!

1. Pesquise o que é a mielina e o que são as células da glia ou da neuroglia.

2. Pesquise o que é a raquianestesia ou anestesia raquidiana e por que ela tem esse nome.

3. Depois de cumprir as tarefas habituais, de trabalho e estudo, as pessoas precisam reservar um tempo para o lazer. As pesquisas mostram que as atividades mais prazerosas são aquelas que representam algum desafio, ou seja, o lazer ativo e criativo, em vez do lazer passivo (como ver televisão). Então, que tal escrever uma lista de atividades de lazer ativo que você já fez e gostou e outra lista de atividades que você ainda não fez, mas gostaria de fazer? Veja algumas sugestões: praticar um esporte, passear a pé ou de bicicleta, cantar num coral, tocar um instrumento, desenhar, pintar, costurar, fotografar, fazer artesanato, participar de grupos de teatro, promover campanhas ou gincanas com finalidades sociais, participar de jornais de estudantes, visitar museus, parques, jardim botânico e jardim zoológico.
   Leia sua lista para a turma. Você vai descobrir que vários colegas têm interesses parecidos com os seus. Que tal se juntar a eles nessas atividades e aumentar seu círculo de amigos?

4. Depois de ler o boxe sobre drogas nas páginas 174 e 175, elabore *slogans* (frases de alertas) para conscientizar os jovens do perigo do uso de drogas e desestimular seu uso. Convide para uma palestra e um debate médicos, psicólogos e especialistas na prevenção e tratamento dos problemas relacionados ao uso de drogas psicotrópicas.

Agora teste o tempo de reação das pessoas. Esta experiência deve ser realizada em duplas de alunos. Uma pessoa (**A**), em pé, segura, no sentido vertical e por uma das pontas, uma régua de 25 cm a 30 cm. A outra pessoa, sentada, (**B**) deve manter o polegar e o indicador esticados e os demais dedos de uma das mãos fechados para envolver a outra ponta da régua que está dependurada (e segura por **A**), mas sem segurá-la. Veja a figura 13.16.

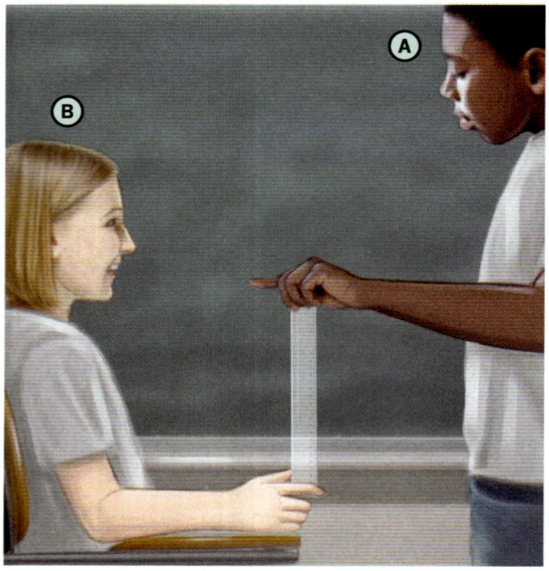

Mauro Nakata/Arquivo da editora

13.16

Então, de repente, a pessoa **A** solta a régua sem avisar. A pessoa **B** tem de tentar prender a régua entre os dedos, o mais rápido possível. A dupla de alunos deve se revezar nas duas posições.

Agora, responda no caderno.

a) Em que ponto cada aluno conseguiu segurar a régua? O que esse ponto indica?

b) Por que existe um tempo de reação entre a observação de que a régua está caindo e o ato de segurá-la?

c) Repita a experiência, pelo menos três vezes para cada aluno. Para comparar os resultados, no caderno, construa uma tabela (Veja a tabela 13.17) e registre em qual ponto cada um de vocês segurou a régua.

Tempo	Aluno A	Aluno B
Teste 1		
Teste 2		
Teste 3		

13.17

O que você verificou?

d) Você acha que o cansaço pode afetar o tempo de reação?

e) E a ingestão de bebida alcoólica? Caso ela afete o tempo de reação, em que situações ela é perigosa?

Você pode usar uma tabela que permite calcular, aproximadamente, o tempo de reação em função da distância marcada na régua*:

Distância em centímetros	Tempo de reação em segundos
5	0,10
10	0,14
15	0,17
20	0,20
25	0,23
30	0,25

13.18

* Se você quiser mais precisão no cálculo, use a seguinte fórmula para calcular o tempo de reação:

$t = \sqrt{\frac{2d}{g}}$ onde **t** é o tempo de reação, **d**, a distância em centímetros e **g**, a aceleração da gravidade, que vale cerca de 980 cm/s^2.

Capítulo

14 O sistema endócrino

Quando levamos um susto, ou quando ficamos com muito medo, as glândulas suprarrenais lançam adrenalina no sangue, fazendo o coração bater mais rápido e aumentando a pressão arterial e o fluxo de sangue para os músculos e o cérebro.

Esse é apenas um exemplo da ação dos hormônios, que controlam várias funções em nosso organismo.

14.1 Quando estamos com medo, nosso organismo expressa uma série de reações.

Creatista/Shutterstock/Glow Images

A questão é

Hormônios: você sabe onde essas incríveis substâncias são produzidas?
O que elas fazem em nosso corpo? Que problemas podem ocorrer no sistema endócrino?

As glândulas

Hormônio vem do grego *hormaein*, que significa 'estimular'.

Exócrina vem do grego *exo*, 'para fora', e *krinein*, 'separar', 'segregar'.

Endócrina vem do grego *endon*, 'interno'.

Os hormônios são produzidos por glândulas especiais e lançados no sangue. Cada **hormônio** age em determinado tipo de tecido.

Mas nem todas as glândulas produzem hormônios. Algumas lançam seus produtos, as secreções, para fora do corpo ou dentro das cavidades de órgãos: são as **glândulas exócrinas**. É o caso das glândulas sudoríferas, sebáceas, lacrimais e mamárias.

Já os hormônios são produzidos pelas **glândulas endócrinas**, como a **hipófise**, a **glândula tireoide**, as **glândulas paratireoides** e as **suprarrenais**, e lançados no sangue.

O conjunto de glândulas que produzem hormônio é chamado de sistema endócrino.

A figura 14.2 mostra a localização das glândulas endócrinas no corpo.

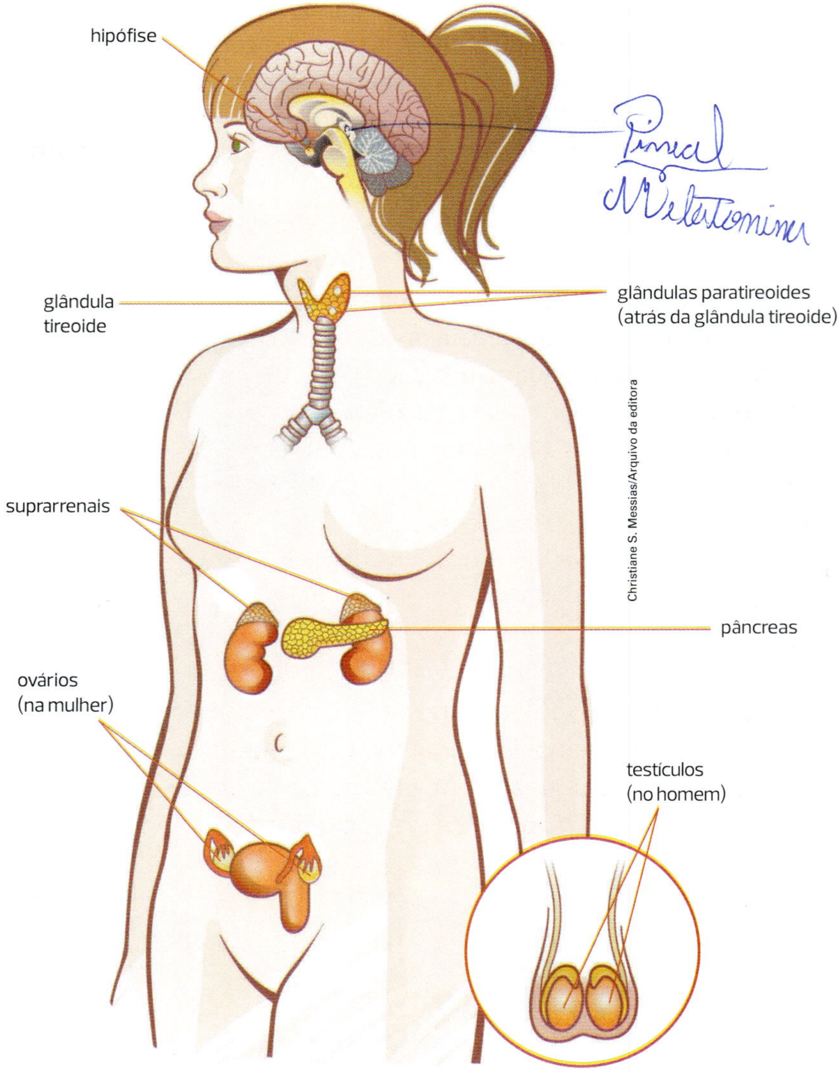

14.2 As glândulas endócrinas e alguns órgãos próximos. Os ovários são glândulas exclusivas das mulheres; os testículos estão presentes apenas nos homens. (Figura sem escala. Cores fantasia.)

Há ainda **glândulas mistas**, como o **pâncreas**. Este possui uma parte exócrina, que lança o suco pancreático no intestino, e uma parte endócrina, que lança no sangue um hormônio chamado insulina.

Além de produzir hormônios sexuais, os testículos e ovários produzem células reprodutoras: os espermatozoides e os óvulos.

Eles serão estudados com mais detalhes no Capítulo 15, que trata da reprodução humana.

Hipófise

A glândula hipófise (antigamente chamada de **pituitária**) está ligada ao encéfalo, na parte conhecida como hipotálamo (figura 14.3). O hipotálamo controla a produção de hormônios da hipófise e também produz hormônios que são acumulados nessa glândula antes de serem lançados no sangue.

Ela produz hormônios que estimulam outras glândulas. Um deles estimula a glândula tireoide, que passa a produzir seu próprio hormônio. Há ainda outros que estimulam as suprarrenais ou as glândulas sexuais (testículos e ovários).

A hipófise também produz o **hormônio do crescimento**. A falta desse hormônio na infância faz a pessoa ficar com altura muito abaixo da média. Esse tipo de **nanismo** (nanismo hipofisário) pode ser tratado administrando-se à criança o hormônio do crescimento.

Quando a hipófise produz o hormônio do crescimento em excesso na infância, devido a um tumor na glândula, por exemplo, ocorre o gigantismo, que pode fazer a pessoa ficar com mais de 2 metros de altura. Esse tipo de problema pode ocorrer também depois da adolescência, quando o indivíduo não pode mais crescer em altura. Nesse caso, os ossos da face, das mãos e dos pés ficam mais grossos: é a **acromegalia**.

A hipófise também lança no sangue o **hormônio antidiurético** ou **ADH** (sigla, em inglês, de *antidiuretic hormone*), que facilita a reabsorção de água pelos rins. Como vimos no Capítulo 9, parte da água filtrada volta para o sangue. O hormônio antidiurético aumenta a proporção de água reabsorvida em certas situações. Portanto, esse hormônio diminui a perda de água na urina sempre que isso for necessário.

A hipófise lança mais hormônio antidiurético no sangue quando, por exemplo, suamos muito, e não repomos a água perdida. Com isso, a reabsorção de água aumenta. A glândula lança menos hormônio quando bebemos muita água. Nesse caso, reabsorvemos menos água e urinamos mais.

Quando há deficiência de hormônio antidiurético, forma-se grande quantidade de urina muito diluída — mais de 10 litros por dia. Essa doença é conhecida como diabetes insípida.

A hipófise lança mais dois hormônios no sangue: a **prolactina**, que estimula a produção de leite durante a amamentação, e a **ocitocina**. Este último hormônio estimula as contrações do útero no momento do parto, o que ajuda o bebê a nascer; depois, auxilia a secretar o leite quando o bebê suga o seio da mãe.

Nanismo vem do grego *nannos*, que significa 'anão'. O nanismo, assim como outras doenças do sistema endócrino, deve ser diagnosticado e tratado pelo médico.

Acromegalia vem do grego *akron*, 'extremidade', e *megale*, 'grande'.

Ocitocina vem do grego *okys*, 'rápido', e *tokos*, 'parto'.

O nome "insípida" vem de "sem gosto", em oposição a diabetes melito ou *mellitus*, em que a urina contém glicose.

Atenção!
As informações deste capítulo têm o objetivo de ajudar as pessoas a conhecer melhor o sistema endócrino e algumas doenças desse sistema, mas não substituem a consulta ao médico nem podem ser usadas para diagnóstico, tratamento ou prevenção de doenças.

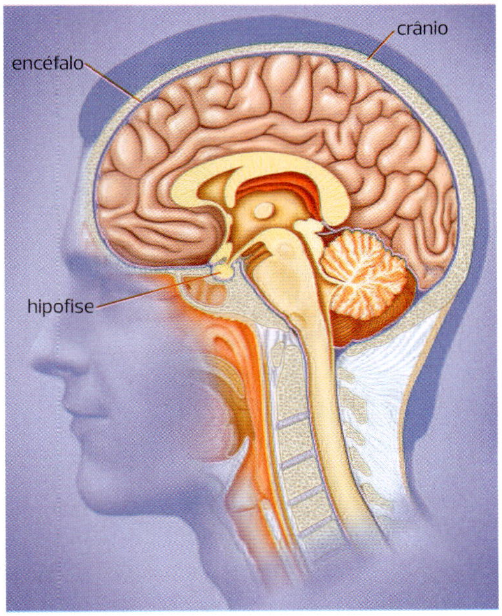

Alexilus/Shutterstock/Glow Images

14.3 Cabeça em corte evidenciando encéfalo e hipófise. Cores fantasia.

Glândula tireoide

Localizada na frente da traqueia, a glândula tireoide produz os hormônios **tiroxina** ou **tetraiodotironina** e **tri-iodotironina**. Eles fazem o organismo trabalhar mais rapidamente, pois aceleram diversas transformações químicas, principalmente a respiração celular. Assim, esses hormônios estimulam o consumo de oxigênio pelos órgãos, e, em consequência, liberam calor no organismo. Estimulam ainda a frequência e a intensidade dos batimentos cardíacos e dos movimentos respiratórios, aumentando o fluxo de sangue para os tecidos, e também a formação dos ossos no período de crescimento.

Hiper vem do grego e significa 'excesso'

Hipo significa 'abaixo'

Quando a glândula tireoide trabalha mais do que o normal, isto é, quando há **hipertireoidismo**, o coração pode bater mais rápido, a temperatura do corpo aumenta e a pessoa pode perder peso, ficar nervosa e irritada. Pode haver também um acúmulo de líquido nos tecidos. Nesse caso, os olhos ficam saltados, esbugalhados: é a exoftalmia.

Na criança, a diminuição na produção de hormônios da glândula tireoide — o **hipotireoidismo** — prejudica o crescimento e o desenvolvimento físico e mental. Por isso, logo após o nascimento costuma-se fazer um exame para verificar se o funcionamento da glândula tireoide da criança está normal. Esse exame é conhecido como teste do pezinho: uma gota de sangue do pé do bebê é analisada no laboratório para verificar se a glândula tireoide está produzindo pouco ou nenhum hormônio.

Esse teste serve também para detectar outras doenças, como a fenilcetonúria.

No adulto, o hipotireoidismo costuma provocar diminuição do batimento cardíaco e da temperatura do corpo, e as reações e os movimentos podem ficar mais lentos. O mau funcionamento da tireoide pode provocar o aumento do volume dessa glândula, o **bócio**, também conhecido como papo ou papeira. Veja a figura 14.4.

Uma das causas do hipotireoidismo é a falta de sais de iodo na alimentação, pois esse mineral é necessário para a produção dos hormônios da glândula tireoide. É o **bócio endêmico** ou **carencial**.

Para evitar o bócio, no Brasil e em vários outros países, existem leis que obrigam a indústria a adicionar iodo ao sal de cozinha.

A glândula tireoide produz também pequenas quantidades de **calcitonina**, hormônio que diminui a liberação de cálcio no sangue, ao contrário do hormônio das glândulas paratireoides, como veremos a seguir.

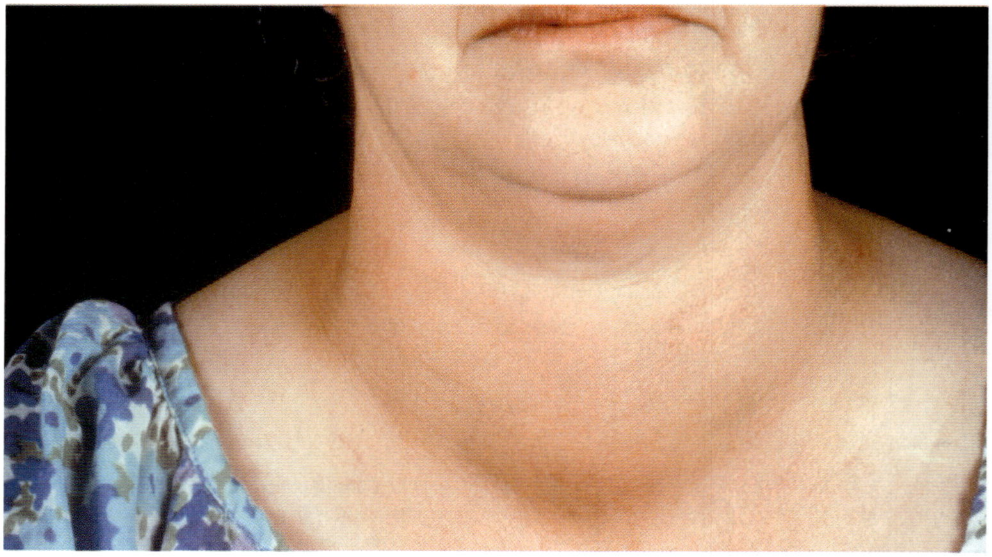

Biophoto Associates/Photo Researchers, Inc./Latinstock

14.4 Pessoa com bócio

Glândulas paratireoides

As glândulas paratireoides são quatro pequenas glândulas localizadas na parte de trás da glândula tireoide. Observe a figura 14.5. Elas produzem o **paratormônio**, que regula a quantidade de cálcio no sangue. O cálcio é importante para o funcionamento dos músculos e dos nervos.

Quando a taxa de cálcio no sangue diminui, essas glândulas são ativadas e retiram cálcio dos ossos e da urina, lançando-o no sangue. À medida que a taxa de cálcio aumenta, as glândulas paratireoides são inibidas e param de funcionar.

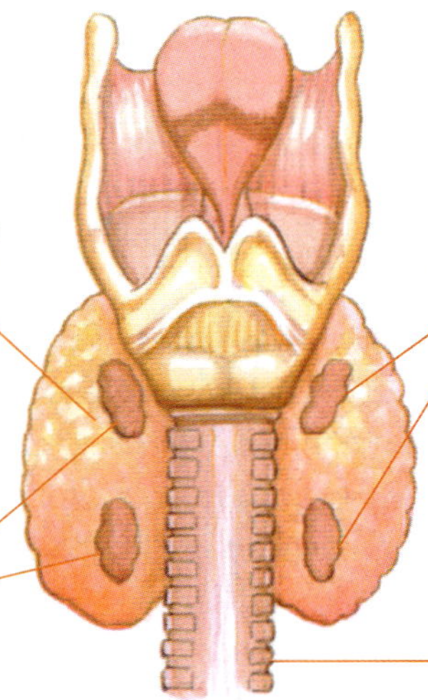

14.5 Glândula tireoide (de 4 cm a 4,8 cm na dimensão vertical) vista por trás, mostrando as glândulas paratireoides. (Figura sem escala. Cores fantasia.)

Para saber mais

O controle por *feedback*

A produção de muitos hormônios é controlada por um mecanismo chamado de *feedback* negativo (realimentação ou retroalimentação negativa). Isso significa que a substância produzida por uma glândula controla a sua própria produção.

A glândula tireoide, por exemplo, é estimulada por um hormônio da hipófise, cuja produção é inibida à medida que a concentração de hormônio da glândula tireoide aumenta.

Esse tipo de controle colabora na **homeostase**, que é a capacidade do ser vivo de manter relativamente constante o interior de seu organismo, controlando, por exemplo, a taxa de cálcio e glicose no sangue, a quantidade de água no corpo, etc.

Suprarrenais

Também chamadas **adrenais**, localizam-se sobre os rins e podem ser divididas em duas partes: a mais externa é o córtex da suprarrenal, e a mais interna, a medula da suprarrenal. Reveja a figura 14.2.

O córtex da suprarrenal produz hormônios que controlam a taxa de sódio, de potássio e de água, e também o consumo de glicose e de lipídios pelo organismo. Esses hormônios atuam em situações de estresse, traumas, inflamações e alergias.

A medula da suprarrenal produz a **adrenalina**, que prepara o corpo para enfrentar situações de perigo, isto é, que nos põe em condições de lutar ou fugir. Ela produz efeitos semelhantes aos do sistema nervoso simpático, vistos no capítulo anterior, só que mais duradouros.

Em situações de perigo, a adrenalina acelera o ritmo cardíaco e respiratório, faz o fígado lançar glicose no sangue e contrai artérias da pele e do sistema digestório, desviando mais sangue para os músculos. Quando a situação de emergência se prolonga, o córtex produz também outro hormônio, chamado **cortisol**.

Ciência e saúde

O estresse

Estresse é o estado de tensão e o conjunto de reações de uma pessoa em resposta a uma situação que ameace o seu bem-estar – ou que ela sinta como ameaça.

Em situações de emergência, como você já sabe, entram em ação o sistema nervoso simpático e a glândula suprarrenal, provocando as reações físicas que preparam a pessoa para enfrentar o perigo, além de uma série de reações psicológicas: medo, raiva, preocupação, etc.

Todos nós experimentamos um pouco disso e nem sempre temos problemas. Mas, se essas circunstâncias persistirem ou se repetirem constantemente, a pessoa pode se tornar "estressada", isto é, pode se sentir mal, ficar tensa, nervosa e até apresentar problemas físicos, como pressão alta.

Cada pessoa reage a uma situação de estresse de maneira diferente. É claro que sempre que sentimos nossa saúde ameaçada devemos procurar um médico. Mas reservar um tempo para o lazer, praticar exercícios físicos com a orientação de especialistas e conversar com amigos e familiares são algumas atitudes que ajudam a relaxar e a evitar as tensões do estresse.

Pâncreas

O pâncreas é uma glândula mista: lança suco pancreático no intestino e **insulina** no sangue. Reveja a figura 14.2.

A insulina ajuda a glicose, que está no sangue, a entrar nas células, onde será utilizada como fonte de energia. Quando comemos muito açúcar, o pâncreas lança mais insulina e faz o nível da glicose no sangue voltar ao normal. A insulina também ajuda a transformar a glicose em glicogênio, que pode ser armazenado no fígado e nos músculos.

O pâncreas também produz o hormônio **glucagon**, que tem um efeito oposto ao da insulina: quando cai a taxa de glicose no sangue, ele promove a transformação do glicogênio armazenado no fígado em glicose, que é então lançada no sangue. Com isso, a concentração de glicose se normaliza. Lembre-se de que tanto o excesso quanto a falta de glicose no sangue prejudicam o funcionamento do organismo.

Se o pâncreas deixar de produzir insulina, ou passar a produzi-la em quantidade insuficiente, ou ainda, se as células do corpo não reagirem à insulina produzida, a glicose vai se acumular no sangue e sua taxa aumentará. Essa doença é conhecida como **diabetes melito**.

Na diabetes, parte da glicose passa a ser eliminada pela urina, saindo junto com muita água. A perda de água provoca muita sede e também muita fome, já que a glicose não está sendo bem absorvida pelas células. O corpo pode passar a usar muita gordura como fonte de energia, e isso pode causar problemas ao organismo.

A diabetes não tratada pode provocar perda de visão, feridas na pele e problemas cardíacos e renais.

Entre os sinais que recomendam consulta ao médico estão a vontade frequente de urinar, sede exagerada, cansaço constante, sonolência, infecções urinárias ou de pele, visão turva, coceira, perda de peso, feridas que demoram a cicatrizar. Não se esqueça, porém, de que somente o médico pode fazer o diagnóstico correto.

A Z

Insulina vem do latim *insula*, que significa 'ilha'. Esse hormônio foi descoberto por um estudante de Medicina alemão chamado Paul Langerhans em aglomerados de células no meio do tecido que produz as enzimas do pâncreas. Vem daí o nome da parte do pâncreas que produz a insulina: ilhotas de Langerhans. Mas, pela nova terminologia anatômica, o termo correto é ilhotas pancreáticas.

Diabetes (ou diabete) vem do grego *dia*, 'através de', e *baiten*, 'passar'. *Melito* significa 'açucarado'.

O tratamento da diabetes consiste em monitorar e controlar a taxa de glicose no sangue com injeções de insulina (ou outro medicamento) ou, às vezes, apenas com uma dieta que evite alimentos ricos em açúcar. Exercícios físicos também são recomendados. Tudo, é claro, sob supervisão médica. Veja figura 14.6.

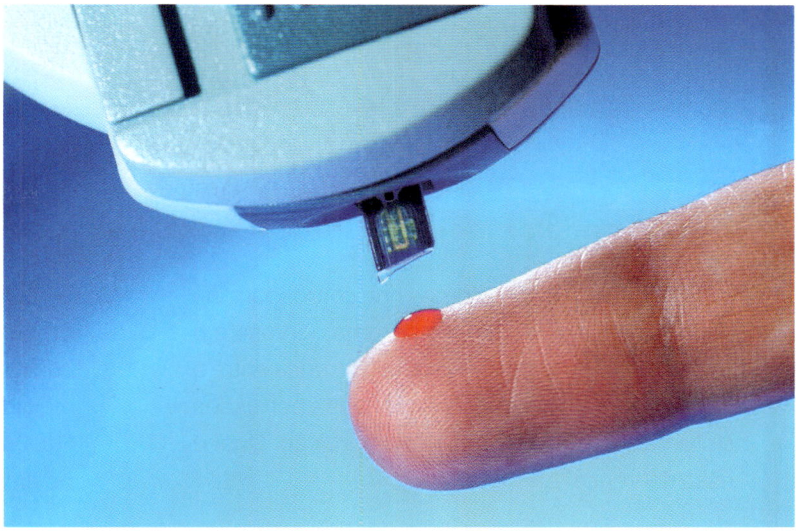

Steve Horrell/Science Photo Library/Latinstock

14.6 Há *kits* que permitem a realização de testes dos níveis de glicose do sangue em casa. É importante, porém, orientação médica para a realização desses testes.

Para saber mais

A diabetes

Há dois tipos de diabetes melito. A diabetes tipo 1 (ou diabetes dependente de insulina) e a diabetes tipo 2 (ou diabetes não dependente de insulina).

A diabetes tipo 1, em que ocorre a deficiência de insulina, atinge, geralmente, pessoas com menos de 25 anos. É preciso tomar injeções diárias de insulina para suprir a falta dela, além de seguir uma dieta orientada pelo médico.

A diabetes tipo 2 ocorre com mais frequência em pessoas obesas (cerca de 90% das pessoas com diabetes tipo 2 têm excesso de peso), sedentárias e com mais de 40 anos – embora sua frequência esteja aumentando em pessoas mais jovens e até mesmo em adolescentes. Nesse caso, as células não conseguem absorver ou utilizar a insulina produzida pelo pâncreas.

Antes da Engenharia genética, a insulina utilizada pelos diabéticos tipo 1 era extraída do boi ou do porco, mas, como essa insulina não é exatamente igual à humana, ela não é reconhecida como uma substância própria do organismo humano e era parcialmente neutralizada pelos anticorpos. Isso obrigava a aumentar a dose gradualmente e até provocava reação alérgica em alguns pacientes.

Atualmente, a insulina pode ser produzida por Engenharia genética. Nesse processo, bactérias recebem o trecho do DNA humano responsável pela produção de insulina. As bactérias passam a produzir insulina idêntica à humana e se reproduzem assexuadamente, gerando mais bactérias produtoras de insulina.

Mundo virtual

Sociedade Brasileira de Diabetes
<www.diabetes.org.br>
Site que contém informações sobre diabetes, sintomas e cuidados. Há também sugestões de receitas, artigos sobre alimentação e nutrição.

Sociedade Brasileira de Endocrinologia e Metabologia
<www.crescimento.org.br>
Site que apresenta informações sobre diversos problemas endocrinológicos. Contém campanhas, dicas, respostas às dúvidas de internautas e notícias.

Acesso em: 15 mar. 2015.

Reprodução/<www.crescimento.org.br>

Atividades

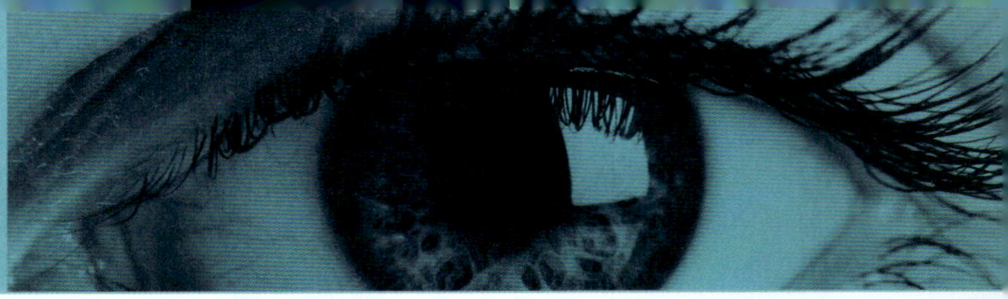

Trabalhando as ideias do capítulo

1. Você conheceu dois sistemas que coordenam diversas funções do corpo: o sistema nervoso e o sistema endócrino. Mas há uma diferença entre a forma como as mensagens enviadas por esses sistemas promovem essa coordenação. Qual é essa diferença?

2. Você conheceu neste capítulo as seguintes glândulas endócrinas: hipófise, glândula tireoide (tireoide), glândulas paratireoides, suprarrenais, pâncreas. Agora, no caderno, escreva quais das glândulas citadas possuem as características abaixo (uma glândula pode ter mais de uma característica).

a) Produz adrenalina.

b) Controla a taxa de açúcar no sangue.

c) Retira cálcio do osso e lança no sangue.

d) Produz o hormônio do crescimento.

e) Pode crescer muito (bócio).

f) Controla a reabsorção de água nos rins.

g) Prepara o corpo para enfrentar uma situação de perigo.

h) Seu mau funcionamento causa a diabetes melito.

i) Controla as outras glândulas do corpo.

j) Produz um hormônio que acelera as contrações do útero no parto.

k) Localiza-se na base do crânio.

l) Sua função é afetada pela falta de iodo na alimentação.

m) Sua hiperfunção causa a acromegalia ou o gigantismo.

n) A ingestão de água inibe a produção de um hormônio dessa glândula e aumenta a eliminação de urina.

o) A deficiência de um de seus hormônios na infância produz o nanismo.

3. O diabetes insípido é uma doença em que a pessoa produz muita urina (até 10 L ou 20 L por dia), fica com sede e desidratada, mas não apresenta taxa elevada de glicose na urina, como no diabetes melito. Que glândula e que hormônio estão envolvidos no diabetes insípido?

4. No caderno, indique as afirmativas verdadeiras.

a) A tiroxina estimula a respiração celular e a liberação de calor no organismo.

b) A adrenalina diminui a frequência cardíaca.

c) O hormônio antidiurético regula a eliminação de água pela urina.

d) O paratormônio ajuda a regular o nível de cálcio no sangue.

e) A insulina dificulta a entrada de glicose na célula.

f) A prolactina estimula as contrações do útero no momento do parto.

g) O bócio endêmico pode ser causado pela falta de iodo na alimentação.

5. No caderno, relacione as glândulas endócrinas com os respectivos hormônios.

1. Hipófise
2. Glândula tireoide (tireoide)
3. Glândulas paratireoides
4. Suprarrenais
5. Pâncreas

a) Paratormônio

b) Hormônio antidiurético

c) Tiroxina

d) Adrenalina

e) Prolactina

f) Insulina

6. Por que o pâncreas é considerado uma glândula mista?

7. No caderno, associe o nome dos sistemas abaixo às funções indicadas a seguir.

I. Sistema digestório
II. Sistema respiratório
III. Sistema circulatório (cardiovascular)
IV. Sistema urinário
V. Sistema tegumentar (pele e derivados)
VI. Sistema esquelético
VII. Sistema muscular
VIII. Sistema nervoso
IX. Sistema endócrino

a) Elimina resíduos e regula o equilíbrio de água e sais.
b) Absorve o oxigênio do ambiente e elimina gás carbônico.
c) Sustenta o corpo, protege os órgãos, colabora nos movimentos e produz as células do sangue.
d) Regula as funções do corpo por meio de hormônios levados pelo sangue para os órgãos.
e) Quebra os nutrientes em partes menores para que sejam absorvidos pelas células.
f) Leva nutrientes e oxigênio para as células e protege contra doenças.
g) Participa dos movimentos do corpo por meio da contração de suas células.
h) Protege o corpo, ajuda a regular a temperatura, recebe estímulos (pressão, dor, variações de temperatura, etc.).
i) Percebe mudança no ambiente e manda mensagens para os músculos, provocando sua contração.

8. No caderno, escreva a qual dos sistemas apresentados na atividade anterior pertencem as estruturas relacionadas a seguir.

a) Bexiga urinária
b) Dentes
c) Esterno
d) Peitoral maior
e) Medula espinal
f) Suprarrenais
g) Artéria aorta
h) Rins
i) Laringe
j) Glândula sudorífera
k) Glândula tireoide
l) Pâncreas
m) Tíbia
n) Tálamo
o) Ureter
p) Esôfago
q) Traqueia

Mexa-se!

Use livros de Biologia e sites na internet para pesquisar sobre a glândula pineal: qual o hormônio produzido, funções, etc.

- Qual o hormônio produzido por essa glândula;
- Quais são as funções relacionadas à glândula pineal;
- Quais são as doenças relacionadas a essa glândula.

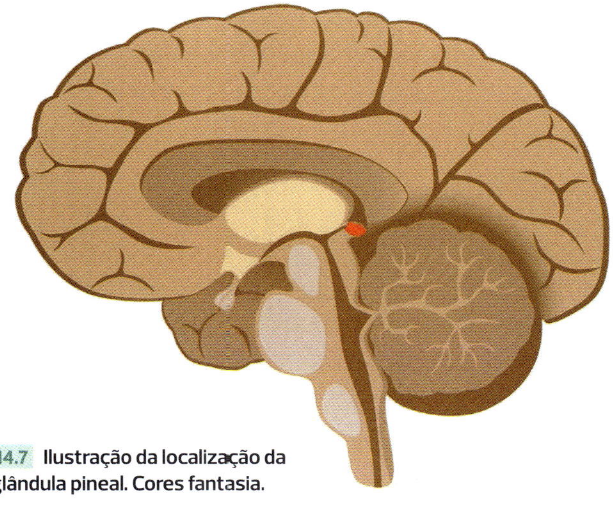

Alila Medical Media/Shutterstock/Glow Images

14.7 Ilustração da localização da glândula pineal. Cores fantasia.

Pense um pouco mais

1. A taxa de glicose no sangue varia durante o dia. Os gráficos abaixo indicam como essa taxa variou em dois indivíduos (I e II) logo após a ingestão de um mesmo tipo de alimento, rico em carboidratos.

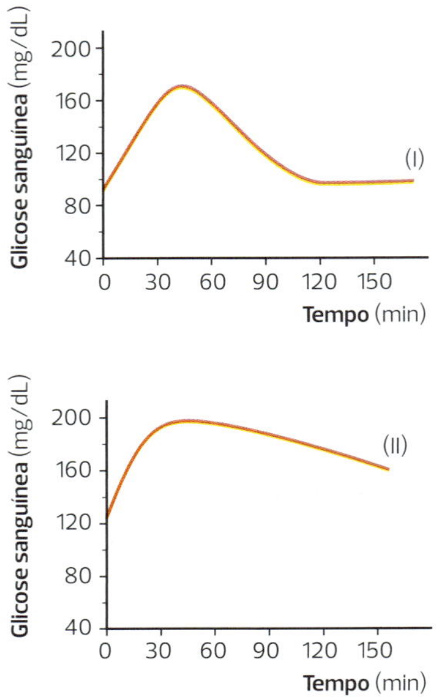

Adilson Secco/Arquivo da editora

14.8

a) Na primeira meia hora, a taxa de glicose no sangue aumenta ou diminui? E entre uma e duas horas depois?

b) Que hormônio faz a taxa de glicose no sangue cair após algum tempo?

c) Um dos dois indivíduos apresenta diabetes. Qual? Justifique sua resposta.

2. Um medicamento recente contra a diabetes tipo 2 foi sintetizado a partir de um hormônio extraído de um lagarto que habita os desertos do México e dos Estados Unidos, o monstro-de-gila (*Heloderma suspectum*), que aparece na figura 14.9. Relacione esse fato com a importância de se preservar a biodiversidade no planeta.

Kennan Ward/Corbis/Latinstock

14.9 O lagarto monstro-de-gila, com cerca de 50 cm de comprimento.

3. Conta-se que já na Antiguidade percebeu-se que a urina de algumas pessoas atraía moscas. Hoje se sabe que esse é um sinal de que, provavelmente, o sistema endócrino dessas pessoas não está funcionando como deveria.
Como é chamado o problema de saúde mais provável de pessoas cuja urina atrai moscas? Qual é o principal órgão do sistema endócrino afetado por esse problema?

4. Utilizando seus conhecimentos sobre o funcionamento do sistema digestório e sabendo que a insulina é uma proteína, responda: por que se toma a insulina na forma de injeção, e não em comprimidos?

5. A figura abaixo mostra um exame em que a pessoa toma iodo radioativo (uma quantidade muito pequena, que não traz nenhum perigo) e depois tira uma radiografia colorida. Essa radiografia mostra se o iodo está mais concentrado em uma região da glândula, o que poderia indicar um possível tumor. Qual é essa glândula? Justifique sua resposta.

SPL/Latinstock

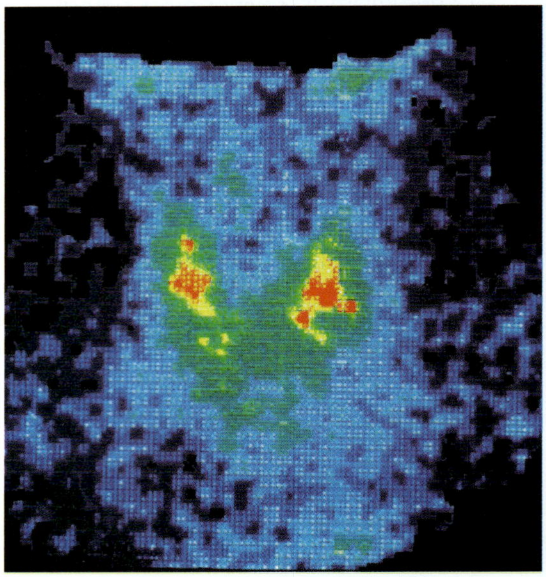

14.10

6. No passado, o diabetes tipo 2 se manifestava quase que somente em pessoas com mais de 40 anos. Dê uma possível explicação para a frequência dessa doença, atualmente, estar aumentando entre jovens e adolescentes.

Ponto de chegada

- Nesta Unidade, você aprendeu que a pele também possui receptores para dor, pressão, tato e variações de temperatura, além de ajudar a proteger o corpo e manter sua temperatura constante. Conheceu também alguns problemas que podem aparecer na pele (micoses, acne, etc.) e aprendeu a valorizar os hábitos de higiene que protegem esse órgão.

- Além de ter uma visão geral dos sistemas esquelético e muscular e de sua ação em conjunto para permitir os movimentos do corpo, você se conscientizou da importância de realizar atividades físicas, orientadas por especialistas, para manter a saúde do corpo, fazendo até mesmo uma pesquisa para aprofundar esse conhecimento.

- Você aprendeu como os órgãos dos sentidos recebem estímulos do ambiente e enviam mensagens ao sistema nervoso, o qual, por sua vez, envia impulsos aos músculos e às glândulas endócrinas, que produzem hormônios. Aprendeu ainda que, além de controlar nossas reações ao ambiente, esses sistemas comandam a digestão, a circulação, a excreção e outras funções vitais.

- Ao estudar os órgãos dos sentidos, conheceu os diversos problemas de visão e audição, conscientizando-se também, por meio de uma pesquisa, da importância de a sociedade propiciar a integração e o convívio das pessoas com deficiência física.

- Além de conhecer as diversas estruturas do sistema nervoso (encéfalo, medula espinal, nervos, gânglios nervosos) e seu funcionamento, estudou alguns problemas desse sistema e a importância do repouso, do lazer e da atividade física para a sua saúde. Aprendeu ainda os riscos que as drogas psicotrópicas causam à saúde e se conscientizou da necessidade de não aceitar a oferta para consumi-las.

- Ao conhecer as glândulas do sistema endócrino e suas funções, aprendeu a identificar as principais consequências do excesso e da deficiência de alguns hormônios.

Suryara Bernardi/Arquivo da editora

Unidade 4

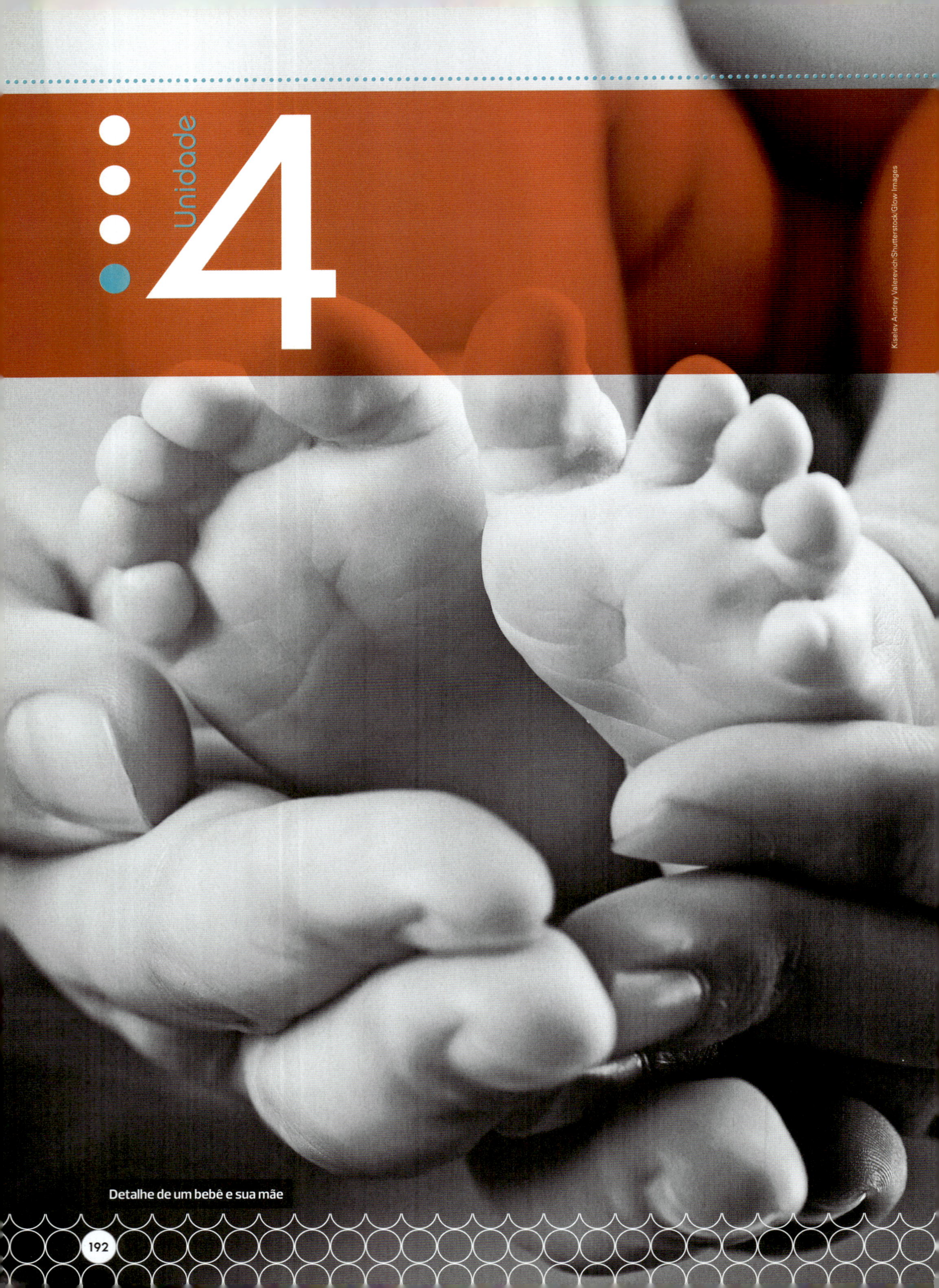

Kiselev Andrey Valerevich/Shutterstock/Glow Images

Detalhe de um bebê e sua mãe

Sexo e reprodução

A reprodução é importante para a espécie humana e os seres vivos em geral. Se, em algum momento da evolução humana, tivéssemos perdido a capacidade de nos reproduzir, nossa espécie já estaria extinta.

Relações sexuais e reprodução envolvem também emoções, sentimentos e comportamentos que são influenciados pela cultura. E cada pessoa tem sua personalidade, sua maneira de pensar e de agir, seus valores éticos e espirituais, seus projetos de vida.

Ponto de partida

1. Como funcionam os sistemas genitais masculino e feminino? Como evitar problemas nesses sistemas?
2. Que cuidados a gravidez requer e quais as vantagens do leite materno para o bebê?
3. Como podemos nos prevenir contra doenças sexualmente transmissíveis?
4. Genes, alelos, cromossomos: como esses conceitos nos ajudam a compreender a hereditariedade?
5. Clonagem e Engenharia genética: que questões éticas e sociais estão presentes nas novas biotecnologias?

Capítulo

15 O sistema genital

CONTEÚDO DIGITAL

A reprodução humana é muito mais que uma simples transmissão de genes de pais para filhos. Neste capítulo, vamos estudar os sistemas genitais (ou reprodutores) do homem e da mulher. Apesar das diferenças entre os gêneros, todos os indivíduos devem ter oportunidades iguais para desenvolver seu potencial. Qualquer discriminação com base no sexo de uma pessoa deve ser punida por lei.

15.1 Manifestação pelos direitos da mulher na Espanha, em 1978. Esse movimento aconteceu logo após o país retomar a democracia.

Christine Spengler/Sygma/Corbis/Latinstock

A questão é

Que diferenças existem entre o sistema genital masculino e o feminino? Você conhece as funções das principais partes desses sistemas? Ovulação e menstruação: como esses processos se alternam ao longo do mês? Em que condições a gravidez pode ocorrer? Qual é a diferença entre gêmeos dizigóticos e monozigóticos?

1 Os órgãos genitais masculinos

Na figura 15.2 você pode observar um desenho que representa um embrião dentro do útero de uma mulher. A figura mostra ainda, à direita, um retrato da pessoa que fez esse desenho. Trata-se de um artista e inventor muito conhecido que viveu na Itália em um período da História conhecido como Renascença. Muitos de seus desenhos retratavam a anatomia humana.

Esse artista ficou famoso por seus quadros, especialmente aquele conhecido como *Mona Lisa*.

Será que você conhece esse artista?

Trata-se de Leonardo da Vinci (1452-1519), um homem da ciência e das artes.

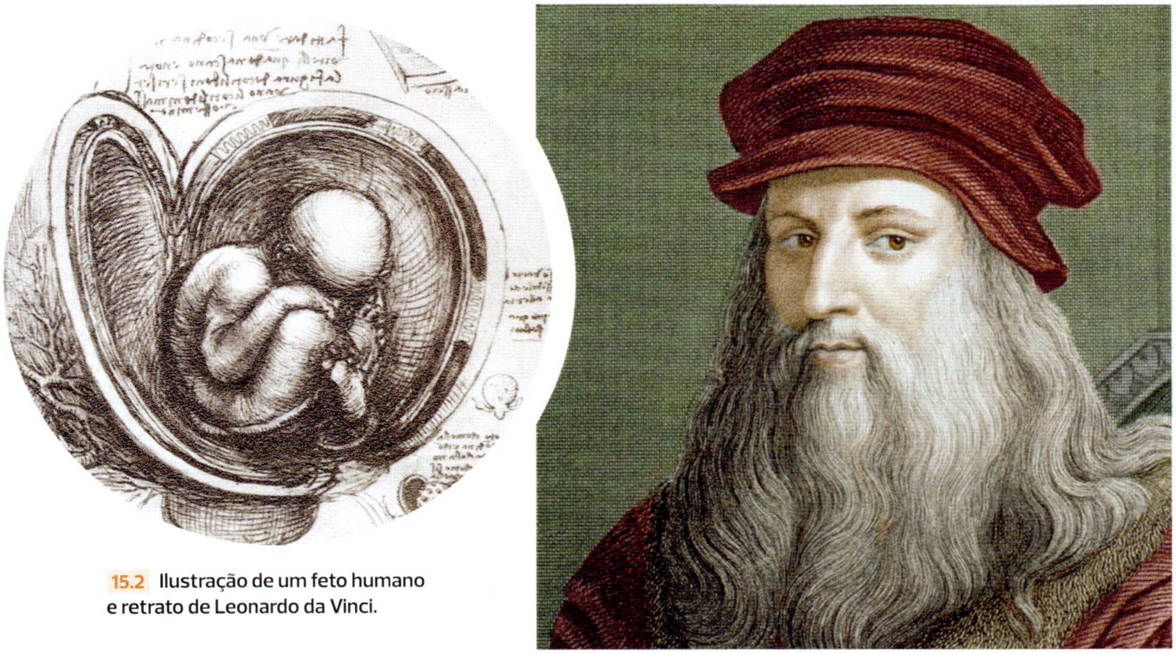

Fotos: Sheila Terry/Science Photo Library/Latinstock

15.2 Ilustração de um feto humano e retrato de Leonardo da Vinci.

Hoje temos um conhecimento sobre a produção humana que é muito mais profundo do que aquele dos séculos XV e XVI. Para começar este estudo, é importante que você conheça alguns termos.

As células reprodutoras, por exemplo, são chamadas **gametas**. O gameta masculino é chamado **espermatozoide**; o feminino é conhecido como **óvulo**. Você sabe em que órgãos do corpo humano esses gametas são produzidos?

A Z

Gameta vem do grego *gamein*, 'casar'.

Espermatozoide vem do grego *sperma*, 'semente'; *zoon*, 'animal' e *eidos*, 'semelhante'.

Óvulo vem do latim *ovulu*, 'pequeno ovo'.

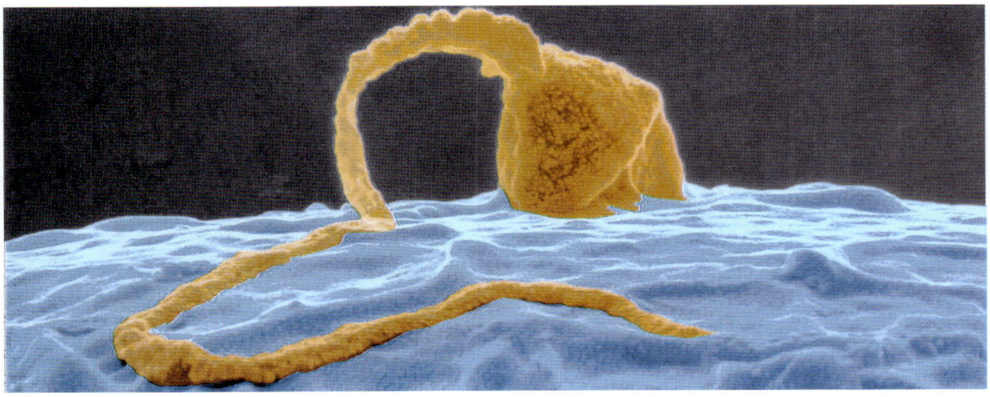

Thierry Berrod, Mona Lisa Production/ Science Photo Library/Latinstock

15.3 Gameta masculino (marrom) fertilizando o gameta feminino (azul). Imagem obtida por microscópio eletrônico e colorizada por computador (aumento de cerca de 7 000 vezes).

Os espermatozoides, e também a **testosterona**, principal hormônio sexual masculino, são produzidos nos **testículos**, que ficam dentro de uma bolsa, o **escroto**.

Isso favorece a produção de espermatozoides, que normalmente ocorre em temperaturas mais baixas do que a do interior da cavidade abdominal. Veja a figura 15.4.

> No escroto, a temperatura é de 1 °C a 2 °C mais baixa do que a temperatura corporal.

Em cada testículo há cerca de mil tubos microscópicos muito enrolados. São os **túbulos seminíferos**. Os espermatozoides se formam a partir de divisões de células da parede desses tubos.

Testículo vem do latim *testis*, 'testemunha'.

Escroto vem do latim *scrotu*, 'bolsa'.

Seminífero vem do latim *semen*, 'semente', e *ferre*, 'que transporta'.

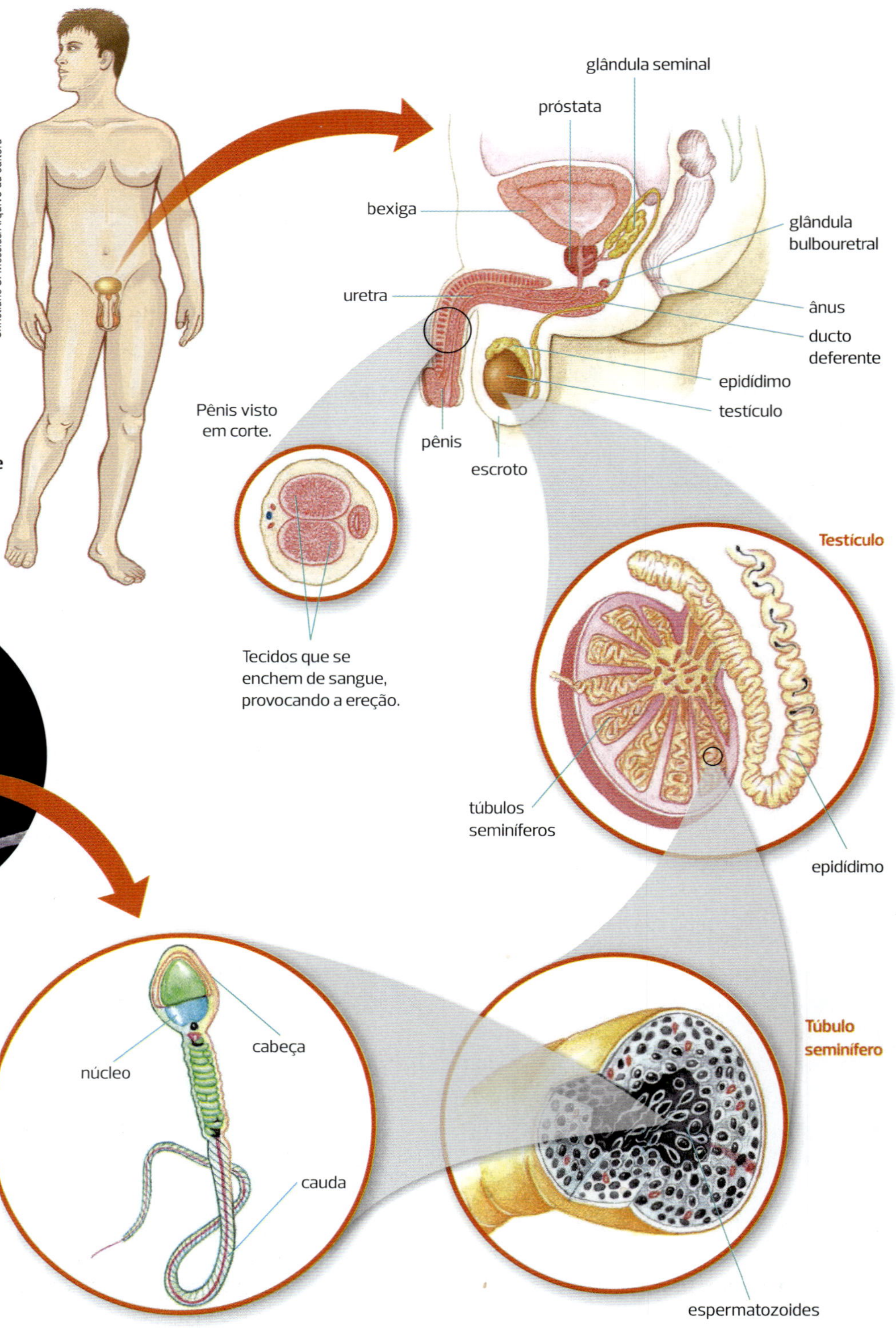

15.4 O sistema genital masculino e a produção de espermatozoides (a bexiga urinária não faz parte do sistema genital). (Figura sem escala. Cores fantasia.)

Espermatozoides vistos ao microscópio eletrônico (aumento de cerca de 2 mil vezes; cores artificiais).

Dos túbulos seminíferos os espermatozoides passam para outro tubo, o **epidídimo**, onde ficam armazenados e adquirem a capacidade de movimento. Eles chegam aos **ductos deferentes** e, depois, ao canal da **uretra**, pelo qual podem ser liberados.

O canal da uretra, que passa por dentro do pênis, elimina o esperma e também a urina. Isto é possível porque, durante a passagem do esperma, um músculo perto da bexiga fecha a passagem da urina.

No caminho, recebem um líquido produzido pelas **glândulas seminais** (também chamadas de vesículas seminais ou glândulas vesiculosas) e um líquido da **próstata** ou **glândula prostática**. Esses líquidos nutrem o espermatozoide, facilitam o movimento dele e neutralizam a acidez da uretra e da vagina, que ajuda a destruir algumas bactérias causadoras de doenças, mas prejudica o movimento dos espermatozoides. Na uretra é lançado também um líquido produzido pelas glândulas bulbouretrais que ajuda a neutralizar a acidez da uretra.

O conjunto formado pelos líquidos e pelos espermatozoides é um líquido esbranquiçado e leitoso chamado **sêmen** ou **esperma**.

Os espermatozoides são células muito pequenas em relação ao óvulo e se movimentam agitando a cauda dentro do líquido seminal.

O **pênis** possui tecidos que se enchem de sangue quando o homem fica sexualmente excitado. Por causa do acúmulo de sangue nesses tecidos, o pênis aumenta de tamanho e fica rígido: é a **ereção**. Com o aumento da excitação, pode ocorrer a ejaculação: o esperma é lançado para fora em uma série de jatos por meio de contrações musculares nos tubos e glândulas. A ejaculação é acompanhada de uma sensação de prazer conhecida como orgasmo.

A maior parte do volume do esperma é formada pelos líquidos das glândulas seminais e da glândula prostática. Em cada ejaculação são expulsos, em média, de 2,5 mililitros a 5 mililitros de esperma, que contêm de 50 a 150 milhões de espermatozoides por mililitro de sêmen.

A Z

Epidídimo vem do grego *epi*, 'sobre', e *didymós*, 'gêmeos', uma referência aos dois testículos.

Ciência e saúde

Homem: cuidados e problemas

Às vezes o menino pode nascer com um ou os dois testículos presos à cavidade abdominal: é a *criptorquidia* (do grego, *cripto*, 'escondido'; *orchis*, 'testículo'). Como há risco de esterilidade, é necessária uma avaliação médica.

Uma preocupação masculina comum é a perda da capacidade de ter (ou manter) uma ereção por tempo suficiente para o ato sexual – chamada disfunção erétil ou impotência. Não conseguir a ereção é uma experiência pela qual a maioria dos homens já passou alguma vez na vida. Pode haver um número imenso de causas para isso: cansaço, preocupação em mostrar um bom desempenho sexual, falta de interesse na parceira, álcool em excesso e o próprio medo de não ter ereção. E tudo isso pode fazer o homem ejacular muito rápido, logo depois ou até antes da penetração: é a ejaculação precoce.

Mas, se às vezes a ereção não acontece, isso não significa que o indivíduo esteja ficando impotente. Pode ser apenas uma questão de relaxar um pouco e não se apressar.

É claro que podem existir também causas físicas, como um problema nos vasos sanguíneos que abastecem de sangue o pênis. É a chamada impotência orgânica. Mas tanto para a impotência psicológica como para a impotência orgânica já existem muitos tratamentos bastante eficientes, que um médico pode indicar.

O câncer mais frequente em homens depois dos 50 anos é o câncer de próstata. Nesse caso, o diagnóstico precoce aumenta muito as chances de cura da doença. Por isso homens com mais de 40 anos devem ir ao urologista anualmente. E devem procurar também o médico se sentirem dor ou ardência ao urinar, coceira, caroços, bolhas ou verrugas em torno dos órgãos genitais, se saírem secreções ou sangue pela uretra, ou se o parceiro estiver com alguma infecção que possa ser transmitida por contato sexual.

2 Os órgãos genitais femininos

Observe a figura 15.5. Além de produzir óvulos e hormônios sexuais, é no sistema genital feminino que nossa vida e nosso desenvolvimento começam.

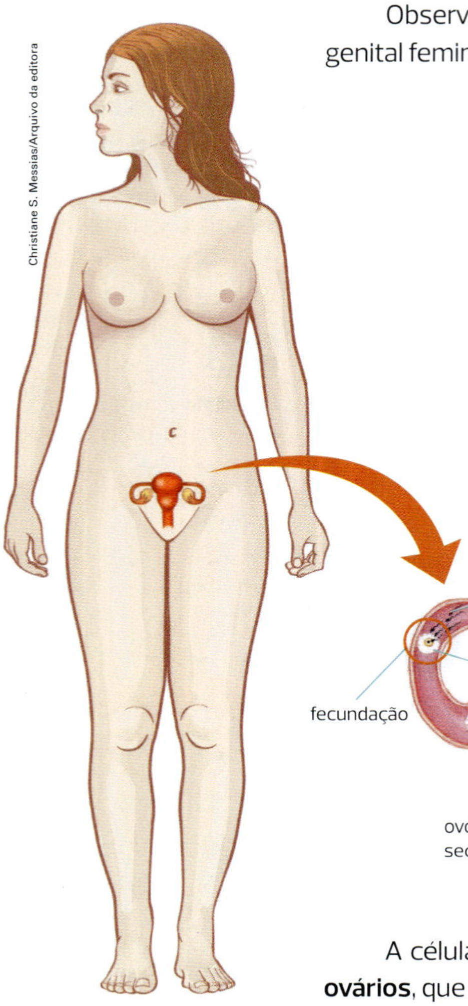

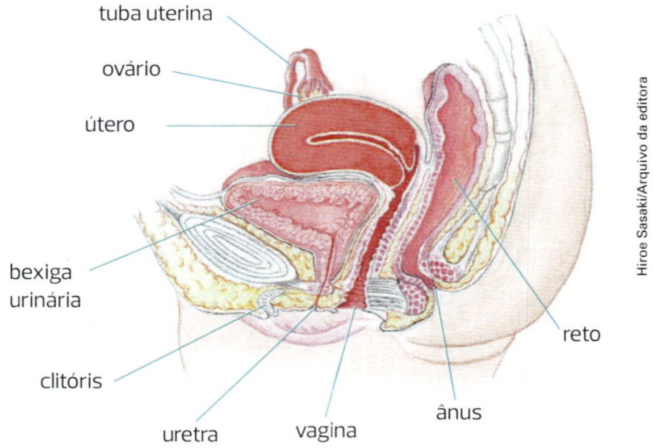

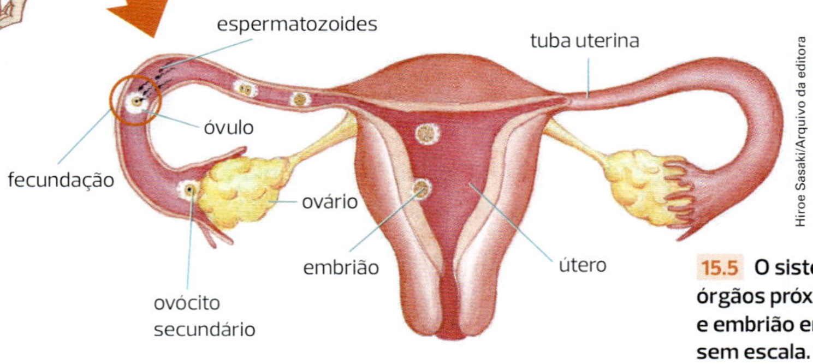

15.5 O sistema genital feminino e alguns órgãos próximos. (Espermatozoide, óvulo e embrião em tamanho ampliado. Figura sem escala. Cores fantasia.)

A célula reprodutora feminina, conhecida como óvulo, é produzida dentro dos **ovários**, que também produzem hormônios sexuais. Na espécie humana a célula lançada na **tuba uterina** é chamada de ovócito secundário. Quando um espermatozoide penetra no ovócito, essa célula sofre algumas transformações e origina um óvulo. Para simplificar, porém, vamos usar aqui o termo "óvulo", utilizado de forma geral como o nome do gameta feminino na reprodução sexuada no reino animal.

O ovócito secundário forma-se a partir de outra célula, chamada ovócito primário. Nessa transformação, o número de cromossomos é reduzido à metade (o termo ovócito vem do latim *ovi*, 'ovo', e *kytos*, 'célula').

Geralmente uma vez por mês, um dos ovários lança um óvulo na tuba uterina (antigamente chamada de trompa de Falópio): é a ovulação. Na tuba ocorre a **fecundação**, que é a união do espermatozoide com o óvulo. Se houver fecundação, forma-se a **célula-ovo**, ou **zigoto**, que é levada da tuba uterina para o **útero** por movimentos de cílios (pequenos fios) e contrações musculares da tuba, dando início à gravidez.

Ao longo da viagem para o útero, que dura de três a quatro dias, a célula-ovo se divide várias vezes, originando um pequeno cacho com 32 a 64 células — o **embrião**. É no útero que o embrião se aloja, recebe alimento e se desenvolve. A fixação do embrião nesse órgão é chamada **nidação** (o ato de fazer um ninho).

O útero se comunica com o exterior do corpo pela **vagina**, um tubo musculoso que tem entre 8 centímetros e 12 centímetros de comprimento. É também pela vagina que o bebê sai na hora do parto. E é nela que o pênis lança os espermatozoides. Os espermatozoides entram no útero e se deslocam em direção às tubas, onde poderá estar um óvulo.

As aberturas da uretra e da vagina são protegidas por dobras de pele, os **lábios maiores** — mais externos — e os **lábios menores** — mais internos. Eles formam os **órgãos genitais externos** — a parte visível do sistema genital feminino, também chamada **pudendo feminino** ou **vulva**. Veja-os na figura 15.6.

Os lábios menores se unem na parte de cima e formam um pequeno órgão com muitas terminações nervosas, o **clitóris**, que é bastante sensível ao toque. Assim como o pênis, o clitóris possui tecidos que se enchem de sangue durante a excitação sexual, o que contribui para o prazer sexual da mulher e para que ela chegue ao orgasmo.

Na parede vaginal abrem-se ductos (canais) de glândulas que, sob a ação de estímulos sexuais, produzem um líquido que lubrifica a vagina e facilita a penetração do pênis.

Nas mulheres virgens, a entrada da vagina é coberta por uma pele fina chamada **hímen**, com um ou mais orifícios que permitem a passagem do sangue da menstruação.

Geralmente o hímen se rompe na primeira relação sexual, mas nem sempre ocorre sangramento. Além disso, algumas mulheres têm o chamado hímen complacente, que possui uma abertura grande e pode não se romper com a penetração do pênis.

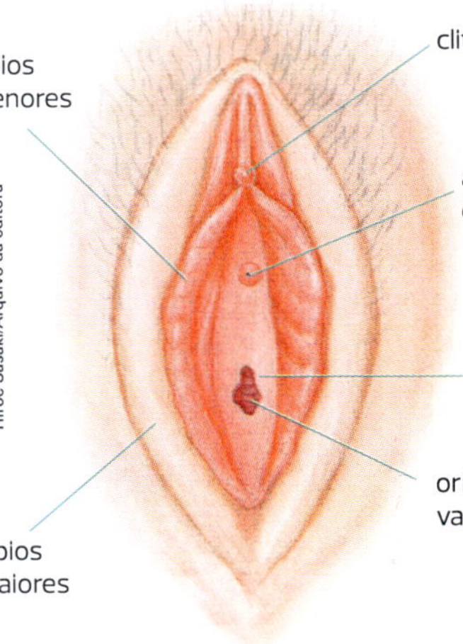

15.6 **Os órgãos genitais externos da mulher. (Figura sem escala. Cores fantasia.)**

Ciência e saúde

Mulher: a relação sexual e alguns cuidados

Durante a troca de carícias, a secreção vaginal aumenta e facilita a penetração do pênis. Há também um acúmulo de sangue que faz inchar os órgãos genitais externos e endurece os mamilos.

Em determinado momento, ocorre o orgasmo: uma sensação de prazer que varia muito de uma mulher para outra. A mesma mulher pode ter orgasmos diferentes, mais intensos ou mais fracos. Isso vai depender de muitos fatores, como o envolvimento com o parceiro, preocupações, cansaço, entre outros.

Para muitas mulheres, pode ser difícil atingir o orgasmo. Em geral, a mulher precisa de mais estímulos sexuais que o homem para atingir o nível de excitação que leva ao orgasmo. Em sexo, a regra geral é não se apressar.

O ideal é ter uma conversa franca com o parceiro. Quanto mais os dois se conhecerem e se sentirem à vontade, de modo que a relação aconteça de forma natural e num clima de confiança, maior é a chance de que ela seja satisfatória.

Uma vez por ano, toda mulher (ou toda garota que já tenha menstruado) deve ir ao ginecologista (médico que cuida da saúde do sistema genital feminino) para fazer exames preventivos, que servem para acusar infecções e verificar a existência de câncer no útero.

O médico poderá pedir também uma mamografia, um exame de raios X especial que é capaz de detectar tumores muito pequenos (de apenas 1 milímetro). O exame deve ser feito por todas as mulheres, a partir dos 50 anos de idade – ou antes, de acordo com orientação medica. Para as mulheres que já tiveram casos de câncer de mama na família, o médico pode indicar um exame anual a partir dos 35 anos, ou até antes, dependendo da situação (se a mãe ou a irmã tiverem tido câncer de mama, o risco de desenvolver a doença é maior).

O diagnóstico precoce do câncer de mama pode ser a diferença entre a vida e a morte, pois quanto mais cedo ele é descoberto maiores são as chances de cura.

É normal ocorrer um pouco de secreção vaginal, normalmente incolor e sem cheiro. Mas, se a secreção for amarelada, rosada, parecida com água de carne ou tiver mau cheiro, é possível que haja uma infecção ou outro problema e, nesse caso, deve-se procurar o médico.

A mulher também deve procurar o médico se sentir ardência ou dor ao urinar, passar a urinar com muita frequência, perceber o surgimento de caroços, bolhas ou verrugas na região genital, sentir dores abdominais, ou ainda, se o parceiro estiver com alguma infecção que possa ser transmitida por contato sexual.

3 O ciclo menstrual

Você já sabe que o encontro dos espermatozoides com o óvulo ocorre na tuba uterina. Mas será que, em qualquer dia do mês, há sempre um óvulo na tuba que pode ser fecundado?

O termo 'óvulo' está sendo empregado no lugar de ovócito II. O ovócito é óvulo imaturo, célula que não foi fecundada pelo espermatozoide.

Nem sempre há um óvulo na tuba. Podemos dizer que, em média, uma vez por mês, o ovário lança na tuba uterina um óvulo pronto para ser fecundado. O **endométrio**, membrana que forra o útero, cresce e se prepara para abrigar e nutrir um embrião.

Se o óvulo for fecundado, vai se alojar no endométrio, dando início à gravidez. Se não houver fecundação, o endométrio se rompe e uma parte dele, formada por células e sangue, é eliminada pela vagina: é a **menstruação**. A menstruação é, portanto, um sinal de que a mulher não está grávida.

Esse conjunto de acontecimentos que se repete todo mês é chamado de **ciclo menstrual**. Ele é controlado por hormônios da hipófise e do ovário. Vamos acompanhar com mais detalhes esse processo.

Glândula localizada na base do encéfalo.

O primeiro dia da menstruação marca o início do ciclo. A menstruação dura em média de três a sete dias. Se não houver fecundação, um novo ciclo terá início 28 a 30 dias após o primeiro dia da menstruação. Mas a duração do ciclo pode variar de 21 a 38 dias, e a mesma mulher pode ter ciclos diferentes ao longo da vida. Essa irregularidade é comum nos primeiros anos de menstruação.

Após a menstruação, o endométrio se regenera e volta a crescer, ficando cada vez mais espesso e cheio de sangue. Desse modo, se o óvulo for fecundado, encontrará condições ideais de sobrevivência no útero durante a gravidez. Quando não há fecundação, o endométrio é parcialmente eliminado, ocorre a menstruação e um novo ciclo recomeça. Veja a figura 15.7.

Enquanto isso, dentro do ovário, um óvulo amadurece no meio de um cacho de células chamado de **folículo**. Há um momento em que o folículo se rompe e lança um óvulo na tuba uterina: é a **ovulação**.

15.7 As transformações no ovário e no útero durante o ciclo menstrual preparam a mulher para uma possível gravidez. (Espermatozoides, óvulo e embrião estão em tamanho ampliado.) (Figura sem escala. Cores fantasia.)

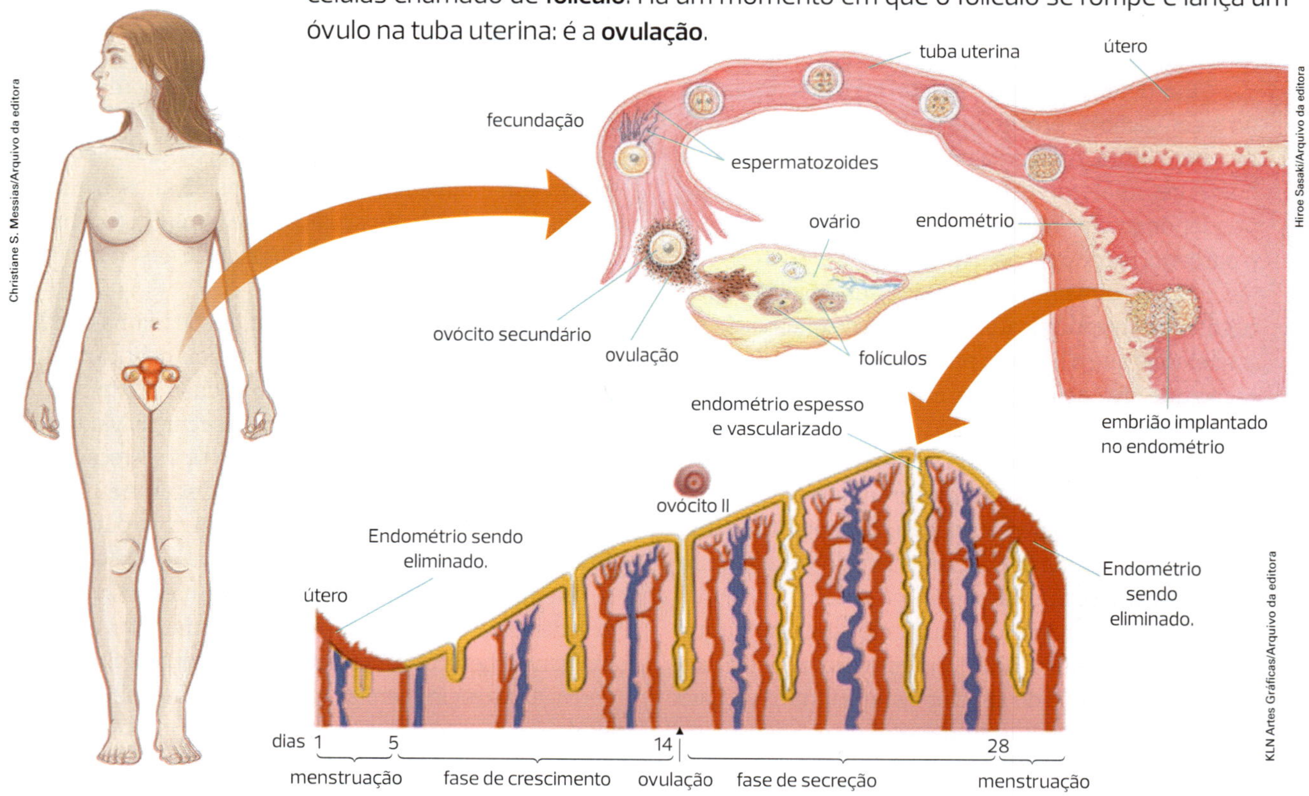

O óvulo só pode ser fecundado até um dia depois de ser lançado na tuba uterina. Se não houver fecundação, o óvulo será destruído e absorvido pelo corpo. A menstruação ocorrerá, então, quase sempre, 14 dias depois.

A mulher tem mais chance de engravidar nos dias próximos à ovulação, ou seja, no chamado **período fértil**. Como o espermatozoide continua apto a fecundar por cerca de três dias e, em certas condições, por até mais tempo, haverá mais chances de a mulher ficar grávida se tiver relações sexuais por volta de três dias antes da ovulação e até dois dias depois.

Todas essas mudanças no útero e nos ovários são controladas por hormônios. Em linhas gerais, funciona assim: a hipófise produz hormônios que fazem um óvulo se desenvolver e ser lançado na tuba uterina.

Os ovários também produzem hormônios: o **estrógeno** e a **progesterona**, que fazem o endométrio se regenerar depois da menstruação e ficar cheio de sangue, preparando o útero para receber um embrião.

Em caso de gravidez, a placenta produz um hormônio que impede a menstruação e a ovulação. Além disso, é pela placenta que o embrião recebe alimento e oxigênio do sangue materno, devolvendo a ele gás carbônico e excretas.

O ciclo menstrual é interrompido com a chegada da menopausa, quando os ovários param de lançar óvulos na tuba e a mulher não menstrua mais. A menopausa acontece por volta dos 50 anos, e a partir daí a mulher não pode mais ter filhos. Mas a atividade sexual e o prazer da relação não são alterados.

Em alguns casos, mulheres com mais de 50 anos podem conseguir engravidar, principalmente se fizerem algum tipo de tratamento.

4 A gravidez

Das centenas de milhões de espermatozoides lançados na vagina em uma relação sexual, somente algumas centenas costumam chegar ao ponto da tuba uterina em que vai ocorrer a fecundação e a formação de uma célula-ovo ou zigoto. Esse percurso demora de uma a cinco horas para os espermatozoides mais rápidos.

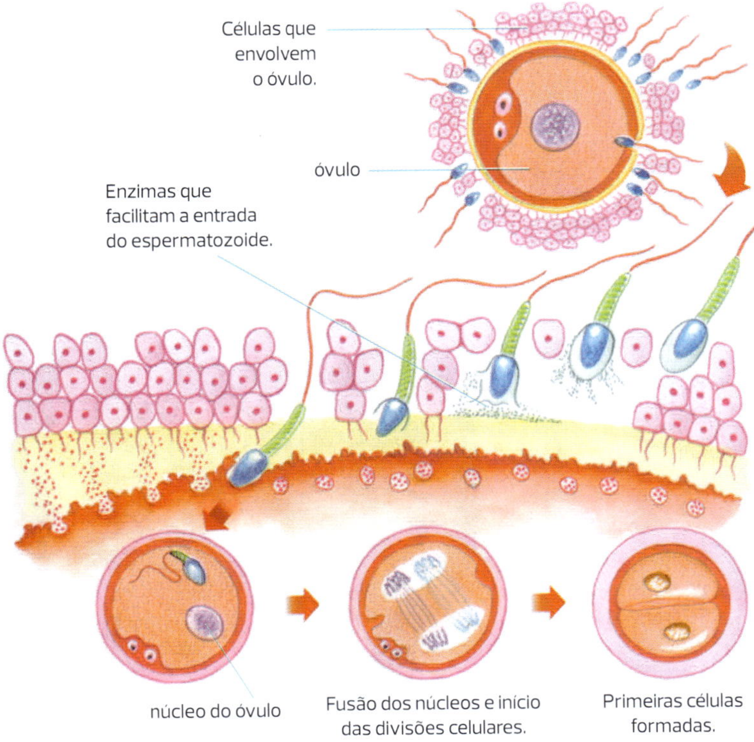

Ingeborg Asbach/Arquivo da editora

15.8 Ilustração e foto da fecundação. (Os elementos da ilustração não estão na mesma escala. Cores fantasia.)

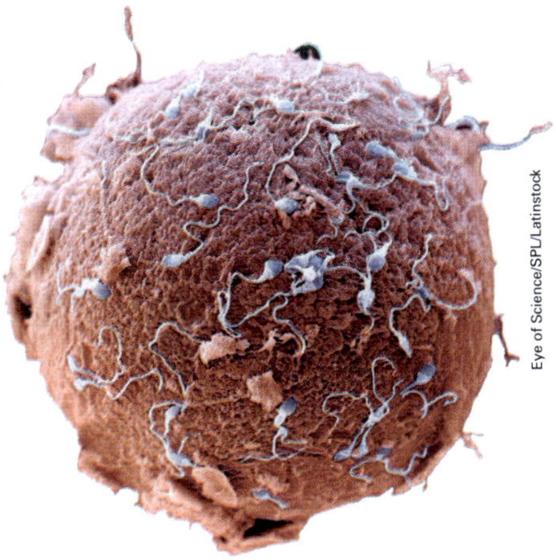

Eye of Science/SPL/Latinstock

Espermatozoides ao redor do ovócito II humano (microscópio eletrônico; aumento de cerca de 350 vezes; cores artificiais).

Os espermatozoides produzem enzimas que abrem caminho entre as células que envolvem o óvulo, e assim furam sua membrana. No entanto, assim que o primeiro espermatozoide atravessa a membrana plasmática e entra no óvulo, este produz substâncias que impedem a entrada de outros espermatozoides. Por isso, geralmente, apenas um espermatozoide vai se unir ao óvulo e formar o zigoto. A figura 15.9 mostra como isso acontece.

A fecundação, que é também chamada de fertilização, costuma ocorrer na parte inicial da tuba uterina. O zigoto recém-formado é levado para o útero pelas contrações musculares da tuba e pelo movimento de cílios (pequenos fios) que existem nas células da parte interna da tuba.

Esse percurso dura de três a quatro dias. Pelo caminho, o zigoto se divide várias vezes e, quando chega ao útero, já é um embrião com 32 a 64 células. Ele está pronto para se implantar no endométrio, a membrana que forra o útero: é o momento da nidação. Acompanhe na figura 15.9. Quando chega ao útero, o embrião tem o aspecto de uma esfera maciça de células, chamada de **mórula**.

No útero, a mórula absorve líquidos e se transforma em uma esfera com a cavidade interior cheia de líquido. Nessa fase o embrião é chamado de **blastocisto**. Reveja a figura 15.9. No final da primeira semana, ocorre a implantação do blastocisto no útero (nidação).

A Z

Mórula vem do diminutivo do latim *morum*, que significa 'amora' (fruta).

Blastocisto vem do grego *blastós*, 'broto', e *kystos*, 'bexiga'.

15.9 Fases iniciais do desenvolvimento embrionário. (Os elementos representados não estão na mesma escala; cores fantasia.)

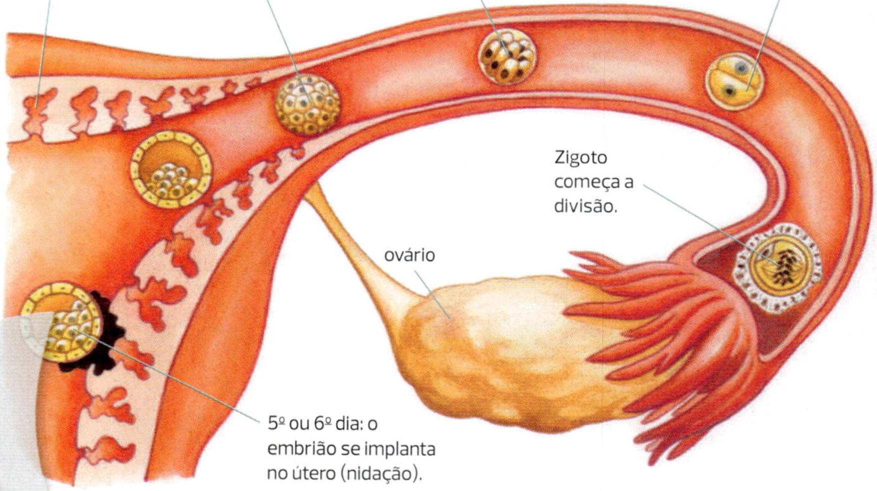

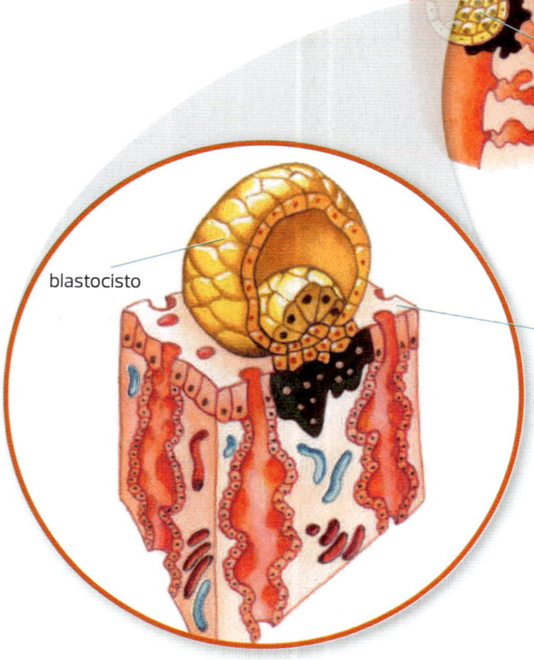

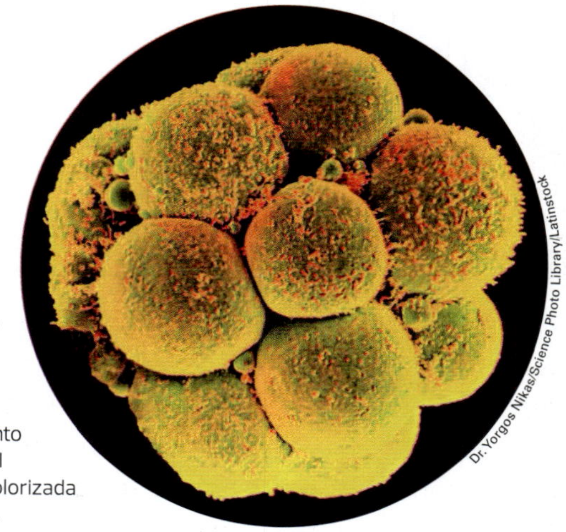

Embrião humano com dezesseis células (ao microscópio eletrônico; aumento de cerca de 1,5 mil vezes; imagem colorizada por computador).

No útero, o embrião vai se desenvolver dentro de uma cavidade cheia de líquido, a bolsa de água ou **âmnio**, que o protege contra movimentos bruscos da mãe. Além disso, logo nas primeiras semanas de gravidez, forma-se a **placenta**. É da placenta que o embrião recebe alimento e oxigênio, e é por ela que elimina resíduos. A placenta produz também hormônios que mantêm o útero em condições ideais para o embrião.

O sangue do embrião é levado para a placenta pelo cordão umbilical. Na placenta, o alimento e o gás oxigênio passam do sangue da mãe para o sangue do embrião, enquanto o gás carbônico e outros resíduos seguem o caminho inverso: saem do sangue do embrião e vão para o da mãe. Observe a figura 15.10.

Âmnio vem do grego *âmnion*, 'água corrente'.

Placenta vem do latim *placenta*, 'bolo chato'.

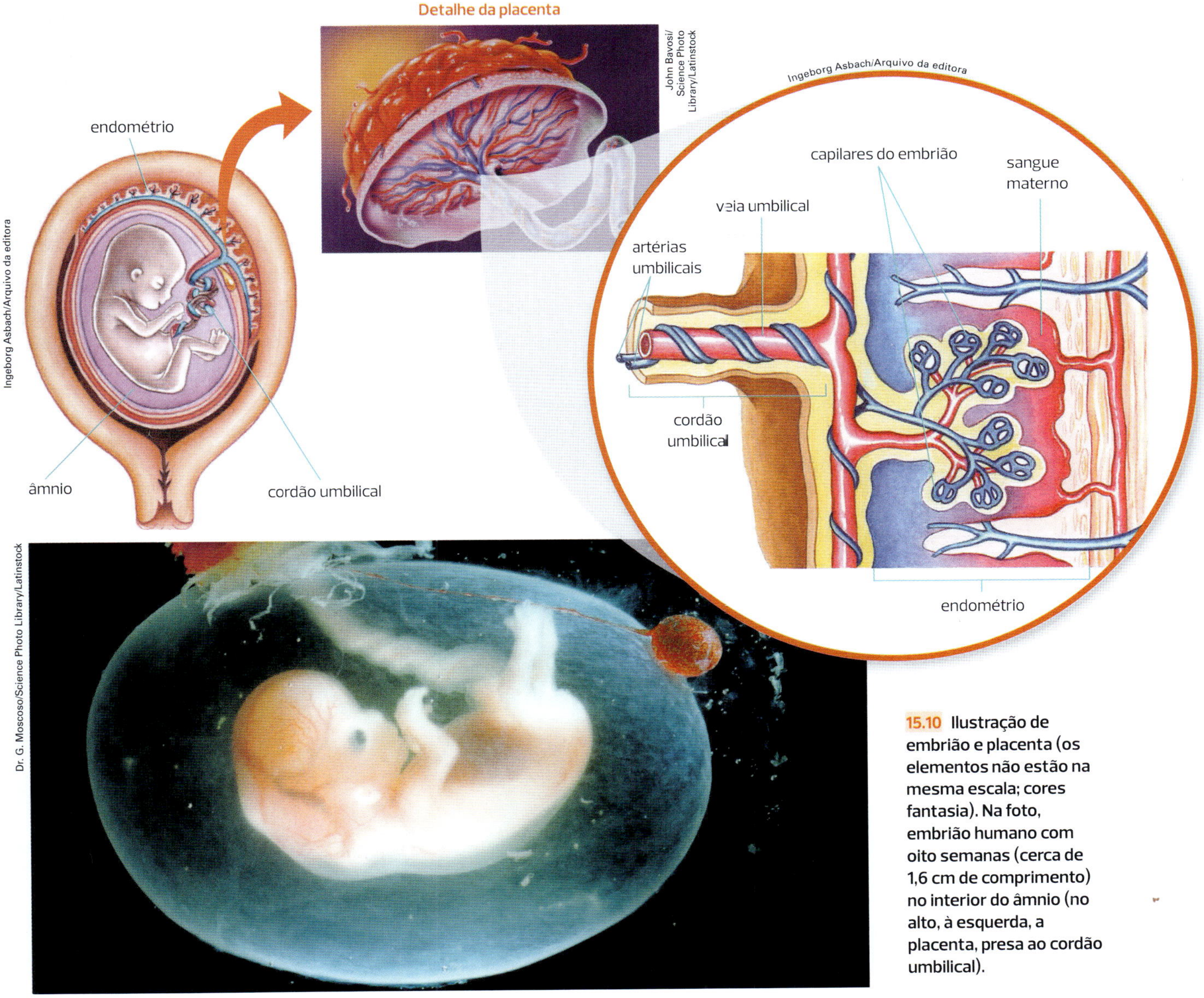

15.10 **Ilustração de embrião e placenta (os elementos não estão na mesma escala; cores fantasia). Na foto, embrião humano com oito semanas (cerca de 1,6 cm de comprimento) no interior do âmnio (no alto, à esquerda, a placenta, presa ao cordão umbilical).**

Aos poucos, as células do embrião se especializam. Na terceira semana depois da fecundação começam a se formar os principais órgãos dos sistemas nervoso, digestório e circulatório, e o coração começa a bater.

No fim da oitava semana depois da fecundação, os principais órgãos do embrião já estão formados, e ele passa a ser chamado de feto. Sua aparência já é reconhecidamente humana, mas tem apenas cerca de 2,5 centímetros de comprimento.

Feto vem do latim *foetus*, que significa 'o que vai nascer'.

O **feto** continua a crescer e a se desenvolver. No fim do terceiro mês, pesa cerca de 30 gramas, mede 8 centímetros de comprimento e começa a mover os braços e as pernas. Ao nascer, pesa de 3 a 3,5 quilogramas, em média, e tem de 48 a 52 centímetros de comprimento.

15.11 Desenvolvimento do embrião humano.

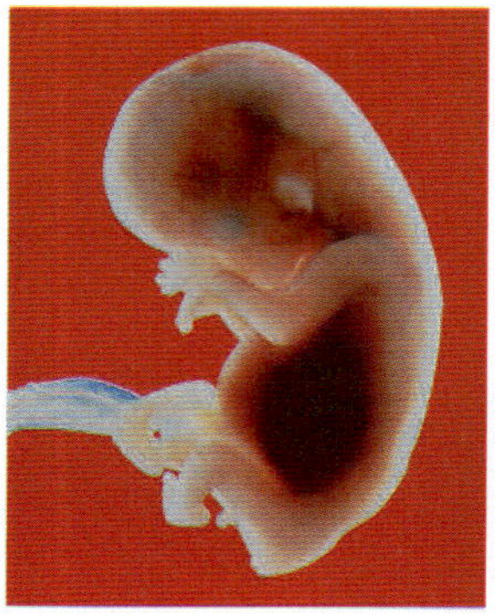

Alex Bartel/Science Photo Library/Latinstock

Feto com 11 semanas (cerca de 4 cm de comprimento).

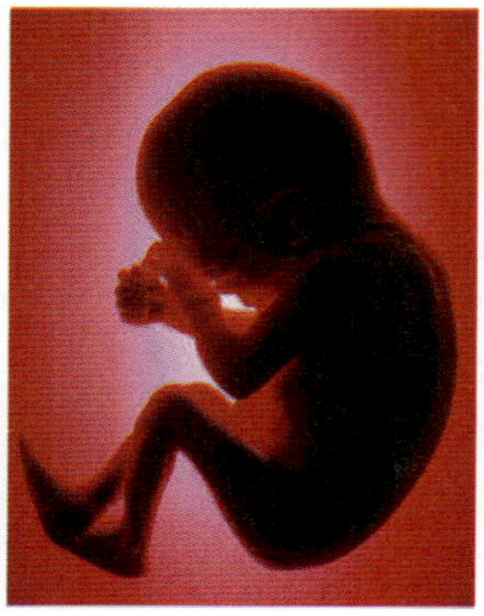

Garry Watson/Science Photo Library/Latinstock

Feto com 5 meses (cerca de 28 cm de comprimento).

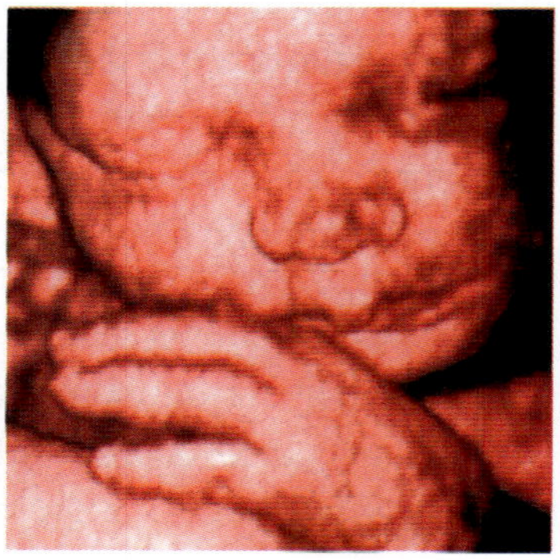

Bernard Benoit/Science Photo Library/Latinstock

Feto em fase final de gestação (imagem produzida por ultrassonografia em 3-D).

A gravidez dura cerca de 38 semanas (266 dias) após a fecundação ou 40 semanas (280 dias) depois do primeiro dia da última menstruação.

Acompanhe pela figura 15.12. As contrações da musculatura do útero indicam que a hora do parto se aproxima. A bolsa de água se rompe e a criança é empurrada para fora do corpo da mãe através da vagina.

A placenta é eliminada, e o cordão umbilical é cortado. O umbigo é a cicatriz que fica no lugar do cordão umbilical. A criança passa agora a receber oxigênio pelo seu próprio sistema respiratório.

Ilustrações: Luis Moura/Arquivo da editora

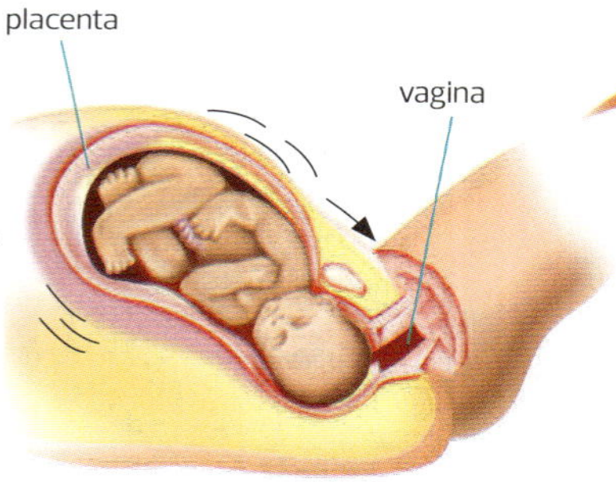

O útero começa a se contrair.

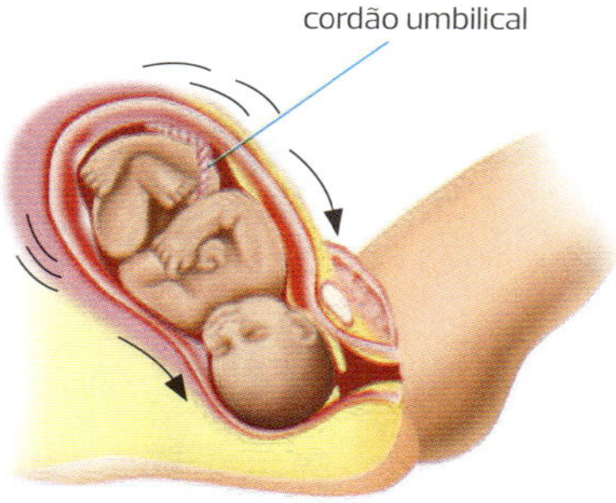

A abertura do útero se dilata e a bolsa de água se rompe.

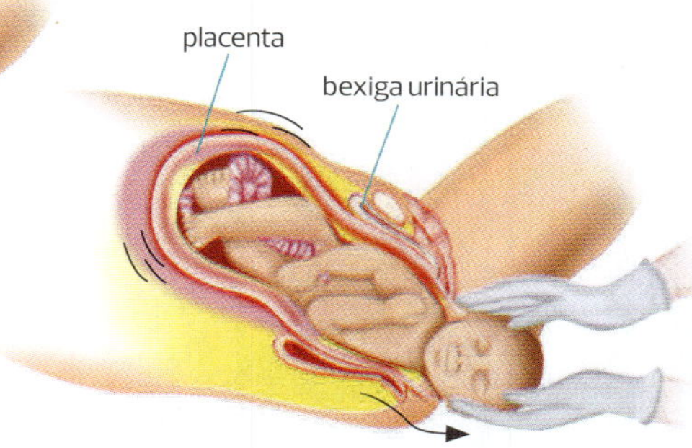

Normalmente, a saída do bebê começa pela cabeça.

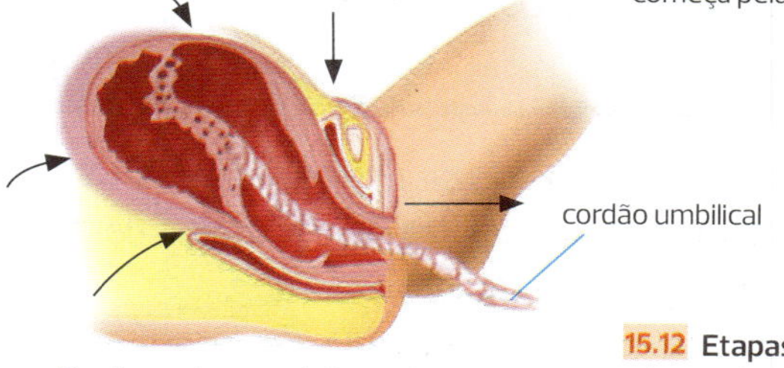

Por fim, a placenta é eliminada, e o cordão umbilical será cortado.

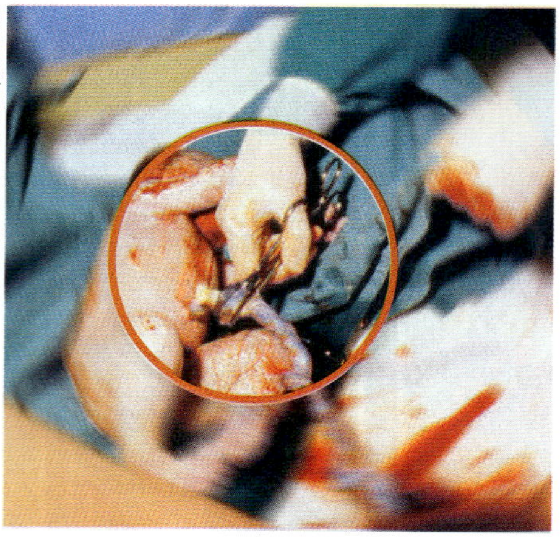

John Bavosi/Science Photo Library/Latinstock

Médico cortando o cordão umbilical.

15.12 Etapas do nascimento de uma criança. As setas pretas indicam o movimento da musculatura da mãe. (Ilustrações sem escala. Cores fantasia.)

Cuidados na gravidez

A mulher grávida deve ir periodicamente ao médico para verificar se a gravidez está se desenvolvendo dentro dos padrões normais. É importante manter uma alimentação balanceada. Se houver problemas, o médico poderá receitar vitaminas ou indicar medicamentos.

Alguns exames, como a ultrassonografia, são feitos de tempos em tempos e permitem diagnosticar diversos problemas.

Há exames realizados apenas em circunstâncias especiais. Por exemplo, quando há casos de certas doenças genéticas na família dos pais ou quando a mulher tem mais de 35 anos. O médico pode indicar então exames específicos, como a **amniocentese**, em que se retira um pouco de líquido da bolsa de água (*amnio* = âmnio; *centesis* = punção para retirada de líquido). Junto com o líquido vêm células do embrião. Os cromossomos dessas células são examinados para verificar se há doenças genéticas. Veja a figura 15.13.

Atenção!
As informações deste capítulo têm o objetivo de ajudar você a conhecer melhor o sistema genital, mas não substituem a consulta com o médico.

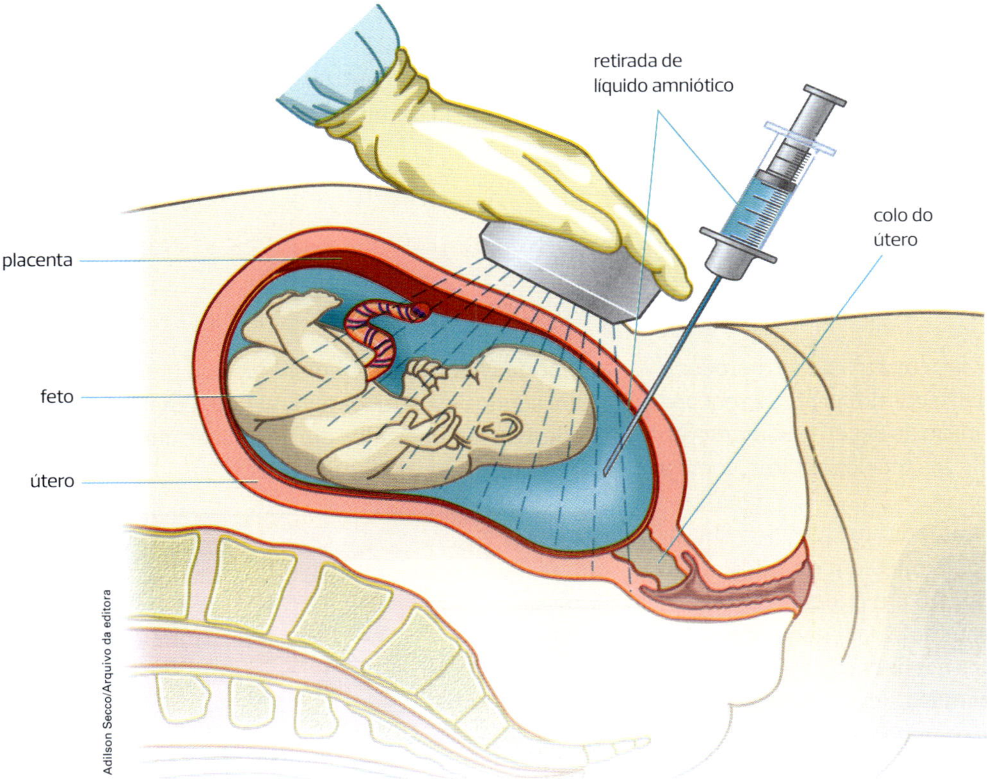

15.13 A amniocentese é um exame capaz de detectar anomalias cromossomiais no embrião pela retirada e análise de líquido amniótico. A amniocentese é guiada pela ultrassonografia. (Figura sem escala. Cores fantasia.)

Mulheres grávidas não devem fumar nem tomar bebidas alcoólicas ou outras drogas. O ato de fumar diminui a quantidade de oxigênio disponível no sangue da mãe para o bebê, além de aumentar o risco de abortos (interrupção da gravidez com a eliminação do feto) espontâneos.

Bebês de mães que fumam na gravidez têm maior risco de doenças e morte no nascimento ou de nascer com peso abaixo do normal, entre outras complicações.

O consumo de álcool (parte do álcool ingerido vai para o sangue da criança) pode causar malformações de órgãos e retardar o crescimento: é a chamada **síndrome** alcoólica fetal. O cérebro pode ser prejudicado e levar à dificuldade na aprendizagem. Por isso, as mulheres grávidas não devem fumar nem tomar bebidas alcoólicas (e, é bom lembrar, ninguém deve fumar em uma sala onde esteja um bebê).

A Z
Síndrome é um conjunto de sintomas que caracterizam uma doença ou uma determinada condição.

Ectópica vem do grego *ek*, 'fora de', e *topos*, 'lugar'.

Pelos mesmos motivos, a gestante não deve usar nenhum medicamento sem consultar o médico.

O médico deve ser procurado imediatamente se houver perda de sangue ou muito líquido pela vagina, dor forte no abdome, dor de cabeça que demora muito a passar, visão perturbada por manchas, contrações no útero antes da data prevista para o parto, febre, dor ou ardência ao urinar e inchação excessiva dos pés, mãos e rosto.

Uma infecção pode danificar parte da tuba uterina e impedir o zigoto de atingir o útero. O desenvolvimento do embrião pode começar na tuba: é a **gravidez ectópica**. Como esse órgão não está adaptado para sustentar uma gravidez, o embrião acaba provocando o rompimento da tuba ou dos tecidos à sua volta. É necessária uma cirurgia, já que há sangramento, dor e risco de morte.

Algumas doenças provocadas por vírus, como a rubéola, podem prejudicar o embrião e devem ser comunicadas imediatamente ao médico. A rubéola pode ser prevenida pela vacinação.

Em algumas situações, o parto normal torna-se perigoso para a mãe ou para o feto. Isso pode acontecer quando o feto não está na posição adequada para o nascimento (com a cabeça voltada para baixo). É comum então que o médico decida pela cesariana, operação de parto que consiste em fazer um corte no abdome da mãe, pelo qual o bebê é retirado.

Ciência e tecnologia

As células-tronco

As células-tronco são capazes de se reproduzir e originar células especializadas do corpo. São encontradas em embriões no início do desenvolvimento, no cordão umbilical e em alguns tecidos adultos, como a medula óssea e o fígado.

Alguns cientistas acreditam que as células-tronco embrionárias, presentes em embriões com até 200 células e 14 dias, têm um potencial maior do que as células-tronco adultas para regenerar células de órgãos comprometidos por doenças como o mal de Parkinson, diabetes e paralisias causadas pela lesão da medula espinal, entre outros. Por enquanto, elas se encontram em fase de pesquisa. Veja a figura 15.14.

Em alguns países, as células-tronco embrionárias podem ser obtidas de embriões de clínicas de fertilização assistida, que atende, por exemplo, a casais que não conseguiram engravidar por métodos naturais. No tratamento, podem sobrar embriões que não serão implantados, porque o casal já teve os filhos que desejava ou porque os embriões apresentaram problemas. Esses embriões são congelados.

No entanto, há os que defendem que os embriões humanos, mesmo na fase inicial, devem ser considerados seres humanos, com direitos como todos nós, e, por isso, posicionam-se contra pesquisas com células-tronco embrionárias. Outras argumentam que os embriões não seriam implantados no útero e acabariam sendo descartados após algum tempo e, por isso, poderiam ser utilizados em pesquisas que, no futuro, poderiam curar muitas doenças.

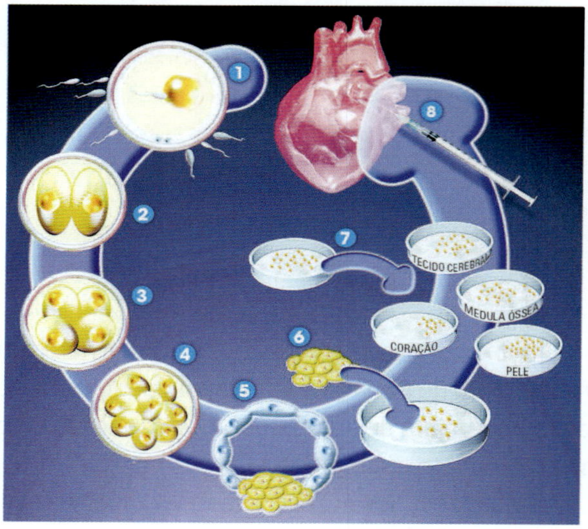

Victor Habbick/Science Photo Library/Latinstock

15.14 Após a fecundação em laboratório (1), forma-se uma célula-ovo que se divide (2 e 3) formando uma mórula (4) e um blastocisto (5). As células do blastocisto são cultivadas em condições especiais (6) para se transformarem em células especializadas (7), que, no futuro, poderiam ser utilizadas para regenerar células mortas de órgãos, como o coração (8). (As células são microscópicas. Figura sem escala. Cores fantasia.)

5 Como se formam os gêmeos

Você já ouviu falar em gêmeos como os da figura 15.15? Eles são bem parecidos. Mas você sabe como se formam esses gêmeos?

Marcus Lyon/Photographer's Choice/Latinstock

15.15 **Gêmeos idênticos, que também são chamados de monozigóticos.**

Em geral, um óvulo fecundado dá origem a apenas um embrião. Às vezes, porém, as células que resultam das primeiras divisões do zigoto se separam em dois ou mais grupos independentes, e cada grupo origina um embrião completo. Nascem então dois ou mais indivíduos muito parecidos entre si, já que vieram da mesma célula-ovo e possuem os mesmos genes. São os **gêmeos idênticos**.

Os gêmeos idênticos são sempre do mesmo sexo, têm o mesmo tipo de cabelo e cor dos olhos e muitas outras características iguais. Mas suas impressões digitais são diferentes, pois são determinadas em parte pelos genes e em parte por fatores que afetam o desenvolvimento embrionário (quando os dedos estão se formando), como o fluxo de sangue e a posição no útero. Eles são chamados também de gêmeos univitelinos ou monozigóticos.

No entanto, a maioria dos casos de gêmeos ocorre de outra forma: o ovário lança na tuba uterina dois ou mais óvulos no mesmo ciclo e cada um é fecundado por um espermatozoide diferente.

Como esses gêmeos se desenvolvem a partir de células-ovo distintas, que vieram da união de gametas (assim são chamados os espermatozoides e os óvulos) com genes diferentes, eles não serão tão parecidos quanto os gêmeos idênticos. Podem até mesmo ser um menino e uma menina, além de ter cor dos olhos ou dos cabelos diferentes, por exemplo. De fato, eles podem ser tão diferentes quanto dois irmãos de idades diferentes. São, por isso, chamados de **gêmeos fraternos**. Como vieram de zigotos diferentes, são chamados também de **gêmeos dizigóticos** ou **bivitelinos**.

A Z

Univitelino vem do latim *unus* ou *uni*, que significam 'um', e *vitelo*, 'gotas de alimento que existem dentro do óvulo'.

Monozigótico vem do grego *monos*, 'único', e *zigoto*, que é o outro nome da célula-ovo.

A formação de trigêmeos, quadrigêmeos, etc. é bem mais rara. Ela pode acontecer quando vários conjuntos de células se separam ou quando mais de dois óvulos são lançados na tuba uterina. E pode ainda resultar da combinação de ambos os fatores.

Confira toda essa explicação na figura 15.16.

15.16 A formação de gêmeos fraternos e gêmeos idênticos. (Ilustrações sem escala. Cores fantasia.)

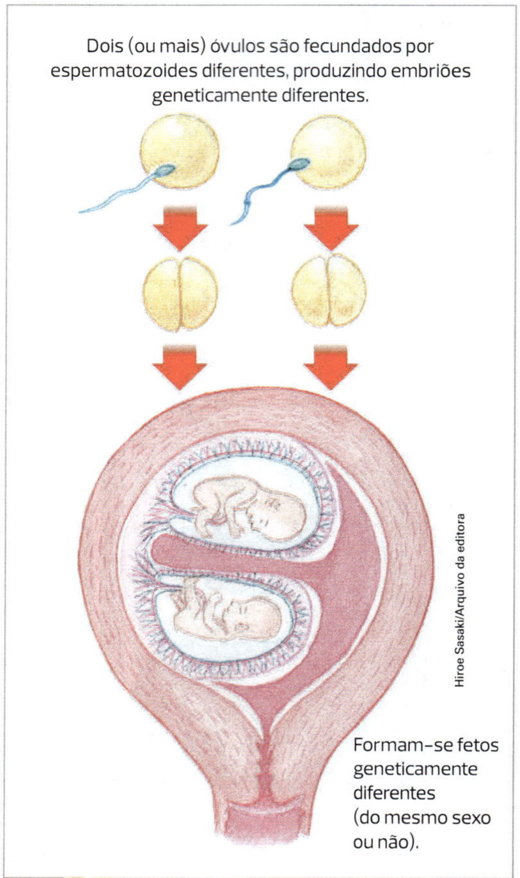

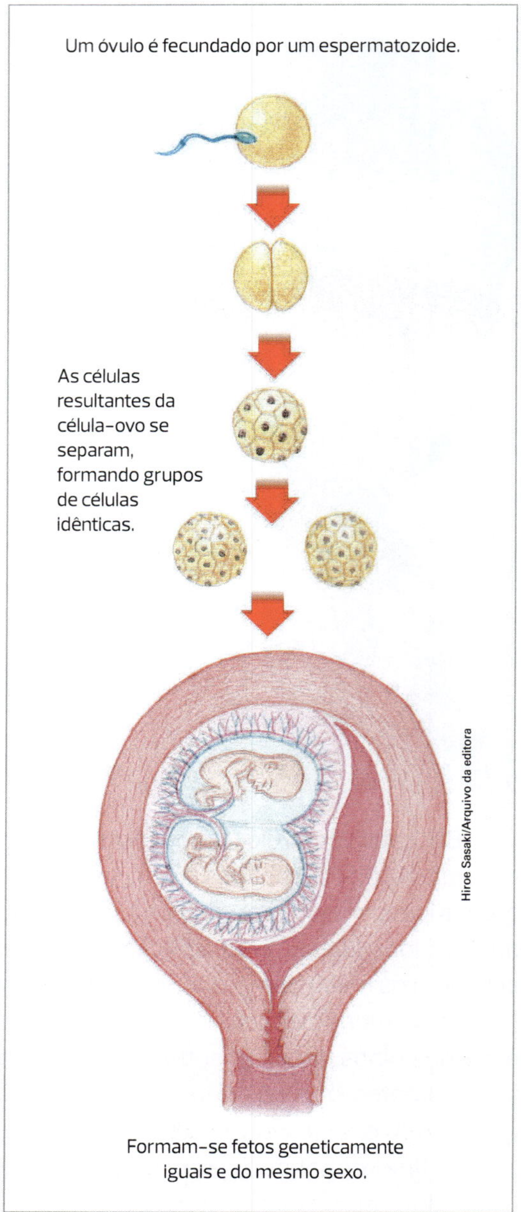

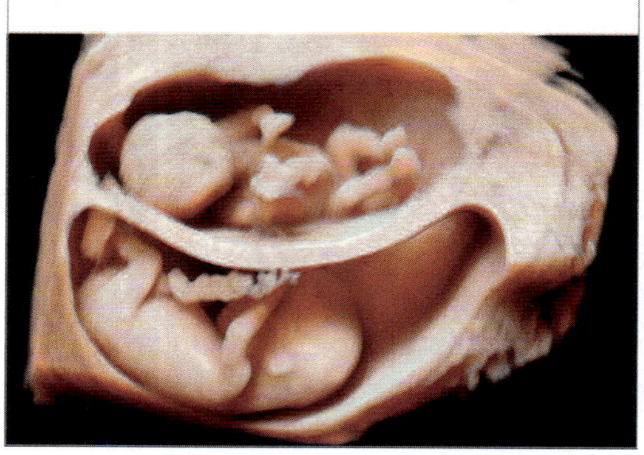

Gêmeos de 12 semanas (cerca de 7 cm de comprimento) vistos dentro do útero por meio de técnica de ultrassom 3D.

Mundo virtual

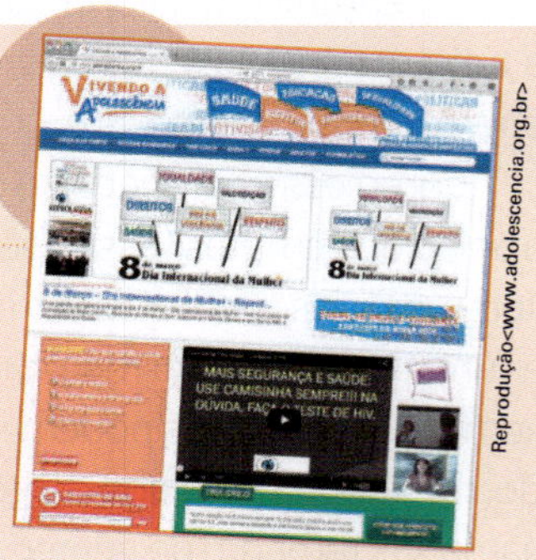

Vivendo a adolescência
<www.adolescencia.org.br>
Site que discute temas considerados polêmicos, como homofobia, relação com o corpo, drogas, etc.

Fio Jovem
<www.fiocruz.br/jovem.cgi/cgilua.exe/sys/start.htm?infoid=695&sid=4>
Contém matérias sobre diferentes temas que geralmente incomodam os adolescentes, mas nem sempre recebem atenção adequada, como alimentação, meio ambiente, sexo, etc.

Acesso em: 2 mar. 2015.

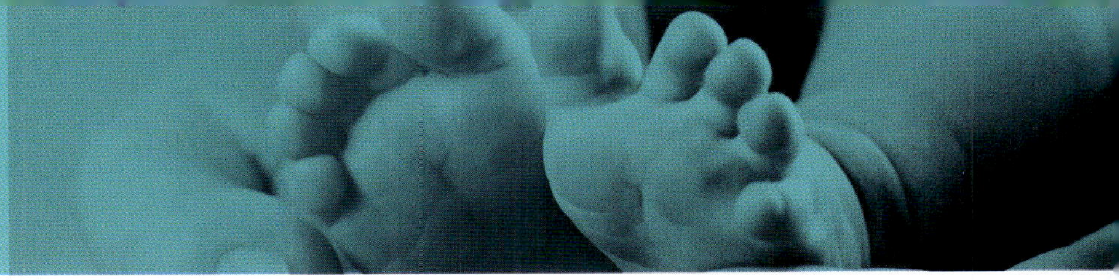

Atividades

Trabalhando as ideias do capítulo

1. No caderno, relacione os termos da primeira coluna com os termos corretos da segunda coluna.

Primeira coluna

1 Testículos
2 Epidídimo
3 Glândulas seminais
4 Glândula prostática
5 Uretra
6 Pênis

Segunda coluna

a) Localiza-se sob a bexiga e produz parte do sêmen.
b) Possui tecidos que se enchem de sangue na ereção.
c) Produz espermatozoides.
d) É o local onde os espermatozoides ficam armazenados e adquirem capacidade de movimento.
e) Conectadas ao ducto deferente, localizam-se atrás da bexiga e produzem parte do sêmen.
f) É o canal por onde passa a urina.
g) Produz hormônios masculinos.

2. No caderno, indique o trajeto correto do espermatozoide desde o local de sua produção até onde acontece a fecundação: epidídimo, testículo, vagina, tuba uterina, ducto deferente, uretra, útero.

3. No caderno, relacione os termos da primeira coluna com os termos corretos da segunda coluna.

Primeira coluna

1 Ovários
2 Vagina
3 Tuba uterina
4 Útero
5 Âmnio
6 Placenta

Segunda coluna

a) Órgão onde o feto se desenvolve.
b) Local onde são produzidos os óvulos.
c) Produz os hormônios femininos.
d) Local onde o embrião se implanta.
e) Tubo pelo qual o bebê sai na hora do parto.
f) Local onde ocorre normalmente a fecundação.
g) Estrutura que fornece alimento e oxigênio ao embrião.
h) Bolsa de água que protege o embrião contra choques mecânicos.

4. No caderno, indique as afirmativas verdadeiras.

a) A ovulação ocorre nos primeiros dias do ciclo menstrual.
b) Em um ciclo de 28 dias, a ovulação ocorre por volta do 14º dia.
c) A ausência de menstruação pode indicar gravidez.
d) Após a fecundação, forma-se o zigoto e depois a mórula.
e) O embrião formado nos primeiros dias após a fecundação é chamado de feto.
f) A menstruação é a eliminação de parte da camada interna do útero.
g) O cordão umbilical possui vasos sanguíneos que ligam o feto à placenta.
h) Pela placenta o feto recebe nutrientes e oxigênio do sangue materno.
i) O feto obtém oxigênio por meio da respiração pulmonar.
j) O ciclo menstrual é controlado por hormônios da hipófise e dos ovários.
k) A placenta produz um hormônio que atua na gravidez.
l) Na cesariana, o bebê nasce pela vagina.
m) A eliminação do esperma é chamada de ejaculação.

n) O hímen sempre se rompe e sangra na primeira relação sexual.

o) Após a menopausa, a mulher pode engravidar naturalmente.

p) A menstruação ocorre quando o óvulo não é fecundado.

5. No caderno, ponha na ordem correta os seguintes acontecimentos: gravidez, fecundação, parto, ovulação, nidação, aleitamento.

6. Logo no início da gravidez ocorre a interrupção do ciclo menstrual. Por que isso é importante?

7. Copie as frases no caderno substituindo os ■ por uma das palavras entre parênteses.

a) No útero, o embrião vai se desenvolver dentro de uma cavidade cheia de líquido, chamada ■ (vagina, placenta, âmnio), que o protege contra movimentos bruscos da mãe.

b) O embrião recebe alimento de uma estrutura que contêm vasos sanguíneos da mãe e do embrião, chamada ■ (vagina, placenta, âmnio). O alimento e o ■ (oxigênio, gás carbônico) passam do sangue da mãe para o sangue do embrião, enquanto o ■ (oxigênio, gás carbônico) sai do sangue do embrião e vai para o da mãe.

8. Indique as afirmativas verdadeiras sobre gêmeos.

a) Gêmeos idênticos são formados quando dois espermatozoides fecundam um único óvulo.

b) Gêmeos fraternos são geneticamente idênticos.

c) A formação de gêmeos idênticos se deve à separação de células originadas das divisões a partir de um único zigoto.

d) Gêmeos monozigóticos poderão apresentar sexos iguais ou diferentes.

e) Gêmeos univitelinos terão, obrigatoriamente, sexos iguais.

f) Gêmeos idênticos são também chamados de univitelinos ou monozigóticos.

g) Gêmeos fraternos originam-se de dois ou mais óvulos, cada um fecundado por um espermatozoide.

h) Na formação de gêmeos idênticos, um óvulo foi fecundado por um espermatozoide.

9. No caderno, indique apenas as afirmativas verdadeiras.

a) A mulher grávida deve ir periodicamente ao médico.

b) É importante manter uma alimentação equilibrada durante a gravidez.

c) O embrião pode se desenvolver sem problemas na tuba uterina.

d) Exames como a ultrassonografia podem diagnosticar alguns problemas na gravidez.

e) Fumar e tomar bebidas alcoólicas na gravidez não comprometem o desenvolvimento do feto.

f) A gestante não deve usar medicamento sem consultar o médico.

g) A rubéola pode prejudicar o embrião.

10. Observe a figura 15.17 e responda às questões.

a) Que estruturas produzem líquidos nutritivos e que neutralizam a acidez na uretra?

b) Onde os espermatozoides são produzidos? E onde amadurecem e adquirem mobilidade?

c) Onde os óvulos são produzidos?

d) Onde são produzidos os hormônios masculinos? E os femininos?

e) Onde ocorre normalmente a fecundação? E a nidação?

f) Em que estrutura ocorre a passagem de urina e de esperma?

g) Por onde sai o bebê na hora do parto?

h) Identifique a estrutura que não faz parte do sistema genital mas está representada na figura. De que sistema ela é parte?

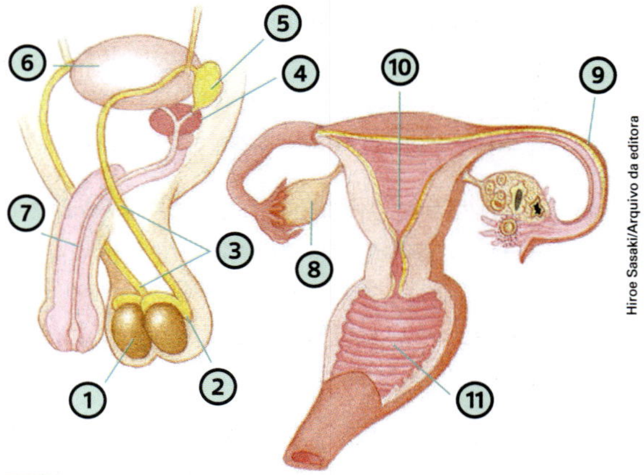

15.17 **Figura sem escala. Cores fantasia.**

Agora, no caderno, escreva o nome das estruturas indicadas na figura por números.

11. Observe a figura 15.18 e responda às questões.

a) Que estrutura do útero está representada pelo número 1?

b) O que está acontecendo com essa estrutura entre os dias 1 e 2 do ciclo menstrual? Como se chama esse fenômeno?

c) O que é o pontinho preto indicado pelo número 2? O que acontece com ele por volta do 14º dia do ciclo?

d) Ocorreu gravidez no ciclo representado pela figura? Justifique sua resposta.

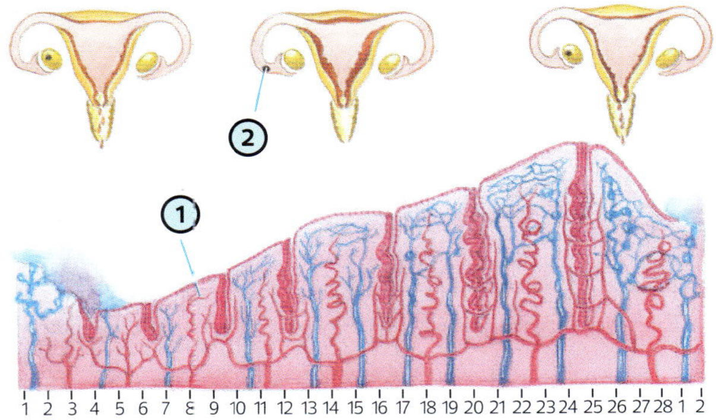

15.18 **Figura sem escala. Cores fantasia.**

Pense um pouco mais

1. Durante a gravidez, o embrião fica mergulhado em um líquido, o líquido amniótico, formado por água e sais minerais. Como ele consegue obter oxigênio para se manter vivo?

2. Radiações, álcool, fumo, alguns produtos químicos e medicamentos, além de certos vírus, podem provocar alterações nas células de um organismo — modificando até mesmo seus genes. Em que etapa da vida essas alterações são mais perigosas: na fase adulta, no início da fase embrionária ou após a formação do feto? Justifique sua resposta.

3. Os testículos e os ductos deferentes poderiam ser comparados, em termos de função, a que órgãos do sistema genital feminino? Justifique sua resposta.

4. Alguns problemas no sistema genital feminino podem tornar necessária a remoção dos ovários e do útero. Nesse caso, a mulher poderá engravidar naturalmente (sem o auxílio das técnicas de reprodução assistida)? E continuará tendo menstruação? Justifique sua resposta.

5. As células da parte interna da tuba uterina possuem cílios, pequenos fios que, ao se movimentarem, impulsionam também o líquido que forra a cavidade no sentido do útero. Por que esse movimento é importante?

6. O espermatozoide é uma célula muito pequena (com pouco citoplasma), enquanto o óvulo é uma célula bem maior (com muito citoplasma).
Pense: como isso contribui para o sucesso da reprodução?

7. Observe a ilustração abaixo, que mostra um espermatozoide.

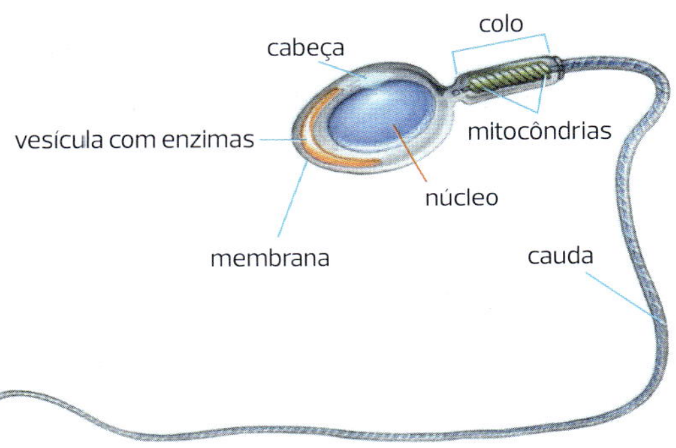

15.19 **Espermatozoide. (Os elementos da figura não estão todos na mesma escala. Cores fantasia.)**

Agora, responda:

a) Qual é a função das enzimas que estão no interior da vesícula na ponta do espermatozoide?

b) Qual é a função das mitocôndrias que estão no colo do espermatozoide, a parte próxima à cauda?

c) O que o núcleo do espermatozoide contém de importante para a hereditariedade?

d) Qual é a importância da cauda para a função do espermatozoide?

8. No cordão umbilical há duas artérias, que levam sangue do embrião para a placenta. Há também uma veia, que traz sangue da placenta para o embrião. Conhecendo as funções da placenta, responda: Essas artérias levam sangue rico ou sangue pobre em oxigênio? E essa veia? Justifique suas respostas.

Mexa-se!

Pesquise os temas a seguir.

1. O que ocorre nos casos de hermafroditismo na espécie humana?
2. O Conselho Federal de Medicina proíbe o uso da fertilização em laboratório com o objetivo de escolher o sexo da futura criança. Escreva uma breve redação apresentando motivos que você acha que justificam a posição desse órgão.
3. Escreva uma breve redação comentando a seguinte frase: "Uma relação sexual é muito mais do que uma maneira de obter prazer físico". Depois discuta o assunto com a turma.
4. Muitos casais com problemas de fertilidade optam por adotar crianças, enquanto outros recorrem a técnicas de inseminação artificial, que, aliás, são caras. Qual seria a sua opção?
5. Observe a figura abaixo e responda em seu caderno. O que são irmãos siameses ou xifópagos? Como eles se formam?

Stanley B. Burns/MD Burns Archive NY/SPL/Latinstock

15.20 Os irmãos Chang e Eng Bunker (1811-1874).

Atividade em grupo

Escolham um dos temas abaixo para a pesquisa. Vocês podem consultar livros, internet, CD-ROMs, entre outras fontes, e entrevistar médicos e outros profissionais que trabalham na área de saúde. Exponham os resultados da pesquisa para a turma e a comunidade escolar. Verifiquem também a possibilidade de convidar médicos ou outros profissionais da área de saúde para apresentarem palestras sobre esses temas.

1. Os cuidados com o bebê (exames, amamentação, alimentação, banhos, higiene em geral, cuidados com o Sol, horas de sono, etc.).
2. Elaborem uma campanha (com cartazes, fotos, etc.) demonstrando a importância da amamentação para a saúde do bebê. Pesquisem também os problemas (biológicos, sociais, etc.) que dificultam a amamentação e sugiram medidas para minimizar esses problemas.
3. Os problemas enfrentados por adolescentes grávidas. Pesquisem também estatísticas sobre o número de casos no Brasil.
4. Fatores de risco e prevenção do câncer de mama.
5. A infertilidade no homem e na mulher: causas e tratamentos.
6. Procurem notícias recentes sobre pesquisas com células-tronco no Brasil e no mundo e informações sobre a legislação acerca desse tema no Brasil.

Capítulo

16 Evitando a gravidez

O nascimento de um filho traz muitas responsabilidades, para as quais o casal nem sempre está preparado. Isso é comum principalmente entre os adolescentes, que devem se lembrar de que a gravidez e os cuidados com o bebê vão ocupar parte do tempo que eles poderiam dedicar aos estudos ou ao início da carreira profissional.

Há vários métodos para evitar a gravidez, mas antes o casal deve consultar um médico, pois alguns podem trazer riscos à saúde.

16.1 Preservativo masculino e cartela de pílulas anticoncepcionais

Sven Hoppe/Shutterstock/Glow Images

A questão é

A gravidez nem sempre é planejada. Como funcionam os principais métodos para evitá-la? Que métodos evitam doenças sexualmente transmissíveis?

> **Atenção!**
> As informações deste capítulo têm o objetivo de ajudar as pessoas a entender melhor os diversos métodos anticoncepcionais. Antes de usar qualquer método ou de começar a ter relações sexuais, consulte um médico.

1 Camisinha

A camisinha, também chamada camisa de vênus, preservativo ou *condom*, é um invólucro de borracha fina (látex) que deve ser colocado no pênis ereto antes da penetração na vagina. Ela retém o esperma ejaculado durante a relação sexual, o que impede a fecundação.

A camisinha é vendida em farmácias e supermercados e também é distribuída gratuitamente em postos de saúde (veja a figura 16.2). Há muitos pontos favoráveis à sua utilização. Não é preciso ter receita para comprá-la, ela não traz riscos para a saúde e, além de evitar a gravidez, apresenta uma vantagem sobre outros métodos anticoncepcionais: se usada corretamente, protege contra a Aids e outras doenças sexualmente transmissíveis.

Carlos Ezequiel Vanoni/Fotoarena

16.2 Distribuição gratuita de preservativos masculinos em posto de saúde em Recife, Pernambuco, 2014.

A proteção, no entanto, não é completa: o uso inadequado pode rasgar a camisinha ou fazer o esperma vazar. O vazamento ocorre se ela for tirada depois que o pênis estiver flácido ou se for tirada sem cuidados. Se isso acontecer, o fato deve ser comunicado ao médico o mais rápido possível.

Existem à venda muitos produtos que são usados com a camisinha, como o creme ou gel lubrificante, que facilita a penetração do pênis na vagina, e os espermicidas, que destroem os espermatozoides e aumentam a eficiência da camisinha. Há também camisinhas que já vêm lubrificadas.

> Os espermicidas têm eficácia muito baixa quando usados isoladamente. Por isso, devem ser usados sempre com a camisinha.

O preservativo feminino, ou camisinha feminina, é um tubo de poliuretano, um plástico macio e flexível, que se encaixa na vagina. Também protege contra doenças sexualmente transmissíveis, mas é mais caro do que a camisinha masculina.

Para usá-lo corretamente é preciso ler as instruções na embalagem. Também é conveniente procurar a orientação do médico.

Não se deve usar o preservativo feminino e o masculino ao mesmo tempo, pois eles podem grudar um no outro e sair do lugar.

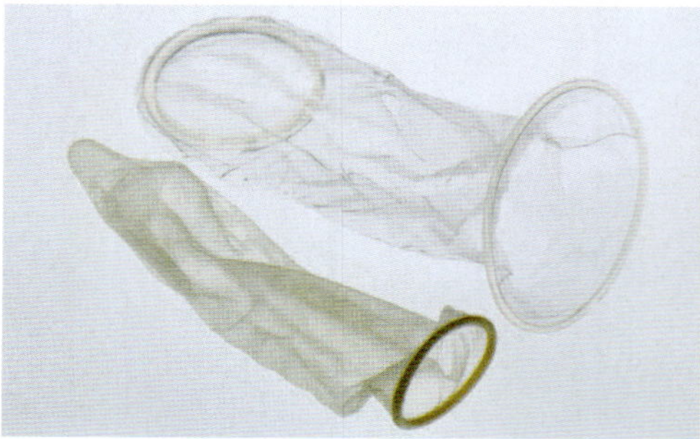
Phototake Inc./Alamy/Latinstock

16.3 Preservativo masculino (à esquerda) e feminino (à direita).

2 A pílula e outros anticoncepcionais hormonais

A pílula anticoncepcional mais comum é a chamada de **pílula combinada**, que contém hormônios sintéticos semelhantes ao estrógeno e à progesterona, produzidos pelos ovários. A pílula anticoncepcional impede a ovulação, porque inibe a secreção dos hormônios da hipófise que provocam a ovulação. É um método muito eficiente para evitar a gravidez. Se usada corretamente, tem alta eficácia. Mas deve ser sempre indicada por um médico, pois pode provocar efeitos colaterais e nem todas as mulheres podem tomá-la. Além disso, o médico dará as instruções de como usar cada tipo de pílula.

A-Z

Anticoncepcional: que evita a concepção (geração) de filhos.

A **minipílula** é feita com apenas um hormônio, semelhante à progesterona. Deve ser tomada diariamente, no mesmo horário. Menos eficiente que a pílula combinada, a minipílula é indicada especialmente para mulheres que têm problemas com a pílula comum ou que estão amamentando. Mas é necessário tomar os mesmos cuidados.

Outra opção é tomar hormônios na forma de injeção: são os **anticoncepcionais injetáveis**, que também devem ser usados sob supervisão do médico. A vantagem é que a mulher só precisa tomar uma injeção mensalmente ou a cada três meses, dependendo do tipo de produto.

Também se pode optar pelo **implante subcutâneo**: o médico introduz seis pequenos tubos de plástico (com pouco mais de 3 centímetros de comprimento e mais finos que um palito de fósforo) sob a pele do braço. Esses tubinhos contêm hormônios, que são liberados no sangue durante cerca de três anos.

Há ainda o **adesivo transdérmico**, que libera hormônios na pele e deve ser trocado semanalmente, e o **anel vaginal** (veja a figura 16.4), que é colocado na vagina e deve ser trocado todo mês. Assim como todos os anticoncepcionais à base de hormônios, eles também podem provocar reações e problemas no organismo. Por isso devem ser indicados e acompanhados pelo médico.

16.4 À esquerda, aplicação de adesivo anticoncepcional. À direita, anel vaginal, também usado como método contraceptivo.

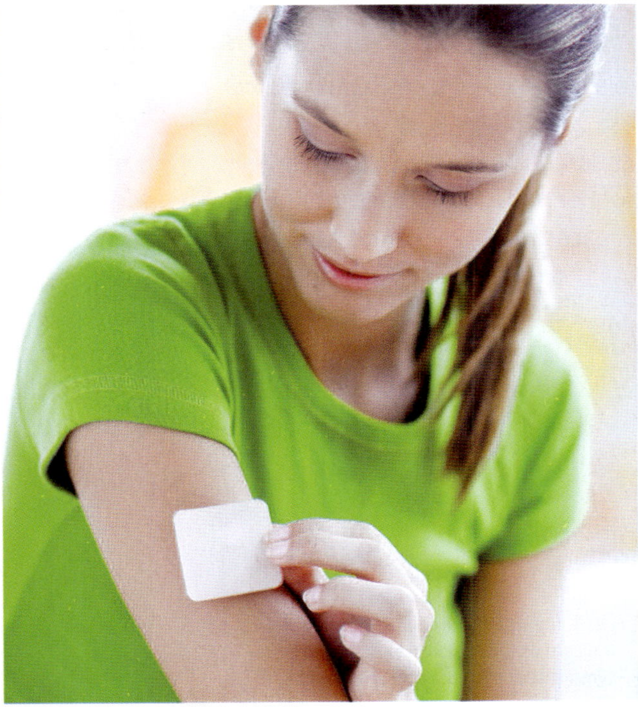

GARO/PHANIE/Agência France Presse

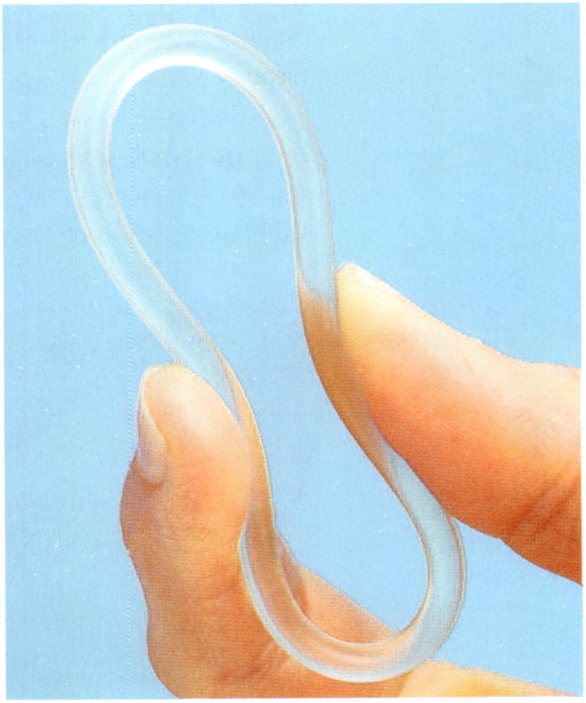

Begsteiger/Age Fotostock/Easypix Brasil

3 Dispositivo intrauterino (DIU)

Trata-se de uma pequena peça de plástico recoberta de cobre que é colocada no útero pelo médico. Para verificar se o dispositivo está bem adaptado, é preciso consultar o médico periodicamente. Veja a figura 16.5. Sua remoção também deve ser feita pelo médico.

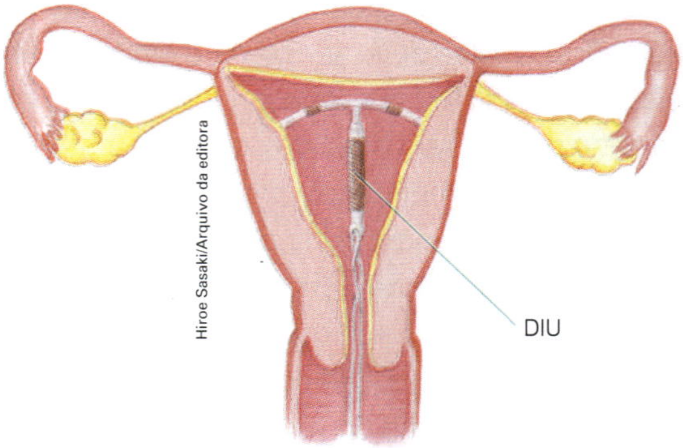

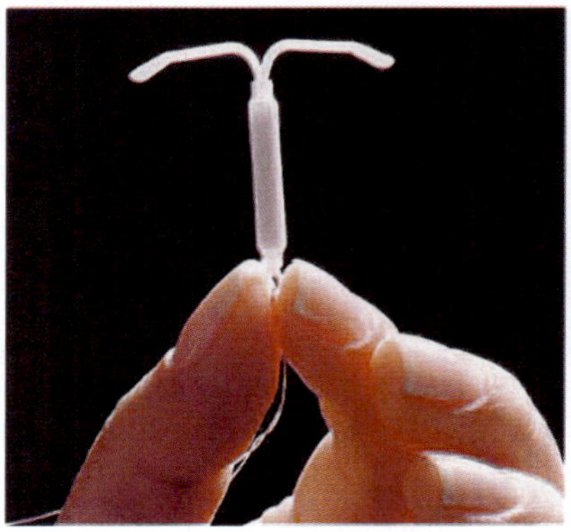

16.5 Posição do DIU no útero. (Figura sem escala. Cores fantasia.) Na foto, DIU que libera um hormônio sintético semelhante à progesterona. O índice de eficácia do DIU é semelhante ao das pílulas anticoncepcionais. A taxa de gravidez com o DIU está entre 0,1 e 2 por ano em cada 100 mulheres.

O cobre destrói parte dos espermatozoides que tenham penetrado no útero e impede que outros cheguem ao óvulo e o fecundem. Mas, caso haja fecundação, o **DIU** vai impedir a fixação do embrião no útero.

É um método eficaz, mas podem ocorrer cólicas, dores e sangramentos. Às vezes, o organismo expulsa o DIU. Existe também maior risco de infecções que, se não forem logo tratadas, podem provocar esterilidade.

Por isso, é necessário consultar o médico periodicamente para verificar se não há problemas. Há ainda um DIU que libera um hormônio sintético, semelhante à progesterona. Reveja a figura 16.5.

O DIU não pode ser usado diante de suspeita de gravidez ou de gravidez confirmada, na presença de tumores no útero ou se houver sangramentos vaginais de causa desconhecida. Para retirar o DIU, é preciso procurar um médico.

4 A esterilização

Se um casal não quiser mais ter filhos, o homem ou a mulher pode realizar uma cirurgia, a esterilização.

Na **esterilização feminina**, chamada de ligação tubária ou ligadura das trompas, o médico faz uma cirurgia para bloquear as tubas uterinas. Ele corta e amarra as tubas uterinas, por exemplo. Assim, a ligação que existe entre o ovário e o útero é interrompida, e o espermatozoide não pode mais chegar até o óvulo.

As relações sexuais, o ciclo menstrual e as demais funções do organismo feminino não são afetados por essa cirurgia.

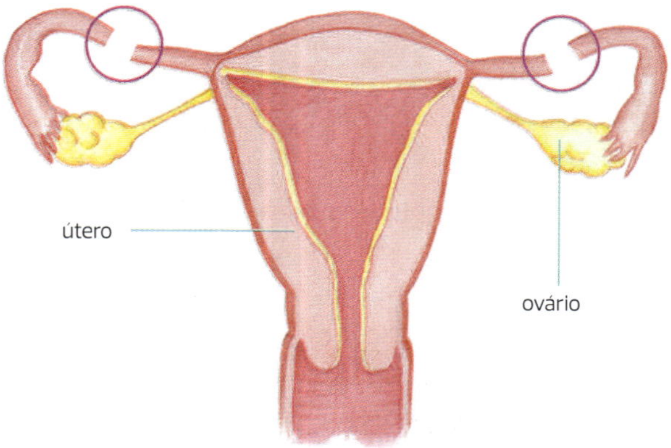

16.6 Ligação tubária: os círculos indicam os locais do corte das tubas. (Figura sem escala. Cores fantasia.)

A **esterilização masculina** é chamada de vasectomia. Trata-se de um procedimento cirúrgico mais simples do que a esterilização feminina, feito com anestesia local. O médico faz um pequeno corte em cada lado da pele da bolsa escrotal e corta os ductos deferentes, que depois são amarrados. Com isso, os espermatozoides produzidos nos testículos não chegam até a uretra e são absorvidos pelo corpo. Observe a figura 16.7.

A Z

Vasectomia vem do latim *vasu*, 'canal', e do grego *ektomé*, 'extirpação'.

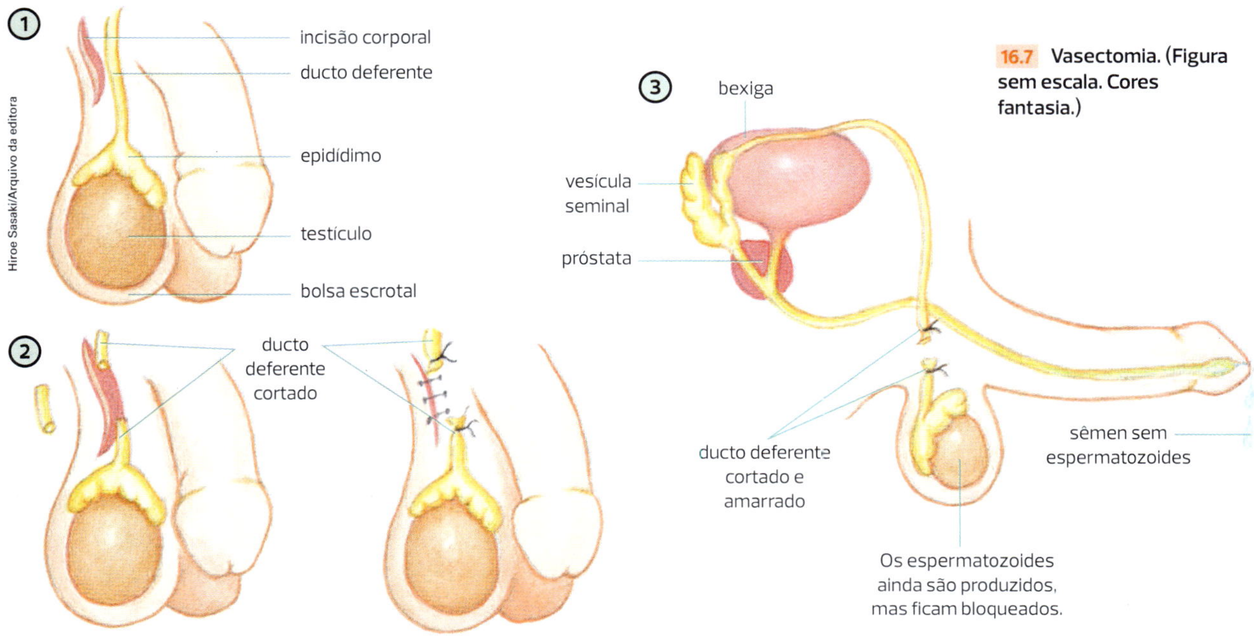

Hiroe Sasaki/Arquivo da editora

16.7 Vasectomia. (Figura sem escala. Cores fantasia.)

Após a cirurgia, o homem continua a eliminar esperma, mas sem espermatozoides. A cirurgia não interfere no comportamento sexual.

É preciso precaução: pode demorar entre dois e quatro meses (ou cerca de 30 ejaculações) para que se esgotem os espermatozoides armazenados nos ductos deferentes. Só depois disso é que o homem fica estéril.

Há um pequeno risco de falha, em ambas as cirurgias. E nem sempre é possível reverter a esterilização por meio de uma nova cirurgia. Se o homem (ou a mulher) quiser ter filhos novamente, será necessário empregar técnicas caras, que retiram espermatozoides dos testículos ou óvulos dos ovários para serem fecundados em laboratório.

Por isso, a esterilização deve ser considerada como definitiva na prática. A decisão de se submeter à ligadura das tubas ou à vasectomia tem de ser bem pensada e discutida com o médico.

5 Abstinência periódica

Também chamado **método comportamental** ou da tabela (ou ainda **tabelinha**), consiste em evitar relações sexuais (abstinência) durante o período fértil.

Quando você estudou o ciclo menstrual, viu que a ovulação ocorre geralmente na metade desse período, ou seja, se a mulher tiver um ciclo de 28 dias, a ovulação vai ocorrer no 14º dia do ciclo. Se ela tiver um ciclo de 30 dias, a ovulação geralmente ocorrerá no 16º dia do ciclo.

O óvulo sobrevive na tuba uterina por 24 horas, mas a ovulação pode atrasar um dia. Já o espermatozoide dura, em geral, cerca de três dias (mas pode durar de cinco a sete dias). Portanto, para evitar a gravidez, a mulher não deve ter relações três dias antes da ovulação nem dois dias depois. Mas relações sexuais um pouco antes ou um pouco depois também oferecem risco.

Como são raras as mulheres com ciclo regular, é difícil prever com certeza quando será o próximo período fértil. Além disso, adolescentes costumam ter ciclos menstruais bastante irregulares.

Para tentar diminuir a insegurança do método da tabela, pode-se tentar calcular o dia da ovulação acompanhando diariamente a temperatura corporal ao acordar, além de observar o aspecto da secreção vaginal. Na época da ovulação, a temperatura aumenta, em média, de 0,3 °C a 0,5 °C, e a secreção vaginal fica pegajosa, parecida com clara de ovo.

Apesar de não ter efeitos colaterais para a saúde da mulher, em geral esse método apresenta baixa eficácia. É necessária também uma orientação detalhada do médico e muito treinamento, disciplina e motivação por parte do casal.

Ciência e sociedade

O aborto

Algumas doenças infecciosas, como a sífilis, e problemas no feto ou no organismo da gestante podem provocar um aborto espontâneo. Mas há também o aborto provocado ou induzido, quando, por algum motivo, a mulher não quer ter o filho.

As leis que regulamentam o aborto variam de país para país. No Brasil, o aborto induzido é considerado crime. É permitido apenas quando não houver outro meio de salvar a vida da gestante ou quando é resultado de estupro (crime que consiste em forçar alguém a ter relação sexual mediante violência ou grave ameaça).

Apesar disso, o aborto é praticado clandestinamente no Brasil. Quando é feito sob condições de higiene precárias, torna-se muito perigoso e pode provocar infecções, esterilidade e, em casos extremos, até a morte da mulher.

Geralmente, o aborto apresenta riscos e pode causar muita angústia e sentimento de culpa. Por isso o melhor é se prevenir, escolhendo com o médico e com o parceiro um método anticoncepcional adequado.

A questão do aborto vem sendo muito debatida em nossos dias. Algumas pessoas são contra o aborto por considerar que ele destrói uma vida humana. Essa é a posição de várias religiões, como a católica.

Outras pessoas acham que a mulher deve ter o direito de decidir sobre o seu corpo e de interromper uma gravidez não planejada. Esse grupo defende a legalização do aborto em nosso país.

Mas, além de discutir o direito ao aborto, é importante lutar pelo direito a uma vida decente e digna, que garanta segurança econômica para criar os filhos.

Se a população tivesse mais acesso a informações sobre métodos anticoncepcionais, educação, creches, hospitais, entre outros benefícios, as pessoas poderiam planejar melhor a vida: ter ou não filhos, quando e por quê.

Mundo virtual

Adolescência e saúde
<www.adolescenciaesaude.com/detalhe_artigo.asp?id=218>
Artigo que analisa diferentes métodos contraceptivos, considerando o uso por adolescentes.

Direitos sexuais, direitos reprodutivos e métodos anticoncepcionais
<bvsms.saude.gov.br/bvs/publicacoes/direitos_sexuais_reprodutivos_metodos_anticoncepcionais.pdf>
Cartilha elaborada pelo Ministério da Saúde que apresenta os sistemas genitais feminino e masculino, métodos contraceptivos e orientações sobre planejamento familiar e direitos sexuais e reprodutivos.

Acesso em: 5 abr. 2015.

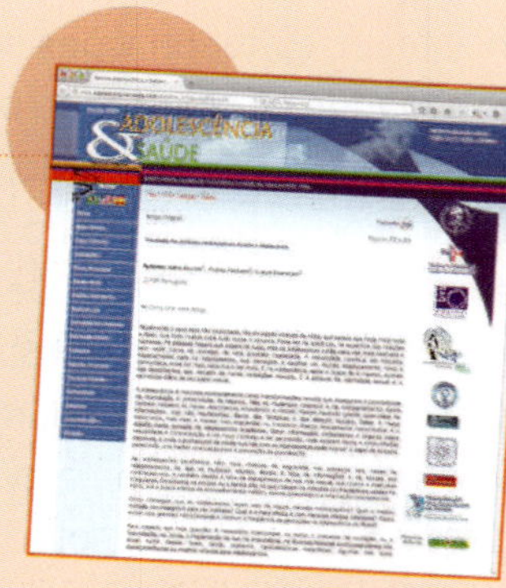

Reprodução/<www.adolescenciaesaude.com/detalhe_artigo.asp?id=218>

Atividades

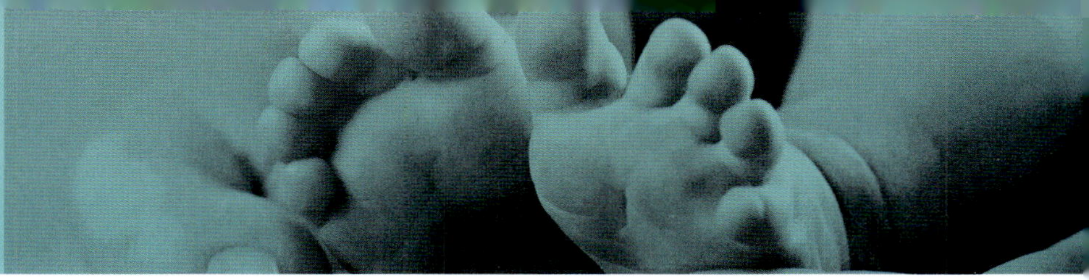

Trabalhando as ideias do capítulo

1. Além de evitar a gravidez, de não trazer riscos para a saúde e de não precisar de receita médica para ser comprada, qual é a outra vantagem da camisinha sobre os demais métodos anticoncepcionais?

2. Um estudante afirmou que um homem que fez vasectomia não pode mais ejacular. Esse estudante está certo? Por quê?

3. Cite um motivo pelo qual a abstinência periódica, conhecida também como método comportamental ou da tabela, não é perfeitamente seguro.

4. Você conheceu neste capítulo alguns métodos anticoncepcionais: vasectomia, pílula anticoncepcional, DIU, camisinha, ligação tubária. Agora, no caderno, escreva quais desses métodos possuem as características a seguir (lembre-se: um método pode ter mais de uma característica).
   a) Impede a ovulação.
   b) Protege contra doenças sexualmente transmissíveis.
   c) Trata-se de uma cirurgia que bloqueia as tubas uterinas.
   d) É um dispositivo de plástico coberto de cobre que é posto no útero pelo médico.
   e) Consiste no corte dos ductos deferentes.

5. No caderno, copie apenas as afirmativas verdadeiras.
   a) A mulher pode engravidar em sua primeira relação sexual.
   b) Uma ducha de água na vagina depois da relação sexual elimina todos os espermatozoides e, portanto, é uma forma segura de evitar uma gravidez não planejada.
   c) Quem tem ciclo menstrual regular pode usar o método da tabela sem risco.
   d) A camisinha pode ser usada mais de uma vez depois de lavada.
   e) A laqueadura tubária funciona interrompendo a ovulação.
   f) O uso da pílula evita apenas a penetração do espermatozoide no óvulo.
   g) O método da tabela impede a ovulação.
   h) O DIU bloqueia a produção de hormônios pelos ovários.
   i) O período fértil ocorre durante a menstruação.
   j) A vasectomia impede que os espermatozoides saiam junto com a ejaculação.
   k) O DIU é usado no interior do útero.

Pense um pouco mais

1. Uma mulher tem ciclo menstrual regular de 28 dias. O último dia de sua menstruação, que durou 5 dias, foi 10 de dezembro. Qual é o dia mais favorável para ela ter relação sexual e engravidar?

2. Uma mulher que usa DIU está tendo menstruações abundantes e muito prolongadas. Que problema de saúde isso pode trazer para ela?

3. Uma mulher ficou menstruada no dia 1º de junho. Sabendo que seu ciclo é regular e de 28 dias, em que dia desse mês ela tem mais chance de engravidar? Dê a resposta no caderno e justifique-a.
   a) 1 b) 30 c) 14 d) 7

4. Por que o método da tabelinha é denominado método comportamental?

Mexa-se!

- Escreva suas ideias e seu ponto de vista sobre os assuntos a seguir. Depois, discuta cada uma das questões com os colegas da classe. Lembre-se de que todos os pontos de vista e opiniões devem ser respeitados.

1. Beleza não é só aparência física.
2. A responsabilidade de evitar a gravidez não deve ser só da mulher.
3. A responsabilidade de criar os filhos não é só da mulher.
4. Na década de 1970, com o objetivo de reduzir o crescimento populacional, o governo chinês estabeleceu leis para punir casais que tivessem mais de um filho.
   a) Você considera que seja responsabilidade do governo desenvolver ações desse tipo?
   b) Faça uma breve redação para justificar sua posição. Exponha sua opinião.

Atividade em grupo

- Sob a orientação do seu professor e também de professores de História e Geografia, pesquisem o tema abaixo. Vocês podem consultar livros, revistas, jornais ou entrevistar médicos e outros profissionais da área de saúde e sexualidade. Depois, exponham as conclusões de sua pesquisa para a classe e para a comunidade escolar.

1. Campanhas de controle da natalidade e planejamento familiar. Descubram que países os adotaram. Analisem as medidas tomadas e o resultado alcançado.
2. Como funciona o método anticoncepcional conhecido como diafragma.

Gary Parker/Science Photo Library/Latinstock

16.8 **Diafragma**

Capítulo

17 Doenças sexualmente transmissíveis

Primeiro de dezembro é o Dia Mundial de Luta Contra a Aids. Esse dia foi criado pela Assembleia Mundial de Saúde e existe para divulgar a importância da prevenção, realizar campanhas de solidariedade em prol dos portadores do vírus e combater o preconceito contra eles.

A Aids e outras doenças sexualmente transmissíveis (conhecidas pela sigla DST) são as que podem passar de uma pessoa para outra por meio de relação sexual. São consideradas um dos problemas de saúde pública mais comuns em todo o mundo.

Asit Kumar/Agência France-Presse

17.1 Símbolo da luta contra a Aids feito na areia de uma praia na Índia, em 2012.

A questão é

Você sabe que doenças podem ser transmitidas pelas relações sexuais? Sabe o que devemos fazer para nos prevenir contra essas doenças?

> ⚠ **Atenção!**
> As informações deste capítulo têm o objetivo de ajudar as pessoas a conhecer melhor as principais doenças sexualmente transmissíveis, mas não substituem a consulta ao médico nem podem ser usadas para diagnóstico, tratamento ou prevenção de doenças. É sempre necessário consultar o médico — só esse profissional está capacitado a avaliar problemas de saúde.

1 Quais são os sinais das DST?

Sabe-se que, quanto mais cedo uma doença for diagnosticada e tratada, mais fácil e rápida será a cura. Por isso é fundamental procurar logo o médico quando se observar qualquer um dos seguintes sintomas (é importante ressaltar que a ausência de sintomas não significa que a pessoa não tenha uma DST nem que não possa transmiti-la — ela pode estar assintomática):

- coceira, dor, caroços, feridas, bolhas, verrugas, inflamação, manchas avermelhadas ou escuras nos órgãos genitais ou em torno deles, na região anal, na boca, na palma da mão, na planta do pé;
- dor, ardência ou incômodo durante o ato sexual ou na hora de urinar;
- necessidade frequente de urinar ou "ínguas" (nódulos linfáticos inchados) na virilha;
- secreções ou sangue expelidos pelo pênis;
- mudança de cor ou cheiro da secreção vaginal ou dor na parte baixa da barriga.

Às vezes, porém, não há nenhum sintoma, principalmente entre as mulheres. Além disso, dependendo do tipo de doença, podem se passar alguns dias ou semanas até que os sintomas apareçam: é o chamado **período de incubação**. Por isso, se um parceiro esteve com infecção ou mesmo com suspeita de infecção, o outro deverá procurar um médico, mesmo que não apresente sintomas.

As mulheres devem consultar um ginecologista uma vez por ano para fazer exames. Esses exames podem diagnosticar doenças sexualmente transmissíveis, entre outros problemas.

Caso se constate alguma doença, é preciso avisar logo o parceiro para que ele procure um médico e possa se tratar.

Às vezes, os sintomas da doença desaparecem espontaneamente e a pessoa pode pensar que está curada. Mas sem o tratamento médico a doença pode voltar mais forte e provocar consequências sérias.

Vamos estudar melhor algumas doenças sexualmente transmissíveis — mas lembre-se sempre de que a camisinha é essencial para a prevenção de doenças.

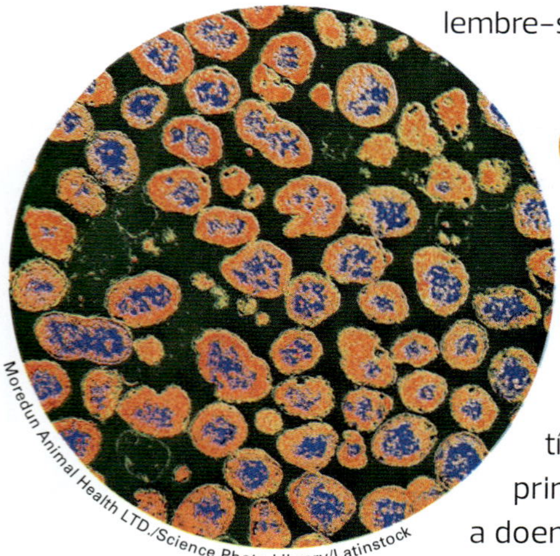

Moredun Animal Health LTD./Science Photo Library/Latinstock

17.2 Bactérias causadoras da gonorreia (aumento de cerca de 11 mil vezes; cores artificiais).

2 Gonorreia

Também chamada de **blenorragia**, a gonorreia é causada por uma bactéria (*Neisseria gonorrhoeae*, figura 17.2) que pode provocar inflamação na uretra, na próstata, no útero, no reto, na garganta e nos olhos. O homem sente dor e ardência na região genital e pode eliminar uma secreção branca ou amarelada ao urinar. Pode haver também dor nos testículos. Na mulher, a secreção vaginal pode ficar amarelada. Em alguns casos, principalmente na mulher, não há sintomas, mas o médico pode diagnosticar a doença por meio de exames. Mesmo sem apresentar sintomas, uma pessoa pode transmitir a doença. Se a mãe tiver a doença, os olhos do recém-nascido podem ser infectados durante o parto. Quando não tratadas, essas doenças podem causar infertilidade, entre outros danos à saúde.

O tratamento é feito com antibióticos e a cura é, em geral, rápida.

3 Sífilis

Transmitida por uma bactéria (*Treponema pallidum*, figura 17.3), essa doença pode ser fatal se não for tratada corretamente.

O primeiro sinal da doença é uma ferida sem dor, com bordas duras, elevadas e avermelhadas na área genital ou, às vezes, no ânus, na boca ou em outras regiões que entraram em contato com a bactéria. A ferida some entre duas e seis semanas, mesmo sem tratamento, mas a bactéria continua presente no organismo.

Se a pessoa não se tratar, cerca de dois a seis meses depois aparecem feridas na pele, além de febre e dores nas articulações e músculos. Esses sinais desaparecem num período de quatro a doze semanas. Se a pessoa continuar sem receber tratamento, a doença poderá atacar, até anos mais tarde, o coração, as artérias e o sistema nervoso.

As feridas na pele e na mucosa podem transmitir a bactéria. Por isso, é necessário suspender as relações sexuais durante o tratamento.

As pessoas sexualmente ativas devem realizar o teste para diagnosticar a sífilis. As mulheres que estiverem grávidas devem realizar o teste porque a sífilis congênita pode causar aborto, problemas físicos e mentais no feto (cegueira, surdez, deficiência mental) e até a morte da criança após o nascimento. O bebê também deve realizar exame para sífilis.

O diagnóstico é feito por meio de exame de sangue, e o tratamento é à base de antibióticos. O parceiro também deve fazer o exame e ser tratado.

A Z

Congênito é algo que nasce com o indivíduo.

A sífilis pode ser transmitida também por transfusão de sangue contaminado ou da mulher grávida infectada para o filho durante a gestação, o parto ou a amamentação.

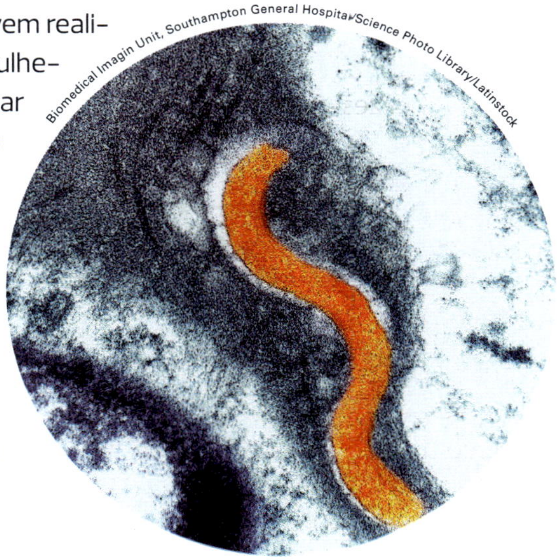

17.3 ***Treponema pallidum*, bactéria causadora da sífilis. (A medida desse tipo de bactéria varia de 0,09 µm a 0,5 µm de diâmetro por 5 µm a 20 µm de comprimento. Imagem vista ao microscópio eletrônico; colorizada por computador.)**

4 Herpes genital

O herpes é causado por dois tipos de vírus: um deles ataca geralmente os lábios e a face, enquanto o outro se concentra mais na área genital (herpes genital). O local fica inicialmente vermelho e coça. Depois surgem pequenas bolhas que estouram e formam feridas. Os sintomas desaparecem geralmente em até quatro semanas, mas o vírus continua presente no organismo e, em algumas pessoas, provoca recaídas.

Há medicamentos que diminuem os sintomas, a duração e os riscos de transmissão da doença, embora não eliminem o vírus.

Mesmo que o tratamento não cure a doença, tratar é importante porque diminui o risco de transmissão para outras pessoas.

Uma pessoa com herpes deve evitar tocar a área contaminada ou, quando o fizer, lavar as mãos para evitar contaminar outras pessoas. Não deve ter relações sexuais durante as recaídas (as fases mais contagiosas) do herpes genital. Além disso, não deve furar as bolhas nem aplicar pomadas no local sem recomendação de um profissional.

Como o vírus pode passar para a criança durante o parto, a mulher com herpes deve informar o fato ao médico. Nesse caso, pode-se optar pela realização da cesariana para evitar que a criança entre em contato com as lesões do herpes.

5 Infecções por clamídia

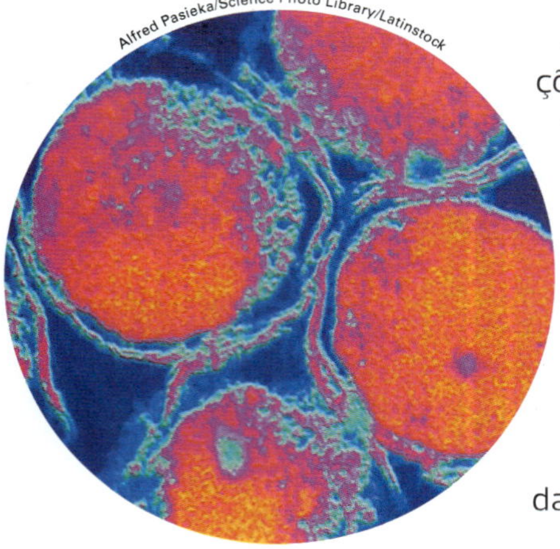

Alfred Pasieka/Science Photo Library/Latinstock

17.4 Clamídias, bactérias que causam infecção em várias partes do corpo. (Vistas ao microscópio eletrônico; aumento de cerca de 60 mil vezes; cores artificiais.)

A bactéria clamídia (*Chlamydia trachomatis*, figura 17.4) pode causar infecções na uretra (uretrite), nos olhos (tracoma) e nos linfonodos da região genital (linfogranuloma venéreo). Na mulher pode atingir também o útero e as tubas uterinas.

Quando ataca a uretra, provoca dor e ardência ao urinar. Se atacar os linfonodos, vai provocar inchaços ("ínguas") na virilha. Os linfonodos incham e se abrem, soltando pus. Na mulher pode causar sangramento no período entre as menstruações, dor durante o ato sexual e outros sintomas. Se não for tratada adequadamente, com antibióticos tomados de acordo com prescrição médica, há risco de esterilidade, entre outros danos à saúde.

6 Condiloma acuminado

É causada pelo papilomavírus humano (HPV, do inglês *Human papillomavirus*), que forma verrugas nos órgãos genitais, no colo do útero ou ao redor do ânus.

Essas verrugas são popularmente conhecidas como "crista de galo".

O tratamento consiste em eliminar as verrugas por meio de congelamento, bisturi elétrico, *laser*, cirurgia ou produtos químicos. As mulheres que têm ou tiveram condiloma devem fazer exames periódicos para a prevenção do câncer de colo do útero, já que algumas variedades do papilomavírus aumentam o risco de aparecimento desse tipo de câncer. O exame ginecológico conhecido como papanicolau pode detectar alterações no colo do útero e indicar uma possível infecção por HPV. Por isso deve ser feito regularmente. O parceiro também deve ser examinado para receber o tratamento adequado.

A mulher que teve condiloma e engravidar deve avisar o fato ao médico, pois no momento do parto o vírus pode passar para a criança e provocar problemas respiratórios nela.

O sistema público de saúde fornece para meninas a vacina que protege contra vários tipos de HPV.

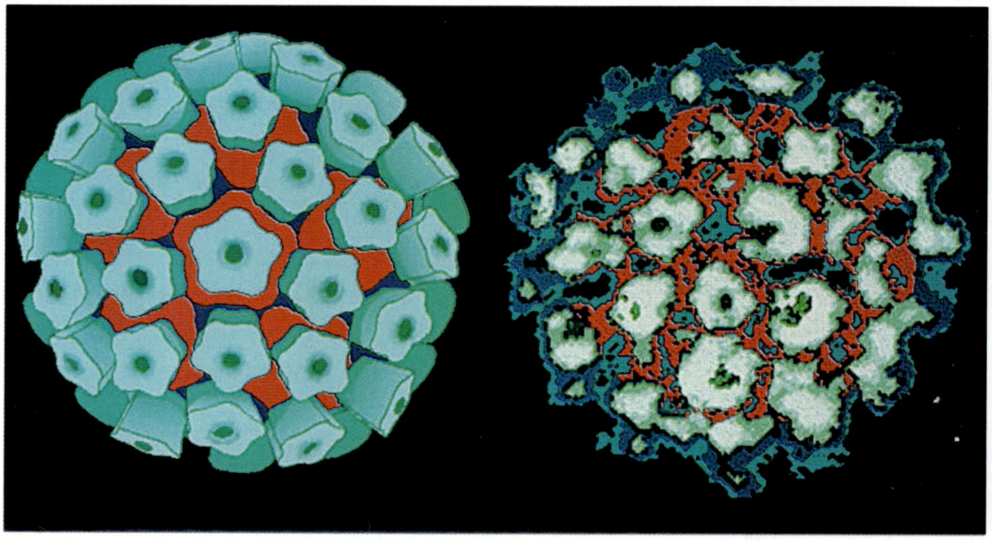

Dr. Linda Standard, UCT/Science Photo Library/Latinstock

17.5 À esquerda, ilustração de HPV gerada por computador (cores fantasia) e, à direita, imagem do vírus ao microscópio eletrônico (cerca de 0,05 µm de diâmetro; cores artificiais).

7 Candidíase ou moniliase

Provocada pelo fungo *Candida albicans* (monília), o mesmo que causa o "sapinho" na boca. Na mulher, uma secreção esbranquiçada, acompanhada de coceira, aparece nos órgãos genitais. No homem pode provocar vermelhidão e coceira na área genital. O tratamento é feito com cremes ou outros medicamentos indicados pelo médico. No entanto, essa doença não é necessariamente transmitida sexualmente. O fungo pode ser encontrado em algumas partes do corpo da maioria dos indivíduos sem que cause problemas. A candidíase pode aparecer quando houver uma baixa na imunidade, ou com o uso de alguns medicamentos, como os antibióticos, entre outros fatores.

O uso prolongado de antibióticos pode eliminar a maior parte das bactérias do organismo, o que facilita/favorece o desenvolvimento de fungos como o *Candida albicans*.

8 Hepatite B

A hepatite pode ser provocada por vários tipos de vírus diferentes Todos provocam inflamação do fígado. Veja a figura 17.6.

Marc Phares/Photo Researchers, Inc/Latinstock

London School of Hygiene & Tropical Medicine/Science Photo Library/Latinstock

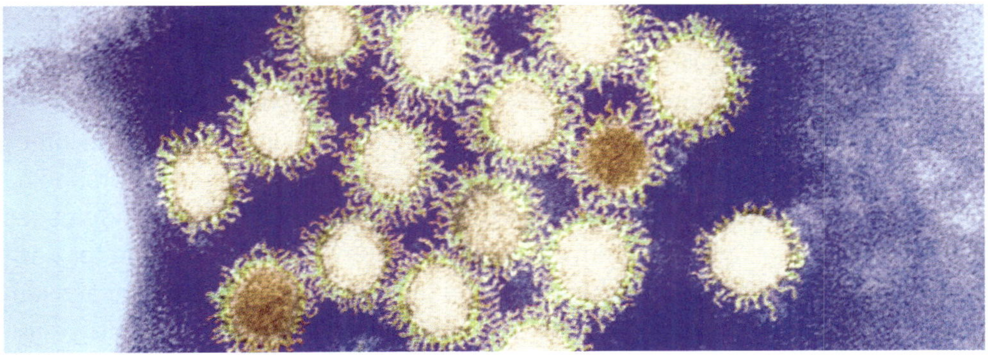

17.6 Modelo do vírus da hepatite B e imagem ao microscópio eletrônico desses vírus (o vírus tem cerca de 0,07 μm de diâmetro; aumento de cerca de 60 mil vezes; cores artificiais).

Os principais sintomas são: febre, dor de cabeça, cansaço e, geralmente, icterícia. A hepatite B pode ser transmitida por transfusão de sangue, contato sexual ou entre tecidos que forram a boca e outras cavidades (mucosas) que tenham secreções, como a saliva e as lágrimas. Pode passar também da mãe para o filho no momento do parto. Por isso, logo ao nascer, a criança deve tomar a primeira dose da vacina, que será repetida um mês depois e, novamente, seis meses depois da primeira dose. Adultos também podem tomar a vacina. Há risco de o vírus provocar, em alguns casos, cirrose (destruição do fígado) ou câncer de fígado.

Quem já teve hepatite não pode doar sangue, porque o vírus pode continuar no organismo, mesmo sem haver sintomas da doença.

9 Aids

Ao longo de seus estudos de Ciências do 7º ano, você aprendeu um pouco sobre a Aids e o vírus que causa a doença (vírus da imunodeficiência humana ou HIV). Agora, vai conhecer um pouco mais sobre a história dessa doença. Você sabe, por exemplo, como a Aids surgiu e se espalhou pelo mundo?

Em 1981, médicos dos Estados Unidos ficaram intrigados com a ocorrência de um tipo raro de câncer e de pneumonia em indivíduos jovens. Esses pacientes apresentavam também considerável perda de peso e grande redução do número de linfócitos, glóbulos do sangue encarregados da defesa do organismo. Com isso, ficavam vulneráveis a vários tipos de infecções. Surgia a suspeita de que se tratava de uma moléstia, que, em 1982, já com cerca de 2 mil casos, foi chamada de **síndrome** da imunodeficiência adquirida (*Acquired immunodeficiency syndrome*, em inglês). No caso, a expressão significa que a pessoa contraiu, pela contaminação com o HIV, uma deficiência em seu sistema imunitário. Essa síndrome é também conhecida por SIDA.

A Z

Síndrome é um conjunto de sintomas que caracterizam uma doença ou uma determinada condição.

As observações indicavam que era causada por um agente infeccioso transmitido por via sexual ou pelo sangue, mas faltava identificar exatamente esse agente.

Em maio de 1983, Luc Montagnier, pesquisador do Instituto Pasteur, na França, conseguiu isolar um vírus das células de um paciente com Aids. No ano seguinte, o cientista estadunidense Robert Gallo anunciou também ter isolado um vírus. Teve início então uma disputa em torno da autoria da descoberta, que acabou sendo atribuída a ambos os cientistas.

Em 1985, foi criado o teste que identifica a presença de anticorpos no sangue contra o vírus. O nome HIV, porém, só surgiu em 1986.

O primeiro medicamento para ajudar no tratamento da doença, o AZT, foi criado em 1987.

Em 1991, porém, Gallo reconheceu que o vírus por ele isolado provinha de amostras enviadas por Montagnier, que foi assim considerado o verdadeiro autor da descoberta.

Mas de onde veio o vírus da Aids?

Há dois tipos de HIV: HIV-1 e HIV-2, cada um com vários subtipos. O primeiro tipo, o HIV-1, é semelhante a um grupo de vírus que infecta chimpanzés e deve ter sido transmitido para o ser humano na década de 1930 (talvez antes), na África central, onde esses animais eram caçados e consumidos. O vírus pode ter passado para as pessoas que se cortaram quando caçavam esses animais ou preparavam a carne deles para se alimentar. Aos poucos, o vírus se espalhou para regiões mais povoadas e sofreu transformações (mutações), o que deu origem a novas variedades. Hoje existem diversos subtipos desse vírus.

O segundo tipo, o HIV-2, menos disseminado pelo mundo, é encontrado principalmente em alguns países da África e parece ter passado para os seres humanos da mesma maneira que o HIV-1, mas sua fonte original é uma espécie de macaco conhecida como macaco-verde.

17.7 O vírus possui uma cápsula esférica que contém seu material genético. (Ilustração sem escala. Cores fantasia.)

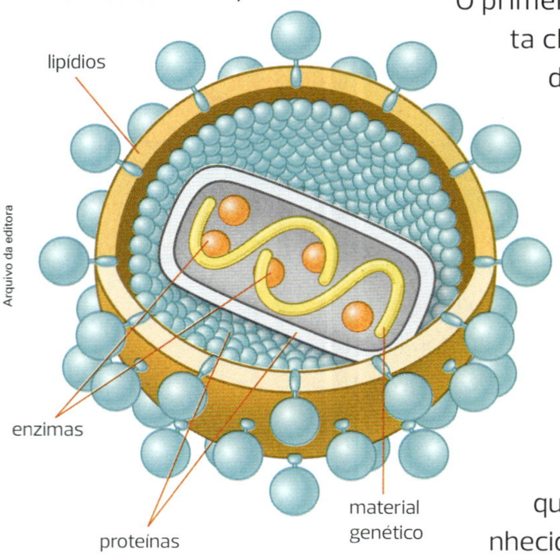

Adilson Secco/Arquivo da editora

Você já sabe também que o vírus da Aids ataca o sistema imunitário. E agora que você já estudou esse sistema no Capítulo 8 deste livro, já pode saber que o vírus ataca principalmente um tipo de linfócito (um glóbulo branco do sangue), que comanda as defesas do sistema imunitário. Esse linfócito produz substâncias que estimulam a multiplicação de vários tipos de linfócitos. O resultado é a progressiva diminuição dessas células de defesa. Dessa forma, o organismo fica sem defesa contra diversos microrganismos, e o doente pode morrer vítima de infecções que não causariam grandes problemas em indivíduos com as defesas íntegras. Veja a figura 17.8.

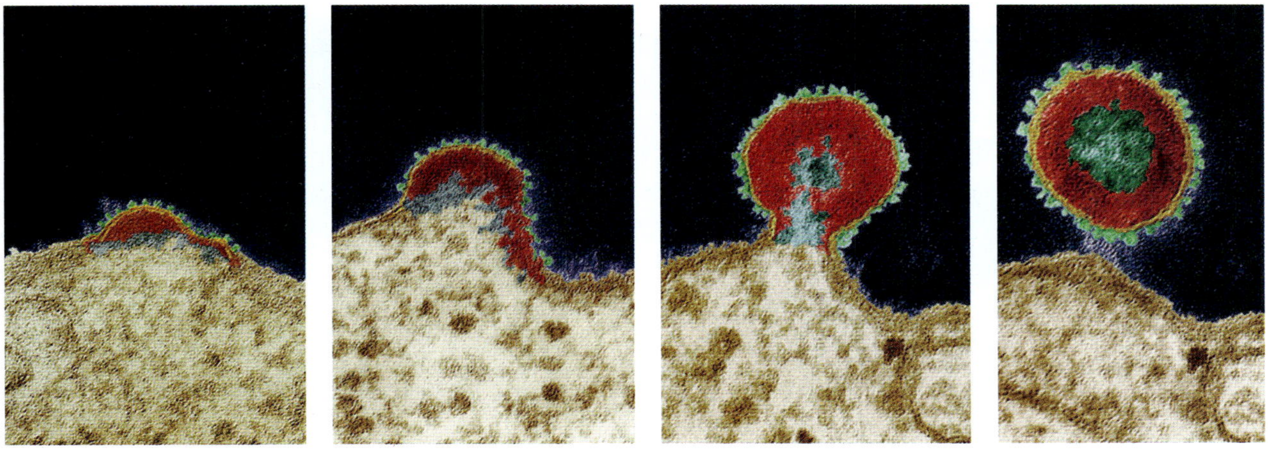

Eye of Science/Science Photo Library/Latinstock

17.8 Na sequência de fotos acima, um novo vírus brota do linfócito infectado (microscópio eletrônico; aumento de cerca de 100 mil vezes; cores artificiais).

O vírus pode ser transmitido por relações sexuais com portadores do vírus; por transfusão de sangue contaminado; por seringas, objetos cortantes e agulhas contaminados; da mãe portadora do vírus para o filho na gravidez e na amamentação; por transplante de órgãos e inseminação artificial. Nada indica que o vírus seja transmitido por apertos de mão, abraços, beijos na face, tosse, espirro, uso de piscinas ou uso comum de roupas, toalhas, copos, talheres ou louças, pentes e objetos caseiros. Nem pelo compartilhamento de casa, local de trabalho ou mantendo outros contatos do cotidiano (excluídas as relações sexuais sem preservativo ou o contato com sangue ou secreções contaminados). Também não se adquire o vírus sendo picado por mosquitos.

Não há vacinas para a Aids, pois o HIV sofre mutações muito rapidamente, mas o uso de uma combinação de medicamentos, sempre indicados pelo médico, pode prolongar bastante a vida do doente. Eles retardam o aparecimento dos sintomas e melhoram bastante a qualidade de vida. Os medicamentos diminuíram muito a transmissão da mãe portadora do vírus para o filho na gravidez. E hoje, com os exames, é possível identificar se uma pessoa tem o vírus, ou seja, se é soropositivo, mesmo que não apresente sintomas, e também se o sangue é contaminado. Com esses exames e a fiscalização dos bancos de sangue pelo governo, a contaminação para quem recebe sangue por transfusão diminuiu muito.

O exame e a comunicação do resultado devem ser feitos por profissionais de saúde. Os resultados indicam apenas se uma pessoa é portadora do vírus, mas ela pode não ter desenvolvido os sintomas da Aids. Mesmo assim, pode transmitir o vírus a outras pessoas.

Mas a melhor arma contra a Aids continua sendo a prevenção, usando a camisinha no ato sexual e seringas, agulhas e outros instrumentos cortantes, que possam entrar em contato com o sangue, descartáveis ou esterilizados.

Nunca é demais lembrar que, por enquanto, a Aids não tem cura. Por isso, a única solução é se proteger!

10 Tricomoníase

É causada por um protozoário (*Trichomonas vaginalis*). Nas mulheres ataca o colo do útero, a vagina e a uretra, causando uma secreção branca ou amarelada e mal-cheirosa. Pode haver dor durante a relação sexual, ardência e dificuldade para urinar e coceira nos órgãos sexuais. No homem pode provocar ardência ao urinar. Em muitos casos, a pessoa não apresenta sintomas. Comprimidos indicados pelo médico resolvem o problema. O parceiro também deve ser tratado. Veja a figura 17.9.

17.9 **Abaixo, esquema do protozoário *Trichomonas vaginalis*. (O protozoário é microscópico. Cores fantasia.) Na foto ao lado, protozoário visto ao microscópio eletrônico (aumento de cerca de 4 500 vezes; cores artificiais).**

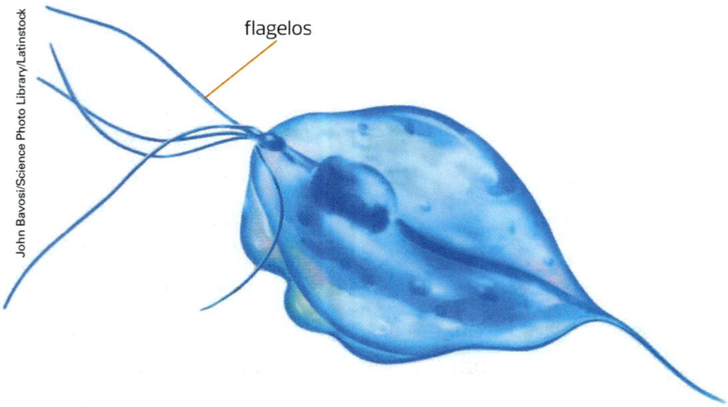

John Bavosi/Science Photo Library/Latinstock

Eye of Science/Science Photo Library/Latinstock

Ciência e saúde

A garota

Nas meninas a puberdade começa, em geral, entre 8 e 13 anos. Os hormônios da hipófise estimulam o ovário a produzir hormônios – o estrógeno e a progesterona – e fazem os óvulos amadurecerem nos ovários. Os hormônios do ovário preparam o útero para receber um embrião.

O estrógeno desenvolve também as características sexuais secundárias. Na garota, um dos primeiros sinais do início da puberdade é o aumento dos mamilos e dos seios (mamas). A produção de leite, no entanto, só ocorrerá depois do primeiro parto, se houver. Aparecem também pelos nas axilas e no púbis. Os pelos dos braços e das pernas ficam mais grossos e longos.

O ritmo do crescimento nas meninas acelera, há um aumento de peso, e as glândulas sebáceas se tornam mais ativas, fazendo a pele e o cabelo ficarem mais oleosos. A produção de suor também aumenta.

Os quadris das garotas se alargam e o corpo delas fica mais cheio de curvas por causa dos depósitos de gordura nas nádegas, nas coxas e nas mamas.

A idade em que a primeira menstruação acontece varia muito. Mas, se não ocorrer até os 16 anos, ocorrer antes dos 8 anos, ou antes do desenvolvimento das mamas, é bom consultar o médico. A chegada da menstruação indica que a garota já produz óvulos e pode engravidar.

O tamanho das mamas é uma preocupação geralmente sem sentido. Às vezes um seio se desenvolve mais do que o outro, mais isso tende a se normalizar. Uma pequena diferença de tamanho entre as duas mamas é comum.

O tamanho das mamas não está relacionado com o volume de leite que será produzido na amamentação: mamas maiores têm mais tecido adiposo, que não está envolvido na produção de leite.

Cada garota se desenvolve num ritmo próprio. Portanto, podem haver muitas diferenças físicas entre garotas da mesma idade. Lembre-se: não existem duas pessoas iguais. A grande variedade de indivíduos é uma característica importante na espécie humana.

É comum haver cólicas durante a menstruação, que podem se atenuar com a idade. Se a garota se sentir muito desconfortável com a cólica, deve procurar um médico.

Durante a menstruação, é importante cuidar bem da higiene pessoal, usando absorventes higiênicos e trocando-os várias vezes ao dia, conforme a intensidade do fluxo menstrual. Toda as atividades habituais do dia a dia podem prosseguir normalmente.

Sexo

Uma relação sexual com uma pessoa de quem se gosta é mais do que um breve momento de prazer. Também é muito mais do que uma relação física. É uma maneira de se envolver com a outra pessoa, de trocar carinho, de ser companheiro, de mostrar afeto. E tudo isso pode ser prazeroso. Um relacionamento se torna bem mais interessante e gostoso quando se conhece melhor a pessoa, quando se descobrem afinidades. E isso costuma levar tempo.

Em qualquer tipo de relação, deve-se respeitar o sentimento do outro. Transar só para dizer que transou ou para se exibir aos colegas é tratar o parceiro como objeto, e não como ser humano. Certamente, você não gostaria que fizessem o mesmo com você. E não pense que as outras pessoas não percebem esse comportamento. Quem age assim pode ser visto pelo grupo como uma pessoa egoísta, sem sentimentos, com quem não vale a pena se relacionar.

Ninguém deve fazer sexo se não se sente preparado para isso. É preciso aprender a dizer "não" e aprender a aceitar um "não". Uma pessoa não deve fazer sexo só porque foi pressionada pelo parceiro ou porque seus amigos acham que já está na hora. Muito menos porque pensa que todos de sua idade já fizeram. Aliás, em matéria de sexo, não acredite em tudo o que os outros contam: nessa área, ninguém quer ser considerado diferente ou "inferior".

Compartilhar certos momentos da vida com alguém e, quem sabe, mais tarde, a vida inteira pode ser muito bom. Mas ninguém é obrigado a ficar ou namorar, e quem não tem namorado ou namorada não tem de se sentir infeliz por isso.

Finalmente, se você tem um namorado ou uma namorada, deve ter uma conversa sincera com seu parceiro. Ambos precisam estar bem informados sobre os métodos para evitar a gravidez e as doenças sexualmente transmissíveis, como a Aids. É preciso que os dois saibam dos riscos e das consequências que uma relação sexual envolve.

Em nossa sociedade, como em muitas outras, existem indivíduos homossexuais, isto é, que se relacionam sexualmente com pessoas do mesmo sexo.

Alguns cientistas pensam que pode haver uma influência dos genes para alguns tipos de homossexualidade. Outros acham que ser homossexual depende do ambiente em que a pessoa vive.

Na adolescência, os sentimentos podem estar confusos e a admiração que se tem por amigos do mesmo sexo – ou amigas, no caso das garotas – pode se confundir com atração física. As pessoas não devem ser rotuladas por causa disso. Garotas com ciúme umas das outras ou garotos com uma turma de amigos do mesmo sexo são comportamentos típicos da adolescência e não caracterizam homossexualidade. No entanto, se alguém estiver em crise por causa de desejos sexuais, vale a pena procurar um psicólogo.

Um último lembrete: caráter, talento e capacidade profissional não têm sexo nem são exclusivos de heterossexuais ou homossexuais. Não se deve avaliar alguém por sua orientação sexual. Quem discrimina as outras pessoas não está ajudando em nada a vida em sociedade e acaba perdendo o direito de ser livre. Afinal, se você não respeitar os outros, como espera ser respeitado?

O garoto

A puberdade começa quando uma parte do encéfalo, o hipotálamo, estimula a hipófise a produzir certos hormônios. Estes, por sua vez, estimulam os testículos e os ovários a produzir seus próprios hormônios – que, na realidade, já estão presentes nas crianças, mas em baixa concentração.

No garoto, alguns hormônios liberados pela hipófise estimulam os testículos a produzir espermatozoides e um hormônio masculino, a testosterona.

A testosterona faz os órgãos genitais (testículos e pênis) crescerem, desenvolve a musculatura, aumentando a força física e tornando os ombros mais largos, e ainda engrossa a voz. No início desse processo a voz costuma falhar, ficando aguda em um momento e grave em outro, antes de se definir o timbre.

Nos meninos, a puberdade geralmente começa entre 9 e 14 anos. Se começar antes dos 9, deve-se consultar um médico para verificar se há algum problema. Um dos primeiros sinais da puberdade costuma ser justamente o aumento dos testículos e o alongamento e a descida do saco escrotal. Aparecem também pelos nas axilas, no peito e ao redor do pênis, na região chamada púbis (pelos pubianos). Os pelos dos braços e das pernas ficam mais longos e grossos. No rosto já se nota uma penugem que vai se transformando em barba.

A grande produção de hormônios estimula as glândulas sebáceas, tornando a pele e os cabelos mais oleosos. As glândulas sudoríferas também passam a produzir mais suor, que muda de cheiro.

O crescimento se acelera e o peso aumenta. O jovem pode se achar um pouco desengonçado, pois os braços e as pernas crescem mais rápido do que o tronco. Como cada garoto entra na puberdade em seu próprio tempo, é comum encontrar grandes diferenças de altura entre jovens da mesma idade.

Começa a produção de espermatozoides. A primeira ejaculação costuma ocorrer pouco antes dos 14 anos, geralmente como consequência da masturbação, ou mesmo durante o sono (polução noturna).

Todo homem nasce com uma pele que cobre a ponta do pênis: é o prepúcio. Ao se lavar, o garoto deve puxar para trás a pele que cobre a ponta do pênis, do prepúcio, para evitar acúmulo de secreções e bactérias, que podem causar inflamação. Se o prepúcio for muito apertado e não for possível puxá-lo, deve-se conversar com o médico. Às vezes é necessário fazer uma circuncisão – uma cirurgia simples que retira o prepúcio. Em algumas culturas, essa cirurgia faz parte da tradição religiosa e é feita, em geral, alguns dias após o nascimento. Veja a figura 17.10.

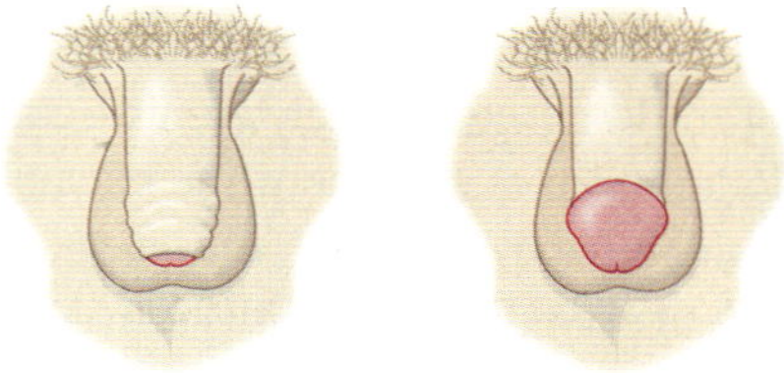

Não circuncidado   Circuncidado

Ilustrações: Adilson Secco/Arquivo da editora

17.10

A maior atividade das glândulas sebáceas pode provocar o aparecimento de espinhas. Nesse caso, deve-se manter a pele limpa para evitar infecções e lembrar-se também de manter uma boa higiene pessoal, já que o suor tende a aumentar. Não se deve espremer espinhas e cravos para não espalhar a infecção pela pele. Com o tempo, as espinhas desaparecem. Mas, se piorarem muito, pode ser necessário consultar um dermatologista. Veja a figura 17.11.

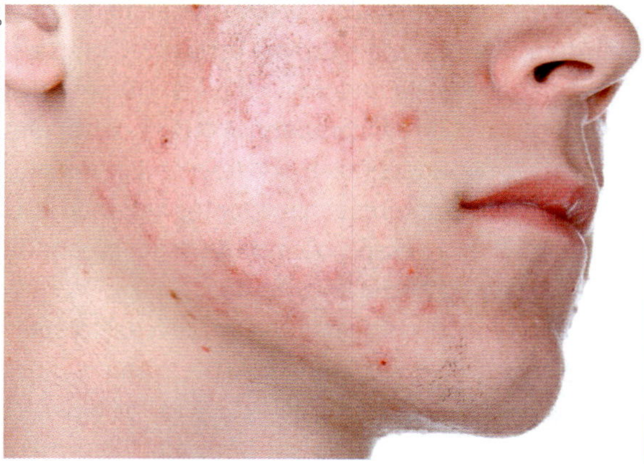

Suzanne Tucker/Shutterstock/Glow Images

17.11

Durante a puberdade pode haver um pequeno aumento dos mamilos dos meninos. É um fenômeno passageiro, que costuma desaparecer em dois anos (se persistir ou houver outros sintomas, é preciso consultar um médico).

A masturbação, isto é, o ato de manipular os órgão genitais para obter prazer, é muito comum na adolescência (tanto em garotos quanto em garotas). Ela não prejudica a saúde nem é doença. É um modo de satisfazer o desejo sexual e aliviar tensões.

A masturbação tampouco esgota os espermatozoides, que são produzidos aos milhões todos os dias. A eliminação de esperma durante o sono, chamada de "sono molhado" ou polução noturna, também é normal.

Uma preocupação comum no adolescente: o tamanho do pênis. Não são poucos os que acham que têm pênis pequeno. Nunca é demais repetir, porém, que o tamanho do pênis não é importante em uma relação sexual. A vagina é suficientemente elástica para se acomodar aos diversos tamanhos de pênis e sua parte mais sensível fica logo na entrada. Além de tudo, o prazer de uma relação sexual envolve todo o corpo e não apenas os órgãos sexuais. Depende muito também dos sentimentos e das emoções envolvidos.

Mundo virtual

Centro de Referência e Tratamento DST/Aids-SP
<www.crt.saude.so.gov.br/folder/ses_crtaids.mmp>
Apresenta informações sobre serviços para diagnóstico de HIV, publicações, *links* e notícias sobre a Aids.

DST-Aids e hepatites virais
<www.aids.gov.br>
Contém informações sobre DST, Aids e hepatites virais. Apresenta notícias e publicações sobre o assunto.

Biblioteca virtual em saúde – Ministério da Saúde
<bvsms.saude.gov.br/bvs/aids/index.php>
Publicações, dicas sobre saúde e *links* sobre DST e Aids.

Acesso em: 4 abr. 2015.

Reprodução/<www.aids.gov.br>

Atividades

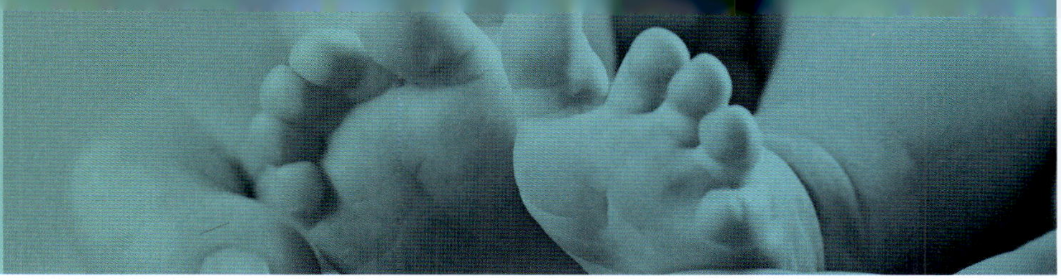

Trabalhando as ideias do capítulo

1. De que modo podemos reduzir o risco de contrair doenças sexualmente transmissíveis?

2. Se uma pessoa desconfia de que foi contaminada por uma doença sexualmente transmissível, que atitude ela deve tomar?

3. Você aprendeu neste capítulo que há vários tipos de DST: gonorreia, sífilis, herpes genital, condiloma acuminado (HPV), hepatite B, tricomoníase, candidíase. Agora, no caderno, identifique quais são as doenças com as características abaixo (lembre-se de que uma característica pode corresponder a mais de uma doença).
   a) A causa é um vírus.
   b) A causa é uma bactéria.
   c) A causa é um fungo.
   d) A causa é um protozoário.
   e) Ataca o fígado e provoca icterícia.
   f) É causada pelo vírus HPV.
   g) É causada pela bactéria *Treponema pallidum*.
   h) O primeiro sinal é uma ferida sem dor na área genital, ânus ou boca, que desaparece após algumas semanas.
   i) O vírus provoca pequenas bolhas que estouram e formam feridas.

4. Que tipo de exame periódico uma mulher que teve condiloma genital deve realizar? Por quê?

5. No caderno, indique apenas as afirmativas verdadeiras.
   a) O herpes genital pode ser tratado com antibiótico.
   b) Alguns tipos de vírus causadores do condiloma genital aumentam os riscos de câncer de colo de útero.
   c) Uma pessoa pode ser portadora de uma DST e ser assintomática.
   d) Todas as DST são causadas por bactérias.
   e) Todas as DST causam lesões aparentes nos órgãos genitais.
   f) A Aids pode ser transmitida nas relações sexuais desprotegidas com indivíduos portadores do vírus.
   g) A sífilis pode passar da mãe para o filho durante a gestação ou o parto.
   h) Somente o médico pode indicar o tratamento correto para as doenças sexualmente transmissíveis.
   i) As pessoas infectadas pelo vírus da Aids que não apresentam sintomas não podem transmitir a doença.
   j) A Aids pode ser prevenida por meio de uma vacina.
   k) Se a lesão da sífilis desapareceu, isso significa que a pessoa está curada.
   l) A Aids pode ser transmitida por abraços e apertos de mão.
   m) Se uma pessoa é soropositiva, ela tem Aids.
   n) Não é possível pegar Aids na primeira relação sexual.
   o) Um dos maiores problemas para o desenvolvimento de uma vacina contra a Aids é a capacidade de o vírus sofrer mutações muito rapidamente.
   p) A sífilis pode ser tratada com antibiótico.

6. Cite alguns sinais que podem aparecer em caso de gonorreia e de sífilis.

7. Suponha a seguinte situação: uma pessoa acabou de descobrir que é portadora do vírus HIV. Que medidas ela deve tomar?

Pense um pouco mais

1. O desaparecimento dos sintomas de uma DST significa necessariamente que a pessoa está curada? Justifique sua resposta.

2. No caderno, explique o significado da frase: "Em relação à Aids, conhecer é o melhor remédio".

3. O gráfico ao lado indica a variação ao longo do tempo da concentração de HIV (curva **A**) e um tipo de linfócito atacado pelo HIV (curva **B**) no sangue de uma pessoa infectada pelo vírus.

   a) Como estão as concentrações dos vírus e linfócitos oito anos após a infecção?

   b) Por que, nesse momento, há maior risco de se contrair infecções oportunistas?

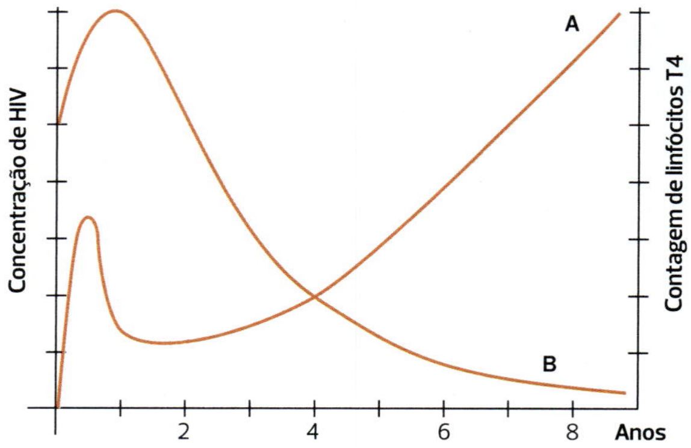

17.12

Mexa-se!

1. Uma garota namora há bastante tempo um garoto e mantém com ele relações sexuais. Ambos garantem ser fiéis. Eles dizem que, nesse caso, a camisinha é desnecessária. Faça uma breve redação justificando sua posição sobre o assunto.

2. Um garoto diz que não quer frequentar determinado curso porque soube que um jovem HIV positivo estuda lá. Faça uma breve redação sobre o assunto e exponha sua opinião à turma, dando as devidas justificativas.

3. Pesquise o que é pediculose pubiana.

Atividade em grupo

Sob a orientação do professor, escolham um dos itens a seguir como tema de pesquisa. Façam visitas a entidades ligadas à prevenção da Aids e ao apoio às pessoas portadoras do vírus HIV. Vocês também podem consultar revistas, jornais, CD-ROMs e a internet. Tentem também convidar médicos ou outros profissionais da área de saúde para a apresentação de palestras sobre esses temas para a comunidade escolar.

1. Quais são as principais formas de transmissão da Aids no Brasil? Como a doença está evoluindo no país? Em que grupos de pessoas ela está aumentando mais rapidamente? Por que isso vem acontecendo? Que medidas estão sendo tomadas para diminuir a velocidade de propagação da Aids?

2. Quais são os fatores que provocam aumento da ocorrência das doenças sexualmente transmissíveis? O que deve ser feito para combater esse problema? Quais são os exames e os cuidados recomendados para os jovens se prevenirem contra as doenças sexualmente transmissíveis?

   Para enriquecer a pesquisa, vocês podem entrevistar um médico ginecologista.

Capítulo 18

As bases da hereditariedade

Na figura abaixo, você pode ver uma pessoa com sardas (pequenas manchas escuras que surgem nos locais de maior exposição solar).

As sardas são características hereditárias, isto é, controladas por genes que são transmitidos de pais para filhos.

A Genética é a parte da Biologia que estuda as leis da hereditariedade, ou seja, como certas características são transmitidas de pais para filhos.

18.1 A presença de sardas em seres humanos é uma característica hereditária.

NinaMalyna/Shutterstock/Glow Images

A questão é

Por que os filhos são parecidos com os pais? Pais não albinos podem ter filhos albinos? Como isso pode acontecer? Como podemos fazer uma bactéria produzir insulina? O que é clonagem reprodutiva? E clonagem terapêutica?

1 Os genes e as características

A melanina é uma substância que dá cor à pele, aos cabelos e aos olhos. Nas pessoas albinas, há ausência parcial ou total de melanina. Isso quer dizer que elas têm pele, cabelos e olhos bem claros. Consequentemente, são muito sensíveis ao sol, podem sofrer queimaduras facilmente e devem sempre usar filtro solar para se prevenirem contra o câncer de pele, além de óculos escuros para evitar doenças nos olhos.

O albinismo é uma característica hereditária, controlada por genes. E como os genes fazem uma pessoa ser albina?

A melanina é produzida no organismo a partir de uma série de transformações químicas que ocorrem na célula. E todas as transformações do corpo são facilitadas por proteínas especiais, as enzimas.

A pessoa albina não possui uma das enzimas que controlam a produção de melanina. Isso acontece porque essa pessoa possui uma versão diferente do gene que produz essa enzima. E essa versão diferente do gene não faz a célula produzir essa enzima. Sem ela, não há melanina. A pessoa albina herdou dos pais essa versão diferente do gene. Veja a figura 18.10.

Dizemos, então, que o albinismo é uma característica hereditária. Além do albinismo, há muitas outras características hereditárias, como a cor dos olhos, a altura, a forma do queixo, a tendência a ter certas doenças, etc.

Os genes estão situados no núcleo das células. Vamos recordar um pouco o que foi visto no Capítulo 1: cada célula do corpo possui no interior do núcleo um conjunto de fios, os **cromossomos**. O cromossomo é formado por milhares de genes. Por sua vez, o gene é formado por uma substância química chamada **ácido desoxirribonucleico**: o **DNA**.

Cada espécie tem seu conjunto típico de cromossomos, identificado pelo número, pela forma e pelo tamanho deles. Na espécie humana, há 46 cromossomos em cada célula.

Observe um dado importante: os cromossomos ocorrem aos pares (assim como meias e sapatos). Para cada cromossomo existe outro muito parecido com ele, com a mesma forma e o mesmo tamanho. Esses pares de cromossomos são chamados de **homólogos**. Veja a figura 18.2.

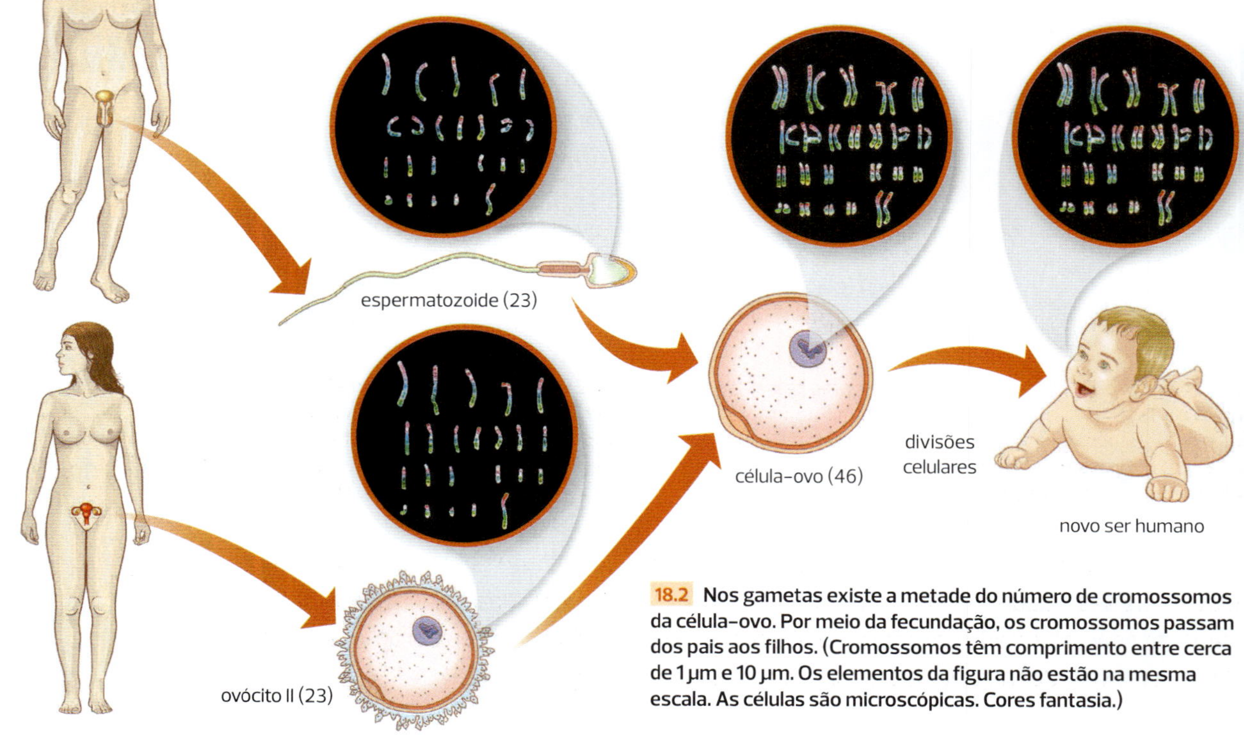

Ilustrações: Christiane S. Messias/Arquivo da editora

Fotos: L. Willatt, East Anglian Regional Genetics Service/Science Photo Library/Latinstock

18.2 Nos gametas existe a metade do número de cromossomos da célula-ovo. Por meio da fecundação, os cromossomos passam dos pais aos filhos. (Cromossomos têm comprimento entre cerca de 1 μm e 10 μm. Os elementos da figura não estão na mesma escala. As células são microscópicas. Cores fantasia.)

Nos gametas não há pares de cromossomos. Cada gameta contém apenas a metade do número de cromossomos das outras células do corpo. Assim, o espermatozoide e o óvulo humanos têm, cada um, 23 cromossomos. Quando os gametas se unem (fecundação), forma-se a célula-ovo, com 46 cromossomos. A metade desse número vem do pai; a outra metade, da mãe. Reveja a figura 18.2.

Antes de qualquer célula se dividir, cada cromossomo se duplica. Isso significa que cada gene do cromossomo comanda a produção de uma cópia de si mesmo. Com a duplicação dos cromossomos, a divisão da célula-ovo origina duas células-filhas com os mesmos 46 cromossomos da célula original. Esse processo de divisão da célula é chamado de **mitose**. Em seguida, o processo todo se repete, formando as outras células do corpo. Veja a figura 18.3.

Mitose vem do grego *mitos*, 'fio', e *ose*, 'estado de'; os fios referem-se aos cromossomos, que se tornam visíveis durante a divisão celular.

Meiose vem do grego *meios*, 'diminuição'.

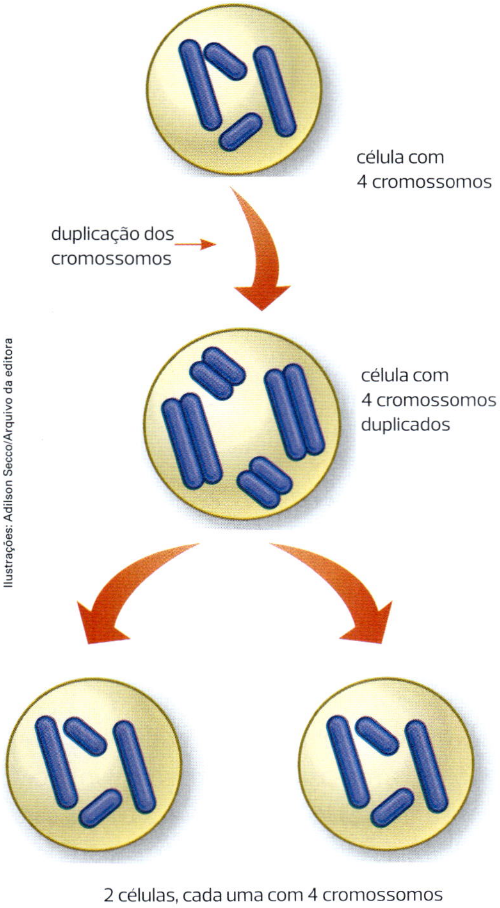

Ilustrações: Adilson Secco/Arquivo da editora

18.3 **Esquema simplificado da mitose, processo pelo qual uma célula se divide e origina duas com o mesmo número de cromossomos. No esquema, foram representados apenas 4 cromossomos. Na espécie humana há 46 cromossomos. (Figura sem escala. Cores fantasia.)**

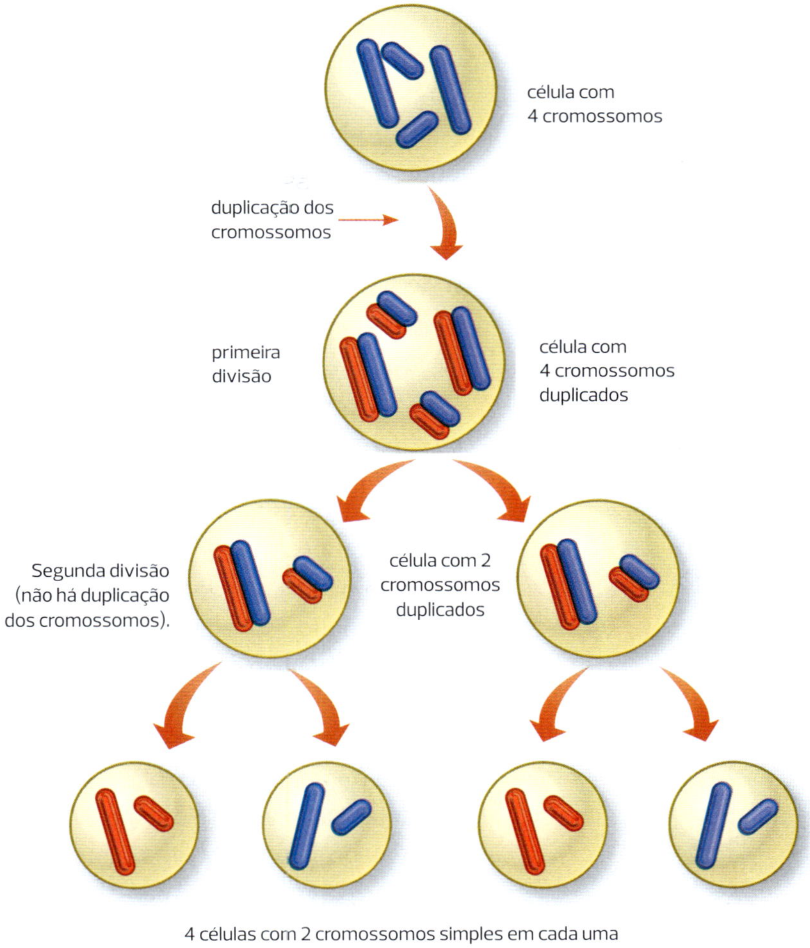

18.4 **Esquema simplificado da meiose, processo pelo qual uma célula se divide e origina quatro células, cada uma com a metade do número de cromossomos da célula original. No esquema, foram representados apenas 4 cromossomos. Na espécie humana há 46 cromossomos. (Figura sem escala. Cores fantasia.)**

Nos testículos e nos ovários são produzidos, respectivamente, espermatozoides e óvulos. Essas células — chamadas de gametas — são produzidas por um tipo especial de divisão, chamada de **meiose**, e possuem a metade do número de cromossomos da célula-ovo e da maioria das células do nosso corpo. Veja a figura 18.4.

CONTEÚDO DIGITAL

2 Os pares de cromossomos

Vamos estudar um exemplo de característica hereditária: o caso do lobo da orelha. Na figura 18.5 você pode ver os dois tipos de lobos de orelha que existem: solto ou preso. Na figura 18.6 você pode ver uma representação de um par de cromossomos homólogos (com a mesma forma e tamanho). Em determinado ponto de cada cromossomo existe um gene que controla o tipo de lobo da orelha que uma pessoa tem: solto ou preso. Observe que essa característica é controlada por um par de "genes" ou, em termos mais técnicos, por um par de **alelos**. Alelos são formas ou versões diferentes dos genes.

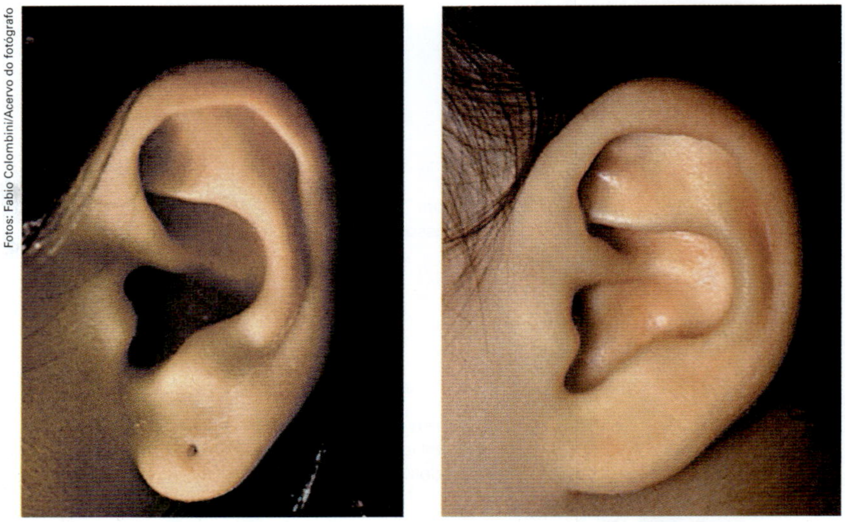

18.5 O tipo de lobo de orelha é uma característica controlada por um par de alelos.

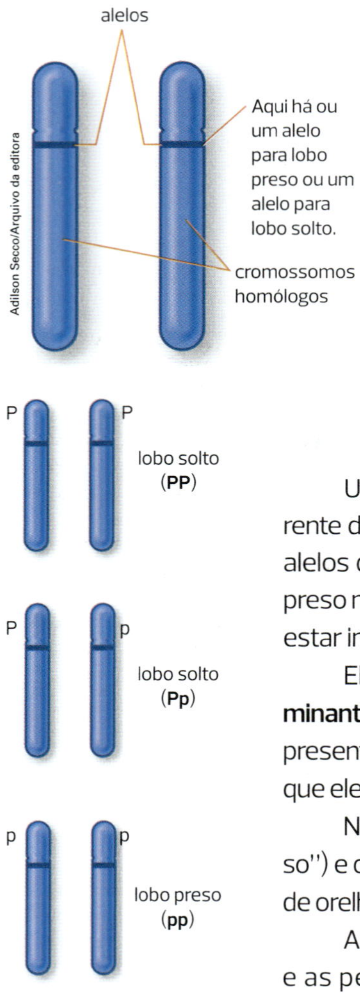

18.6 O alelo que determina o lobo de orelha solto é dominante, enquanto o alelo que determina o lobo de orelha preso é recessivo. (Ilustração sem escala. Cores fantasia.)

Uma pessoa pode apresentar no par de cromossomos dois alelos iguais ou um diferente do outro. Por exemplo, dois alelos que determinam o lobo de orelha preso; ou dois alelos que determinam o lobo de orelha solto; ou ainda, um alelo para o lobo de orelha preso num cromossomo e, no outro, um alelo para o lobo de orelha solto. Então você pode estar imaginando: "Como será a orelha da pessoa que tem dois alelos diferentes?".

Ela terá o lobo da orelha solto. Dizemos que o alelo responsável pelo lobo solto é **dominante**, enquanto o alelo responsável pelo lobo preso é **recessivo**. O alelo recessivo é representado sempre por uma letra minúscula, que é a letra inicial do nome da característica que ele determina. O alelo dominante é representado pela mesma letra, só que maiúscula.

No caso em questão, o alelo para lobo preso é representado pela letra **p** (inicial de "preso") e o alelo para lobo solto, pela letra **P**. Observe na figura 18.6 que uma pessoa com lobo de orelha solto pode ser representada por **PP** ou **Pp**, e a pessoa com alelo preso, por **pp**.

As pessoas com dois alelos iguais (**PP** ou **pp**) são chamadas de **homozigotas**, e as pessoas com dois alelos diferentes entre si (**Pp**) são chamadas de **heterozigotas**. Escrevemos sempre a letra maiúscula antes da letra minúscula.

Outro exemplo: em um tipo de albinismo há um alelo dominante **A** que faz a pessoa produzir melanina e um alelo recessivo **a** que faz a pessoa não produzir essa substância. A pessoa albina tem dois alelos **a**: é então representada como **aa**. Já as não albinas podem ter dois alelos **A**, sendo representadas por **AA**, ou um alelo **A** e outro **a**, sendo representadas por **Aa**.

Há várias características humanas em que ocorre a influência de alelos dominantes e recessivos. Veja alguns exemplos na figura 18.7.

Christiane S. Messias/Arquivo da editora

SuperStock/Glow Images

Inga Ivanova/Shutterstock/Glow Images

A. Parramón/Ap. Photo

18.7 **O bico de viúva (projeção do couro cabeludo no meio da testa, e a mecha branca no cabelo (ambos figura A), assim como a presença de covinha no queixo (B), cílios longos (C) e a capacidade de enrolar as bordas da língua em U (D) são características determinadas por alelos dominantes. (Figuras sem escala. Cores fantasia.)**

Em outros casos, porém, um alelo não domina o outro. Uma pessoa do grupo sanguíneo **AB**, por exemplo, tem em suas células um alelo **A** e um alelo **B**. Nesse caso, dizemos que há ausência de dominância entre esses dois alelos.

O conjunto de alelos que um indivíduo possui em suas células é chamado de **genótipo**. O conjunto de características (cor dos olhos, altura, etc.) do indivíduo é o seu **fenótipo**. Assim, o genótipo de uma pessoa albina é **aa**, e o de pessoas não albinas pode ser **AA** ou **Aa**.

A Z

Genótipo vem do grego *genos*, 'originar', e *typos*, 'característica'.

3 A transmissão dos genes dos pais para os filhos

Com os conhecimentos que temos de Genética, podemos compreender como algumas características hereditárias são transmitidas e até prever qual é a chance de um casal ter um filho com determinada característica.

Veremos apenas dois exemplos para você ter ideia de como isso pode ser feito. Vamos supor que um homem com dois alelos para lobos soltos (representado por **PP**) se case com uma mulher com dois alelos para lobos presos (representada por **pp**). Em outras palavras, tanto o homem quanto a mulher têm pares de alelos iguais. Como poderia ser um filho desse casal em relação ao lobo da orelha?

Lembre-se de que os gametas têm a metade do número de cromossomos e alelos das outras células. Portanto, os espermatozoides do homem terão apenas um alelo para lobo da orelha, que no caso é **P**. Os espermatozoides serão representados então por **P**. Pelo mesmo raciocínio, vamos representar os óvulos da mulher por **p**.

Nesse caso, é fácil determinar como serão os filhos do casal: todos vão resultar da fecundação de um óvulo com o alelo **p** por um espermatozoide com o alelo **P**. Portanto, eles serão **Pp** e terão lobos soltos, já que o alelo **P** é dominante. Veja a figura 18.8.

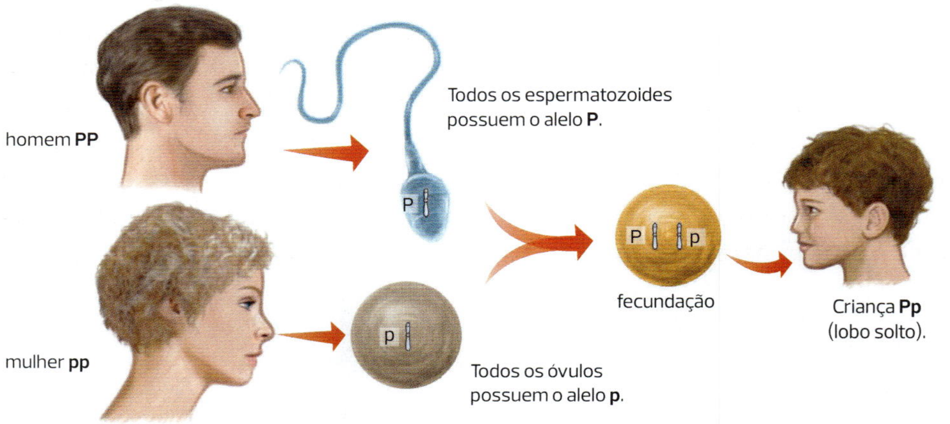

18.8 **Homem PP e mulher pp têm filhos Pp. (As células são microscópicas. Figura sem escala. Cores fantasia.)**

E como poderão ser os filhos de um homem **Pp** (lobo solto) com uma mulher **pp** (lobo preso)?

Observe que a mulher produz apenas um tipo de óvulo, todos com o alelo **p**. Já o homem produz dois tipos de espermatozoides: a metade do número de espermatozoides terá o alelo **P**, e a outra metade, o alelo **p**. Veja isso na figura 18.9.

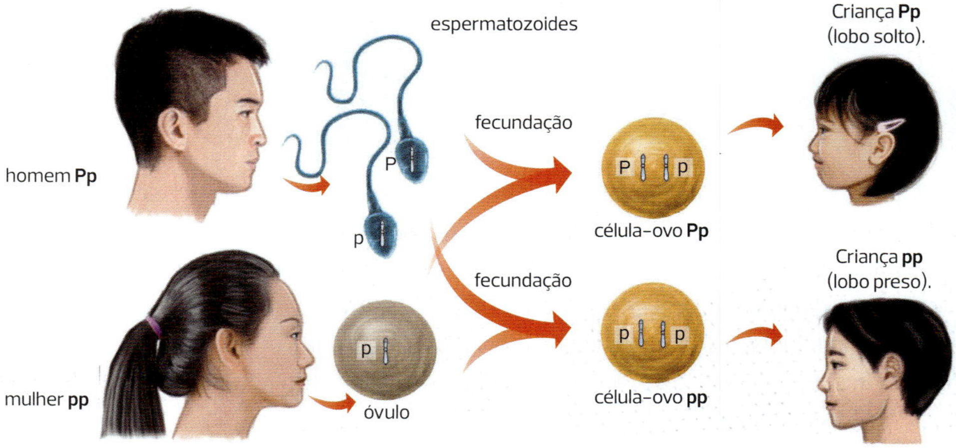

18.9 **Homem Pp e mulher pp: os filhos podem ser Pp ou pp. (As células são microscópicas. Figura sem escala. Cores fantasia.)**

Como será o filho do casal? Tudo vai depender do espermatozoide que penetrar primeiro no óvulo. Se for um espermatozoide **P**, o filho será **Pp** — lobo da orelha solto. Mas, se for um espermatozoide **p**, o filho será **pp** e terá lobo preso.

A chance ou probabilidade de um espermatozoide com o alelo **P** "ganhar a corrida" e fecundar o óvulo é a mesma que a de um espermatozoide com o alelo **p**. Por isso, nesse caso, a probabilidade de nascer um indivíduo **Pp** é a mesma de nascer um indivíduo **pp** — 50%. Isso não quer dizer que, se o casal tiver dois filhos, um terá lobo solto e o outro, preso! Podem nascer dois filhos com as mesmas características. Tudo o que podemos dizer é que, quanto maior é o número de filhos, mais a proporção se aproxima de 50%, nesse caso.

Agora, responda: você acha que um homem e uma mulher que não são albinos podem ter um filho albino? Tente responder à pergunta antes de ler o parágrafo a seguir.

Você já sabe que no caso do albinismo há um alelo dominante que faz a pessoa produzir melanina — que podemos chamar de alelo **A** — e um alelo recessivo que faz com que a pessoa não produza melanina — o alelo **a**. Se tanto o homem quanto a mulher possuírem um alelo para albinismo, pode acontecer de eles terem um filho albino. Em outras palavras, se ambos forem **Aa**, poderão ter um filho **aa**.

Veja na figura 18.10 como podemos representar a união de um casal (o símbolo é um traço horizontal) entre um homem (o símbolo é um quadrado) e uma mulher (o símbolo é um círculo) não albinos, que tiveram um filho não albino e uma filha albina (um traço vertical liga os pais aos filhos). Como a filha possui a característica que está sendo estudada, o albinismo, o círculo recebe uma cor escura. Observe que o filho pode ser **AA** ou **Aa**, mas a filha é obrigatoriamente **aa** (o albinismo é uma característica recessiva), e ambos os pais têm de ser **Aa**, caso contrário não poderiam ter uma filha albina – lembre-se de que, obrigatoriamente, um dos alelos para albinismo vem do pai e outro da mãe.

Veja abaixo um quadrinho muito usado para resolver questões de Genética. Na linha de cima estão os gametas produzidos por um dos sexos e, na coluna da esquerda, os gametas produzidos pelo outro sexo. Os genótipos dos filhos resultam das diversas fecundações possíveis, sendo representados por um par de alelos.

gametas produzidos pelo homem / gameta produzido pela mulher	P	p
p	Pp	pp

filhos

Veja outra forma de esquematizar essa questão:

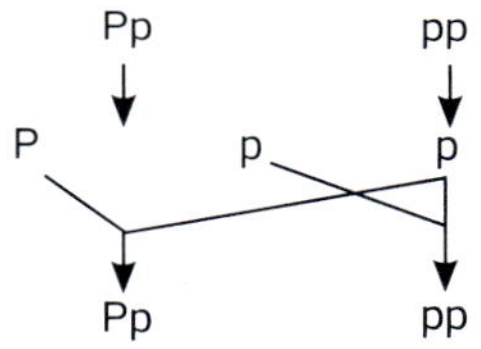

Dr. P. Marazzi/Science Photo Library/Latinstock

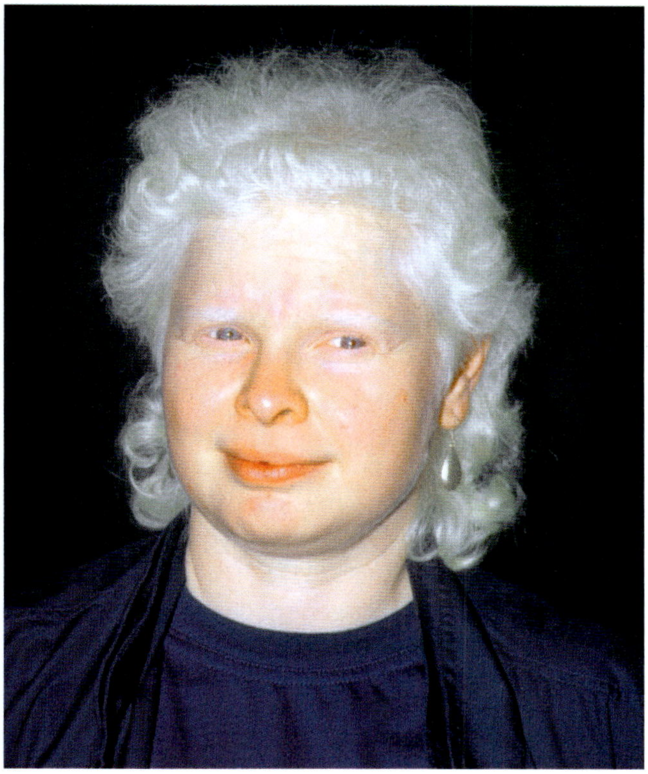

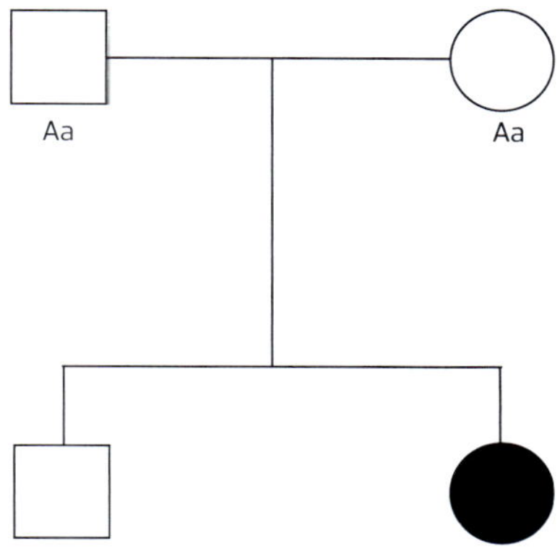

18.10 **Representação da união de um casal e de seus dois filhos, um deles albino. Na foto, pessoa albina.**

4 Menino ou menina?

O sexo de uma pessoa é determinado por um par de cromossomos chamados **cromossomos sexuais**. Genes situados nesses cromossomos determinam se o embrião vai desenvolver testículos ou ovários. Os testículos e os ovários, por sua vez, fabricam hormônios masculinos e femininos, respectivamente, que controlam diversas características sexuais do homem e da mulher.

As mulheres apresentam dois cromossomos sexuais, chamados de cromossomos **X**. Já o homem apresenta um cromossomo **X** e um cromossomo **Y**, este bem menor que o cromossomo **X**.

Os óvulos que as garotas começam a produzir na puberdade contêm, todos eles, um cromossomo **X**. Já a metade dos espermatozoides produzidos pelos garotos terá um cromossomo **X**, enquanto a outra metade será portadora do cromossomo **Y**.

Agora veja o que pode acontecer na fecundação:

- o óvulo é fecundado por um **espermatozoide X** — a célula-ovo dará origem a uma menina (**XX**);
- o óvulo é fecundado por um **espermatozoide Y** — a célula-ovo dará origem a um menino (**XY**).

Entenda melhor esse processo observando a figura 18.11.

18.11 A fecundação determina o sexo da criança. (Figura sem escala. Cores fantasia.)

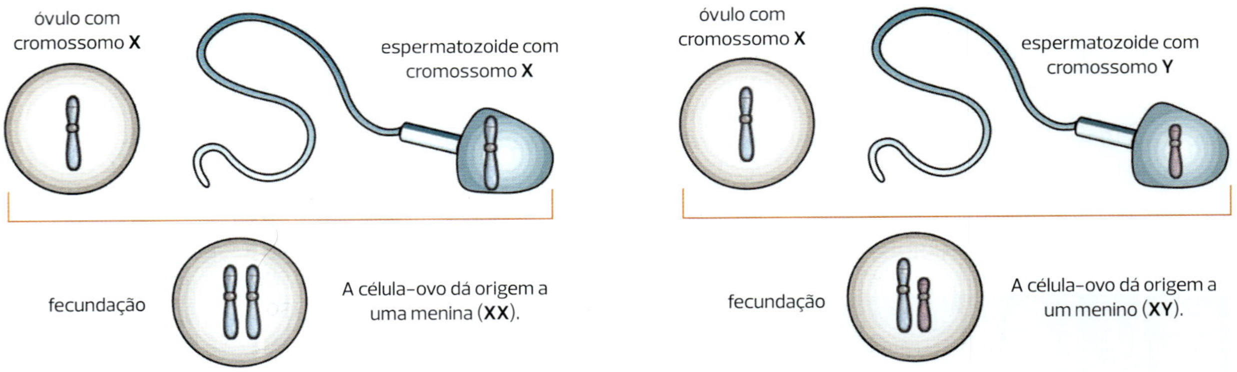

KLN Artes Gráficas/Arquivo da editora

Portanto, o sexo da criança é determinado pelo espermatozoide no momento da fecundação, já que o óvulo tem sempre o cromossomo **X**.

5 Os genes e o ambiente

A cor dos olhos e o grupo sanguíneo de uma pessoa são exemplos de características determinadas apenas pelos genes. Mas o ambiente também tem influência sobre muitas características. Na maioria dos casos, uma característica é influenciada tanto pelos genes quanto pelo ambiente.

Uma pessoa com genes para pouca melanina, por exemplo, terá a pele clara. Se ela se expuser muito ao sol, poderá ficar mais morena, mas nunca chegará a ter pele tão escura quanto a de uma pessoa com genes para produzir uma grande quantidade de melanina.

É preciso compreender também que o efeito de um gene pode ser modificado pelo ambiente. Uma pessoa com tendência genética para a obesidade, por exemplo, pode manter um peso ideal se controlar a alimentação. Nesse caso, um fator ambiental, a alimentação, impede que um possível efeito genético apareça. Por isso, mesmo gêmeos univitelinos ou idênticos, que possuem os mesmos genes, são diferentes entre si.

O termo "ambiente" tem aqui um significado bem amplo. Não se trata apenas da alimentação e da luz do Sol, mas de fatores sociais e culturais, que aprendemos, por exemplo, na escola, com os pais e amigos.

Ciência e sociedade

Os genes e a personalidade

Não é correto dizer que os genes determinam a personalidade ou o comportamento de uma pessoa. O máximo que podemos dizer é que, em certos casos, eles são apenas uma entre muitas outras influências. Os genes agem nesses casos em interação com o ambiente e a cultura.

Temos uma grande capacidade de aprender e de mudar nosso comportamento de acordo com as experiências por que passamos ao longo da vida. A sociedade em que vivemos, a influência da família, da escola, do ambiente de trabalho e todas as nossas experiências pessoais podem mudar os efeitos dos genes. Em outras palavras: a influência dos genes sobre nosso comportamento e nossa personalidade não é tão forte quanto sobre características como a cor dos olhos ou o grupo sanguíneo.

6 Anomalias genéticas

Algumas pessoas nascem com um gene que não comanda a produção de certas enzimas e, por isso, podem ter problemas de saúde. Essas anomalias genéticas são muitas vezes diagnosticadas por meio de exames simples.

Ocasionalmente, pode ocorrer a formação de gametas com cromossomos a mais ou a menos. Essas falhas originam crianças com um número de cromossomos diferente de 46, o que, em geral, traz diversos problemas. Um desses casos é a síndrome de Down, que afeta um em cada mil recém-nascidos.

O risco de nascer uma criança com síndrome de Down é maior no caso de uma gravidez depois dos 35 anos e aumenta com a idade. Por isso, nesses casos, o médico pode indicar exames que detectam esse problema antes do nascimento.

As crianças com síndrome de Down nascem com três cromossomos do tipo 21 (os cromossomos são numerados em ordem decrescente de tamanho), o que provoca uma série de problemas: deficiência mental, problemas cardíacos, maior predisposição a infecções, entre outros. Há também alguns sinais físicos característicos: olhos oblíquos, altura abaixo da média, orelhas com implantação baixa, pescoço grosso e mãos curtas e largas. Veja a figura 18.12.

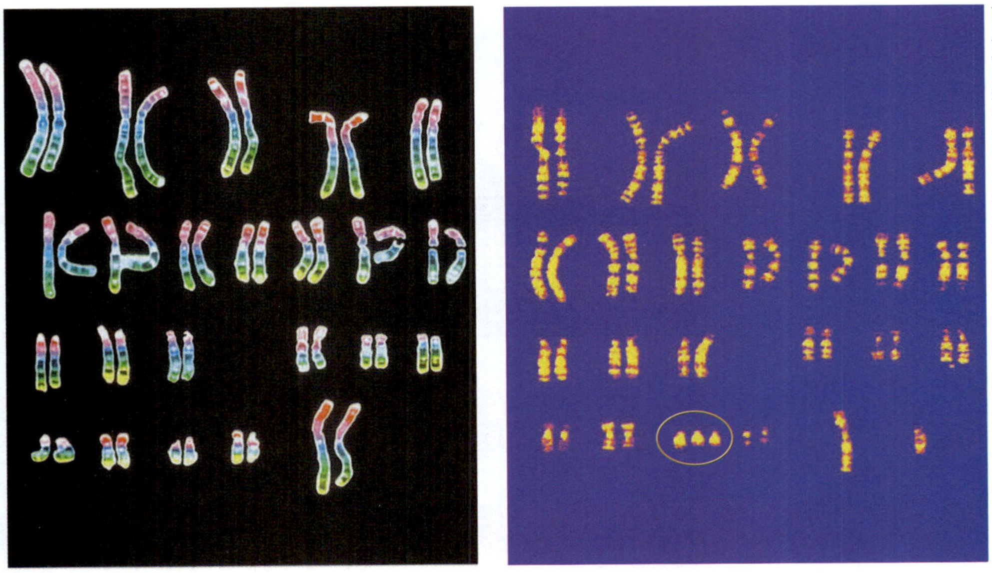

Fotos: L. Willatt, East Anglian Regional Genetics Service/Science Photo Library/Latinstock

18.12 Compare o conjunto de cromossomos de duas pessoas: no da direita, há três cromossomos do tipo 21, indicados pelo círculo. Essa pessoa, então, é portadora da síndrome de Down. A observação dos cromossomos também permite concluir que o conjunto da esquerda é de alguém do sexo feminino, pois há dois cromossomos **X** (o último par); e que o da direita é de alguém do sexo masculino, pois há um cromossomo **X**, o penúltimo, e um **Y**, o último. (Foto feita ao microscópio óptico; aumento de cerca de 2 mil vezes; cores artificiais.)

Embora ainda não exista cura para a síndrome de Down, uma educação especializada pode melhorar a qualidade de vida do portador da síndrome.

7 Uma nova biotecnologia

A **biotecnologia** utiliza seres vivos para produzir substâncias úteis (medicamentos, álcool, etc.), para melhorar as características de animais e plantas ou para obter organismos com características novas. O conhecimento já acumulado sobre os genes nos deu uma ferramenta com aplicações incríveis: a **Engenharia genética**. A biotecnologia conhecida como Engenharia genética é chamada também de tecnologia do DNA recombinante porque permite, entre outras coisas, transplantar genes de uma espécie para outra e criar, assim, uma molécula de DNA que não existia na natureza, chamada de DNA recombinante.

Vamos conhecer melhor essa nova biotecnologia.

Os organismos transgênicos

A Engenharia genética desenvolveu técnicas especiais que tornam possível a passagem de genes de um organismo para outro — como se fosse um "transplante genético". Vamos ver um exemplo: é possível introduzir em bactérias o gene humano responsável pela produção de insulina. Observe a figura 18.13.

Como você viu no Capítulo 14, a insulina é um hormônio produzido no pâncreas, que controla a taxa de açúcar no sangue. A falta desse hormônio causa a diabetes.

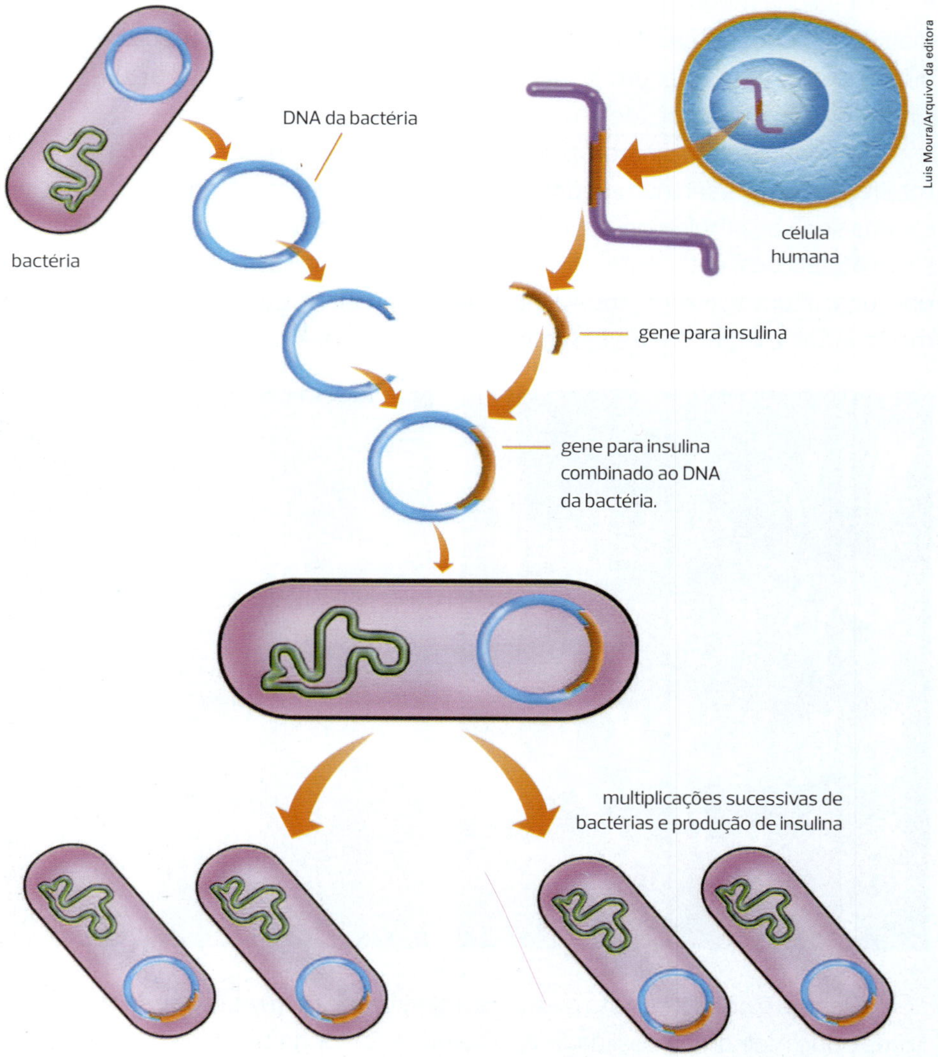

18.13 Pela Engenharia genética, é possível fazer com que bactérias produzam insulina humana e outros produtos. (As bactérias são microscópicas. Figura sem escala. Cores fantasia.)

Quando recebe o gene para a insulina, a bactéria passa a seguir as "instruções" desse gene e começa a produzir insulina idêntica à humana. Além disso, quando a bactéria se reproduz, o gene se duplica junto com o DNA da bactéria. Como resultado, bilhões de bactérias passam a produzir a insulina humana.

Além da insulina, são produzidos hormônios como o do crescimento, a eritropoetina (que estimula a produção de glóbulos vermelhos), diversos tipos de vacina, como contra a hepatite B, fatores que atuam na coagulação do sangue para pessoas portadoras de hemofilia (doença genética que causa dificuldade de coagulação do sangue).

Com a implantação de genes em animais e plantas, a Engenharia genética tornou possível a produção dos chamados **organismos transgênicos** (ou **organismos geneticamente modificados** – OGM). Assim, alguns porcos recebem genes para hormônios de crescimento de outras espécies e passam a ter uma carne mais musculosa e menos gordurosa. Esse é apenas um dos exemplos de organismos transgênicos. Veja a figura 18.15.

Há ainda cabras transgênicas que produzem no leite fatores humanos para a coagulação do sangue.

Há vários tipos de plantas transgênicas e muitas ainda estão em fase de pesquisa. Uma variedade de soja e uma de algodão transgênicos, por exemplo, possuem um gene, retirado de uma bactéria, que confere à planta resistência ao glifosato, um herbicida que mata as ervas daninhas sem afetar a planta. Outro tipo de planta transgênica é o milho Bt. Ele foi criado a partir de um gene de uma bactéria do solo, o *Bacillus thuringiensis*, capaz de produzir a toxina Bt (iniciais do nome da bactéria), que mata a lagarta do cartucho e da broca, pragas do milho. Esses insetos morrem assim que começam a comer a planta.

Apesar dos benefícios, os transgênicos apresentam também alguns riscos, como você viu ao longo dos estudos de Ciências do 7º ano.

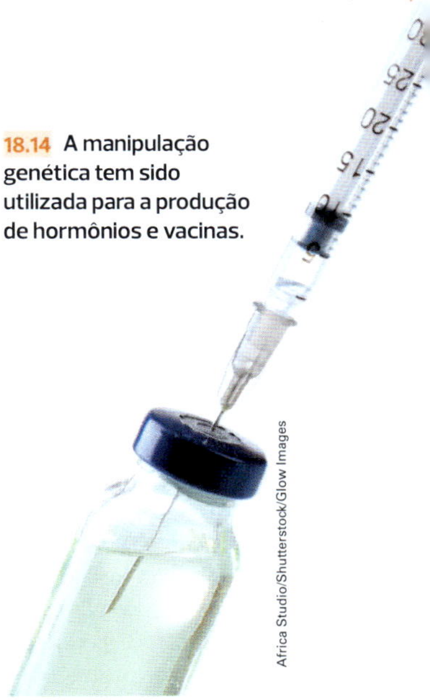

Africa Studio/Shutterstock/Glow Images

18.14 A manipulação genética tem sido utilizada para a produção de hormônios e vacinas.

Eye Of Science/Science Photo Library/Latinstock

18.15 Camundongo transgênico com uma proteína fluorescente nas células. O gene da proteína fluorescente foi extraído de uma espécie de água-viva e introduzido nas células embrionárias do camundongo. A técnica pode ser usada para marcar células cancerosas e seguir o movimento delas no corpo, entre outras aplicações.

Outras aplicações da biotecnologia

A terapia gênica consiste em "reprogramar" células de uma pessoa para curar doenças genéticas. Algumas pessoas, por exemplo, têm um problema genético que as torna incapazes de produzir anticorpos. Desse modo, elas ficam sem defesas contra doenças infecciosas. Na terapia gênica, o gene defeituoso é retirado dos glóbulos brancos e um gene normal é implantado, de modo que o sistema de defesa da pessoa volte a funcionar. Essa terapia, no entanto, ainda está em fase experimental.

O DNA de uma pessoa também pode ser usado como uma espécie de impressão digital. Isso quer dizer que é possível identificar uma pessoa pelo exame do material genético de qualquer célula do corpo dela. Essa técnica permite, por exemplo, identificar um criminoso pelo exame de fios de cabelo, de vestígios de sangue ou esperma encontrados no local do crime. Permite também determinar se um homem é o pai de uma criança, nos processos judiciais. A chance de acerto é muito próxima de 100%.

O desenvolvimento da Engenharia genética também possibilitou a criação do Projeto Genoma Humano, que tem por objetivo descobrir o "endereço" de cada gene, isto é, a localização exata do gene no cromossomo, e desvendar a sua estrutura química. Com isso, espera-se identificar os genes que causam doenças hereditárias, por exemplo. Abre-se caminho para o desenvolvimento de testes que permitam prever se uma pessoa terá ou não determinada doença genética, facilitando também o seu tratamento.

Os genomas de outros organismos também têm sido desvendados: microrganismos que causam doenças; bactérias importantes na agricultura; mamíferos como o chimpanzé e o rato. Entre outras aplicações, esses estudos ajudam a traçar a história e o grau de parentesco evolutivo entre diversos organismos.

Além de provocar uma revolução na Biologia, essas descobertas levantam uma série de questões de ordem moral, social, econômica e política. É importante que todos nós estejamos bem informados sobre os avanços dessas técnicas, porque assim poderemos contribuir para que a nossa sociedade tome decisões bem fundamentadas a respeito de como o conhecimento científico deve ser utilizado.

Ciência e saúde

O aconselhamento genético

A avaliação dos riscos de uma pessoa ou de um casal ter um bebê com um problema genético é feita pelo médico geneticista, que também pode informar sobre a evolução, o tratamento e as opções para lidar com o problema.

Esse profissional pode analisar a história familiar da doença, pedir diversos exames e até mesmo exames de cromossomos e testes genéticos.

Muitas vezes os genes apenas aumentam o risco da doença, e a pessoa só precisa tomar certas precauções. Por exemplo, mulheres com propensão ao câncer de mama devem realizar exames periódicos com mais frequência.

A identificação de vários genes permitiu desenvolver testes genéticos para a detecção precoce de algumas doenças. Para as doenças tratáveis, esses testes são, sem dúvida, muito importantes. Outras vezes, porém, o teste acusa uma doença genética fatal, que ainda não tem cura e que só se manifesta depois de certa idade, como é o caso da doença de Huntington (doença neurológica hereditária, caracterizada por falta de coordenação e *deficit* das habilidades mentais). Nessas situações, a decisão de realizar o teste pode ser muito difícil. Há ainda o problema de garantir a privacidade da pessoa e impedir que empresas discriminem candidatos a vagas por terem propensão a determinadas doenças.

8 A clonagem reprodutiva

Você sabe o que é um **clone**? Tem ideia das mudanças que a tecnologia da clonagem pode provocar?

O termo clone indica seres geneticamente idênticos entre si. A reprodução assexuada em bactérias e outros seres, por exemplo, produz clones de forma natural. Mas os clones que vêm despertando a atenção nos últimos tempos são os clones de animais produzidos em laboratório.

Em 1997 nascia Dolly, a primeira ovelha clonada a partir de uma célula adulta. Pesquisadores escoceses uniram uma célula da glândula mamária de uma ovelha de "cara branca" (ovelha *Finn dorsett*) com um óvulo — do qual foi retirado o núcleo — de uma ovelha de "cara preta" (*Scottish blackface*). A célula resultante foi implantada no útero de outra ovelha de "cara preta". Observe a figura 18.16. Nasceu, então, Dolly, uma ovelha de "cara branca", que é um clone daquela que forneceu a célula da glândula mamária.

A Z

Clone vem do grego *klón*, que significa 'broto', indicando brotos de plantas que se reproduzem assexuadamente e geram clones naturais.

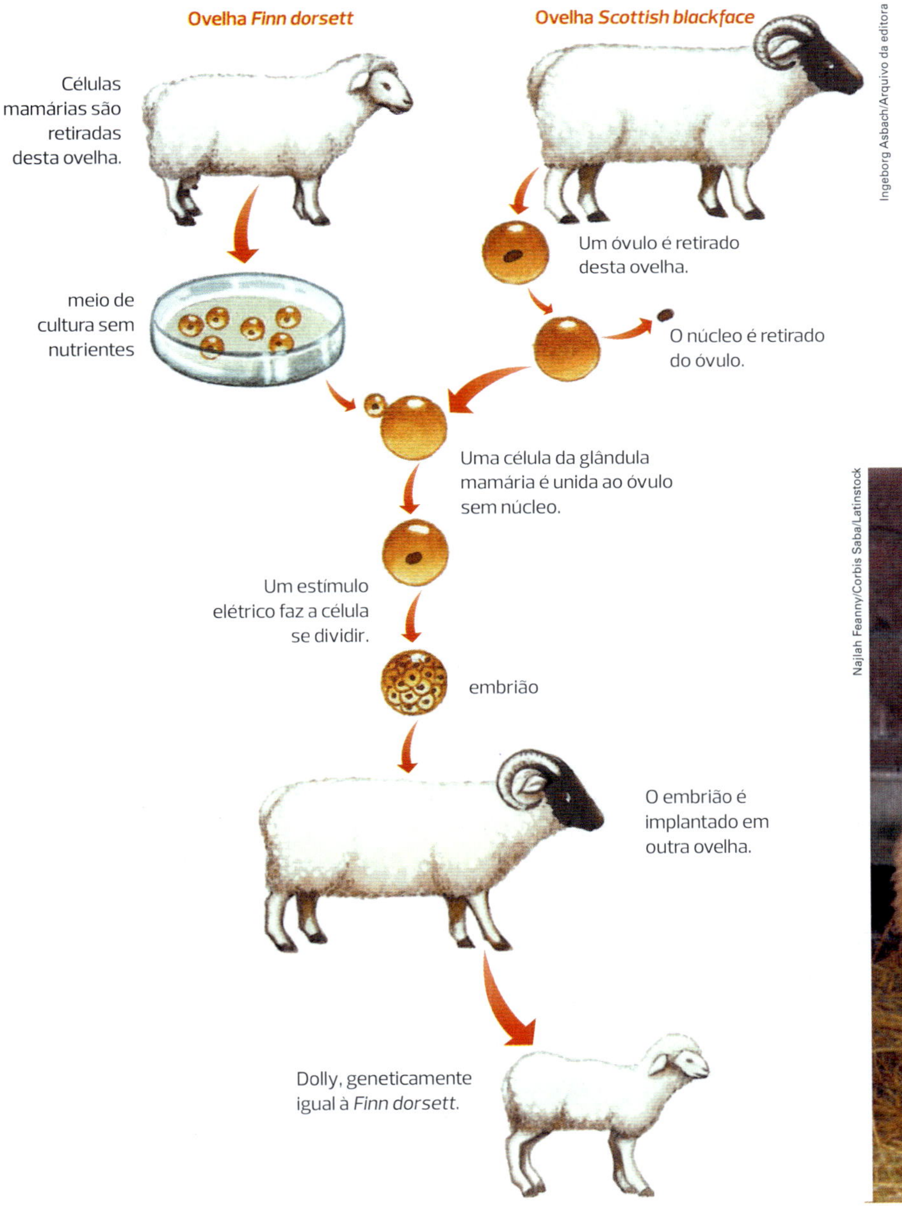

18.16 O esquema ao lado demonstra o processo que gerou a ovelha Dolly (na foto abaixo). (As células são microscópicas. Ilustração sem escala. Cores fantasia.) Ovelhas domésticas têm, em média, entre 1,20 m e 1,50 m de comprimento.

Najlah Feanny/Corbis Saba/Latinstock

No final de 1998, pesquisadores japoneses, utilizando uma técnica mais eficiente, produziram dezenas de vacas clonadas a partir de animais adultos. Eles trataram células do sistema reprodutor de uma vaca adulta, retiraram seus núcleos e os implantaram em óvulos de outra vaca, que tiveram seus núcleos removidos.

Por meio dessa técnica, é possível clonar todo um rebanho a partir de um único animal com carne de boa qualidade. Em 2007, o *Food and Drug Administration* (FDA), um órgão do governo americano que regula a venda de medicamentos e alimentos nos Estados Unidos, afirmou em um parecer que os produtos provenientes de animais clonados, como a carne e o leite, podem ser consumidos pela população, porque são idênticos aos produtos tradicionais.

Outra aplicação para a clonagem consiste em produzir cópias de animais transgênicos, isto é, portadores de genes que produzem proteínas importantes para o homem. Essas proteínas podem ser utilizadas na fabricação de medicamentos e hormônios sintéticos. Os animais seriam então fábricas vivas de remédios e outros produtos úteis ao ser humano.

Em 2007, por exemplo, uma empresa argentina anunciou o nascimento de quatro vacas que possuem em suas células o gene responsável pela produção de insulina humana.

A maioria dos embriões clonados morre, apresenta malformações ou tem maior probabilidade de desenvolver problemas genéticos. Dolly, por exemplo, apresentava sinais de envelhecimento prematuro quando foi sacrificada (devido a uma infecção pulmonar) aos 6 anos de idade (a média de vida das ovelhas é de 12 anos).

No caso da clonagem reprodutiva humana, ela implicaria a morte de muitos embriões. Além disso, não haveria certeza de que o clone se desenvolveria sem problemas futuros. E finalmente há problemas éticos, jurídicos e religiosos que ainda precisam ser discutidos pela sociedade. Por isso a maioria dos países proíbe a clonagem reprodutiva de seres humanos (criação de cópias genéticas de uma pessoa).

Apesar das dificuldades, a clonagem de animais domésticos vem sendo desenvolvida. No Brasil, a Empresa Brasileira de Pesquisa Agropecuária (Embrapa) produziu vários clones bovinos.

A Embrapa é a principal empresa de biotecnologia de reprodução animal da América Latina. Seus cursos são acompanhados por alunos de diversos países.

Cláudio Melo/Embrapa/Divulgação

Elza Fiúza/Abr

18.17 Vitória, o primeiro animal brasileiro clonado pela Embrapa (ao lado). Bezerro Galante (abaixo), o segundo filho natural de um clone bovino, a fêmea Vitória.

9 A clonagem terapêutica

Na clonagem terapêutica, são retiradas células de um embrião com aproximadamente cem células e cerca de seis dias, que se desenvolve em laboratório. Essas células, chamadas de células-tronco embrionárias, têm a capacidade de se multiplicar e se transformar em tecidos adultos (músculos, sangue, tecido nervoso, etc.) que poderão ser usados no futuro (para transplante e tratamento de várias doenças – cirrose, leucemia, doença de Alzheimer, infarto, diabetes, entre outras).

Há células-tronco também na medula óssea de um indivíduo adulto e no cordão umbilical. Mas os cientistas acham que essas células não têm a capacidade de originar tanta variedade de tecidos como as células-tronco embrionárias.

Spencer Platt/Agence France-Presse

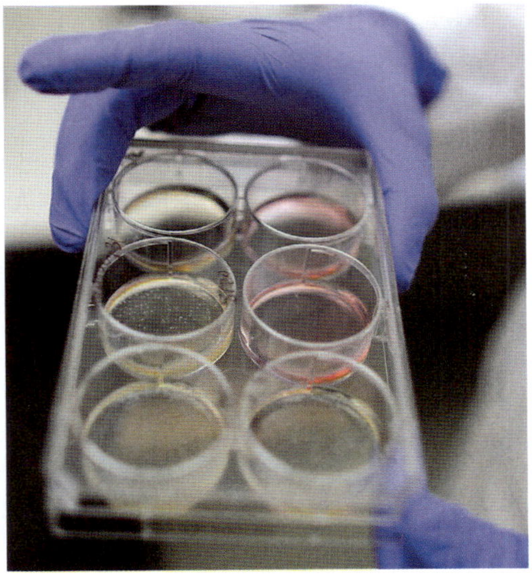

18.18 **Pesquisador segurando placa de células-tronco.**

Para evitar rejeição, o embrião que fornece as células-tronco poderia ser um clone da pessoa. No entanto, muitos consideram que um embrião com cerca de cem células já possui direito à vida, como qualquer ser humano. Por isso alguns países permitem a clonagem terapêutica, enquanto outros a proíbem.

Esse clone pode ser obtido implantando-se o núcleo da célula do corpo de uma pessoa em um óvulo do qual foi retirado o núcleo. Observe, no entanto, que o embrião formado não será transferido para um útero nem continuará a se desenvolver. Não se trata, portanto, de uma clonagem reprodutiva, mas de uma clonagem terapêutica, embora também haja problemas éticos nesse caso.

Ciência e sociedade

A bioética

A bioética discute as implicações morais (o que é certo, o que é errado) das aplicações da Medicina e da biotecnologia. Procura também estabelecer normas que devem ser seguidas por todos.

Em toda essa discussão, é importante lembrar que as aplicações das descobertas científicas precisam ser discutidas por toda a sociedade e, para isso, todos devem estar bem informados sobre essas aplicações para que possam tomar decisões sobre seu uso.

Não podemos nos esquecer de que o cientista, como todos nós, precisa ter compromissos sociais e éticos, e respeitar valores e direitos humanos. Além disso, para resolver muitos dos problemas atuais, não bastam pesquisas científicas: é necessário investir mais em educação, saneamento básico e serviços de saúde.

Mundo virtual

Ministério da Ciência, Tecnologia e Inovação
<www.mcti.gov.br>
Página que apresenta informações sobre biotecnologia, bioética e biossegurança.

Conselho de Informações sobre Biotecnologia
<www.cib.org.br/>
Notícias, guias, artigos e *podcasts* sobre biotecnologia.

O DNA vai à escola
<www.odnavaiaescola.com.br/>
Sugestões de projetos, atividades práticas e textos para debates sobre Genética.

Acesso em: 4 abr. 2015.

Reprodução/<www.cib.org.br/>

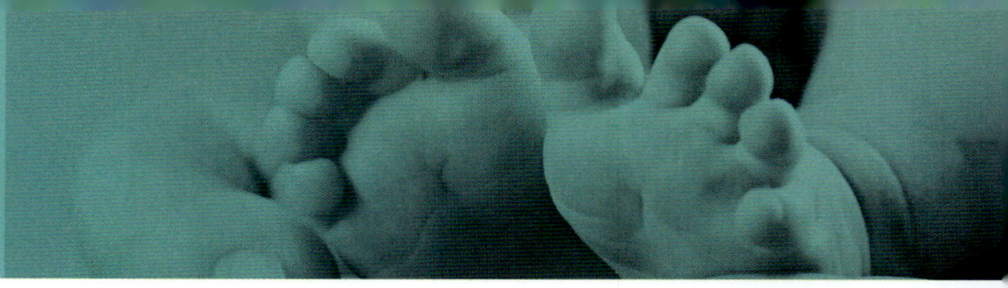

Atividades

Trabalhando as ideias do capítulo

1. Observe a figura abaixo e responda às questões no caderno.

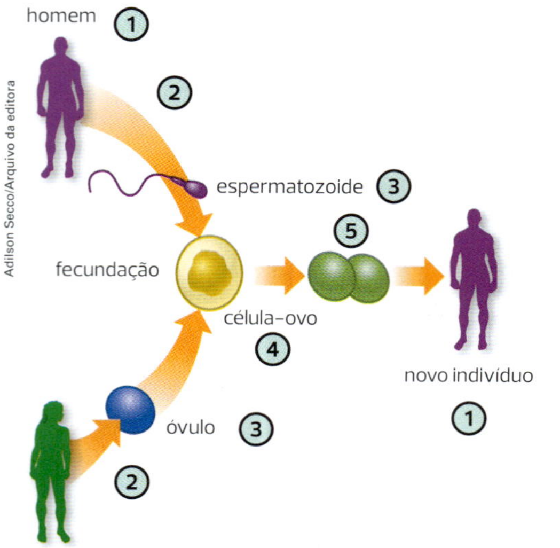

18.19 **Figura sem escala. Cores fantasia.**

a) O número 1 indica o número de cromossomos da maioria das células do nosso corpo. Qual é esse número?

b) O número 2 indica o tipo de divisão celular que origina gametas. Qual é o nome dessa divisão?

c) O número 3 indica o número de cromossomos dos gametas da espécie humana. Qual é esse número?

d) O número 4 indica o número de cromossomos da célula-ovo. Qual é esse número?

e) O número 5 indica o tipo de divisão celular pelo qual a célula-ovo origina a maioria das células do corpo. Qual é o nome dessa divisão?

2. Uma célula humana, portanto, com 46 cromossomos, dividiu-se por mitose e deu origem a duas células-filhas, cada uma também com 46 cromossomos. Como você explica o fato de o número de cromossomos permanecer constante apesar de a célula ter se dividido em duas?

3. Por que apresentamos algumas características de nosso pai e outras de nossa mãe?

4. Que tipos de gametas um indivíduo **Aa** pode produzir?

5. Se o alelo **a** determina albinismo (característica recessiva) e o alelo **A** determina a presença de melanina (característica dominante), como serão os indivíduos **AA**, **Aa** e **aa**?

6. Qual é a diferença entre genótipo e fenótipo?

7. Sabendo que o alelo **a**, recessivo, determina albinismo, como podem ser os filhos de um casal **Aa** e **aa** (dê os genótipos e os fenótipos)?

8. O esquema abaixo mostra que um casal (1 e 2) teve quatro filhos. A filha indicada pelo número 4 é albina.

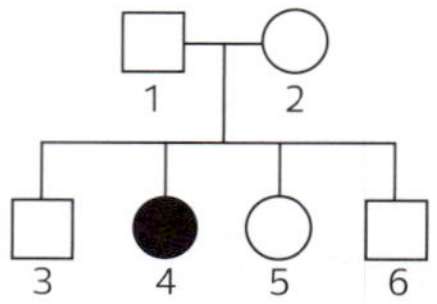

18.20

Agora, responda no caderno:

a) Quais são os genótipos dos pais em relação ao albinismo (use a letra **a** para o alelo para albinismo)?

b) Qual é o genótipo da filha indicada pelo número 4?

c) Quais são os possíveis genótipos para os outros filhos do casal (3, 5 e 6)?

9. Se um óvulo for fecundado por um espermatozoide com um cromossomo **X**, nascerá um menino ou uma menina? E se o espermatozoide tiver um cromossomo **Y**?

10. Qual é a chance de um homem **PP** ter um filho **PP** com uma mulher **Pp**?

11. Por que se diz que o sexo na espécie humana é determinado no momento da fecundação?

12. Os genes são os únicos fatores que influem nas características de uma pessoa? Justifique sua resposta.

13. O clone de um rato albino (suas células não produzem melanina) será também albino? Justifique sua resposta.

14. Quantos cromossomos em cada célula tem uma criança com síndrome de Down?

15. Bactérias encontradas na natureza não produzem o hormônio insulina. Como podemos fazer com que uma bactéria passe a produzir esse hormônio? Qual é a importância disso no campo da saúde?

16. Gêmeos idênticos surgem de uma mesma célula-ovo e possuem os mesmos genes (salvo alterações genéticas). Explique por que, apesar de serem bem parecidos, os gêmeos idênticos geralmente apresentam várias diferenças entre si.

17. Suponha que um dos alelos para lobo de orelha esteja localizado na extremidade do cromossomo número 8. Onde estará o outro alelo responsável por essa característica?

18. É possível descobrir se uma pessoa ou seus futuros filhos terão problemas genéticos? Explique.

19. No caderno, associe os dois quadros, relacionando cada número a uma letra.

1. AA
2. Aa
3. aa

a) Homozigoto recessivo
b) Homozigoto dominante
c) Heterozigoto

20. Um homem com braquidactilia (condição caracterizada pelo encurtamento dos dedos), casado com uma mulher com a mesma característica, tem um filho com comprimento padrão de dedos.

a) Qual o caráter dominante?

b) Qual o genótipo dos pais?

21. O que é o Projeto Genoma Humano? Qual a sua aplicação para os seres humanos?

22. Explique, em poucas palavras, como a ovelha Dolly foi gerada.

Mexa-se!

- Pesquise o que é e qual a importância do exame conhecido como "teste do pezinho".

Pense um pouco mais

1. Um estudante afirmou que os gametas de um indivíduo eram heterozigotos. Por que essa afirmação está errada?

2. Explique por que Dolly é parecida com a ovelha da qual foi extraída a célula da glândula mamária, e não com a que cedeu o óvulo.

3. Alguns cavalos campeões de corrida têm sido clonados. Explique por que não há garantias de que o clone de um cavalo campeão será também um campeão.

4. As mulas são animais que resultam do cruzamento da égua com o asno. A égua tem 38 cromossomos em cada célula do corpo, e o asno, 66. Quantos cromossomos existem nas células do corpo da mula?

5. Para clonar um animal podemos usar o núcleo de qualquer célula do corpo? Justifique sua resposta.

6. A figura abaixo, baseada em uma ilustração feita em 1694, representa um espermatozoide. Ela mostra uma ideia popular na época sobre a função do espermatozoide para a formação de um novo ser vivo. Qual seria essa ideia? Por que, segundo nossos conhecimentos atuais, ela está errada?

Ingeborg Asbach/Arquivo da editora

18.21

7. Suponha que os gametas tivessem o mesmo número de cromossomos das outras células do corpo. O que aconteceria com esse número ao longo das gerações? Responda também por que se diz que a meiose compensa a fecundação.

8. Imagine agora que tenha sido criado um clone seu. Você acha que ele teria, com certeza, a mesma altura, o mesmo peso e a mesma personalidade que você? Por quê?

9. Algumas variedades de canários mudam de cor dependendo da alimentação que recebem. Então, no caderno, indique qual é a afirmativa correta em relação a essa mudança.
   a) O fenótipo não depende do genótipo.
   b) O genótipo depende do ambiente.
   c) O fenótipo depende do genótipo e do ambiente.
   d) O genótipo não depende dos genes.

10. No capítulo anterior, você aprendeu que há dois tipos de gêmeos: os gêmeos idênticos, também chamados de univitelinos, e os gêmeos fraternos, também chamados de bivitelinos. Explique por que é possível saber qual é o tipo de gêmeo por meio de um exame de DNA.

11. Em um experimento de terapia gênica, genes responsáveis pela produção de um fator de coagulação foram introduzidos em células do fígado de um homem e de uma mulher portadores de hemofilia, uma doença que causa dificuldade de coagulação do sangue. Sabendo que a hemofilia é uma doença hereditária, responda: esse tratamento poderia eliminar a possibilidade de os filhos desse casal nascerem sem hemofilia?

12. Uma criança possui uma característica que estava presente somente em um de seus bisavós. Como você explica isso?

13. Em 1986, em Chernobyl, na Ucrânia, ocorreu um trágico acidente nuclear. Devido a erros no projeto e na operação da usina, um reator (o lugar onde acontece a produção de energia pela radioatividade) explodiu e toneladas de partículas radioativas foram lançadas na atmosfera. Um dos efeitos das radiações é provocar alterações nos genes (mutações). Muitas dessas alterações podem causar doenças, inclusive o câncer. Dezenas de pessoas morreram imediatamente e centenas foram hospitalizadas com queimaduras e lesões graves. Milhares morreram ao longo dos anos. Entre as pessoas que sobreviveram, algumas tiveram filhos com problemas genéticos, mesmo tendo passado a viver por muitos anos longe da radiação. Como você explica o aparecimento de problemas genéticos em crianças que foram geradas e nasceram fora da área contaminada?

Atividade em grupo

Escolham um dos temas a seguir para pesquisar. Depois, apresentem o resultado do trabalho à comunidade escolar. Verifiquem também a possibilidade de entrevistar pesquisadores (de universidades ou centros de pesquisa) que se disponham a falar sobre novidades relacionadas a doenças genéticas, clonagem, terapia gênica e alimentos transgênicos. Informem-se se na região em que vocês moram existe alguma instituição educacional (por exemplo, uma universidade ou um centro de ciências) que realize pesquisas sobre esses temas e verifiquem se é possível visitar o local e conhecer um pouco do trabalho que eles desenvolvem.

1. Doenças que podem ser diagnosticadas por meio de testes genéticos. Para cada doença, discutam: o tipo de herança; se é possível diminuir o risco da doença em questão; se já existe tratamento para ela; se o exame genético está disponível no Sistema Único de Saúde (SUS).

2. Notícias recentes sobre alimentos transgênicos. Procurem informações em jornais e revistas de divulgação científica. Verifiquem, por exemplo: se houve ou não crescimento na produção desses alimentos; se novos transgênicos foram disponibilizados no mercado; que países são os maiores produtores de transgênicos; quais são os transgênicos produzidos ou comercializados no Brasil, etc. Pesquisem também argumentos a favor ou contra o cultivo de plantas transgênicas.

3. Notícias recentes (em jornais, revistas, na internet, etc.) sobre a clonagem de animais no Brasil e no mundo. Façam um resumo do texto da notícia com suas próprias palavras e apresentem o resultado do trabalho para a classe. Busquem também notícias recentes sobre o uso da terapia gênica.

De olho no texto

Leia o texto abaixo e depois responda às questões.

O trabalho de Mendel

As primeiras descobertas sobre hereditariedade ocorreram bem antes de se ter noção do significado da palavra gene.

Tudo começou com o trabalho do monge Gregor Mendel (1822-1884), em um mosteiro da cidade de Brünn, no Império Austro-Húngaro (hoje pertencente à República Tcheca). Veja a figura 18.22.

Science Photo Library/Latinstock

18.22 **Gregor Mendel**

Na época de Mendel, ainda acreditava-se que a explicação para a semelhança entre pais e filhos estava na mistura de sangues do pai e da mãe. Um homem alto casado com uma mulher baixa, por exemplo, iria originar, em geral, filhos com altura intermediária entre os dois, de acordo com a teoria da mistura dos sangues.

Mendel, porém, não estudou características humanas. Ele realizou um grande número de cruzamentos entre ervilhas em um jardim do mosteiro e analisou como as diversas características se distribuíam entre um grande número de descendentes. Ele cruzava, por exemplo, ervilhas de semente amarela com as de semente verde; ervilhas de semente lisa com as de semente enrugada, e assim por diante. Veja a figura 18.23.

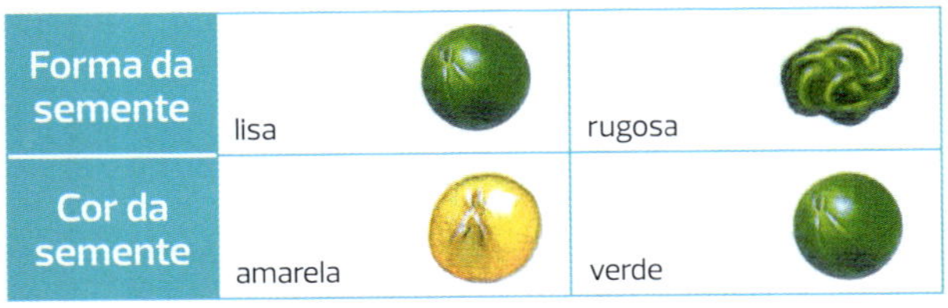

Ingeborg Asbarch/Arquivo da editora

18.23 **Figura sem escala. Cores fantasia.**

Nesses cruzamentos, Mendel percebeu que variedades amarelas cruzadas entre si podiam originar ervilhas verdes. Portanto, alguma coisa responsável pela cor verde podia existir nas ervilhas amarelas.

Sem ter noção do que seriam genes ou cromossomos, Mendel tentou explicar seus resultados supondo que cada ervilha carregava dois "fatores" responsáveis por determinada característica. Supôs também que cada planta possuía apenas um fator para cada característica. E imaginou que o efeito de um fator podia dominar o do outro.

O trabalho de Mendel foi publicado em 1866, mas não recebeu a atenção devida. Só em 1900 seu trabalho foi redescoberto por outros cientistas. A partir daí, Mendel foi considerado o "pai da Genética".

1. A que correspondem os "fatores" considerados por Mendel?

2. Mendel observou que existiam ervilhas amarelas que, cruzadas entre si, produziam apenas ervilhas amarelas, nunca verdes. Mas havia outras ervilhas amarelas que cruzadas entre si produziam ervilhas amarelas e verdes. Já as ervilhas verdes cruzadas entre si produziam apenas ervilhas verdes, nunca amarelas. Com seus conhecimentos de Genética, responda: qual é a característica dominante e a recessiva em relação à cor da ervilha?

3. Utilizando letras (use a letra inicial da característica recessiva), mostre os genótipos das seguintes ervilhas:

a) ervilhas amarelas que cruzadas entre si nunca davam ervilhas verdes;

b) ervilhas amarelas que cruzadas entre si davam ervilhas amarelas e verdes;

c) ervilhas verdes.

4. Duas ervilhas amarelas foram cruzadas entre si e produziram uma ervilha verde. Se cruzarmos uma dessas ervilhas amarelas com a ervilha verde, que proporção de ervilhas amarelas e verdes você espera conseguir? Justifique sua resposta mostrando os genótipos das ervilhas.

5. A figura a seguir é da flor de uma planta conhecida como maravilha, que possui flores vermelhas, rosas e brancas.

George D. Lepp/Corbis/Latinstock

18.24 **Planta maravilha de flor rosa**

O cruzamento de plantas com flores vermelhas e plantas com flores brancas origina apenas plantas com flores rosa, como a da figura. Dizemos que, nesse caso, há dominância incompleta entre os alelos. Isso significa que plantas vermelhas têm dois alelos, que podemos representar pela letra **V** (o genótipo da planta é **VV**). Plantas brancas têm dois alelos que podem ser representados pela letra **B** (o genótipo é **BB**). Então, responda:

a) Como pode ser representado o genótipo de uma planta rosa?

b) Qual é o resultado do cruzamento de uma planta de flor vermelha com uma planta de flor rosa? Justifique sua resposta.

6. A figura 18.25 abaixo mostra as características das ervilhas estudadas por Mendel. Na coluna da esquerda estão as características dominantes, e na coluna da direita, as recessivas.

Com o auxílio da figura, responda às questões a seguir.

a) Qual é o resultado do cruzamento de uma flor púrpura heterozigota com uma flor branca? Justifique sua resposta.

b) Qual é o resultado do cruzamento de uma semente lisa homozigota com uma semente lisa heterozigota? Justifique sua resposta.

Ilustrações: Ingeborg Asbach/Arquivo da editora

Forma da semente	lisa 	rugosa 
Cor da semente	amarela 	verde 
Forma da vagem	lisa 	ondulada 
Cor da vagem	verde 	amarela 
Cor da flor	púrpura 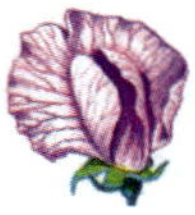	branca 
Posição da flor	axial (ao longo do ramo) 	terminal (na ponta do ramo) 
Tamanho da planta	alta 	baixa 

18.25 **Algumas características das ervilhas estudadas por Mendel. O pé de ervilha tem entre 20 cm e 2 m de altura; a vagem, entre 6 cm e 12 cm de comprimento; as ervilhas têm entre 7 mm e 10 mm de diâmetro; as flores, cerca de 3 cm de diâmetro. (Figura sem escala. Cores fantasia.)**

Ponto de chegada

CONTEÚDO DIGITAL

- Você conheceu a anatomia e a fisiologia dos sistemas genitais masculino e feminino, alguns problemas que podemos ter e os cuidados que contribuem para a saúde desses sistemas. Compreendeu também as fases do ciclo menstrual e como esse ciclo se relaciona com o processo de gravidez. Tornou-se capaz de conhecer as etapas do desenvolvimento embrionário, de diferenciar gêmeos univitelinos e bivitelinos, de perceber a importância de cuidados durante a gravidez e também as vantagens do leite materno para o bebê. Aprendeu também as mudanças que ocorrem na puberdade e os cuidados que devemos ter na adolescência.
- Ao longo desta Unidade, você se conscientizou de que as relações sexuais sem proteção podem ter como consequência uma gravidez não planejada e o risco de adquirir doenças sexualmente transmissíveis. Com o estudo dos métodos anticoncepcionais e das doenças sexualmente transmissíveis, passou a encarar com maior responsabilidade a atividade sexual e a valorizar os cuidados com a saúde, procurando sempre orientação médica em vez de se automedicar.
- Você compreendeu os princípios básicos da hereditariedade (genes, alelos, cromossomos homólogos, genótipo, fenótipo), preparando-se assim para aumentar mais ainda o conhecimento desse tópico ao longo do Ensino Médio.
- Ao estudar as novas biotecnologias, como a clonagem e a Engenharia genética, percebeu que, como em toda a tecnologia, é preciso ficar atento às questões éticas e sociais envolvidas nessas práticas.
- Ao final de todo esse estudo, você passou a conhecer melhor o próprio corpo e a valorizar os hábitos e atitudes que contribuem para a sua saúde e de toda a coletividade. Parabéns, você está agora mais apto a tomar decisões bem informadas sobre a saúde, o ambiente e a sociedade!

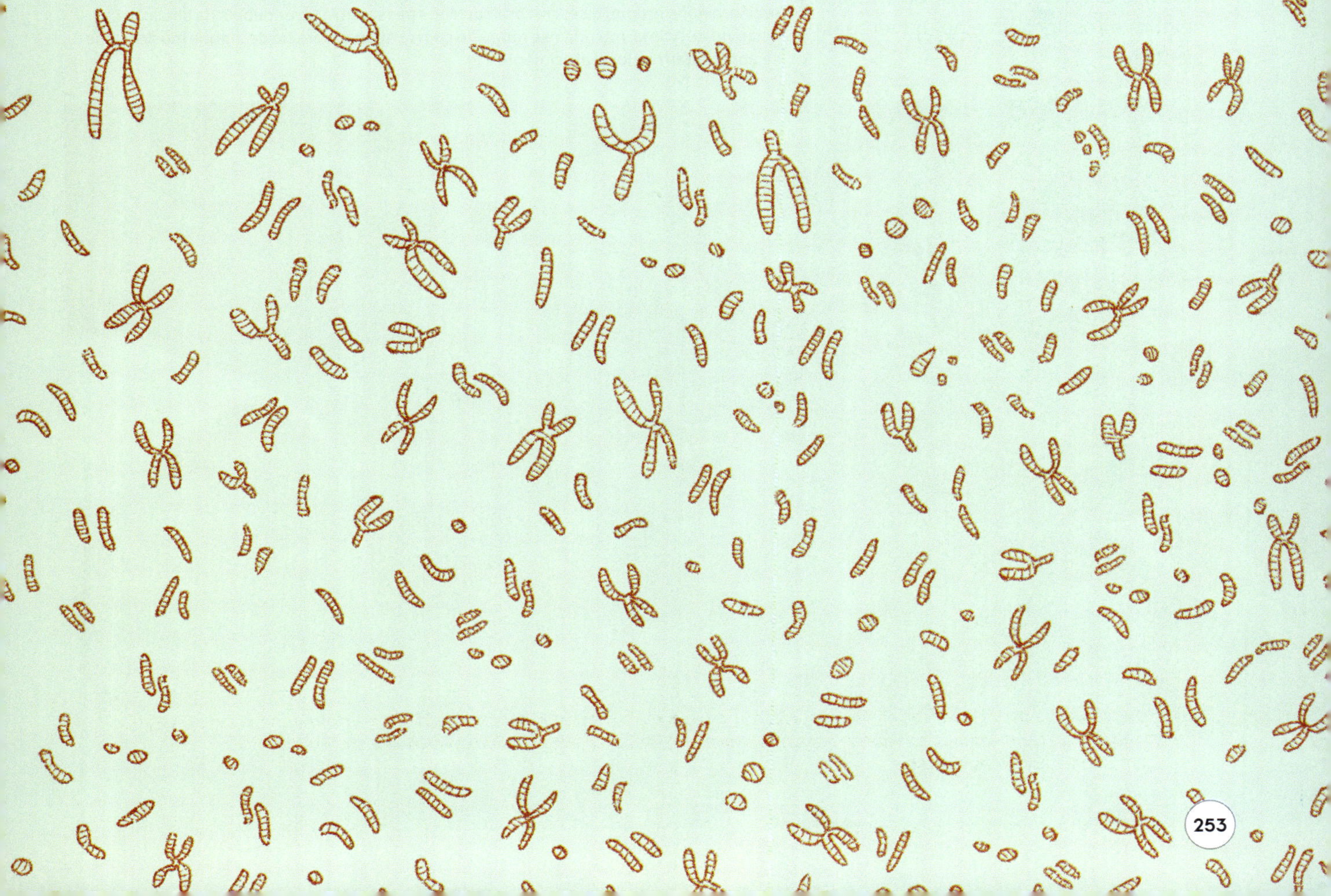

Ilustração: Suryara Bernardi/Arquivo da editora

Leitura especial

Herança africana no Brasil

Por volta do ano de 1525, diferentes povos da África começaram a ser trazidos ao Brasil em navios para serem usados como escravos pelos europeus. Essas pessoas foram obrigadas a trabalhar em engenhos de cana-de-açúcar, em minas para encontrar pedras preciosas e em outros tipos de trabalho, sempre em condições péssimas, sofrendo maus-tratos e sem nenhum tipo de remuneração.

O que os escravizadores – donos de terras ou exploradores da colônia – não previram foi o tamanho da contribuição que os povos de origem africana trariam para a cultura brasileira em construção. A sociedade brasileira foi fortemente influenciada pelos costumes africanos na religião, nas artes, na música, nos esportes, entre outros diversos seguimentos, inclusive no universo da ciência.

PYMCA/UIG/Getty Images

1 Pedra do Sal, local conhecido como o berço do samba, no Rio de Janeiro. Nessa região, alguns grupos de escravos libertados passaram a viver depois da abolição da escravidão. Acima, multidão se reúne no bairro. Abaixo, detalhe de alguns músicos que se apresentam no local atualmente.

Ricardo Beliel/Brazil Photos/LightRocket/Getty Images

A cozinha africana é muito marcada pelos pratos assados, em detrimento das frituras. Outra característica que herdamos da culinária de diferentes povos da África são os ingredientes. Na falta de pimenta, por exemplo, as pessoas que chegaram ao Brasil como escravas recorriam ao azeite de dendê. Produzido a partir do fruto da palmeira denominada dendezeiro, o dendê é um dos tipos de azeite mais consumidos no mundo, junto com os de soja e canola. O azeite de dendê é servido em pratos como acarajé, vatapá, bobó de camarão e caruru – típicos da culinária negra.

Outros pratos de origem africana são muito comuns, principalmente, na culinária da Bahia – estado que tem a maior concentração de negros do Brasil –, como o cuscuz. Há também os pratos não tão populares, como o munguzá, o abará e o quibebe.

E a feijoada? Por décadas creditaram a criação da saborosa comida aos escravos, dizendo que eles comiam os restos de porco misturados a grãos de feijão. O folclore, entretanto, foi desqualificado por historiadores, que atribuem aos portugueses a criação do guisado de feijão com carne tão consumido por nós. A diferença é que os portugueses usam mais feijão branco na composição do prato. Já os brasileiros utilizam o feijão preto, e vários tipos de carne de porco e de boi.

Fabio Colombini/Acervo do fotógrafo

2 **Centenas de palmeiras de dendê (dendezeiros). Seu fruto (no detalhe) é extraído para ser transformado em azeite, que pode substituir a pimenta na preparação de alimentos. Legado afro-brasileiro, o azeite de dendê é um dos mais consumidos no mundo.**

Mark Hannaford/Getty Images

A presença da cultura de povos africanos no Brasil também é vista no esporte e nas danças. Um de seus maiores legados é a capoeira, que mistura arte marcial, esporte e música. A capoeira desenvolve habilidades de dança, força e elasticidade. Como toda atividade física, essa modalidade ajuda a exercitar o sistema cardiovascular, o equilíbrio, a musculatura e a coordenação motora.

Praticada inicialmente pelos escravos africanos, a modalidade mistura chutes, rasteiras, joelhadas, entre outros movimentos, além de acrobacias no ar e no solo. No tempo da escravidão, a prática da capoeira foi perseguida por ser um símbolo de rebeldia e resistência. Depois da abolição os capoeiristas continuaram sendo reprimidos por duras leis. O código penal de 1890, criado durante o governo do Marechal Deodoro da Fonseca, fazia proibição à prática da capoeira em todo o território nacional.

A aceitação da modalidade pela sociedade levou muitos anos. Mas, em 2014, a roda de capoeira recebeu da Organização das Nações Unidas para a Educação, a Ciência e a Cultura (Unesco) o título de Patrimônio Cultural Imaterial da Humanidade. Outras manifestações culturais brasileiras que já foram consagradas são o samba de roda do Recôncavo Baiano (BA), o frevo (PE) e o círio de Nazaré (PA).

Wolfgang Kaehler/LightRocket/Getty

Huw Jones/Getty Images

3 Jovens praticam capoeira. Considerada um esporte "marginal" durante décadas no século passado, é uma das contribuições dos africanos para a cultura brasileira. Misturando artes marciais e música, a capoeira vem ganhando cada vez mais adeptos de diferentes origens sociais. No detalhe, rapaz toca o instrumento conhecido como berimbau.

A escravização dos negros e sua marginalização mesmo após o término da escravidão deixou consequências muito negativas para a sociedade como um todo. Mesmo assim, algumas pessoas conseguiram se destacar em áreas tradicionalmente mais fechadas, como a Ciência. Um exemplo é o físico brasileiro Eunézio Thoroh de Souza. Ele lidera uma pesquisa sobre o grafeno – uma forma super-resistente do carbono –, que tem diversas aplicações, desde materiais esportivos até preservativos.

Nascida em Salvador, Viviane dos Santos Barbosa é mais uma cientista negra que conseguiu destaque no Brasil. Mestre em Engenharia Química pelo departamento de nanotecnologia da Universidade Técnica de Delft, na Holanda, Viviane desenvolveu catalisadores mais eficientes. Enquanto os catalisadores tradicionais funcionam apenas em altas temperaturas, a pesquisadora conseguiu desenvolver produtos que funcionam em temperatura ambiente e reduzem a emissão de gases tóxicos.

Fontes de pesquisa: <www.faecpr.edu.br/site/portal_afro_brasileira/3_III.php>, <revistaescola.abril.com.br/consciencia-negra/africa-brasil/cultura-afro-brasileira.shtml>, <www.museuafrobrasil.org.br/>, <www.brasil.gov.br/cultura/2009/10/cultura-afro-brasileira-se-manifesta-na-musica-religiao-e-culinaria>. Acessos em: maio 2015.

Reprodução/Arquivo da editora

5 Viviane dos Santos Barbosa recebe premiação na Finlândia, em 2010. Cerca de 800 cientistas disputavam o prêmio.

Luisa Massarani

4 O físico Eunézio Thoroh de Souza, coordenador de uma pesquisa sobre grafenos.

Recordando alguns termos

Você pode consultar a lista a seguir para obter informações resumidas de alguns termos utilizados neste livro. Aqui nos limitamos a dar a definição de cada palavra ou expressão apenas em função do tema deste livro: o corpo humano.

A

Ácido clorídrico. Substância ácida produzida no estômago.

Adrenalina. Hormônio produzido pela glândula adrenal que prepara o organismo para enfrentar uma situação de perigo ou emergência.

Albinismo. Característica genética decorrente da falta de melanina, o pigmento que dá cor à pele, aos olhos e aos cabelos.

Alelo. Uma das formas alternativas que um gene responsável por certa característica pode apresentar.

Alelo dominante. Alelo que determina uma característica mesmo em presença do alelo recessivo.

Alelo recessivo. Alelo que determina uma característica apenas quando se encontra ausente o alelo dominante.

Alvéolo pulmonar. Estrutura microscópica em forma de saco presente nos pulmões dos mamíferos onde ocorrem as trocas gasosas com o sangue.

Amido. Glicídio encontrado nas células vegetais.

Aminoácido. Substância que forma as proteínas.

Amniocentese. Exame em que se retira um pouco do líquido amniótico de uma mulher grávida para diagnosticar doenças genéticas no embrião.

Anemia. Diminuição do número de hemácias ou da quantidade ou eficiência da hemoglobina, o que prejudica o transporte de oxigênio no organismo.

Antibiótico. Substância capaz de impedir a reprodução de bactérias e combater infecções no organismo.

Anticorpo. Substância que ajuda a destruir micróbios ou produtos estranhos que invadem o organismo.

Antígeno. Substância estranha que invade o organismo e estimula a produção de anticorpos.

Artéria. Vaso sanguíneo que conduz sangue do coração para outras partes do corpo.

Aterosclerose. Depósito de placas de gordura nas artérias, dificultando a circulação do sangue.

Átrio. Cada uma das cavidades superiores do coração.

Axônio. Parte do neurônio que conduz impulsos nervosos para os músculos, as glândulas ou outros neurônios.

B

Bastonete. Célula da retina que é muito sensível à luz e não distingue cores.

Bile. Líquido produzido pelo fígado e acumulado na vesícula biliar que facilita a digestão das gorduras.

Bócio. Crescimento anormal da glândula tireóidea.

Bronquíolos. Tubos que surgem a partir de ramificações dos brônquios.

Brônquios. Tubos que surgem a partir de ramificações da traqueia.

Bulbo. Parte do encéfalo que controla funções como o batimento cardíaco e a respiração.

C

Caloria. Unidade de medida de energia.

Canal semicircular. Cada um dos canais da orelha interna (ouvido interno) que atuam no equilíbrio.

Câncer. Doença em que há um crescimento descontrolado de células.

Capilar. Vaso sanguíneo microscópico por onde ocorrem as trocas entre o sangue e os tecidos.

Cápsula de Bowman. Parte do néfron que recolhe o líquido filtrado do sangue. Também chamada *cápsula glomerular*.

Cápsula glomerular. Ver cápsula de Bowman.

Carboidrato. Ver glicídios.

Célula. Unidade estrutural e fisiológica dos seres vivos.

Célula adiposa. Célula que armazena gordura.

Célula-ovo. Célula resultante da união do espermatozoide com o óvulo. O mesmo que *zigoto*.

Cerebelo. Parte do encéfalo responsável pelo ajuste dos movimentos e pelo equilíbrio.

Ciclo menstrual. Alterações no ovário e no útero que preparam o corpo da mulher para uma possível gravidez.

Circulação pulmonar. Ver pequena circulação.

Circulação sistêmica. Ver grande circulação.

Citoplasma. Região da célula entre a membrana e o núcleo.

Clone. Conjunto de células geneticamente idênticas surgidas a partir de uma única célula ou indivíduo.

Coagulação. Processo que interrompe a hemorragia em vasos sanguíneos.

Cóclea. Tubo da orelha interna (ouvido interno) em que estão células sensitivas. Tem a forma da concha de um caracol.

Código genético. Conjunto de "instruções". O que determina a produção de uma proteína específica e, consequentemente, de uma característica do indivíduo.

Colesterol. Um tipo de lipídio que, em excesso, pode causar problemas nas artérias.

Coluna vertebral. Conjunto de ossos que forma o principal eixo de sustentação do corpo dos vertebrados.

Cone. Célula da retina que atua na visão em cores.

Contrações peristálticas. Contrações musculares que impulsionam o alimento ao longo do tubo digestório.

Córnea. Membrana transparente que cobre a porção anterior do globo ocular.

Coroide. Uma das membranas que formam o globo ocular. É rica em vasos sanguíneos.

Córtex cerebral. Camada mais externa do cérebro.

Cristalino. Também chamada *lente*, é a estrutura do olho que ajuda a focalizar os raios luminosos na retina.

Cromossomo. Filamento contendo o material genético da célula.

Cromossomo homólogo. Cada membro de um par de cromossomos contendo genes para as mesmas características.

Cromossomo sexual. Cromossomos relacionados com a determinação do sexo de um indivíduo.

D

Daltonismo. Problema genético que faz com que o indivíduo não consiga distinguir determinadas cores.

Dendrito. Prolongamento do neurônio capaz de receber estímulos ou impulsos nervosos.

Derme. Camada de tecido conjuntivo que fica sob a epiderme.

Diabetes insípido. Doença em que há grande perda de água na urina devido à deficiência do hormônio antidiurético.

Diabetes melito. Doença em que a taxa de glicose no sangue aumenta por deficiência do hormônio insulina.

Diafragma (anticoncepcional). Dispositivo anticoncepcional.

Diafragma (músculo). Músculo que promove a entrada e a saída de ar nos pulmões.

Diástole. Relaxamento dos músculos das cavidades do coração.

Digestão. Conjunto de processos que contribuem para a transformação das partículas dos alimentos em partículas menores.

DIU. Sigla para Dispositivo Intrauterino, um dispositivo anticoncepcional colocado no interior do útero.

DNA (ácido desoxirribonucleico). Material químico que forma o gene.

Duodeno. Parte inicial do intestino delgado.

E

Ejaculação. Eliminação do esperma ou sêmen.

Embrião. Organismo nas primeiras fases do desenvolvimento.

Encéfalo. Parte do sistema nervoso localizada no interior do crânio.

Endométrio. Revestimento interno do útero.

Enfarte do miocárdio. Lesão de parte do coração provocada pela falta de irrigação sanguínea. O mesmo que *infarto do miocárdio*.

Engenharia genética. Tecnologia que identifica e manipula genes, transferindo, por exemplo, genes de um organismo para outro.

Enzima. Substância que facilita as reações químicas no organismo.

Epiderme. Tecido epitelial que cobre o corpo.

Esclera. Camada mais externa do olho, de cor branca.

Esôfago. Parte do sistema digestório que liga a faringe ao estômago.

Esperma. Líquido, eliminado pelo pênis, que contém espermatozoides. O mesmo que *sêmen*.

Espermatozoide. Célula reprodutora masculina.

Esterno. Osso situado na parte da frente da caixa torácica.

Estrogênio. Hormônio sexual feminino. O mesmo que *estrógeno*.

Estrógeno. Ver estrogênio.

F

Fagocitose. Processo pelo qual certas células englobam partículas com auxílio de pseudópodes.

Faringe. Canal comum ao sistema digestório e respiratório.

Fecundação. União do gameta masculino com o gameta feminino. Também chamada *fertilização*.

Feto. Nome que se dá ao embrião a partir da oitava semana de vida.

Fóvea. Região da retina onde a imagem se forma com nitidez.

G

Gametas. Células produzidas na reprodução sexuada que participam da fecundação.

Gêmeos dizigóticos. Gêmeos que se originam da fecundação de dois óvulos. Também chamados de *gêmeos bivitelinos* ou *fraternos*.

Gêmeos monozigóticos. Gêmeos que se originam de um único zigoto. Também chamados de *gêmeos univitelinos* ou *idênticos*.

Gene. Uma unidade de DNA que é transmitida de pai para filho e influencia determinada característica.

Genética. Ciência que estuda as leis da hereditariedade.

Glândula. Estrutura que produz substâncias (secreções) que exercem funções no organismo.

Glândula endócrina. Glândula que produz hormônios.

Glândula exócrina. Glândula que lança secreções através de canais.

Glândula mista. Glândula que tem tanto função endócrina quanto exócrina.

Glândula sebácea. Glândula exócrina da pele que produz substâncias oleosas.

Glândula sudorífera. Glândula exócrina produtora do suor.

Glicídios. Substâncias presentes nos alimentos que exercem diversas funções, entre elas a de fornecer energia ao organismo. O mesmo que *carboidrato* e *açúcares*.

Glicogênio. Açúcar armazenado no fígado.

Glicose. Glicídio que serve de fonte de energia no organismo.

Glóbulo branco. Ver leucócito.

Glóbulo vermelho. Ver hemácia.

Glomérulo. Conjunto de capilares do néfron onde ocorre a filtração do sangue.

Grande circulação. Parte da circulação que leva sangue rico em oxigênio do coração para os tecidos do corpo trazendo sangue pobre em oxigênio para o coração. Também chamada *circulação sistêmica*.

H

Hemácia. Elemento do sangue que transporta oxigênio. O mesmo que *glóbulo vermelho*.

Hematose. Transformação de sangue venoso em sangue arterial.

Hemoglobina. Substância que transporta oxigênio no interior da hemácia.

Hipertensão arterial. Aumento anormal da pressão sanguínea. Também conhecida como *pressão alta*.

Hipófise. Glândula endócrina localizada na base do encéfalo.

Hipotálamo. Parte do encéfalo que produz hormônios e controla a temperatura do corpo, a sede, a fome, etc.

Hormônio. Substância química lançada no sangue que regula determinadas funções no organismo.

Humor aquoso. Líquido localizado entre a córnea e o cristalino.

Humor vítreo. Líquido localizado entre o cristalino e a retina.

I

Icterícia. Aspecto amarelado da pele em consequência do depósito de substâncias da bile nesse órgão.

Íngua. Aumento dos linfonodos provocado geralmente por infecções.

Insulina. Hormônio produzido pelo pâncreas que age no controle da taxa de açúcar do sangue.

Intestino delgado. Parte do sistema digestório que se situa entre o estômago e o intestino grosso.

Intestino grosso. Parte do sistema digestório que se situa entre o intestino delgado e o ânus.

Íris. Parte anterior da coroide que regula a entrada de luz pela pupila.

L

Laqueadura tubária. Técnica de esterilização feminina que consiste em bloquear as tubas uterinas. O mesmo que *ligadura das trompas*.

Laringe. Parte do sistema respiratório que liga a faringe à traqueia.

Leucócito. Célula que ajuda a destruir micróbios ou substâncias estranhas que invadem o organismo. O mesmo que *glóbulo branco*.

Ligadura das trompas. Ver laqueadura tubária.

Linfa. Líquido que circula nos vasos linfáticos, é formado a partir do líquido que banha as células dos tecidos.

Linfócito. Célula de defesa do corpo que faz parte do sistema imunitário.

Linfonodos. Região onde são produzidos os linfócitos e onde a linfa é filtrada.

Lipídios. Grupo de substâncias insolúveis em água e que são encontradas nos alimentos.

M

Marca-passo. Região do coração que controla a frequência dos batimentos cardíacos.

Medula espinal. Parte do sistema nervoso que passa pela coluna vertebral. Também chamada *medula nervosa*.

Medula óssea. Tecido no interior de alguns ossos que produz células do sangue.

Membrana plasmática. Película que envolve a célula e controla a entrada e a saída de substâncias.

Meninges. Membranas que envolvem o sistema nervoso central.

Menopausa. Período em que cessam os ciclos menstruais e a fertilidade da mulher.

Menstruação. Descamação do endométrio e consequente perda de sangue do útero no início do ciclo menstrual.

Método anticoncepcional. Medida adotada para evitar a gravidez.

Micose. Infecção causada por fungos.

Miocárdio. Músculo do coração.

N

Néfron. Unidade do rim dos vertebrados que filtra o sangue e forma a urina.

Nervo. Conjunto de prolongamentos dos neurônios que levam ou trazem impulsos nervosos.

Neurônio. Célula do sistema nervoso responsável pela condução do impulso nervoso.

Neurotransmissor. Substância química que transmite as mensagens de um neurônio para outro ou de um neurônio para um músculo ou glândula.

Nidação. Implantação do embrião no útero.

Núcleo. Região da célula em que se encontra o material genético (células de bactérias não têm núcleo individualizado).

O

Orelha. Órgão responsável pela audição e pelo equilíbrio. O mesmo que *ouvido*.

Órgão de Corti. Estrutura da orelha interna (ouvido interno) que transforma vibrações de um líquido em mensagens nervosas.

Ovulação. Saída do óvulo do ovário.

Óvulo. Gameta feminino.

P

Pâncreas. Órgão que fabrica diversas enzimas digestórias lançadas no duodeno.

Papilas gustativas. Estruturas presentes na língua que atuam na percepção do paladar.

Parassimpático. Ver sistema nervoso parassimpático.

Paratireoides. Glândulas endócrinas situadas atrás da tireoide.

Pequena circulação. Parte da circulação que leva sangue pobre em oxigênio do coração para os pulmões, trazendo deles sangue rico em oxigênio para o coração. Também chamada *circulação pulmonar*.

Pílula anticoncepcional. Pílula contendo hormônios e que é ingerida para evitar a gravidez.

Placenta. Estrutura que permite a troca de substâncias (nutrientes, oxigênio, etc.) entre o sangue do embrião e o sangue materno.

Plaqueta. Elemento do sangue que ajuda a parar uma hemorragia.

Plasma. Parte líquida do sangue que contém água, proteínas e outras substâncias dissolvidas.

Pressão arterial. Pressão que o sangue exerce dentro das artérias.

Progesterona. Hormônio sexual feminino que mantém o endométrio em condições de sustentar o embrião na gravidez.

Próstata. Glândula exócrina que produz uma secreção que faz parte do sêmen.

Proteína. Grupo de substâncias que formam boa parte da estrutura das células dos seres vivos.

Q

Queratina. Substância que cobre a epiderme de alguns vertebrados, protegendo o corpo e formando pelos, cabelos e unhas.

R

Respiração celular. Processo que ocorre no interior das células e que libera energia de açúcares e outras substâncias.

Retina. Parte interna dos olhos onde a imagem se forma.

Reto. Parte terminal do intestino grosso que termina no ânus.

S

Sacarose. Açúcar comum extraído da cana-de-açúcar ou da beterraba.

Sêmen. Ver esperma.

Simpático. Ver sistema nervoso simpático.

Sinapse nervosa. Região de proximidade entre dois neurônios ou entre um neurônio e um músculo ou uma glândula.

Síndrome de Down. Conjunto de problemas, que incluem desenvolvimento mental abaixo do normal, causados por um cromossomo a mais nas células do indivíduo (o cromossomo 21).

Sistema nervoso autônomo. Parte do sistema nervoso que controla coração, músculos lisos e glândulas, atuando na digestão, nos batimentos cardíacos, na pressão do sangue e em outras funções automáticas necessárias para a sobrevivência e para a manutenção do equilíbrio do corpo.

Sistema nervoso parassimpático. Parte do sistema nervoso autônomo ou vegetativo que tem efeitos opostos aos do sistema nervoso simpático.

Sistema nervoso simpático. Parte do sistema nervoso autônomo ou vegetativo que tem efeitos opostos aos do sistema nervoso parassimpático.

Sístole. Contração do músculo estriado cardíaco.

Soro caseiro. Mistura de água, sal e açúcar usada no tratamento de diarreias.

Soro terapêutico. Líquido contendo anticorpos específicos contra certos micróbios ou toxinas.

Suprarrenal. Glândula endócrina situada sobre o rim dos mamíferos.

T

Tálamo. Parte do encéfalo que recebe mensagens dos órgãos dos sentidos e as transmite para as regiões apropriadas do cérebro, entre outras funções.

Tecido. Conjunto de células que executam determinada função.

Tela subcutânea. Camada sob a derme com células adiposas. Também chamada de *hipoderme*.

Tendão. Estrutura que liga o músculo ao osso.

Testículo. Órgão que produz espermatozoides e testosterona.

Testosterona. Hormônio sexual masculino.

Timo. Órgão do sistema imunitário que produz células de defesa.

Tímpano. Membrana timpânica que separa a orelha externa (ouvido externo) da orelha média (ouvido médio) e que vibra com as ondas sonoras.

Tireoide. Também chamada *glândula tireóidea*, é uma glândula endócrina situada na parte anterior do pescoço.

Transgênico. Organismo que contém genes de outras espécies inseridos por meio de técnicas de engenharia genética. Alimentos transgênicos são feitos a partir desses organismos.

Tuba auditiva. Conduto que comunica a orelha média (ouvido médio) com a faringe e permite equilibrar a pressão do ar de dentro da orelha média com a da atmosfera. Também chamada *trompa de Eustáquio*.

Tuba uterina. Tubo que comunica a cavidade uterina com a superfície do ovário. Também chamada *trompa de Falópio*.

Túbulo renal. Parte do néfron onde ocorre reabsorção de água e outras substâncias.

Túbulo seminífero. Tubo do testículo onde os espermatozoides são produzidos.

U

Ureia. Uma das substâncias excretadas na nossa urina.

Ureter. Canal que leva a urina do rim até a bexiga urinária.

Útero. Órgão onde o embrião dos mamíferos em geral se desenvolve.

V

Vacina. Produto contendo antígenos, é usado para induzir a produção de anticorpos pelo organismo, protegendo-o contra infecções.

Vagina. Canal do sistema reprodutor feminino que vai do útero até a vulva.

Vasectomia. Cirurgia que bloqueia a passagem dos espermatozoides pelos ductos deferentes com o fim de provocar a esterilização masculina.

Vaso sanguíneo. Conduto que transporta o sangue no interior do organismo.

Veia. Vaso sanguíneo que traz sangue dos órgãos para o coração.

Ventrículo. Cada uma das cavidades inferiores do coração.

Vértebra. Cada um dos ossos que formam a coluna vertebral.

Vesícula biliar. Órgão do sistema digestório dos vertebrados que armazena a bile e a lança no intestino delgado.

Vesícula seminal. Órgão que produz um líquido que forma o esperma ou sêmen.

Vilosidade intestinal. Dobras do intestino delgado que aumentam a superfície de absorção dos nutrientes.

Vírus. Agentes infecciosos que não têm estrutura celular. Causam várias doenças na espécie humana e em outros seres vivos.

Vitamina. Nutriente necessário em pequena quantidade para o desempenho de diversas funções do organismo.

Vulva. Pudendo feminino, parte externa dos órgãos genitais femininos.

Z

Zigoto. Ver célula-ovo.

Leitura complementar para o aluno

Como nosso corpo está organizado

Capítulos 1 e 2

A dinâmica do corpo humano. Cristina Leonardi. São Paulo: Atual, 2003.
Com este livro, o leitor pode conhecer o funcionamento do organismo humano e suas atividades digestivas, respiratórias e circulatórias, relacionando-as com as necessidades da vida diária.

Como funciona o incrível corpo humano. Richard Walker. São Paulo: Companhia das Letrinhas, 2008.
Este livro fornece um panorama geral do corpo humano, abordando temas como a genética, a anatomia, o processo digestivo, a respiração, o sistema imunológico, as doenças e os diversos processos de cura.

Corpo humano, a máquina da vida. Ana Paula Corradini e Grácia Helena Anacleto. São Paulo: DCL, 2006.
Com perfil de almanaque e repleto de fatos reais, este livro mostra como funciona a máquina humana e todos os seus segredos vitais, abordando o funcionamento dos órgãos, veias, músculos e ossos.

Declaração Universal dos Direitos Humanos. Otávio Roth e Ruth Rocha. São Paulo: Quinteto Editorial, 1998.
Trata-se de uma adaptação da Declaração Universal dos Direitos Humanos para crianças, que permite aos leitores compreender melhor esse documento tão importante para a humanidade.

Dentro de você: como seu corpo reage a um péssimo dia. São Paulo: Ciranda Cultural, 2008.
Ao ler esta obra, o leitor faz uma viagem microscópica pelo sistema sanguíneo, vendo o funcionamento das vísceras do corpo humano.

Doenças mortais. Nick Arnold. São Paulo: Melhoramentos, 2003.
Com esta obra, o autor apresenta o que acontece com o corpo humano quando atacado por germes e mostra exemplos de doenças mortais, como a diarreia, a cólera e a varíola.

Emoções e sentimentos. John Coleman. São Paulo: Moderna, 1994. (Coleção Desafios).
O autor trata das mudanças pelas quais uma pessoa passa durante a adolescência. Este livro ajudará o jovem a compreender as suas emoções e os seus sentimentos, mostrando como ele pode lidar com suas preocupações e questionamentos.

Enciclopédia do corpo humano. Dorling Kindersley. São Paulo: Ciranda Cultural, 2007.
Com este livro repleto de fotografias, o leitor pode descobrir o que acontece dentro e fora do corpo humano, com abordagens de pequenos fatos e questões enigmáticas sobre essa interessante máquina.

Epidemias do Brasil: uma abordagem biológica e social. Rodolpho Telarolli Junior. 2. ed. São Paulo: Moderna, 2003.
Este livro apresenta algumas descrições sobre as principais doenças transmissíveis do século XXI e relaciona possíveis epidemias aos modelos econômico e social do Brasil, que favorecem a desigualdade de renda e a falta de investimentos em saúde.

Família e amigos. John Coleman. São Paulo: Moderna, 1994. (Coleção Desafios).
Este livro discute alguns problemas que uma pessoa pode ter com sua família e seus amigos durante a adolescência, esclarecendo como ocorrem os conflitos e sugerindo algumas dicas para a melhora do relacionamento interpessoal.

Incrível livro do corpo humano segundo o Dr. Frankenstein. Dorling Kindersley. São Paulo: Publifolha, 2010.
Este livro mostra, por meio de imagens, a anatomia e a função de cada sistema, órgão e tecido do corpo humano.

Incrível raio X - Corpo humano. Paul Beck. São Paulo: Girassol, 2010.
Com ilustrações e radiografias reais, este livro proporciona uma visão única dos ossos e órgãos de seres humanos e animais, mostrando o que acontece dentro do corpo humano.

Navegando na leitura – O corpo humano. Miranda Smith. Barueri: Girassol, 2004.
Esta obra proporciona ao leitor um passeio pelas diferentes estruturas do corpo humano por meio de imagens em 3-D. O cérebro, o interior de um vaso sanguíneo e a ação dos anticorpos são apenas alguns dos assuntos contemplados.

Nosso corpo – Guia interativo do corpo humano. Evandro Barreto. São Paulo: Globo, 1998.
Com este livro, o leitor pode compreender como funciona o corpo humano, conhecendo detalhadamente os músculos, o coração, os órgãos e o esqueleto.

O corpo humano. Miranda Smith. São Paulo: Girassol, 2008.
Com imagens tridimensionais, este livro leva o leitor a um passeio visual pelo corpo humano, passando, por exemplo, pelo cérebro e pelo interior de um vaso sanguíneo, de forma a mostrar um grupo de anticorpos combatendo um vírus.

O fantástico corpo humano. David Hawcock. São Paulo: Nobel, 1998.
Por meio de figuras tridimensionais e de um texto conciso, o livro mostra como funciona o corpo humano, apresentando diversas curiosidades sobre essa máquina interessante.

O grande livro do corpo humano. Adolfo Cassan. São Paulo: Ciranda Cultural, 2008.
Esta obra esclarece aspectos fundamentais do organismo humano, como é formado e como funciona, mostrando os seus principais componentes e mecanismos vitais.

Sangue, ossos e pedacinhos. Nick Arnold. São Paulo: Melhoramentos, 1997.
Com este livro, o autor mostra o que acontece dentro do corpo humano e como funcionam os diversos órgãos e sistemas corpóreos.

Somos todos diferentes! Convivendo com a diversidade do mundo. Maria Helena Pires Martins. São Paulo: Moderna, 2001. (Aprendendo a Com-Viver).
Este livro trata das diferenças físicas, psicológicas e culturais que tornam os seres humanos únicos. Nesse sentido, enfatiza o respeito às diferenças, o repúdio a todas as formas de preconceito e o aprendizado da tolerância.

As funções de nutrição

Capítulos 3, 4 e 5

A fome: crise ou escândalo? Melhem Adas. São Paulo: Moderna, 2004. (Col. Polêmica).
Nesta obra, o consagrado autor de Geografia Melhem Adas discute as razões para a existência da fome e argumenta que ela pode ser uma prova do fracasso da civilização que construímos e que representa um sério problema político, econômico e social.

Alimentos em pratos limpos. Egidio Trambaiolli Neto. São Paulo: Atual, 2010.
Noções de alimentação, conceitos básicos de nutrição e conservação dos alimentos são alguns dos temas deste livro. Além disso, são comparados os processos caseiros e industriais de preparação e conservação dos alimentos e os riscos a eles associados.

As viagens dos alimentos. Janaína Amado e Luiz Carlos Figueiredo. São Paulo: Atual, 2000 (Col. Nas ondas da História).
Este livro analisa como as viagens europeias realizadas a partir do século XV contribuíram para o intercâmbio de culturas e alimentos entre os diferentes povos.

Coleção Alimentação Saudável. Almir Correia. São Paulo: Editora Biruta, 2005.
Os livros desta coleção contam a história de personagens que têm hábitos alimentares extremos: ou se alimentam em excesso, ou não se alimentam. De forma bem-humorada, o livro dá dicas para uma alimentação equilibrada e como fugir de "dietas milagrosas".

Conservação de alimentos. Eduardo Roberto da Silva e Ruth Rumiko Hashimoto da Silva. 5. ed. São Paulo: Scipione, 1997. (Coleção O universo da Ciência).
O volume mostra os diversos métodos de conservação de alimentos, avaliando as vantagens e desvantagens do uso de cada um deles, além de indicar uma série de procedimentos essenciais à saúde e ao bem-estar dos seres humanos.

Do campo à mesa. Teddy Chu. São Paulo: Moderna, 2003.
Com este livro, podemos conhecer o caminho que os alimentos percorrem desde a saída do campo até chegar à mesa do consumidor. Um livro que faz o leitor refletir sobre o processo de produção e entrega dos alimentos.

Mortalidade infantil — Uma questão de saúde pública. Rodolpho Telarolli Junior. 2. ed. São Paulo: Moderna, 1997. (Coleção Polêmica).

Este livro aborda um dos problemas mais preocupantes do Brasil, a mortalidade infantil, revelando suas causas e algumas formas de prevenção. A obra ainda mostra como a mortalidade infantil tem evoluído no Brasil e no mundo nos últimos anos e quais são as perspectivas para o futuro.

Os alimentos e o mundo. Margaret Iggulden e Julia Allen. São Paulo: DCL, 2008.

Com este livro, o leitor embarca em uma viagem pelo mundo da alimentação, desvendando os costumes culinários de diversos povos, conhecendo países onde há fome, além de refletir sobre a relação entre o meio ambiente e a alimentação.

Segurança e alimento. Sílvia M. Franciscato Cozzolino e Bernadette D. G. M. Franco. São Paulo: Blucher, 2010.

Neste segundo volume da série *Segurança e Alimento*, as autoras tratam dos perigos químicos, biológicos e físicos trazidos pelos alimentos, além de sugerir estratégias industriais que garantam alimentos seguros.

Uma maçã por dia — Mitos e verdades sobre os alimentos que comemos. Joe Schwarcz. Rio de Janeiro: Jorge Zahar, 2008.

Este *best-seller* canadense procura esclarecer as principais questões que envolvem a alimentação moderna, examinando as substâncias contidas nos alimentos e mostrando os seus efeitos sobre o corpo humano.

Vida e alimento. Rosicler Martins Rodrigues. São Paulo: Moderna, 1998.

Este livro mostra como os alimentos interferem na nossa saúde e têm funções socioculturais, mostrando que a alimentação reúne pessoas e transmite valores e hábitos através de gerações.

Capítulo 6

Os pulmões e a respiração. Brian R. Ward. São Paulo: Scipione, 1993. (Coleção O corpo humano).

Este livro informa o jovem estudante sobre o corpo humano, mostrando o funcionamento do pulmão e esclarecendo as etapas do processo respiratório.

Capítulos 7 e 8

O coração e a circulação. Steve Parker. São Paulo: Scipione, 1992. (Coleção O corpo humano).

Este livro mostra como o sistema circulatório atua no corpo humano e explica o funcionamento do coração e da pressão sanguínea, mostrando os fatores que causam doenças coronárias.

Pelos caminhos do sangue. Rogério G. Nigro. São Paulo: Atual, 2010.

O livro aborda o funcionamento do sistema circulatório e de seus órgãos, tratando das principais doenças e anomalias relacionadas ao sangue e sugere algumas formas de preveni-las ou combatê-las.

Por dentro do sistema imunológico. Paulo Cunha. 13. ed. São Paulo: Atual, 2004.

A obra discute o conceito de saúde e doença, mostrando como os mecanismos de defesa agem contra os micróbios invasores, além de apresentar mapas e ilustrações sobre a Aids e outras moléstias.

A relação com o ambiente e a coordenação do corpo

Capítulo 11

Esqueletos. São Paulo: Ática, 1996. (Série Atlas visuais).

Com este livro, o leitor desvenda a estrutura e as funções do esqueleto do ser humano, de vegetais e de animais.

O esqueleto e os movimentos. Brian R. Ward. São Paulo: Scipione, 1993. (Coleção O corpo humano).

Este livro aborda a sustentação do corpo humano pelo esqueleto, mostrando o papel da coluna vertebral, das articulações e dos ossos para a movimentação do ser humano.

Capítulo 12

Audição e fala. Telma Lúcia Ferreira Rossi. São Paulo: Ática, 1996. (Série Investigando).

Um livro que explica os mecanismos de audição e fala, apresentando os hábitos e os cuidados que devem ser tomados para manter a saúde dos órgãos relacionados a essas funções.

O olho e a visão. Steve Parker. 3. ed. São Paulo: Scipione, 1997. (Coleção O corpo humano).

Por meio de muitas ilustrações e de um texto conciso, este livro dá enfoque à educação sobre o corpo humano, abordando, principalmente, o olho e a visão e mostrando como devemos cuidar de nós mesmos.

O ônibus mágico. Joanna Cole e Bruce Degen. Rio de Janeiro: Rocco, 2001.

Este livro é composto das aventuras de um grupo de jovens que entra em um ônibus fantástico e embarca em um passeio dentro do corpo humano, onde aprenderão de forma simples e divertida sobre os cinco sentidos.

O tato, o olfato e o paladar. Steve Parker. São Paulo: Scipione, 1993. (Coleção O corpo humano).

Por meio de muitas ilustrações e de um texto conciso, este livro trata do corpo humano, abordando, principalmente, o olfato e o paladar, além de mostrar como devemos cuidar de nós mesmos.

Sentidos que filtram o mundo. Paulo Cunha e Valdir Montanari. 2. ed. São Paulo: Moderna, 1996.

Esta obra trata dos diferentes órgãos dos sentidos, mostrando as suas funções e a sua importância para a compreensão do mundo.

Capítulo 13

Atenção, neurônios na bicicleta! Roberto Lent. São Paulo: Vieira & Lent, 2005.

Nesta história, a personagem principal vive uma aventura com os seus neurônios cerebrais, mostrando ao leitor como essas pequenas células agem no corpo humano.

Drogas. Klaus H. G. Rehfeldt. São Paulo: Todolivro, 2006.

Em linguagem simples e informativa, esta obra traz informações sobre drogas lícitas e ilícitas e é direcionada a pais e filhos. É uma ferramenta de alerta que mostra as consequências das drogas no corpo humano, apresentando depoimentos de jovens que lutaram para sair da dependência química.

Drogas – A melhor experiência é não usá-las. Flávio Gikovate. São Paulo: Moderna, 2009.

Nesta obra, são discutidos os motivos pelos quais a maioria dos jovens passa a usar drogas e as prováveis consequências dessa escolha.

Drogas: mitos e verdades. Beatriz Carlini Marllat. São Paulo: Ática, 2004.

Este livro discute as principais drogas e suas principais consequências a curto e a longo prazo.

Drogas: o que você precisa saber. Flavia Bastos e Beatriz Monteiro da Cunha. São Paulo: Evoluir Cultural, 2001.

A obra adverte sobre os perigos existentes no mundo das drogas, trazendo depoimentos interessantes de ex-dependentes e esclarecendo dúvidas de jovens sobre as drogas mais usadas.

Drogas: você faz seu caminho! Armênio Uzunian e Ernesto Birner. São Paulo: Harbra, 2000.

Este é um livro motivacional que aborda a dependência como uma doença, mostrando que a vontade é o primeiro passo para que um dependente se livre do problema.

O cérebro nosso de cada dia. Suzana Herculano-Houzel. 8. ed. Rio de Janeiro: Vieira & Lent Casa Editorial, 2002.

Este livro é dedicado aos leitores que têm interesse em compreender melhor o funcionamento do sistema nervoso: como é seu desenvolvimento e evolução, como é influenciado por substâncias químicas e como todos esses processos determinam nossos comportamentos.

O encéfalo e o sistema nervoso. Steve Parker. São Paulo: Scipione, 1997. (Coleção O corpo humano).

Por meio de muitas ilustrações e de um texto conciso, este livro enfoca o corpo humano, abordando, principalmente, o sistema nervoso e mostrando como devemos cuidar de nós mesmos.

Capítulo 14

Diabetes sem medo. Leão Zagury e Tânia Zagury. São Paulo: Best Seller, 2006.

Este livro apresenta exemplos práticos e informações objetivas sobre a diabetes e como conviver com a doença sem que isso prejudique o bem-estar do diabético.

Sexo e reprodução

Capítulos 15, 16 e 17

96 respostas sobre Aids. Alfonso Delgado Rubio. São Paulo: Scipione, 1997.

O objetivo deste livro é informar sobre a Aids, uma doença que atinge milhões de pessoas em todo o mundo, visando combater o preconceito contra os portadores do vírus e diminuir as possibilidades de contágio.

A sexualidade e o uso de drogas na adolescência. Caio Feijó. São Paulo: Novo Século, 2007.

Com base em depoimentos verdadeiros e com muitas ilustrações, este livro trata de temas relacionados à sexualidade do adolescente e às drogas, informando o leitor sobre os problemas ligados às DST e sobre as consequências do uso de drogas.

Adolescência. Guila Azevedo. São Paulo: Scipione, 1995.

No livro são tratados temas que tendem a preocupar os alunos na adolescência: personalidade, mudanças no corpo, hormônios, drogas, etc.

Aids: informação e prevenção. Antônio A. Barone. São Paulo: Ática, 2004.

Este livro apresenta informações sobre a Aids, enfatizando as formas de prevenção, os riscos da doença e como combatê-la.

Altos papos sobre sexo: dos 12 aos 80 anos. Laura Muller. Rio de Janeiro: Globo, 2009.

Com este livro, a autora discute questões específicas de cada fase do desenvolvimento físico e emocional de homens e mulheres, além de tratar de temas como homossexualidade, dificuldades sexuais, etc.

Conversando sobre Aids. Karen Bryant-Mole. São Paulo: Moderna, 1994. (Coleção Desafios).

Este livro informa o jovem sobre as questões ligadas à Aids, alertando dos perigos de contágio e das formas de prevenção da doença.

Conviver com a Aids. Walkyria Pereira Pinto. São Paulo: Scipione, 2000.

Esta obra informa como o jovem pode prevenir o contágio pelo HIV. O autor também explica como se dá a ação do vírus no organismo humano, além de fornecer alguns dados históricos sobre o surgimento e a evolução da síndrome.

Clonagem – da ovelha Dolly às células-tronco. Lygia da Veiga Pereira. São Paulo. Moderna, 2005.

De forma simples e acessível, este livro explica o que é clonagem, como é realizada e qual o propósito dessa técnica. São abordadas as polêmicas ético-sociais que envolvem esse tema, ponderando-se os possíveis benefícios e as consequências dessa técnica.

Descoberta do sexo. Christine Green. São Paulo: Moderna, 1994. (Coleção Desafios).

Discute de que maneira o jovem pode fazer amigos e como acontece o relacionamento sexual, abordando temas como gravidez, métodos anticoncepcionais e prevenção de doenças sexualmente transmissíveis.

DNA e engenharia genética. Breno Pannia Espósito. São Paulo: Atual, 2007. (Coleção Projeto Ciência).

Desde seu surgimento, a manipulação genética é um tema polêmico que desperta a curiosidade dos seres humanos. São apresentados, então, os objetivos e resultados do desenvolvimento dessa técnica.

Evolução e sexualidade: o que nos faz humanos. Clarinda Mercadante. São Paulo: Moderna, 2004. (Coleção Desafios).

Nesta obra, são discutidos a evolução dos seres vivos e os processos que diferenciaram os seres humanos dos outros animais. Além disso, estabelece-se um paralelo entre o comportamento sexual dos seres vivos, o processo de linguagem e civilização.

Frankensteen – Retalhos da adolescência. Fernando Almada. São Paulo: Moderna, 1996. (Coleção Qual é o grilo?).

Neste livro, a história de um adolescente nos anos 1960 serve de base para o autor discutir a transição entre a infância e a idade adulta, tematizando as descobertas, as mudanças e as dificuldades dos jovens.

Genética: o estudo da herança e da variação biológica. Celso Piedemonte de Lima. São Paulo: Ática, 1996.

Por meio de entrevistas e de um texto conciso, o livro apresenta um panorama completo da história da genética, tratando dos seus princípios básicos e das descobertas que influenciaram vários setores da ciência.

Gravidez. Anne Coates. São Paulo: Moderna, 1994. (Coleção Desafios).

Esta obra informa os jovens sobre questões ligadas à gravidez, alertando sobre os riscos de um aborto e ressaltando a importância do pré-natal.

Gravidez na adolescência. Eliana Pomme. São Paulo: Paulinas, 2003.

Por meio de quatorze histórias reais, a autora explora o tema da gravidez sob a perspectiva da jovem mãe, do garoto que a engravidou e dos seus pais, trazendo à tona uma discussão sobre esse importante momento da vida deles.

Manual dos namorados. Flávia Muniz. São Paulo: Salamandra, 2005.

Durante a adolescência, muitos jovens começam a namorar. Entretanto, entre todas as dúvidas que surgem nessa fase, o namoro também pode preocupá-los. Este livro propõe reflexões e apresenta algumas informações importantes sobre os relacionamentos amorosos.

Menino brinca de boneca? Marcos Ribeiro. São Paulo: Salamandra, 2001.

Este livro discute a sociedade patriarcal e os papéis preestabelecidos que homens e mulheres desempenham no mundo em que vivemos.

Mudanças no corpo. Christine Green. São Paulo: Moderna, 1994. (Coleção Desafios).

Neste livro o autor aborda o tema das mudanças ocorridas no corpo humano ao longo da adolescência, sendo uma obra fundamental para a educação de jovens.

Namoro — Conhecendo as razões do coração. Flávio Gikovate. São Paulo: Moderna, 2009.

Mais do que tratar sobre sexo e relacionamentos afetivos na adolescência, este livro propõe ao leitor reflexões sobre o amor e as relações afetivas.

O estudo da hereditariedade. Ian Graham. São Paulo: Melhoramentos, 2003.

Com ilustrações e fotografias coloridas, o livro aborda fatos e princípios essenciais para o entendimento do fenômeno da hereditariedade.

O livro do adolescente. Liliana Iacocca e Michele Iacocca. São Paulo: Ática, 2002.

Alguns aspectos da vida que ganham destaque na adolescência são enfatizados nesta obra.

O sexo em sua vida. Elizabeth Fenwick e Richard Walker. São Paulo: Ática, 1996.

Este guia detalhado e ilustrado traz informações e exemplos das principais etapas do desenvolvimento sexual, como o crescimento, o início dos relacionamentos e o amadurecimento sexual.

Os desafios na adolescência. Clélia Ehlers de Oliveira e Vera Wrobel. São Paulo: Moderna, 2005. (Col. Polêmica)

Esta obra tem o objetivo de auxiliar os leitores a viver essa fase da vida e encará-la como um período de crescimento e transformação.

Pra que serve? Ruth Rocha. São Paulo: Salamandra, 2010.

O livro conta a história de um grupo de adolescentes em um acampamento de férias que passa a refletir sobre a vida, o amor, o dinheiro e outras questões.

PS Beijei. Adriana Falcão e Mariana Veríssimo. São Paulo: Salamandra, 2004.

Lili e Bia, duas amigas separadas durante as férias escolares, conversam pela internet sobre seus relacionamentos amorosos e anseios em relação aos meninos.

Sexo para adolescentes. Marta Suplicy. 3. ed. São Paulo: FTD, 1995.

Com naturalidade, a autora aborda o tema da sexualidade na adolescência, tratando de questões biológicas, psicológicas e sociais relativas à reprodução.

Sexo, sexualidade e doenças sexualmente transmissíveis. Ruth de Gouvêa Duarte. 6. ed. São Paulo: Moderna, 1997.

Livro que aborda objetivamente o tema do sexo e trata da necessidade de o jovem tornar-se informado para viver a sua sexualidade com segurança, protegendo-se contra eventuais contágios com das DST.

Transgênicos — Inventando seres vivos. Samuel Murgel Branco. São Paulo: Moderna, 2004.

Neste livro são apresentados os organismos transgênicos, como são formados e porque esse assunto é tão polêmico.

Vamos falar de sexualidade? Luís C. Mateus. São Paulo: Ciranda Cultural, 2009.

Sem propor soluções nem receitas, este livro pretende ajudar o jovem a compreender a sua sexualidade, trazendo ideias, experiências e informações para que ele seja capaz de tomar decisões de forma mais adequada.

Vamos falar sobre sexo: amadurecimento, mudanças no corpo, sexo e saúde sexual. Robie Harris. São Paulo: Martins Fontes, 1997.

Este livro aborda os fatores biológicos e psicológicos relacionados ao sexo, discutindo a concepção, a puberdade, o corpo humano, a família e a saúde sexual, além de tratar de questões como o controle da natalidade e a prevenção contra a Aids.

Sugestões de filmes

As funções de nutrição

Capítulo 7

Viagem insólita. Joe Dante. Estados Unidos, 1987. 120 minutos.

Tuck Pendleton, um piloto da Marinha, é voluntário de uma experiência médica: o submarino sob seu comando foi encolhido até o tamanho molecular, para ser inserido no corpo de um coelho vivo. Porém, por acidente, o piloto e o submarino são injetados no corpo de Jack, um hipocondríaco. Paralelamente à história, o filme proporciona ao espectador uma interessante viagem pelo corpo humano.

A relação com o ambiente e a coordenação do corpo

Capítulo 12

Janela da alma. João Jardim e Walter Carvalho. Brasil, 2002. 73 minutos.

A obra apresenta como pessoas com diferentes graus de deficiência visual, da miopia discreta à cegueira total, enxergam a si mesmos, os outros e o mundo; apresentando diferentes aspectos da visão e como ela influencia as emoções.

Sentidos humanos. Nigel Marven. Inglaterra. BBC, 2003. 50 minutos.

O documentário é dividido em cinco episódios, que mostram em detalhes o funcionamento dos sentidos humanos.

Capítulo 13

O corpo humano. Christopher Spencer. Inglaterra. BBC, 1998. 49 minutos.

Documentário que retrata a trajetória do corpo humano, desde o nascimento até a morte.

A história do cérebro. Susan Greenfield. Inglaterra. BBC, 2000. 50 minutos.

O documentário apresenta o funcionamento do cérebro, como esse órgão se desenvolve e como ocorrem os processos cerebrais.

O mundo de Beakman – Sistema circulatório e sonhos. EUA, 2002. 22 minutos.

Episódio da série televisiva *O mundo de Beakman*, que trata do sistema circulatório e aborda algumas curiosidades sobre o cérebro e os sonhos.

Sexo e reprodução

Capítulos 15, 16 e 17

A vida do ventre. Toby MacDonald. National Geographic, 2005. 90 minutos.

Por meio de efeitos visuais, gráficos de computador e imagens de ultrassom 4-D, o documentário apresenta o processo de gestação de um feto humano.

Capítulo 18

Clonagem Humana. Peter Williams. Discovery Channel, 2009. 48 minutos.

O documentário explica o que é clonagem e quais as polêmicas relacionadas ao tema a partir da história do especialista em fertilidade Panayiotis Zavos, que afirmou ter implantado embriões humanos clonados em quatro mulheres em 2003.

Sites com conteúdo de Ciências em geral

Ciência Hoje

<http://cienciahoje.uol.com.br/view>

Contém notícias, curiosidades e atualidades sobre os diferentes temas de Ciências.

Secretaria da Educação do Paraná

<http://ciencias.seed.pr.gov.br>

Apresenta objetos educacionais digitais, sugestões de atividades, material didático e *links* que contribuem para o estudo de Ciências e Biologia.

Programa Educar

<http://educar.sc.usp.br>

Site com resumos e atividades de Ciências e Biologia.

Portal de Divulgação Científica e Tecnológica

<www.canalciencia.ibict.br>

Site com atualidades e pesquisas científicas brasileiras em Ciência, Tecnologia e Inovação.

Centro de divulgação científica e cultural

<www.cdcc.sc.usp.br>

Material de apoio, experimentoteca, exposições e olimpíadas de Ciências.

Centro de Pesquisa sobre o Genoma Humano e Células-Tronco

<http://genoma.ib.usp.br/wordpress/>

Contém experimentos simples de Ciências que nos permitem explorar noções sobre DNA.

Ciência e cultura na escola

<www.ciencia-cultura.com>

O *site* apresenta banco de questões, museus de ciências, reportagens e entrevistas sobre Ciências.

Estação Ciência

<www.eciencia.usp.br>

Site contendo atividades, notícias, *links* e informações sobre o espaço e o Universo.

Espaço Ciência

<www.espacociencia.pe.gov.br>

Site que contém informações e notícias sobre diversos temas de Ciências.

Ciência Viva - Agência Nacional para a Cultura Científica e Tecnológica

<www.cienciaviva.pt/home/>

<www.cienciaviva.org.br/>

Artigos, matérias e entrevistas sobre meio ambiente, doenças tropicais, ciência e arte.

Museu de Ciências e Tecnologia da PUCRS

<www.pucrs.br/mct/>

Apresenta informações sobre o Museu de Ciências e Tecnologia, além de dados sobre a visitação.

Museu da vida (Casa de Oswaldo Cruz - Fundação Oswaldo Cruz)

<www.museudavida.fiocruz.br/>

Apresenta informações, publicações e eventos relacionados a saúde.

Pontociência

<www.pontociencia.org.br/index.php>

Site com experiências de Física, Química e Biologia. Os experimentos são organizados passo a passo, com apresentação dos materiais, seu custo, grau de dificuldade e segurança.

Representação da Unesco no Brasil

<www.unesco.org/new/pt/brasilia/>

Site com publicações de Ciências, Comunicação e Educação. No que se refere às Ciências Naturais, trata do desenvolvimento sustentável; no que se refere aos recursos hídricos, ao meio ambiente, à tecnologia e à educação.

Bibliografia

ARAGÃO, Francisco J. L. *Organismos transgênicos:* explicando e discutindo a tecnologia. São Paulo: Manole, 2003.

BARROSO, Carmen; BRUSCHINI, Cristina. *Sexo e juventude:* como discutir sexualidade em casa e na escola. São Paulo: Cortez, 2002.

BELDA, Walter. *Doenças sexualmente transmissíveis.* 2. ed. São Paulo: Atheneu, 2009.

BRASIL. Ministério da Educação. Secretaria de Educação Fundamental. *Parâmetros Curriculares Nacionais*: Ciências Naturais: terceiro e quarto ciclos do Ensino Fundamental. Brasília, 1998.

CAMPBELL, Neil A.; REECE, Jane B. *Biology.* 8th Menlo Park: Benjamin Cummings, 2008.

CAVALIERI, Ana Lúcia Ferreira; EGYPTO, Antônio Carlos. *Drogas e prevenção:* a cena e a reflexão. 5. ed. São Paulo: Saraiva, 2010.

CONSTANZO, Linda S. *Fisiologia.* 4. ed. Rio de Janeiro: Elsevier, 2011.

FRANÇOSO, Lucimar Aparecida; GEJER, Débora; REATO, Lígia de Fátima Nóbrega (Org.). *Sexualidade e saúde reprodutiva na adolescência.* São Paulo: Atheneu, 2001.

GARCIA, Sônia Maria Lauer de; FERNANDEZ, Casimiro Garcia. *Embriologia.* 2. ed. Porto Alegre: Artmed, 2001.

GUIA de Medicina e Saúde da família. Rio de Janeiro: Bloch Editores, 1992.

GUYTON, Arthur C. *Tratado de Fisiologia médica.* 11. ed. Rio de Janeiro: Elsevier, 2006.

__________; HALL, John E. *Fisiologia humana e mecanismos das doenças.* 6. ed. Rio de Janeiro: Guanabara Koogan, 1998.

JUNQUEIRA, Luiz Carlos. *Histologia básica.* 11. ed. Rio de Janeiro: Guanabara Koogan, 2008.

KREUZER, Helen; MASSEY, Adrianne. *Engenharia genética e biotecnologia.* 2. ed. Porto Alegre: Artmed, 2002.

LEWONTIN, R. C.; ROSE, Steven; KAMIN, Leon J. *Not in Our Genes:* Biology, Ideology, and Human Nature. New York: Pantheon Books, 1985.

MALAJOVICH, Maria Antônia. *Biotecnologia.* Rio de Janeiro: Axcel, 2004.

PEREIRA, Lygia da Veiga. *Clonagem:* fatos & mitos. São Paulo: Moderna, 2002.

PURVES, William K. et al. *Vida:* a ciência da Biologia, volume 1: célula e hereditariedade. 8. ed. Porto Alegre: Artmed, 2009.

__________. *Vida:* a ciência da Biologia, volume 2: evolução, diversidade e ecologia. 8. ed. Porto Alegre: Artmed, 2009.

__________. *Vida:* a ciência da Biologia, volume 3: plantas e animais. 8. ed. Porto Alegre: Artmed, 2009.

RAVEN, Peter H. et al. *Biology.* 8th Boston: McGraw – Hill, 2007.

SMITH, Tony. *The Human Body:* an Illustrated Guide to Its Structure, Function and Disorders. London: Dorling Kindersley, 2006.

SNUSTAD, D. Peter; SIMMONS, Michael J. *Fundamentos de Genética.* 4. ed. Rio de Janeiro: Guanabara Koogan, 2008.

SOCIEDADE BRASILEIRA DE ANATOMIA. *Terminologia anatômica:* terminologia internacional. Barueri (SP): Manole, 2001.

SOLOMON, Eldra P. et al. *Biology.* 9th Pacific Grove, CA: Brooks/Cole, 2010.

TORTORA, Gerard J.; GRABOWSKI, Sandra Reynolds. *Corpo humano:* fundamentos de Anatomia e Fisiologia. 6. ed. Porto Alegre: Artmed, 2006.

WHITFIELD, Philip. *The Human Body Explained:* an Owner's Guide to the Incredible Living Machine. New York: Henry Holt, 1995.

WINIKOFF, Beverly; WYMELENBERG, Suzanne. *The Whole Truth About Contraception:* a Guide to Safe and Effective Choice. Washington: Joseph Henry, 1997.